U0505585

CONTEMPORARY MARXISM REVIEW

总第

36

辑

当代国外
马克思主义评论

复旦大学当代国外马克思主义研究中心 编

上海人民出版社

Contemporary Marxism Review(36, Quarterly)

The Journal of the Center for Contemporary Marxism Abroad, Fudan University

Editor-in chief	*Wu Xiaoming*
Executive Editor-in-chief	*Lu Shaochen*
Current Issue Editor	*Zhao Mingzhe*
Edited by	**The Center for Contemporary Marxism Abroad**
Published by	**Shanghai People's Publishing House**

《当代国外马克思主义评论》为 CSSCI 来源期刊（集刊类），本刊由上海易顺公益基金会赞助出版。

本刊获评"复旦大学哲学学院源恺优秀学术辑刊奖"。

主　　　　编：吴晓明
执 行 主 编：吴　猛
本辑执行编委：鲁绍臣
本 辑 编 务：赵明哲

学术委员会（以姓氏笔画为序）

目　　录

一、纪念俞吾金教授逝世十周年 <<<<

"历史唯物主义就是马克思哲学"
——俞吾金命题及其意义①

汪行福

摘要: 俞吾金教授是当代著名的哲学家,他一生在学术上有多方面的贡献,其中最突出的是在马克思哲学的基础理论和重大问题的研究上所取得的成就。在对马克思哲学传统的反思和研究中,他明确地拒绝传统的正统诠释路径,即,把马克思哲学理解为辩证唯物主义和历史唯物主义,并把后者理解为前者的推广和应用的观点。在他看来,马克思哲学就是历史唯物主义,除历史唯物主义之外,马克思哲学没有其他的内容。这一旗帜鲜明的观点可称为"俞吾金命题"。从这一观点出发,俞吾金教授把马克思哲学革命概括为三个方面:从物质本体论到实践本体论,或更具体地说,从物质本体论到实践-社会生产关系的本体论;从抽象认识论到具体认识论,或更具体地说,是从抽象认识论到意识形态批判理论;从自然辩证法到实践辩证法,或更具体地说,是从自然辩证法到社会历史辩证法。俞吾金教授的研究成果有多方面意义,它超越传统教科书体系所依赖的近代西方哲学视域,为我们理解马克思哲学的革命意义提供了坚实的基础;超越了辩证唯物主义和历史唯

---

① 本文为国家社科基金重大项目"复杂现代性与中国发展之道"(15ZDB013)阶段性成果。

物主义二元论,为理解马克思哲学的核心内容和思想贡献提供了新的完整视野;与时俱进,他根据人类社会历史条件的变化自觉地阐述历史唯物主义的当代形态,为马克思哲学的未来发展指明了方向。

关键词:俞吾金命题 马克思哲学 广义历史唯物主义 实践意识形态批判 辩证法

> **我们仅仅知道一门唯一的科学,即历史科学。**
> ——马克思

改革开放以来,受现当代西方哲学和西方马克思主义思想启发、改革开放实践推动,马克思主义哲学研究在中国取得了显著的成就,涌现了一批有影响的理论家,他们的研究成果不仅推动了马克思哲学的发展,也推动了我们时代的观念和思想的变革。新时期中国马克思主义哲学的成就是多方面的:(1)解放思想,冲破旧的教科书体系的束缚,涌现出了实践唯物主义、历史唯物主义、资本逻辑批判、现代性批判、生存论研究等多种解释路向。(2)马克思哲学思想方法与人文和社会科学的结合,催生了价值哲学、文化哲学、生存哲学、社会哲学、政治哲学、经济哲学、发展哲学、科技哲学、生态哲学等新的研究领域。(3)新文献的引入和新方法的运用,如文献学方法、解释学方法等,马克思哲学史得到更系统的研究,从经典马克思主义到当代马克思主义、从中国马克思主义哲学到全球马克思主义的历史过程和知识图谱得到了更全面的呈现。作为改革开放中崛起的新一代杰出学者,俞吾金教授参与了思想解放的全过程,并几乎在上述所有方面都作出了自己的贡献。

但是,作为一个有深厚学养和创新意识的哲学家,俞吾金教授的最突出和显著的贡献是他在马克思哲学基础理论的研究上。俞吾金教授学富五车,著作等身,仅马克思哲学方面的著作就有《意识形态论》(1998)、《从康德到马克思——千年之交的哲学反思》(2004)、《实践诠释学——重新解读马克思哲学与一般哲学理论》(2001)、《重新理解马克思——对马克思哲学的基础理论和当代意义的反思》(2005)、《问题域的转换——对马克思与黑格尔关系的当代解读》(2007)、《实践与自由》(2010)、《被遮蔽的马克思》(2012)等。这些著作涉猎广泛,涵盖了从马克思哲学的起源、革命和特征,涉及马克思哲学的基础问题和当代意义的全部内容。

俞吾金教授的研究有自己的鲜明特色,它既重视马克思哲学的基础理论和整体形象的把握,也对具体概念和问题做了大量细致的分析和讨论。就前者来说,俞吾金教授突破了以往马克思哲学的简单化和平面化形象,立体地、多方面地展现马克思哲学的丰富内容,提出了"作为全面生产理论的马克思哲学"、"作为解构理论的马克思哲学"、"作为实践诠释学的马克思哲学"、"作为批判的权力诠释学的马克思哲学"、作为现代性批判的马克思哲学、作为意识形态批判理论的马克思哲学、作为人类学的马克思哲学、作为个人全面发展理论的马克思哲学等命题,展示了马克思哲学的新视角、新论域和新方向。就后者来说,俞吾金教授对马克思的基础理论和概念做了主题化的探讨,如马克思哲学观、本体论、自然观、认识论、价值观、辩证法、实践、自由、时间、异化、劳动、财富、个体、技术、生态,等等。他的研究范围之全面性、成果之丰富性,同侪中鲜有与之媲美者。

笔者认为,俞吾金教授在马克思哲学研究上的贡献有两个突出的方面。一是他自觉地承担着理论清道夫的工作,对马克思主义哲学的教科书体系,即辩证唯物主义和历史唯物主义的二分论,以及把历史唯物主义学说理解为辩证唯物主义原则的推广和运用的正统解释路向做了系统的批判。二是作为马克思哲学的阐释者,提出了马克思哲学就是广义的历史唯物主义命题,并对其基本原则和概念做了自己的阐述。可以说,俞吾金教授的研究成果是改革开放以来马克思哲学研究的显著成就之一,它重新划定了马克思哲学的界限,改变了马克思哲学研究的图景,大大提升了马克思哲学研究的学术品质。

俞吾金虽然离开我们已经十年了,但他给我们留下的思想遗产是一项宝贵的财富，本文无法对他的马克思哲学研究的深刻思想和丰富内容做全面的讨论，仅就其几十年来一直孜孜以求、不懈探索的一个命题，即"马克思哲学就是历史唯物主义"命题的内涵和意义进行讨论。我相信，这一命题的意义非常重要，远未得到充分的评价，它不仅是一个世纪以来中外马克思哲学研究的重要成果，也是通向未来马克思哲学的阶梯。

一、命题溯源

在马克思哲学的研究上，俞吾金教授有明确的问题意识。他明确地指出："哲学史的研究启示我们，哲学的发展总是与重大的、基础性的理论问题的解决关联在一起的。换言之，只要重大的、基础性问题没有得到认真的研究和透彻的思考，那么，关于这个研究领域的所谓'突破性的发展'云云，就只具有修辞学上的意义上。在马克思哲学研究领域里，我们遭遇的是同样的问题。"①并认为："我们认为，只有系统地、透彻地思索这些重大的、基础性的理论问题，并引申出明确的结论，才有可能在准确地理解并阐释马克思哲学的道路上迈出实质性的一步。"②从一开始，俞吾金教授为自己设定了目标，要在马克思哲学基础理论和基本原则上进行探索，以期获得真正的"突破性的发展"。

在《作为经济哲学的马克思哲学》长文中，俞吾金教授对自己几十年探索的结果做了这样的概括：

> 马克思哲学是实践唯物主义，即"广义历史唯物主义"；在马克思那里，实践的最基本、最普遍的表现形式是生产劳动，而生产劳动是经济领域，因而只有借助经济哲学的进路，才有可能准确地把

---

① 俞吾金：《被遮蔽的马克思》，北京：人民出版社，2012 年，第 284 页。
② 俞吾金：《被遮蔽的马克思》，北京：人民出版社，2012 年，第 227 页。

握马克思哲学的原初面貌和基本概念——生产、商品、价值、时间和自由;马克思哲学面临的严重危机是被实证科学化,即其实践性和革命性的衰退,必须恢复马克思哲学的本真精神,即创造性地重塑马克思的理论形象。①

在这里,关于什么是马克思哲学的问题,俞吾金教授提出了三个命题:马克思哲学是实践唯物主义;马克思哲学是广义的历史唯物主义;马克思哲学是经济哲学。如何理解它们之间的关系,按他的理解,实践唯物主义是历史唯物主义的前提和基础,而经济哲学是历史唯物主义核心概念和实质内容的解释路径。揆诸俞吾金教授的大量论述,笔者认为,"马克思哲学就是广义历史唯物主义"是其最核心的命题。因为实践唯物主义可以理解为是历史唯物主义的前提性反思,而经济哲学是其延伸性解释,它们都可以结合到"马克思哲学就是历史唯物主义"这一命题中来理解。我们不妨把这一命题称为"俞吾金命题"(YU Wujing Thesis)。虽然"马克思哲学就是历史唯物主义"并非一个全新的思想命题,在西方马克思主义奠基者卢卡奇、柯尔施、葛兰西等人那里已经有了这样的思想倾向,许多学者也曾从这个方向阐发过马克思哲学,如哈贝马斯的《历史唯物主义重建》、伍德的《民主反对资本主义——重建历史唯物主义》等。但明确提出这一命题,并加以系统阐述的,仍然非俞吾金教授莫属。

众所周知,卢卡奇从一开始就质疑自然与社会的二分法和把马克思哲学理解为由辩证唯物主义和历史唯物主义构成的正统观点。在他看来,不仅社会现象本身,而且自然概念也是社会和历史范畴。"自然是一个社会的范畴。这说是说,在社会发展一定阶段上什么被看作是自然,这种自然同人的关系是怎样的,而且人对自然的阐明又是以何种形式进行的,因此自然按照形式和内容、范围和对象性应意味着什么,

① 俞吾金:《被遮蔽的马克思》,北京:人民出版社,2012年,第227页。

这一切始终都是受社会制约的。"①马克思哲学不是传统的唯物主义论的发展，而是从维柯到黑格尔的历史观念的发展。在黑格尔这里，现实不是固定不变的、现存的，而是它自身的生产和再生产的结果，"历史唯物主义同黑格尔哲学的密切关系就明显地表现在这里，它们都把理论理解为现实的自我认识"②。当然，马克思哲学与黑格尔哲学存在着区别，对黑格尔来说，历史存在的本质是精神，而对马克思来说，历史存在本质上就是人类的物质生产活动。众所周知，马克思认为，哲学重要的不是解释世界，而是改造世界，这一点也源于黑格尔。卢卡奇说："在历史唯物主义中，那种'向来就存在，只不过不是以理性的形式出现'的理性，通过发现它的真正根据，即人类生活能真正据以认识自己的基础，而获得了理性的形式。这就是最后实现黑格尔历史哲学的纲领，尽管以牺牲他的体系为代价。"③对黑格尔来说，哲学的任务是从历史的偶然性表象中揭示出向来就存在的理性，回溯地表明历史是一个理性的过程，因此之故，密涅发的猫头鹰到傍晚才起飞。对马克思来说，哲学需要揭示历史地潜存的合理潜能，并实践地加以实现。因而，哲学本质上是面向未来的革命意识。卢卡奇对马克思哲学的最激进解释体现在下述论断中："经典形式的历史唯物主义意味着资本主义社会的自我认识……历史唯物主义的决定性结论是，资本主义的总体和推动力不能被资产阶级科学粗糙的、抽象的、非历史的和肤浅的范畴所把握，即为资产阶级自己所理解的。"④马克思哲学不是中立的客观知识，而是与资产阶级意识相竞争的意识形态，"在这场为了意识，为了社会领导权

---

① 卢卡奇：《历史与阶级意识》，杜章智、任立、燕宏远译，北京：商务印书馆，2004 年，第 325 页。
② 卢卡奇：《历史与阶级意识》，杜章智、任立、燕宏远译，北京：商务印书馆，2004 年，第 66 页。
③ 卢卡奇：《历史与阶级意识》，杜章智、任立、燕宏远译，北京：商务印书馆，2004 年，第 69 页。
④ 卢卡奇：《历史与阶级意识》，杜章智、任立、燕宏远译，北京：商务印书馆，2004 年，第 318 页。

的斗争中,最重要的武器就是历史唯物主义"①。从卢卡奇的《历史与阶级意识》可以看出,他在谈到马克思哲学时,总是在谈论历史唯物主义。因此,对他来说,马克思哲学就是历史唯物主义。

柯尔施的观点与卢卡奇相似,而且更为明确。他明确地说道:"《马克思主义和哲学》提出一种马克思主义观,认为马克思主义是完全非教条和反教条的、历史的和批判的,因而是最严格意义上的历史唯物主义,是把唯物历史观应用于唯物史观本身。"②在这里,他不仅明确地提出马克思哲学是历史唯物主义,而且提出要"把唯物历史观应用于唯物史观本身"。如何理解"把唯物史观应用于唯物史观本身"? 在他看来,任何进步的哲学无论自己是否意识到,都是时代的历史运动的表达,历史唯物主义也是如此:"德国古典哲学,这一资产阶级革命运动的意识形态表现,并未退场,而是转变为新的科学,这种科学以后作为无产阶级革命运动的一般表现而出现在观念的历史上。"③在这里,把唯物史观运用于自身就是对马克思哲学产生的历史前提和必然性的解释。显然,从无产阶级革命运动出发理解马克思哲学的本质,在根本意义上就杜绝了把马克思哲学理解为对存在及其认识的一般的唯物主义哲学,相反,它只能被理解为对历史的自觉的历史唯物主义解释。

"马克思哲学就是历史唯物主义"命题在意大利马克思主义者那里得到更明确的阐述。拉布里奥拉就曾明确地说:"历史唯物主义或实践哲学作为统一的社会的、历史的人类存在的解释,终结了把经验的实际存在作为预先设定的思想的反射、复制、模仿、例证、影响(或其他东西)的一切唯心主义形式。"不仅如此,由于实践哲学把人类历史过程理解为绝对客观的事物,"它也成功地把物理的自然历史化"④,因此,在马

---

① 卢卡奇:《历史与阶级意识》,杜章智、任立、燕宏远译,北京:商务印书馆,2004 年,第317 页。

② 柯尔施:《马克思主义和哲学》,王南湜等译,重庆:重庆出版社,1989 年,第58 页。

③ 柯尔施:《马克思主义和哲学》,王南湜等译,重庆:重庆出版社,1989 年,第13 页。

④ A. Labriola, "Socialism and Philosophy," in M. E. Green ed., *Rethinking Gramsci*, Routledge, 2011, p.205.

克思哲学中并不存在一个独立于历史的一般的唯物主义。我们知道，在意大利马克思主义传统中，"实践哲学"即马克思哲学。在这里，"实践哲学"不仅是障眼法，而且也是对马克思哲学的正确命名。把马克思哲学理解为实践哲学或历史哲学的一元论倾向更明确地体现在葛兰西思想中。针对布哈林在《历史唯物主义——马克思主义社会学通俗教材》中把历史唯物主义解释为马克思的社会学，并把辩证唯物主义理解为马克思的哲学，葛兰西批评道：在布哈林这里"实践哲学（即马克思主义哲学——引者注）被分裂为两个因素，一方面被认为是社会学的历史和政治理论——即一种能够按照自然科学方法加以构造的（在最粗俗的实证主义意义上的实验的）要素；另一方面是哲学本身，也就是哲学的唯物主义别名即形而上学的机械的（庸俗的）唯物主义"[1]。显然，葛兰西反对把马克思哲学区分为一般的唯物主义和特殊的社会历史学说。在他看来，任何哲学如果与历史和社会相分离，最终不过是另一种形而上学。他不仅意识到，马克思的实践哲学应该理解为历史唯物主义，而且意识到，"历史唯物主义"不是唯物主义与历史的简单相加。"历史唯物主义"的重心是"历史的"这个形容词，而非"唯物主义"这个名词。可见，西方马克思主义奠基人已经意识到马克思哲学就是历史唯物主义。

其实，当代马克思主义哲学家也不乏类似看法。日本哲学家广松涉在《唯物史观原像》一书中明确提出，唯物史观就是马克思哲学或马克思的世界观。他明确地说："唯物史观并不是狭义的'历史观'，也不尽'同时也是历史观'。在某种意义上，它可以说是马克思主义的世界观本身"[2]，因为"从原理层面，自然观和历史观已不该是并行的，以'历史的自然'的总体为范围的唯物史观也颠覆了世界观本身"。[3]显然，广松涉不仅认识到历史唯物主义就是马克思哲学，而且认为到历史唯物

---

[1] 葛兰西：《实践哲学》，徐崇温译，重庆：重庆出版社，1990 年，第 127 页。
[2] 广松涉：《唯物史观原像》，邓习议译，南京：南京大学出版社，2009 年，第 43 页。
[3] 广松涉：《唯物史观原像》，邓习议译，南京：南京大学出版社，2009 年，第 44 页。

主义的提出对整个哲学,即世界观的彻底变革,具有革命性意义。

俞吾金教授对马克思哲学基础和本质的探索可追溯到他的研究生时代。早在1983年的桂林会议上,复旦大学哲学系硕士研究生俞吾金、吴晓明、安延民与博士研究生谢遐龄、陈奎德、周义澄六人共同起草了一份题为《关于认识论改革纲要》的宣言,在中国学界首开对传统马克思主义哲学教科书体系的系统批判。该文指出:"以人的历史的实践活动为出发点的唯物史观正是马克思主义哲学体系的核心和基础。但是,哲学界一种盛行的观点一向认为,历史唯物主义是把辩证唯物主义推广到社会历史领域的产物。'推广说'实际上否定了马克思理论思考的起点是费尔巴哈的人本主义,而把这个起点拉回到十七、十八世纪的唯物主义那里。"①今天来看,上述表述还存在着缺陷,但它已经意识到正统观点的局限性,并开始了对马克思哲学的新的理解。虽然在这里,马克思哲学的年轻的解释者们虽然还没有明确提出历史唯物主义就是马克思哲学本身的命题,但已经有了对马克思哲学研究的新的问题意识。

俞吾金教授在《中国社会科学》上发表的《论两种不同的历史唯物主义概念》(《中国社会科学》1995年第6期),明确提出了这样的观点:"历史唯物主义是马克思的划时代的哲学创造之所在,马克思并没有创立过历史唯物主义以外的任何其他的哲学。换言之,历史唯物主义就是马克思哲学。"②在这里,他明确区分狭义历史唯物主义和广义历史唯物主义,前者是传统马克思哲学体系中作为其中一部分的历史唯物主义,后者是俞吾金教授自己主张的作为马克思哲学全体和本身的历史唯物主义。俞吾金教授终其一生都在为后一意义上的历史唯物主义概念辩护。在此意义上,我们可以把这一命题称为"俞吾金命题",我们

① 谢遐龄、陈奎德、周义澄、安延明、吴晓明、俞吾金:《略论哲学改革中的若干问题》,载《复旦学报(社会科学版)》1985年第2期。
② 俞吾金:《重新理解马克思——对马克思哲学的基础理论和当代意义的反思》,北京:北京师范大学出版社,2005年,第133页。

只有认识到这一命题在俞吾金教授的马克思哲学研究的核心地位和重要性，才能认识和评价他的理论研究的贡献和意义。

二、告别"推广论"

"历史唯物主义就是马克思哲学"，对长期浸渍于教科书体系的人来说是难以理解和接受的：如果历史唯物主义就是马克思哲学，而马克思哲学的其他内容，如自然观、认识论和辩证法，又如何安顿呢？ 其实，这个问题俞吾金教授有明确的回答。他区分了狭义的历史唯物主义和广义历史唯物主义："我们把那种认为历史唯物主义仅仅适用于社会历史领域的观念称为'狭义的历史唯物主义概念'。这里涉及的社会历史领域也是狭义的，它对应于人们从未认真地反思过的哲学的'世界'概念（由自由、社会、思维这三大部分组成）中的'社会'部分。也就是说，'狭义的历史唯物主义概念'仅仅适用于这一'世界'图景中的'社会'部分。"[1]而他所主张和辩护的历史唯物主义概念是广义的历史唯物主义，在这里，它不是作为一般世界观和认识论的辩证唯物主义的推广和运用，而是包括了马克思哲学的全部内容。

"推广论"基于两个相互关联的判断：一是把马克思哲学理解为德国古典哲学的批判性扬弃，并认为这一扬弃的结果表达为一般的辩证唯物主义；二是在马克思哲学内部把辩证唯物主义理解为马克思哲学的一般理论，把历史唯物主义理解为它在社会历史领域的"推广"和"运用"。俞吾金教授对这两个观点都持质疑态度。"推广论"可以追溯到恩格斯，恩格斯一方面认为黑格尔的最大功绩"就是恢复了辩证法这一最高思维形式"[2]，另一方面认为费尔巴哈的《基督教的本质》"直截了

---

① 俞吾金：《历史唯物主义的两种概念》，载《重新理解马克思——对马克思哲学的基础理论和当代意义的反思》，北京：北京师范大学出版社，2005 年，第 133 页。
② 《马克思恩格斯选集》第 4 卷，北京：人民出版社，1995 年，第 219 页。

当地使唯物主义重新登上王座"①,而马克思主义哲学就是黑格尔的辩证法与费尔巴哈的唯物主义相结合所产生的"唯物主义辩证法"。恩格斯说:"同黑格尔哲学的分离在这里也是由于返回到唯物主义观点而发生。……不过在这里第一次对唯物主义世界观采取了真正严肃的态度,把这个世界观彻底地(至少在主要方面)运用到所研究的一切知识领域里去了。"②这就暗示着,在马克思哲学中是先有一般的唯物主义辩证法,再把它运用到其他领域,包括社会历史领域的。

普列汉诺夫是更明确的推广论者,也是"辩证唯物主义"概念的发明人。在他看来,历史唯物主义在马克思哲学中没有独立意义,它只是辩证唯物主义的理论延伸,正如他所说的:"因为辩证唯物主义涉及历史,所以恩格斯有时将它叫作历史的。这个形容词不是说明唯物主义的特征,而只表明应用它去解释的那些领域之一。"③在某种意义上,列宁也是一位推广论者。在《马克思主义的三个来源和三个组成部分》中列宁说:"马克思加深和发展了哲学唯物主义,而且把它贯彻到底,把它对自然界的认识推广到人类社会的认识。马克思的历史唯物主义是科学思想中的最大成果。"④在另一处,他更明确地说:"唯物主义历史观,或者更确切地说,把唯物主义贯彻和推广到社会现象领域。"⑤斯大林是"推广论"的权威发布者:"历史唯物主义就是把辩证唯物主义的原理推广去研究社会生活,把辩证唯物主义的原理应用于社会生活现象,应用于研究社会,应用于研究社会历史。"⑥到此为止,推广论完全确立,成为了支配马克思哲学的"主导话语"⑦。

---

① 《马克思恩格斯选集》第4卷,北京:人民出版社,1995年,第220页。
② 《马克思恩格斯选集》第4卷,北京:人民出版社,1995年,第242页。
③ 《普列汉诺夫哲学著作选集》第2卷,北京:生活·读书·新知三联书店,1961年,第311页。
④ 《列宁选集》第2卷,北京:人民出版社,1995年,第311页。
⑤ 《列宁全集》第26卷,北京:人民出版社,1998年,第59页。
⑥ 《联共(布)党史简明教程》,北京:人民出版社,1975年,第115—116页。
⑦ 俞吾金:《问题域的转换——对马克思和黑格尔关系的当代解读》,北京:人民出版社,2007年,第218页。

俞吾金教授认为，狭义的历史唯物主义概念虽然影响巨大，但无论是从马克思哲学的形成史，还是从马克思对自己哲学的理解来说，都是不能成立的。

首先，从一般唯物主义或辩证唯物主义出发，并不能在社会历史领域里创立出历史唯物主义。"辩证唯物主义是以自然界为研究对象的，而我们的世界概念又是按照自然、社会、思维的次序而展示出来的。既然在我们的世界图式中，自然被置于社会之前，而人以及人的活动只能以社会的方式显示出来，那就是说，我们所考察的自然乃是一个脱离人以及人的活动的、抽象的自然。"①实际上，建立在先于历史的自然概念基础的唯物主义是无法摆脱传统唯物主义哲学的思辨特征的。正如马克思在《德意志意识形态》中所说："当费尔巴哈是一个唯物主义者的时候，历史在他的视野之外；当他去探讨历史的时候，他决不是一个唯物主义者。在他那里，唯物主义和历史是完全脱离的。"②在俞吾金教授看来，马克思哲学的第一个前提是自然和历史的异质性，而非两者的同质性。人类社会历史是建立在由意识指导的实践基础上的，历史的规律不同于自然的规律。这一点黑格尔已经明确地意识到了："规律分为两类，即自然规律和法律"，自然规律简单明了，它是其所是，"这些规律的尺度是在我们身外的，我们的认识对它们无所增益，也无助长作用，我们对它们的认识可以扩大我们的知识领域，如此而已"。人类社会的规律是人类意志的自我设定，源出于人类，"人不会只停留在定在上，也主张在自身中具有衡量法的尺度。他固然要服从外部权威的必然性和支配，但这与他服从自然界的必然性截然不同，因为他的内心经常告诉他，事情应该是怎样的一个样儿，并且他在自身中找到对有效东西的证实或否定"③。基于自然与历史或自然规律与历史规律的异质性，俞吾

---

① 俞吾金：《重新理解马克思——对马克思哲学的基础理论和当代意义的反思》，北京：北京师范大学出版社，2005 年，第 136 页。
② 《马克思恩格斯全集》第 3 卷，北京：人民出版社，1960 年，第 51 页。
③ 黑格尔：《法哲学原理》，范扬、张企泰译，北京：商务印书馆，1995 年，第 14—15 页。

金教授也强调:"把一般唯物主义转化辩证唯物主义(其研究对象仍然是脱离人的),并把它引入充满着人的目的和动机的社会历史领域,是不可能推广出历史唯物主义的结论来的。"①

其次,马克思哲学也不能理解为黑格尔哲学的简单的唯物主义颠倒,而应该理解为对黑格尔的历史观念的根本改造。在《〈政治经济学批判〉序言》中,马克思回顾道,当自己在《莱茵报》工作期间面临着对物质利益难题时,迫使他去研究黑格尔法哲学:"我的研究得出这样一个结果:法的关系正像国家的形式一样,既不能从它们本身来理解,也不能从所谓人类精神的一般发展来理解,相反,它们根源于物质的生活关系,这种物质的生活关系的总和,黑格尔按照 18 世纪的英国人和法国人的先例,概括为'市民社会',而对市民社会的解剖应该到政治经济学中去寻找。"②虽然马克思承认,黑格尔意识到市民社会与国家是把握现代社会结构和本质的两个核心概念,但他错误地理解了两者的关系。虽然黑格尔赋予了市民社会在现代社会中的构成意义,即现代社会只有当市民社会从家庭和国家中分离出来后才有可能。但是,在概念上,黑格尔又让市民社会从属国家,并最终会被国家所扬弃。马克思明确拒绝这一观点。在他看来,我们不应该从国家出发来理解市民社会,相反,必须从市民社会现实出发理解来理解国家。在这里,马克思不仅意识到自然与历史的异质性,而且认识到思想与存在的非同一性,源于物质生活的社会利益及其冲突有其自身的客观性和顽固性,并不能被黑格尔的国家理念所同化。

从黑格尔哲学到马克思哲学的发展的另一理论关节点是马克思《1844 年经济学—哲学手稿》中对《精神现象学》的理解。马克思认为,《精神现象学》的伟大之处在于:"黑格尔把人的自我产生看作一个过程,把对象化看作失去对象,看作外化和这种外化的扬弃;因而,他抓住

---

① 俞吾金:《重新理解马克思——对马克思哲学的基础理论和当代意义的反思》,北京:北京师范大学出版社,2005 年,第 137 页。
② 《马克思恩格斯选集》第 2 卷,北京:人民出版社,1995 年,第 32 页。

了劳动的本质,把对象性的人、现实的因而是真正的人理解为他自己的劳动的结果。"①但是,黑格尔把劳动理解为基于精神的活动,而不是物质的和生产的活动。俞吾金反复强调,马克思哲学的诞生地是《费尔巴哈提纲》,在这里马克思明确地说:"从前的一切唯物主义(包括费尔巴哈的唯物主义)的主要缺点是:对对象、现实、感性,只是从客体的或直观的形式去理解,而不是把它们当作感性的人的活动,当作实践去理解,不是从主体方面去理解。"②马克思哲学不是简单地用物质去取代精神,而是用社会实践及其创造的社会存在去取消抽象的物质和精神。在一段对马克思哲学的起源和本质的总结性论述中,俞吾金教授说:

> 历史唯物主义是马克思在对现实斗争的积极参与、对国民经济学的深入钻研、对黑格尔历史唯物主义和费尔巴哈的直观唯物主义的深入批判中形成和发展起来的。历史唯物主义就是成熟时期马克思的全部哲学理论。按照我们的看法,根本不存在能够作为历史唯物主义基础的所谓"辩证唯物主义"。恰恰相反,马克思的历史唯物主义才是我们理解其他一切哲学理论和哲学问题的真正的基础和出发点。毫无疑问,我们应该告别"推广论"这一长期以来支配着理论界的哲学神话,祛除正统的阐释者附加在马克思哲学上的种种不确的、甚至错误的见解,恢复马克思哲学的本真精神和应有的历史地位。③

也就是说,无论是马克思对自己哲学的理解还是它的产生的历史过程,都否决了狭义历史唯物主义概念,即作为辩证唯物主义的推广和运用的历史唯物主义概念,马克思哲学从其诞生之日开始就是历史唯物主

---

① 《马克思恩格斯文集》第1卷,北京:人民出版社,2009年,第205页。
② 《马克思恩格斯选集》第1卷,北京:人民出版社,1995年,第54页。
③ 俞吾金:《问题域的转换——对马克思和黑格尔关系的当代解读》,北京:人民出版社,2007年,第135页。

义,而且始终就是历史唯物主义。

三、马克思哲学解释的重新定向

俞吾金教授在《论两种不同的历史唯物主义概念》中谈到,迄今为止,关于马克思哲学有两种流行的观点:(1)马克思哲学即辩证唯物主义和历史唯物主义,历史唯物主义是辩证唯物主义的推广和运用。显然,从这里只能得出狭义的历史唯物主义概念,而按照俞吾金教授的理解:"历史唯物主义是一种崭新的哲学学说,是我们研究一切领域(不仅仅是传统意义上的、狭义的社会历史领域)的理论前提。'狭义的历史唯物主义概念'把历史唯物主义束缚于狭义的社会历史领域,这就必然使它实证科学化,失去深刻的哲学内涵。"①(2)历史唯物主义是马克思哲学的基础和核心,也就是说,它是马克思哲学的前提和基础。第二种观点显然提升了历史唯物主义的地位,部分地恢复了马克思哲学的本质,实际上,这也是大多数西方马克思主义者,以及受其影响的中国马克思哲学研究者所持有的观点,甚至也是俞吾金教授与其同伴在 20 世纪 80 年代所持有的观点。但是,在俞吾金教授看来,对马克思哲学的认为认识到达这一步仍然是不够的。何以如此?把历史唯物主义理解为马克思哲学的"基础和核心",必然蕴含着马克思哲学还有"非基础和核心"的其他内容,而如果没对"非基础和核心"的内容做出阐明,所谓"基础与核心"不过是漫不经心的说法。虽然第二种说法相对而言更接近于对马克思哲学本身的把握,但仍然而可能陷入狭义历史唯物主义的窠臼。俞吾金认为,只有把历史唯物主义视为马克思哲学的划时代革命,并且把它理解为马克思哲学的全部内容,才能通达对马克思哲学的真正理解。实际上,在马克思哲学,即广义的历史唯物主义中,"社

---

① 俞吾金:《重新理解马克思——对马克思哲学的基础理论和当代意义的反思》,北京:北京师范大学出版社,2005 年,第 138 页。

会"概念并不是一个与"自然"概念并置的概念，而是一个全局性概念。"历史唯物主义蕴含着自己的自然观、认识论、方法论和范畴论，没有必要再设定一个'辩证唯物主义'来研究这些问题。"①

俞吾金教授对"历史唯物主义就是马克思哲学"命题不仅仅是论辩式的，即与"推广和运用"论诘抗，而且是阐释性的。在他看来，对旧的阐释路径的批判和超越意味着新的解释路径的开启和问题域的转化。这是一项艰巨的事业，需要做多方面的工作：（1）对马克思文本包括旧著的新读，如《费尔巴哈提纲》《德意志意识形态》《资本论》等，也需要对新发现的马克思手稿进行解读，如《1844 年经济学—哲学手稿》《詹姆士·穆勒〈政治经济学原理〉一书摘要》《1857—1858 年经济学手稿》（即《大纲》）以及晚期《民族学笔记》等。（2）与西方哲学进行对话，厘清马克思哲学与近代哲学的关系。（3）吸收和消化当代西方哲学和西方马克思主义的思想成果，重塑马克思哲学的当代形象。

俞吾金教授认为，马克思文本的正统解释者和教科书的编写者往往自觉和不自觉地把自身置身于近代西方哲学的问题域中来解释马克思哲学，把马克思哲学近代化。它具体表现为：把马克思哲学理解为"物质本体论"；把哲学的基本问题理解为思维和存在的关系问题；把马克思哲学视为抽象的认识论；把马克思哲学的辩证法理解为一般的思维形式，等等。这种理解很容易把马克思的以实践为基础的、面向社会现实的哲学理论曲解成思辨的形而上学，而在俞吾金教授看来，把马克思哲学近代化是根本的理论错置。事实上，"马克思哲学以及他的全部思想遗产都具有当代性。……马克思哲学是从属于当代西方哲学的，马克思既是 19 世纪伟大的思想家，更是 20 世纪和 21 世纪的伟大思想家。要言之，马克思是我们的同时代人。"②

---

① 俞吾金：《实践与自由》，武汉：武汉大学出版社，2010 年，第 179 页。
② 俞吾金：《问题域的转换——对马克思和黑格尔关系的当代解读》，北京：人民出版社，2007 年，第 410 页。

如何在当代西方哲学,而非近代西方哲学的论域中来理解马克思哲学？俞吾金教授说:"近代西方哲学,尤其是笛卡尔主义,以非批判的方式接受了传统西方哲学,特别是滥觞于亚里斯多德的物质本体论和理性本体论。"①在这里,哲学的基本问题是思维与存在的关系问题,古代哲学与近代哲学的区别只在于:古代西方哲学更关注的是世界的本源问题,而近代西方哲学则更多地关注认识论和方法论问题。在近代西方哲学中,无论是唯物主义还是唯心主义关心的都是思维与存在的关系问题。与近代西方哲学不同,当代西方哲学在问题域上实现了根本的转换,即从思维与存在的关系问题,转向了人与世界的关系问题;从认识论转向生存论问题,即从人对外在世界的认识转向对人及其与生活世界之间的本体论关系问题。俞吾金教授说:

> 这里的"本体论"主要表现为海德格尔为代表的"生存论的本体论","关系论"主要表现为"主体际性"、"自我与他者"、"人与社会"、"人与自然"、"思想与语言"等;"批判论"主要表现为蕴含在各个哲学流派中的、具有不同指向的批判意识和批判理论中,如法兰克福学派的"社会批判理论"、哈贝马斯的"批判诠释学"和德里达的"解构理论"等等。要言之,当代西方哲学的问题乃是"本体论、关系论和批判论的一致",而贯通于其中的基本问题则是人与世界的关系。而在这一关系中,无论是"人",还是"世界"的含义都获得了当代西方哲学独有的丰富性。②

从当代西方哲学的问题域出发理解马克思哲学或历史唯物主义的意义,俞吾金教授认为,我们不能把马克思哲学理解为西方当代哲学的前

---

① 俞吾金:《问题域的转换——对马克思和黑格尔关系的当代解读》,北京:人民出版社,2007 年,第 411 页。
② 俞吾金:《问题域的转换——对马克思和黑格尔关系的当代解读》,北京:人民出版社,2007 年,第 413 页。

史或它的注解，而应理解为一种与西方当代哲学异质同构的理论。相对于当代西方哲学，历史唯物主义更加切中了当代人类生活的真正的历史意识，"我们这里所说的'真正的历史意识'指的是阐释者们对当代生活的本质的领悟"①，马克思哲学通过实践概念以及与它相关的社会历史理论，赋予了人作为时代的解释者和改造者的特殊意义。具体来说，与当代西方哲学的"本体论、关系论和批判论的一致"异质同构的是："马克思哲学的问题域乃是'实践本体论'、'社会生产关系论'和'社会革命论'的一致性。"②通过"实践本体论""社会生产关系论"和"社会革命论"的"三论"的统一性和一致性，马克思哲学既与当代西方哲学处在同一时代，又赋予了它以特殊的解释，这一解释不仅与当代西方哲学流派相向而行，而且就其解释力和现实性而言是一个更加合理和具有解释潜能的哲学纲领。

按照俞吾金教授的解释，广义的历史唯物主义就是马克思哲学本身，也是马克思的划时代的哲学革命的唯一成果。相对于近代西方哲学和马克思哲学的正统解释（不过是近代哲学的继续），马克思哲学的新取向可概括为三个方面：从物质本体论到实践本体论，或更具体地说，从物质本体论到实践-社会生产关系的本体论；从抽象认识论到具体认识论，或更具体地说，是从抽象认识论到意识形态批判理论；从自然辩证法到实践辩证法，或更具体地说，是从自然辩证法到社会历史辩证法。上述三个转向不仅超越传统教科书体系所依赖的近代西方哲学视域，而且为马克思哲学的新阐释开辟了新的方向。因为它解释了历史唯物主义不仅是马克思的社会历史学说，而且包含了马克思哲学的本体论、辩证法和认识论内容。下面我们就对这三个转向所开辟的新的解释方向进行阐述。

---

① 俞吾金：《问题域的转换——对马克思和黑格尔关系的当代解读》，北京：人民出版社，2007 年，第 419 页。
② 俞吾金：《问题域的转换——对马克思和黑格尔关系的当代解读》，北京：人民出版社，2007 年，第 416 页。

四、实践-社会生产本体论

在对马克思主义哲学的正统解释中,物质概念及其客观性被当作辩证唯物主义的基础,并且是先行于历史唯物主义而被阐述的。在俞吾金教授看来,这种阐述方式是落后于时代的、完全错误的。实际上,马克思从来就没有接受以物质观为基础的唯物主义。早在1843年的《黑格尔法哲学批判》中,他就尖锐地指出:脱离物的具体性和历史特征的"抽象的唯物主义是物质的抽象的唯灵论"①,脱离了一切具体的历史特征,笼统地谈论"精神""物质""唯物主义"和"唯心主义"这些概念,没有任何实质意义,这些概念之间的差别不过语词上的差别,那种排除了历史过程的、抽象的自然科学式理解的唯物主义在本质上仍然是唯心主义。在马克思那里,物的概念不是独立于人的存在的自然物,而是具体社会历史条件下的社会物。俞吾金教授把马克思哲学的本体论革命概括为"从抽象的物质到具体的物"②,并基于马克思青年时代到成熟时期的一系列著作做了系统的阐述。

在《1844年经济学—哲学手稿》中,马克思明确地说:"在人类历史中即在人类社会的产生过程中形成的自然界是人的现实的自然界。"③虽然马克思承认,即使有人的中介作用,"外部自然的优先性仍然保持着"④,但是,只有通过生产、技术和工业形成的自然界才是真正的、属人的自然界,离开了人的需要、认知和实践活动,抽象地谈论的"自然界"只是一种幽灵般的存在,对人类的生存没有意义,基于此,"把马克思的物质观曲解为与物质本质论相一致的抽象物质观、阐释为'世界统一于物质'这类空话,也就完全阉割了马克思哲学的革命性,把它歪曲

---

① 《马克思恩格斯全集》第1卷,北京:人民出版社,1956年,第355页。
② 俞吾金:《实践与自由》,武汉:武汉大学出版社,2010年,第293页。
③ 《马克思恩格斯全集》第42卷,北京:人民出版社,1979年,第128页。
④ 《马克思恩格斯全集》第3卷,北京:人民出版社,1960年,第50页。

为学院化的高头讲章和经院哲学式的空谈"。①为了与这种抽象的物质本体论相区别，俞吾金教授明确提出了"作为实践-社会生产关系本体论的马克思哲学"的观念。他强调，这种本体论不仅不是把物质理解为先于人类活动的自然主义物质本体论，而且也不能一般地停留在实践本体论层面上。实践作为人的感性活动固然包含着人对自然的能动作用，但是，它的更重要的内涵是人的物质生产活动及其对社会关系的认识和改造。俞吾金教授强调，马克思真正感兴趣的不是自然物，而是"社会的物"，即物在具体社会历史关系中所呈现的形式。在《物、价值、时间和自由》这篇纲领性文章中，他在评述了卢卡奇、葛兰西、A.施密特等人的相关论述之后，明确提出我们不仅应该把物理解为由人的实践活动所中介的具体存在，而且还应进一步把它理解为由生产关系规定的社会存在。在这里，马克思对商品和商品拜物教的分析具有典范意义。正如马克思所说，在资本主义经济关系中，物表现为商品，具体的物表现为巨量商品的堆积。商品虽然是物，是靠自身属性来满足人的需要的某种东西，但是，对历史唯物主义来说，商品的特殊性和本质不在这一抽象的物的属性，而在于它作为交换价值、作为"财富"的交换价值，即资本主义条件下的人与人关系的社会属性。物不仅被工业所中介，也被交换关系所中介。"黑人就是黑人。只有在一定的关系下，他才成为**奴隶**。纺纱机是纺棉花的机器。只有在一定关系下，它才成为**资本**。脱离了这种关系，它也就不是资本了，就像**黄金**本身不是**货币**，砂糖并不是**砂糖**的价格一样。"②也就是说，只有我们不仅理解为物是以实践为中介的结果，而且还要把它理解特定的社会物的存在形式，对物的概念的分析才有意义。在《存在、自然存在和社会存在》第三节"马克思对存在、自然存在和社会存在关系的思索"中，关于马克思哲学的本体论革命，俞吾金教授做了这样的概括：

① 俞吾金：《实践与自由》，武汉：武汉大学出版社，2010 年，第 271 页。
② 《马克思恩格斯选集》第 1 卷，北京：人民出版社，2012 年，第 340 页。

我们认为,马克思哲学的实质不是自然哲学,而是实践哲学;不是历史哲学,而是经济哲学;不是逻辑学,而是法哲学。传统的自然哲学以静观的方式去探讨自然界,而马克思的实践哲学则通过人的实践活动的媒介去研究自然界;传统的历史哲学侈谈人类历史发展的一般规律,而马克思的经济哲学则注重资本主义社会的经济发展规律的研究;传统的、黑格尔式的逻辑学研究的是概念之间的辩证关系,而马克思的法哲学注重的则是对资本主义社会中人与人、人与物之间的法的关系做哲学探讨。①

这段话并非轻率的概括,它是建立在俞吾金教授长期以来对西方哲学和马克思哲学的广泛和深入思考的基础上的。该文在系统阐述海德格尔、卢卡奇和马克思关于自然存在与社会存在的观点之后总结到:在现当代社会,我们不再在抽象的一般意义上谈论存在概念以及自然存在与社会存在的关系,而是以社会问题的深入反思为基本特征,并把社会存在置于基础性的层面上的。

一方面,它们总是自觉地或不自觉地从社会存在出发去解读存在的意义,从而把作为人的存在的此在与其他的存在者严格区分开来,并对人的异化问题予以高度的关注;另一方面,它们也是从社会存在出发去解读自然存在的意义,因而总是主张经过人的实践活动的中介去认识自然,即不是谈抽象的自然辩证法,而谈具体的人化自然辩证法;不谈抽象的、与人类社会相分离的辩证唯物主义,而谈以人类存在和人化自然作为研究对象的历史唯物主义。②

在广义的历史唯物主义中,同时也是在马克思的政治经济学批判中,一

① 俞吾金:《实践与自由》,武汉:武汉大学出版社,2010年,第271页。
② 俞吾金:《实践与自由》,武汉:武汉大学出版社,2010年,第422页。

切存在物都是社会的生产关系。"马克思对资本主义背景下各种社会存在形式，如商品（社会的物）、人（社会存在物）、抽象劳动（具有社会性质的劳动）以及货币、价值、资本乃至全部经济范畴都进行深入的研究，从而得出了这样的结论，即社会存在本质上体现了一种关系。"①这一对马克思本体论的理解不仅完全摆脱了抽象的物质本体论，也超越了抽象的人学本体论。正如广松涉所说："马克思恩格斯所指的'经济'，虽说由生产和流通两个因素构成，但作为第一层级的归根到底还是'生产'，然而这个'生产'已超越单纯的社会观的层面，是关于人的存在论规定的范畴。"②因为在马克思看来，"个人怎样表现自己的生命，他们自己就是怎样。因此，他们是什么样的，这同他们的生产是一致的——既和他们生产什么一致，又和他们**怎样**生产一致"③。物、存在、实践乃至社会存在都不是抽象的，都是与人的生产活动创造的，并且表现为一定社会生产关系中的具体形式。俞吾金教授认为："马克思的本体论是与一切自然主义本体论相对立的'实践-社会生产关系本体论'。"④这一本体论不仅超越了传统的物质本体论，也超越了当代西方哲学的生存论本体论，以及卢卡奇晚期的社会存在本体论。人的生产活动及其社会组织形式，而非一般意义上的社会存在及其关系，构成了社会和人类存在的基础，只有从实践-社会生产关系本体论出发才能真正地进入到时代的历史意识之中，马克思哲学才能由抽象的哲学转变成具体的哲学。

五、从自然辩证法到实践辩证法

按照正统解释，马克思哲学是费尔巴哈唯物论和黑格尔辩证法的

---

① 俞吾金：《实践与自由》，武汉：武汉大学出版社，2010 年，第 422 页。
② 广松涉：《唯物史观原像》，邓习议译，南京：南京大学出版社，2009 年，第 52 页。
③ 《马克思恩格斯文集》第 1 卷，北京：人民出版社，2009 年，第 520 页。
④ 俞吾金：《实践与自由》，武汉：武汉大学出版社，2010 年，第 252 页。

结合,因此,马克思的辩证法是物质辩证法或自然辩证法。俞吾金教授拒绝这种简单化的结合论,因为这种结合论无论对马克思的唯物主义来说,还是对马克思的辩证法来说,都是一种扭曲。正如前面谈到的,我们不能像抽象的物质本体论那样把抽象的物作为马克思哲学的一般前提,同样,我们也不能把物质及其一般规律作为马克思的辩证法的内容。

俞吾金教授一直致力于德国古典哲学与马克思哲学关系的研究,在这方面出版了大量著作,如《从康德到马克思——千年之交的哲学反思》(2004)、《重新理解马克思——对马克思哲学的基础理论和当代意义的反思》(2005)、《问题域的转换——对马克思与黑格尔关系的当代解读》(2007)等。他认为,德国古典哲学的遗产不能仅仅归结为黑格尔的辩证法,也不认为费尔巴哈的唯物主义能够提供黑格尔辩证法的批判性改造的基础。就前者来说,"把德国古典哲学的遗产归结为黑格尔的辩证法,虽然极大地突出了辩证法在哲学中的重要地位和作用,但与此同时,也潜伏着另一危险,即使哲学的内涵窄化,从而必定会导致德国古典哲学遗产的内涵的窄化"。就后者来说,"把辩证法从黑格尔的哲学体系中抽取出来并抽象地加以讨论,也必定会导致辩证法与其真正的载体之间的分离"①。离开了马克思哲学的本体论革命,即关于存在之为存在的全新理解,抽象地把辩证法理解为物质世界和人类思维的一般规律,是把辩证法这一时代的批判性冲动的理论表达重新形而上学化。

从康德到马克思,发生变化的不仅是辩证法的地位和作用,更为重要的是辩证法载体的变化。俞吾金教授指出,康德辩证法的载体是理性,黑格尔辩证法的载体是绝对精神,而马克思辩证法的载体是人类实践及其社会关系。马克思辩证法的出发点和基础不是费尔巴哈的唯物

---

① 俞吾金:《从康德到马克思——千年之交的哲学沉思》,北京:北京师范大学出版社,2017年,第12页。

主义,"费尔巴哈式的一般唯物主义所赖以作为基础和出发点的、脱离人类社会历史的抽象的自然界或抽象的物质是不可能成为马克思的辩证法的载体的"①;它的出发点是黑格尔的精神辩证法,在《精神现象学》中,黑格尔虽然错误地精神作为辩证法的载体,但毕竟把握到了辩证法的社会历史本质。对辩证法的理解需要割断它与自然或物质之间联系的想象的脐带,把它完全转到具体社会历史的载体身上,才能真正理解马克思的辩证法。

　　基于实践-社会关系本体论,俞吾金教授认为,马克思辩证法的真正载体是实践,或更具体地说是人类社会历史。正如马克思在《关于费尔巴哈的提纲》第八条所说:"全部社会生活在本质上是实践的。凡是把理论引向神秘主义的神秘东西,都能在人的实践中以及对这个实践的理解中得到解决。"②对康德的理性辩证法和黑格尔的精神辩证法的扬弃或超越,不能回到前康德的物质或自然概念。"对马克思来说,在剥掉黑格尔辩证法的载体——'绝对精神'后,应该取而代之的并不是抽象的、与人的实践活动相分离的'自然界',而是以人类的实践活动为基础的'社会历史'。也就是说,与恩格斯不同,马克思没有沿用'自然辩证法'的概念,他主张的乃是'社会历史辩证法'。在马克思看来,以人类的实践活动为基础和核心的'社会历史'才是合理的辩证法的载体。"③俞吾金教授对马克思辩证法的理解与卢卡奇《历史与阶级意识》的思想是一致的。吕迪格·丹内曼(Rüdiger Danemann)指出:"总体性思想的激进是与黑格尔-马克思的具体性概念相伴随的。卢卡奇将黑格尔'真理是具体的'的格言同样确切地与马克思的表述联系在一起:'每一个社会中的生产关系都形成一个统一的整体'。"④卢卡奇批

---

① 俞吾金:《实践与自由》,武汉:武汉大学出版社,2010 年,第 8 页。
② 《马克思恩格斯选集》第 1 卷,北京:人民出版社,1995 年,第 56 页。
③ 俞吾金:《问题域的转换——对马克思和黑格尔关系的当代解读》,北京:人民出版社,2007 年,第 451—452 页。
④ 吕迪格·丹内曼:《〈物化和阶级意识〉的思想意义和多元阐释》,张亮主编:《卢卡奇研究指南》第 2 卷,南京:江苏人民出版社,2022 年,第 68 页。

判了古典本体论的所有形式,他不仅批判了恩格斯把辩证法应用到自然领域,提出自然辩证法,而且也批判了恩格斯把辩证法理解为因果相互作用,并运用于历史的解释。恩格斯一旦"将马克思的严格的历史辩证法理念转用于一种客观的运动辩证法之中,这种客观的运动必然助长一种哲学上和政治上站不住脚的历史因果性纲领"①。如果马克思的辩证法是严格的"社会历史辩证法",它包括哪些内容? 在俞吾金教授的著作中,它包含了三个方面的内容,即实践的辩证法、人化自然的辩证法和社会形态发展的辩证法。

首先,马克思的辩证法是实践辩证法。在《费尔巴哈提纲》中,马克思说:"环境的改变和人的活动或自我改变的一致性,只能被看作是并合理地理解为革命的实践。"②生产实践是主观与客观的中介,也是人类一切活动的基础。在实践中,人既改变环境,也被环境所改变,实践活动是主观目的性和客观因果性的辩证统一。在广义的历史唯物主义中,实践辩证法也可理解为劳动辩证法。劳动是人类社会的基础,实践活动的基本形式是劳动。马克思在《1844 年经济学—哲学手稿》中说,"整个所谓世界历史不外是人通过人的劳动而诞生的过程,是自然界对人说来的生成过程"③。在此意义上,"人的诞生与自然界对人的生成,通过人的劳动而交织在一起,构成世界历史的发展"④。马克思有关于实践和劳动辩证法的观点可以理解为对作为历史唯物主义基础和前提的哲学人类学思考,在这里,辩证法的载体不是自然界或物质本身,而是人的活动,或人的肉体和社会存在与世界之间通过活动所形成的各种关系。

其次,马克思的辩证法是"人化自然的辩证法"。俞吾金教授指出,

---

① 吕迪格·丹内曼:《〈物化和阶级意识〉的思想意义和多元阐释》,张亮主编:《卢卡奇研究指南》第 2 卷,南京:江苏人民出版社,2022 年,第 69 页。
② 《马克思恩格斯选集》第 1 卷,北京:人民出版社,1995 年,第 55 页。
③ 《马克思恩格斯全集》第 42 卷,北京:人民出版社,1979 年,第 131 页。
④ 俞吾金:《问题域的转换——对马克思和黑格尔关系的当代解读》,北京:人民出版社,2007 年,第 452 页。

只要承认实践辩证法或劳动辩证法，也就必然承认"人化自然辩证法"的存在。"人化自然辩证法"不同于"自然辩证法"。"自然"在这里不是脱离人的实践的物质存在及其运动，而是与人的认识和实践相联系的肉体自然和外在自然的总和。在《1844 年经济学—哲学手稿》中，马克思说："不仅五官感觉，而且所谓精神器官、实践感觉（意志、爱）等等，一句话，人的感觉，感觉的人性，都只是由于它的对象的存在，由于人化的自然界才能产生出来的。"①"在人类历史中，即在人类社会的产生过程中形成的自然界是人的现实的自然界；因此，通过工业——尽管以异化的形式——形成的自然界，是真正的、人类学的自然界。"②因此，人与自然的关系必须理解为辩证的相互作用。具体来说，人化自然的辩证法包括三个方面的内容：人与自然的辩证法；人与自然关系同人与人关系之间的辩证法；自然科学与人的科学之间的辩证法。至于这其中的内容，在此无法详述。

再次，马克思的辩证法是社会形态发展的辩证法，或异化与解放的历史辩证法。在马克思那里，人类历史不是线性的发展过程，而是自由与奴役、异化和解放相交织的过程。在人类历史发展中，既包含着异化、压迫、统治和破坏，又通过分工与交换、异化和剥削创造了人类更高程度的解放所需要的条件。马克思的异化劳动批判、抽象现实的批判以及整个资本主义文明形态的批判，都包含着深刻的辩证法思想。在这里，俞吾金教授把马克思的历史辩证法界定为"社会形态发展的辩证法"。马克思在《1857—1858 年经济学手稿》中提出的"三大社会形态"，在第一大形态中，即在人对自然和社会的直接依赖关系的阶段中，人类生活虽然带有温情脉脉的外表，但这种"温情"是以牺牲个人的自由为代价的。在第二种形态中，物的重要性充分显现了，人的独立性建立在对物的依赖上，因而表现为人的活动的异化和人与人关系的普遍

① 《马克思恩格斯全集》第 42 卷，北京：人民出版社，1979 年，第 126 页。
② 《马克思恩格斯全集》第 42 卷，北京：人民出版社，1979 年，第 128 页。

物化。但是,与保守主义和浪漫主义对待资本主义的物化和异化的态度不同,马克思以辩证的态度对待资本主义社会,指出这一以物的依赖为特征的异化和物化阶段是人类发展不可避免的阶段,因为它为个人的全面发展创造了条件。在第三社会形态中,人与人的关系摆脱了异化状态,每个人的自由和全面的发展成为目的本身。在这里,马克思充分提示了人类通向解放过程中的依赖与自由、进步和代价的辩证法。

在总结性论述中,俞吾金教授明确提出,在历史唯物主义的新理论定向中,辩证法从来不是脱离人的实践和社会历史存在的自然界本身的运动及其规律,即自然辩证法。"在马克思看来,辩证法只关系到'人'这个社会存在物的全部活动,因而现实地存在着的只能是'社会历史辩证法',换言之,社会历史才是辩证法的真正载体。"① 显然,从俞吾金教授对马克思的辩证法的解释中可以看出,他完全清洗掉了马克思哲学的正统阐释所理解的辩证法概念的形而上学痕迹,改变了人们对马克思辩证法的理解,消除了以往教科书对辩证法的单调乏味、有时是拙劣的概念游戏式的论述。

六、从抽象的认识论到意识形态批判

俞吾金教授在《从抽象认识论到意识形态批判》一文中明确提出:"在马克思哲学中,蕴含着一个丰富的认识论的维度,而马克思的认识论正是以其历史唯物主义理论为基础的。"但是,"在近代西方哲学问题域的影响下,正统的阐释者试图把马克思的认识论转换成毫无生气的、抽象的认识论。所谓'抽象认识论',也就是脱离社会历史和社会实践活动来探索认识的起源、要素、本质、过程和意义的认识理论"② 。虽然

---

① 俞吾金:《问题域的转换——对马克思和黑格尔关系的当代解读》,北京:人民出版社,2007年,第462页。
② 俞吾金:《从抽象认识论到意识形态批判》,载《天津社会科学》1995年第5期,引自《被遮蔽的马克思》,北京:人民出版社,2012年,第99页。

正统的阐释者强调认识的基础是实践，但是在这里，无论是认识主体、认识客体以及主客体之间关系的理解都是抽象的。基于马克思哲学的"实践-社会生产关系本体论"和"社会历史辩证法"的前提，俞吾金教授认为，马克思哲学"这一理论根本不可能蕴含一个抽象认识论，相反，它通过本体论上策动的哲学革命，从根本上改造了传统西方哲学，包括近代西方哲学的认识论，把它转换并提升为一种意识形态批判理论"①。正如卢卡奇所说："历史唯物主义正是资本主义社会的自我认识"②，马克思很少抽象地谈论意识的发生和认识的起源之类的问题，"而是联系无产阶级的革命斗争实践，深入地批判资产阶级的意识形态，以便无产阶级对自己的历史地位和使命、对资本主义社会的规律和发展趋势获得正确的认识"，基于此，"传统哲学中的抽象认识论，在马克思的历史唯物主义的语境中，已经被转变为一种意识形态批判理论，其主旨是正确地认识资本主义社会的本质，清除意识形态对无产阶级认识主体的侵蚀，使无产阶级始终站在自己阶级的阶级意识的高度上"③。

意识形态批判理论是俞吾金教授研究的重要领域，早在其博士论文《意识形态论》中就已经明确意识到意识形态批判与历史唯物主义本身的联系，提出了历史唯物主义是意识形态元批判的论断。在这里，意识形态不仅仅是由物质派生的意识，或经济基础的产生的上层建筑，意识形态是人类生活的构成因素。马克思在《德意志意识形态》文稿中被删除的一段中说：

> 我们仅仅知道一门唯一的科学，即历史科学。历史可以从两方面来考察，可以把它划分为自然史和人类史。但这两方面是不可分割的；只要有人存在，自然史和人类史就彼此制约。自然史，

---

① 俞吾金：《从抽象认识论到意识形态批判》，载《天津社会科学》1995年第5期，引自《被遮蔽的马克思》，北京：人民出版社，2012年，第109页。
② 卢卡奇：《历史与阶级意识》，杜章智等译，北京：商务印书馆，2004年，第315页。
③ 俞吾金：《被遮蔽的马克思》，北京：人民出版社，2012年，第114页。

即所谓自然科学,我们在这里不谈;我们所需要研究的是人类史,因为几乎整个意识形态不是曲解人类史,就是完全撇开人类史。意识形态本身只不过是人类史的一个方面。①

换言之,在这里,意识形态不仅仅是社会意识或上层建筑,它是人类社会历史存在的一个方面,离开了意识形态就不可能真正地理解人类的历史。在某种意义上,正如阿尔都塞所说的:人是意识形态的动物的动物。

马克思所说的"意识形态"不是纯粹认知意义上的错误意识,作为特定社会历史的人类自我认识,当其受到不合理的社会利益关系和权力扭曲时,它才是虚假意识。就此而言,意识形态首先是人类社会历史的一部分,而对社会观念和思想的起源、本质和作用的解释本来就是历史唯物主义的任务,在此意义上,意识形态批判内在于历史唯物主义之中。按照历史唯物主义,一切观念和思想都是对存在的认识,一切有关观念和思想的自主性和独立性幻想都是唯心主义。在马克思看来,观念的东西不外是移入人的头脑并在人的头脑中改造过的物质的东西而已,只要人们在思想方法上仍然屈从于唯心主义,因而仍然用唯心主义的、颠倒的目光去看待现实世界,就根本不能发现社会变革的基础和力量。在此意义上,"以历史唯物主义为基础的合理形态的辩证法乃是马克思批判资产阶级意识形态和形形色色意识形态的重要思想武器"②。

如何理解意识形态批判与历史唯物主义之间的联系,这个问题可以从费尔巴哈对宗教异化的批判的不彻底性看出。费尔巴哈虽然揭露了宗教世界是世俗世界的幻想,但他没有回答人们是怎样以及为什么要把这些幻想"塞进自己头脑"这个问题。在《德意志意识形态》中,马克思地说:"这个问题甚至为德国理论家开辟了通向唯物主义世界观的

---

① 《马克思恩格斯文集》第1卷,北京:人民出版社,2009年,第516—519页。
② 俞吾金:《意识形态论》,北京:人民出版社,2010年,第111页。

道路，这种世界观没有前提是绝对不行的，它根据经验去研究现实的物质前提，因而是最先是真正批判的世界观。"①马克思之所以要创立历史唯物主义，是要解决人的观念和思想来源问题，而不限于费尔巴哈所关心的宗教本质问题。马克思之所以能够跳出"德意志意识形态"，依赖的正是他的历史唯物主义信念："对现实的描绘会使独立的哲学失去生存环境，能够取而代之的充其量不过是从人类历史发展的观察中抽象出来的最一般的结果的综合。这些抽象本身离开了现实的历史就没有任何价值。"②俞吾金教授强调，马克思的历史唯物主义理论作为批判理论乃是以"去蔽"作为根本特征的元批判理论。这种"去蔽"，当其落实在特定社会形态或历史时期的观念和思想的批判时，就是意识形态批判。

关于历史唯物主义的认识论重新定向的必要性，俞吾金教授指出："在马克思哲学中，蕴含着一个丰富的认识论思想的维度。然而，正统的阐释者们在近代哲学的问题域的影响下，把马克思的认识论转换成一种无生气的、抽象的认识论。"③脱离社会历史条件和社会实践活动来解释人的意识和认识的起源、本质、过程和意义，根本就不是马克思哲学的研究对象，这样来理解马克思的认识论实际上是把它拉回到近代哲学意识哲学，而完全错过了当代哲学的生存论转向以及由此带来的批判和解释学转向所带来的启示。在俞吾金教授看来，作为辩证唯物主义一部分的认识论在根本意义上是一种抽象的认识论，而是非具体的认识论，正如它的本体论是抽象的物质论，它的辩证法是抽象的辩证法一样。具体来说，传统理解的马克思认识论之所以是抽象的认识论，表现在以下五个方面：认识主体的抽象化、认识客体的抽象化、主客体关系的抽象化、认识起源的抽象化、认识过程的抽象化。与这种抽象

---

① 《马克思恩格斯全集》第 3 卷，北京：人民出版社，2002 年，第 261 页。
② 《马克思恩格斯全集》第 3 卷，北京：人民出版社，2002 年，第 31 页。
③ 俞吾金：《问题域的转换——对马克思和黑格尔关系的当代解读》，北京：人民出版社，2007 年，第 427 页。

化的认识论相对立,马克思的认识论是具体认识论。马克思的认识论在根本意义上对认识的起源、本质、要素、过程问题的一般问题不感兴趣,他感兴趣的是社会历史条件下人的观念和思想的起源和本质,更具体地说,是对具体社会历史条件下的意识形态的起源、本质、作用和批判的可能性问题。俞吾金说说:"众所周知,马克思的实践唯物主义或历史唯物主义乃是具有革命倾向的哲学理论。这种理论根本不可能蕴含着一个抽象认识论,相反,它通过本体论上策动的哲学革命,从根本上改造了传统西方哲学,包括近代西方的认识论,把它转换并提升为一种意识形态批判。"[①]马克思的作为认识论的意识形态批判理论有丰富的内容,它包含着以下重要观点。

首先,认识主体不是一块白板,认识不是超历史、超现实的主体对独立于社会历史的对象的反映或罗蒂所说的"镜像"。相反,任何认识主体都是带有自己的先见的,认识是对感觉材料的塑造,或把自己信念向外部世界的投射。不存在抽象的一般意义上的主体,认识主体总是特定文化和社会背景下的主体,并带着自己的意识形态与世界打交道的,在此意义上,人总是意识形态的动物,而非辩证唯物主义正统阐释中所说的感觉、意识或理性的一般主体。

其次,既然意识形态总是内在认识主体之中,成了人类认识活动的先赋观念,那么认识论的首先任务就是反身向内,对自己所接受的意识形态,或研究对象本身的先行具有的意识形态背景,进行解蔽或批判。在这里,我们必须认识到,人在认识中既受到他所处的时代的意识形态背景的制约,又具有超越其背景的可能性。

再次,意识形态批判的对象是具体的,马克思的历史唯物主义所蕴含的认识理论的主旨是正确地认识资本主义社会,而要获得这种认识,就需要批判资产阶级的意识形态,揭示无产阶级获得对资本主义社会

---

① 俞吾金:《问题域的转换——对马克思和黑格尔关系的当代解读》,北京:人民出版社,2007 年,第 436 页。

的正确认识的可能性条件,服务于无产阶级革命。在某种意义上,马克思的认识论不是一般的认知理论,而是取向于革命实践的社会批判理论。

在俞吾金教授看来,马克思的认识论不是笛卡尔开启的近代哲学的认识论传统的继续,而是与当代西方哲学方向一致的"批判解释学"或"深度解释学"。它的任务不是解释人的意识和观念的起源和本质,而是解释观念和思想的历史和社会起源。在马克思的认识论是意识形态批判理论的总命题下,俞吾金教授通过"实践诠释学""权力诠释学""资本诠释学"等概念展开对马克思认识论的进一步思考。他认为,马克思的认识论可以理解为"实践诠释学"或"批判诠释学"。

俞吾金教授通过考证发现,在马克思的著作中"Hermeneutik"这个词虽然只出现过一次,但是,从马克思对唯心主义观念论的批判中,对社会存在与意识形态的关系的解释中,对语言与意义的思考中,我们可以发现,马克思实际上先于海德格尔完成了诠释学的"本体论转向",并更深刻地揭示了思想和观念的起源和本质。马克思《费尔巴哈提纲》的第八条说:"全部社会生活在本质上是实践的。凡是把理论引向神秘主义的神秘东西,都能在人的实践中以及对这个实践的理解中得到合理的解决。"[①]《提纲》的第二条说:"人的思维是否具有客观的[gegenständliche]真理性,这不是一个理论问题,而是一个实践问题。"[②]这两段话可作为实践诠释学的座右铭。马克思的实践概念不仅是一般意义上的主观见之于客观的活动,而且是生产劳动,而在生产劳动中,人又必然受制于生产资料占有制所决定的阶级结构和权力关系,因此,作为诠释学基础的实践必然是社会的历史的实践,是与社会经济结构和权力关系相联系的实践。一旦我们认识到马克思的认识论就是他的意识形态批判理论,意识形态又是在特定的历史条件下的观念和

---

① 《马克思恩格斯选集》第 1 卷,北京:人民出版社,1995 年,第 56 页。
② 《马克思恩格斯选集》第 1 卷,北京:人民出版社,1995 年,第 55 页。

思想的创造和解释,而观念的生产和解释又是受解释者的经济地位和权力地位决定的,那么,在现代社会,实践诠释学就必须进一步发展为资本诠释学和权力诠释学。

俞吾金教授有关实践诠释学的论文很多,内容非常丰富,在此无法一一介绍。这里只想提示读者他从这些研究中得出的一般结论。首先,"马克思的诠释学把实践概念引入到一切理解和解释活动的基础层面上,从而完成了诠释学发展中的'哥白尼式的革命',即不是从观念的文本出发并解释人的生存实践的活动,相反,是从人的生存实践活动出发并解释一切观念的文本"[1]。其次,一旦认识到理解和解释的前提和基础是实践,而实践又是社会关系的生产和再生产,如此一来,"认识论必定转化为诠释学,而诠释学的问题则是:人们可能会把什么样的先入之见带入到自己的认识、理解和阐释活动中? 如何通过反思和批判来清除自己先入之见中的错误的东西? 而马克思的实践诠释学为我们展示了一条崭新的道路——意识形态批判的道路"[2]。显然,在马克思这里,认识论、意识形态批判和实践诠释学是同一的内容的不同表述。这样,以往作为辩证唯物主义内容的认识论在历史唯物主义视域被完全改变了。

结　语

到此为止,我们已经大致清楚了俞吾金教授为什么要拒绝传统马克思哲学教科书体系,即由物质本体论、自然和思维辩证法以及建立在它们两者之上的抽象认识论所构成的辩证唯物主义传统,以及为什么要旗帜鲜明地主张马克思哲学就是历史唯物主义。

今天如何来认识俞吾金教授的工作? 也许有些人会不认同俞吾金

---

[1]　俞吾金:《实践与自由》,武汉:武汉大学出版社,2010年,第286页。
[2]　俞吾金:《被遮蔽的马克思》,北京:人民出版社,2012年,第282页。

教授的工作,认为教科书体系不应一概否定,它在马克思哲学大众化和思想传播中有重要的作用。也许还有人会用斯特劳斯式"隐微知识"和"显白知识"的区分来为它辩护,认为学者的马克思哲学与大众化马克思哲学可并行不悖、两不相侵。这些观点都是俞吾金教授所不能同意的。马克思说:"理论只要说服人[ad hominem]就能掌握群众;而理论只要彻底,就能说服人[ad hominem]。"①以教化或意识形态功能为教科书体系辩护,或者是对马克思哲学的真理没有信心,或者是对马克思哲学的态度不够真诚。这两种态度都是需要拒绝的。数十年来,俞吾金教授不屈不挠地批判传统阐释模式,殚精竭虑地阐发对马克思哲学的真正思想,既是出于对马克思哲学的理论忠诚,也是出于对马克思哲学的合理性的坚定信念。

俞吾金教授在其成名作《思考与超越——哲学对话录》的"为思想而生"的导言中,曾引述帕斯卡下面一段话作为题记:"人显然是为了思想而生的;这就是他全部的尊严和他全部的优异;并且他全部的义务就是要像他所应该地那样去思想。"②基于这样的精神,俞吾金矢志不移,几十年如一日,在学术上勤奋耕耘,为我们展现了一个全新的马克思哲学形象。前面我们谈到,"马克思哲学就是历史唯物主义"命题不是全新的观念,也非俞吾金教授的"独家秘籍"。但是,揆诸中外思想史和当下现实,我们不能不承认,俞吾金教授为马克思哲学作出了独特的贡献:

第一,俞吾金教授的工作是有的放矢的。西方马克思主义奠基者对马克思哲学的本质和历史唯物主义的意义和重要性的论述,对纠正第二国际修正主义和苏联时期对马克思哲学的简单化和片面化的理解有着重要意义。但是,在他们的时代,把历史唯物主义理解为辩证唯物主义的推广和运用的观点,还处在形成过程中。因此,他们的批判是不

---

① 《马克思恩格斯选集》第1卷,北京:人民出版社,2012年,第11页。
② 俞吾金:《思考与超越——哲学对话录》,北京:人民出版社,2015年,第1页。

系统的、零星的、分散的。我们只是回过头看，才能看清卢卡奇、柯尔施、葛兰西等人思想中的真实意图和革命性意义。马克思哲学的正统阐释源于恩格斯和德国第二国际理论家，在斯大林的《联共（布）党史》四章二节得到官方地位，并经苏共中央权威哲学家进一步加工才得以形成的。鉴于这一体系在那之后拥有的权威地位和在今天学术界滞留不去的影响，俞吾金教授对它的批判实际上起着理论清道夫的工作。这一工作对破除对马克思哲学的教条化理解和迷信，仍然有重要意义。

第二，俞吾金教授追根溯源，对马克思哲学的正统阐释路径的形成和发展做了系统的阐述。在《问题域的转换——对马克思与黑格尔关系的当代解读》中，他系统地回溯了和阐述了以辩证唯物主义为核心的正统阐述路径的形成和发展。这一工作虽然不乏先驱和同道，但在思想史中还鲜有像俞吾金教授的工作这样的系统和完备，就对马克思哲学的产生和发展的理解来说，这一工作也起到正本清源的作用。

第三，俞吾金教授不仅对传统教科书体系或更为广泛的正统阐述进行了系统的批判，而且他对马克思哲学在当代哲学变革中的革命意义、马克思哲学的基本原则和思想特征的系统阐述，对我们更好地理解马克思哲学的内容有着启发价值。可以说，在中国学术界，鲜有像俞吾金教授这样一生坚持不懈地、自觉地对历史唯物主义进行系统的阐述，或者说，恢复马克思哲学的真精神。在这方面，其论述内容之丰富、观点之鲜明，在中国学术界可以独树一帜。

第四，俞吾金教授的马克思哲学研究不是封闭的，而是开放的。他始终把马克思哲学放在哲学史的大背景下来考察，在马克思哲学与西方哲学传统，特别是在马克思哲学与德国古典哲学的关系研究上，作出了重要的贡献。他着力发掘出以往被忽视的思想资源，不仅强调马克思哲学是黑格尔思想的继承和发展，而且明确提出"康德是通向马克思的桥梁"的观点。在他看来，马克思哲学与康德哲学之间的有许多联系，包括康德的人化自然的辩证法思想、他的实践观和自由观对理解马克思哲学的思想来源有重要意义。这就破除了对马克思哲学的形成和发展的线性理解,使人们走出对马克思哲学理解的"黑格尔城堡",引向更大的理智空间。更为重要的是,俞吾金教授把马克思哲学放在当代哲学的问题域中来思考,强调马克思哲学不是近代哲学,而是当代哲学。马克思哲学从其内容来说是与当代哲学的生存论转向、诠释学视域、批判哲学取向相一致的哲学,同时,与当代西方哲学不同的是,它几乎在每一个重要问题上又都作出了独特的贡献。在马克思哲学与当代西方哲学的关系上,一方面从当代西方哲学出发,我们可以更好地理解马克思的哲学革命,另一方面,从马克思哲学出发,可以更好地理解西方当代哲学的价值和它的局限性。在此意义上,俞吾金教授为马克思哲学与当代西方哲学的批判对话打开了空间,为改变马克思哲学的研究范式和提高马克思哲学研究的学术水平作出了突出贡献。

第五,俞吾金教授不满足于恢复"唯物史观原像"(广松涉语),而且自觉地"把唯物历史观应用于唯物史观本身"(柯尔施语),与时俱进,根据社会历史条件的变化,丰富和发展马克思哲学。在《从科学技术的双重功能看历史唯物主义叙述方式的改变》等文章中,俞吾金指出,由于人类生存条件和生产手段的变化,传统历史唯物主义的原有前提和观点面临着挑战,在当今时代,我们必须意识到资源有限性、生态危机风险,抵制生产力无限发展的观念,充分认识到科学技术意识形态化的可能性及其危害。在对现代性和启蒙问题的研究中,他认为我们不仅需要继承启蒙的理想,同时也需要对它的科学主义、人类中心主义等偏见进行反思和批判,我们不仅要认识到启蒙和现代性相对于传统思想的优越性,也要重视后现代主义对启蒙和现代性的批判中的合理因素。这些对我们在当代丰富和发展马克思哲学和历史唯物主义无疑是重要的,在此意义上,马克思哲学是一项开放的"未完成的纲领"。

(作者 复旦大学当代国外马克思主义研究中心研究员,复旦大学哲学学院教授)

"Historical Materialism is Marxist Philosophy"
—YU Wujin Thesis and Its Significance

Wang Xingfu

Abstract: Professor Yu Wujin is a renowned contemporary philosopher who has made multifaceted contributions to philosophy, his most prominent achievement is his research on foundation and major issues of Marxist philosophy. YU Wujin explicitly rejects the orthodox interpretative path that understands Marxism as system consist of dialectical materialism and historical materialism, and viewing the latter as an extension and application of the former. He argues Marxist philosophy is historical materialism in essence; there is no other content beyond it. This clear and distinctive view point can be named as the "YU Wujin Thesis". Proceeding from this thesis, YU summarizes the revolutionary essence of Marxist philosophy into three aspects: shifting from a ontology of matter to a practice-based ontology, or ontology based on practical-social productive relations; moving from abstractive epistemology to concrete epistemology, or more precisely, from abstract epistemology to the ideological critique; and transitioning from natural dialectics to practical dialectics, or more concretely, from natural dialectics to social-historical dialectics. The significance of YU's research has important significance for Marxist philosophy in China. It transcends the philosophical horizon relied upon by traditional textbook systems, providing a solid foundation for understanding the revolutionary implications of Marxist philosophy; It goes beyond the dualistic categorization of dialectical materialism and historical materialism, offering a new and holistic perspective for grasping the core contents and intellectual contributions of Marxist philosophy. Moreover, it keeps pace with the times by conscientiously elaborating on the contemporary form of historical materialism in light of changes in human societal and historical conditions, thus pointing the way forward for the future development of Marxist philosophy.

Key words: YU Wujin Thesis; Marxist Philosophy; Broadened Historical Materialism; Practice; Ideological Critique; Dialectics

俞吾金教授的法兰克福学派研究析评①

王凤才　　刘珂然

摘要:俞吾金教授不仅是一位杰出的学者,而且是一位著名哲学家。在马克思哲学、德国哲学、国外马克思主义哲学、美学、中国哲学等领域都作出了卓越的贡献。在理论关照现实的过程中,俞吾金教授总是站在马克思主义立场上,深入思考一个重大问题:在多元的理论环境和快速发展的现实世界中,中国学者应当如何思考自己的问题、发展自己的理论、走好自己的道路? 从这一关切出发,俞吾金教授的法兰克福学派研究主要关注三个重要问题:(1)法兰克福学派意识形态理论,尤其是意识形态与科学技术之间的关系问题;(2)法兰克福学派现代性理论,尤其是现代性理论对当代中国的现代化的启示问题;(3)法兰克福学派与马克思主义的关系问题,尤其是法兰克福学派的局限性问题。俞吾金教授关于法兰克福学派的研究,不仅为批判理论研究提供了优秀的学术成果,而且对中国学术研究、中国式现代化都具有重要启发意义。

关键词:俞吾金　法兰克福学派　科学技术　意识形态　现代性马克思主义

---

① 本文是教育部人文社会科学重点研究基地重大项目(22JJD710004)和复旦大学一流培优行动支持专项课题(IDH3155074/015)成果。

41

十年前，恩师驾鹤西去；十年后，哲人文章仍传。我们的恩师俞吾金教授不仅是一位杰出的学者，而且是一位著名哲学家。他在马克思哲学、德国哲学、国外马克思主义哲学、美学、中国哲学等领域都作出了卓越的贡献。在理论关照现实的过程中，俞吾金教授总是站在马克思主义立场上，深入思考一个重大问题：在多元的理论环境和快速发展的现实世界中，中国学者应当如何思考自己的问题、发展自己的理论、走好自己的道路？从这一关切出发，俞吾金教授的法兰克福学派研究主要关注三个重要问题：(1)法兰克福学派意识形态理论，尤其是意识形态与科学技术之间的关系问题；(2)法兰克福学派现代性理论，尤其是现代性理论对当代中国的现代化的启示问题；(3)法兰克福学派与马克思主义的关系问题，尤其是法兰克福学派的局限性问题。本文拟围绕着上述三个问题讨论俞吾金教授的法兰克福学派研究，以纪念恩师——这位英年早逝的思想家。

一、法兰克福学派视域中的意识形态与科学技术

科学技术迅猛发展带来了意识形态形式的改变，法兰克福学派批判理论家共同持有科技意识形态论的观点，深化了对后期资本主义社会意识形态问题的研究。[1]

(一) 关于意识形态与科学技术的关系问题

俞吾金教授根据从特拉西到哈贝马斯的这条脉络，梳理了意识形态概念发展史，讨论了科学技术的意识形态功能。

俞吾金教授指出，"意识形态"这一概念的提出和流变，一直伴随着它和"科学"的结合与分离。1796 年，法国启蒙学者特拉西提出"意识形态"概念并将其定义为"观念的科学"，试图以科学的方式重建整个知

---

[1] 王凤才：《科学技术作为意识形态——哈贝马斯科技意识形态论》，载《山东科技大学学报(社会科学版)》2004 年第 4 期。

识体系。所以,"意识形态"概念在诞生之初恰恰突出了其科学性。在后来的论战中,这一概念却被特拉西当时的政治对手拿破仑篡改为"虚假的空想的观念"并广为流传。"历史给特拉西开了一个颠覆性的玩笑"①,由此,"意识形态"概念戏剧性地站到了"科学"的对立面。后世的马克思恩格斯正是从与科学对立的意义上批判意识形态。阿尔都塞也处于这样的语境中,将马克思学说视为"科学",并提出意识形态与科学之间的"认识论断裂"。哈贝马斯则结合着 M.韦伯的"合理性"思想和马尔库塞的"技术理性"思路,强调当代社会中意识形态和科学技术的关联:技术与科学已经成了新的意识形态,并且,这一新的意识形态比传统的意识形态更为隐蔽、广泛、令人难以分辨。

俞吾金教授认为,意识形态概念发展包含着意识形态与科学之间关系的发展,经历了曲折多变的过程。把握这个理论史,有助于对今天的意识形态问题和科学技术问题进行更为深入的反思。"从特拉西于 18 世纪末提出意识形态概念,并把它理解为'观念的科学',到拿破仑、黑格尔、马克思、阿尔都塞等人排除它的科学性,并把它与科学尖锐地对立起来,再到哈贝马斯把当代技术与科学理解为意识形态,意识形态概念发展史仿佛完成了一个'圆圈',即从肯定意识形态的科学性,发展到对它的科学性的否定,再发展到把科学性本身也理解为意识形态。"②

俞吾金教授进一步分析了"科学性"的含义在这一过程中的变化。他说,在特拉西那里,科学性是以肯定的方式出现的,但在哈贝马斯那里,科学性却是以否定的方式出现的。这一变化带来的启示有三:(1)需要反思作为意识形态的科学技术问题,弘扬人文主义精神;(2)需要甄别纳入了科学技术的新的意识形态,它在内涵、特征、起作用的方

---

① 俞吾金:《从意识形态的科学性到科学技术的意识形态性》,载《马克思主义与现实》2007 年第 3 期。

② 俞吾金:《从意识形态的科学性到科学技术的意识形态性》,载《马克思主义与现实》2007 年第 3 期。

式等方面产生了很大变化;(3)需要在当代重新叙述历史唯物主义,因为现代技术已经贯通了经济基础与上层建筑。因而,对科学技术的思考不能再局限于"双刃剑"表述,科学技术已经成为否定性力量和新的意识形态,蜕变为统治合法性,必须通过弘扬人文主义遏制这一情况。

(二) 关于意识形态的性质问题

在意识形态概念发展史上,曾爆发一场有关新意识形态概念的论战。这一论战涉及意识形态的性质问题,霍克海默和曼海姆是两方的代表,他们对如何理解"意识形态"问题提出了不同的意见。

德国社会学家卡尔·曼海姆,以知识社会学方式对意识形态概念进行了新的阐释。曼海姆提出,将"意识形态"分为"个别的意识形态概念"和"总体的意识形态概念"。他认为意识形态概念发展到至今,曾遭受拿破仑的非难以及含义的流变,因此需要用知识社会学拯救意识形态概念,用"存在的联系的思考"使意识形态脱离党派对立的政治框架。俞吾金教授认为,曼海姆对意识形态概念的处理是一个"在价值上中立化"的过程:他将一切知识纳入了意识形态范畴,并将意识形态剥离于特定的党派,只是将意识形态看作"对'存在的联系'的思考",于是,意识形态概念成了一种"形而上学的知识的代名词"①。

法兰克福学派批判理论家霍克海默对曼海姆的观点进行了回应:(1)曼海姆的意识形态理论的基础在于知识社会学;霍克海默认为知识社会学仍然局限于"纯粹精神的圈子",其基本概念"存在的联系"也是"空洞"的。(2)曼海姆的意识形态理论本身也局限于纯粹精神层面,将意识形态变为一个空洞的概念,对人的本质的理解也只是观念的而非现实的。(3)曼海姆曲解了马克思的意识形态理论,马克思理论的立足点是"人们的实际生活过程",曼海姆的理论则试图超越阶级和党派,是德国观念论的,站在资产阶级意识形态立场上。

---

① 俞吾金:《曼海姆与霍克海默关于新意识形态概念的论战》,载《学术月刊》1992年第6期。

在俞吾金教授看来,霍克海默与曼海姆的争论代表着社会主义意识形态与资本主义意识形态在现代社会发生的冲突。这是马克思主义立场与资本主义立场之间的冲突,是唯物论与观念论之间的冲突。不过,霍克海默的回应有其局限性。这一局限性也是法兰克福学派批判理论家共有的。霍克海默仅仅从理论的、精神的层面进行反驳,没有再深入曼海姆意识形态思想的"社会认识根源"。[①]就是说,霍克海默并没有回答——是什么样的社会现实导致了曼海姆用知识社会学方式去重新阐释意识形态理论——这一现实问题。

(三) 关于意识形态问题的出路

意识形态问题在发达工业社会以新的形式呈现出来。马尔库塞和哈贝马斯都意识到科学技术在其中不可忽视的作用,并给出了不同的解决方案。

马尔库塞在《单向度的人》中讨论了工业文化的意识形态性。在马尔库塞看来,技术合理性已成为一种新的意识形态,取代传统的意识形态并已经发挥作用。在技术合理性作用下,异化和物化程度加深,极权主义倾向加剧,单向度的社会、单向度的思想、单向度的人就此产生。技术合理性已经渗入社会生活、意识形态乃至当代哲学思潮的不同层面,渗透到人的全部行为和思想中,使得人们失去了反思和批判的向度。也就是说,科学技术已对意识形态进行了改造,使意识形态更加适应发达工业社会,并使技术合理性成为其"真正的灵魂"[②]。

那么,如何超越这样的意识形态呢? 马尔库塞主张将"技术合理性"转化为"历史合理性",因为历史合理性具有否定性、批判性与超越性,这也是法兰克福学派批判理论的宗旨。不过,社会批判理论只是起到否定的作用,对于经过否定之后的社会该如何发展并没有给出答案,它的目的只是在于"激发起一种与现存的事物状态相抗争的力量,从而

① 俞吾金:《曼海姆与霍克海默关于新意识形态概念的论战》,载《学术月刊》1992 年第 6 期。
② 俞吾金:《马尔库塞和哈贝马斯的意识形态学说剖析》,载《社会科学》1992 年第 9 期。

引导社会向更合理的方向发展"①。

俞吾金教授认为,马尔库塞的意识形态批判解释了发达工业社会的意识形态的本质,对新的意识形态形式的批判也颇有见地。但是,这一见解还是乌托邦性质的,因为它并未触及现实的出路,即废除资本主义私有制。②他接着说,哈贝马斯同样以科学技术为切口讨论意识形态问题。在《作为"意识形态"的技术与科学》中,哈贝马斯分析了意识形态在历史上发挥作用的方式,并指出科学技术在其中的影响。哈贝马斯强调,在国家干预活动加强、科学技术成为第一生产力的情况下,马克思的理论,尤其是唯物史观和意识形态思想,已经不再适用于后期资本主义社会。因而,哈贝马斯借助于交往合理性理论对之进行"重建"。

俞吾金教授反驳了这样的辩护。尽管新的趋向在后期资本主义社会中已经产生,但资本主义社会的固有矛盾一直存在,所以马克思意识形态理论的基本原则仍然是有效的。同时俞吾金教授也指出,哈贝马斯主张发展交往合理性是很有价值的,但他否定了能提供现实出路的马克思的理论,这会使得交往合理性难以实现。"事实上,不改变资本主义的私有制,是不可能出现真正自由的交往方式的。"③

由此可见,意识形态问题在法兰克福学派得到了新的阐发,"从意识形态的科学性到科学技术的意识形态性"④,科学技术已经成为新的意识形态,并且更加隐蔽、更加全面地渗透到社会生活中。这样,对意识形态的理解也需要新的理论支撑。不过,仅仅从理论方面进行革新,如马尔库塞的历史合理性与哈贝马斯的交往行为那般,是否能够解决新型意识形态的问题,俞吾金教授给出的答案是否定的,因为要改变思想和观念,就要改变现实。

---

① 俞吾金:《马尔库塞和哈贝马斯的意识形态学说剖析》,载《社会科学》1992年第9期。
② 俞吾金:《马尔库塞和哈贝马斯的意识形态学说剖析》,载《社会科学》1992年第9期。
③ 俞吾金:《马尔库塞和哈贝马斯的意识形态学说剖析》,载《社会科学》1992年第9期。
④ 俞吾金:《从意识形态的科学性到科学技术的意识形态性》,载《马克思主义与现实》2007年第3期。

二、法兰克福学派现代性理论与当代中国的现代化

现代性问题是一个宏大的问题,人类文明步入现代社会也是一个长期存在的事实。俞吾金教授立足于中国社会现实,借鉴法兰克福学派现代性理论,提出了理性的四个向度,以及法兰克福学派现代性理论对当代中国的现代化事业的启示。

(一)现代性中理性的四个向度

马尔库塞提出"技术合理性"概念表达理性在发达工业社会的转变。"按照马尔库塞的看法,在发达工业社会中,理性只剩下了'技术合理性'这一个向度。这个向度膨胀得如此厉害,以致于它几乎占领了整个理性的领域,惟有法兰克福学派批判理论所发出的微弱的绝望的呼声与之相抗衡。"①

诚然,马尔库塞对理性的技术性向度的批判是有意义的,但这会片面地导致悲观主义,马尔库塞所主张的"大拒绝"也并未提供积极的实质性论述。因此,俞吾金教授补充了在现代性中理性的另外三个向度,它们会制约理性的技术性向度,构成"现代性的自我治疗功能"②。第一个向度是理性的公共性向度,它关涉人与社会之间的关系。俞吾金教授指出,在历史发展中,私人领域逐转变为公共领域。要将理性的公共性向度中心化,遏制极权主义,必须强调公共领域的重要性。第二个向度是理性的规则性向度,它关涉人与他人之间的关系,这一向度用各类规则来约束人的行为。第三个向度是理性的超越性向度,它关涉信仰、哲学和艺术的形而上学层面。形而上学始终存在于人性和理性当中,它们在人类生活中是不可或缺的,发挥着重要作用。"我们不能轻

---

① 俞吾金:《理性在现代性现象中的四个向度——从马尔库塞的〈单向度的人〉说起》,载《求是学刊》2004 年第 4 期。
② 俞吾金:《理性在现代性现象中的四个向度——从马尔库塞的〈单向度的人〉说起》,载《求是学刊》2004 年第 4 期。

易地对现代性作出'是'或'否'的简单的结论。"①理性的四个向度学说，是对单向度现象的突破，也是对理性问题和现代性问题的深刻反思。

（二）现代性理论启示下的当代中国的现代化

在《现代性的哲学话语》中，哈贝马斯讨论现代性问题，回应了当时的后结构主义和后现代性问题。哈贝马斯的现代性理论受到两方面影响，一是韦伯的合理化理论，二是涂尔干和米德的交往理论。"在哈贝马斯看来，把这两个不同的侧面合起来也就构成了现代性问题的全幅内容。"②俞吾金教授指出，"现代化"概念的出现以及它与"现代性"概念的对立是导致后现代主义思潮产生的一个重要原因。俞吾金教授区分了"现代性"和"现代化"这两个概念。首先在时间上，20 世纪 50 年代提出的"现代化"概念比"现代性"概念出现晚得多。其次，功能主义的阐释导致了"现代化"和"现代性"的分离。功能主义阐释将现代性与西方理性主义传统相对立，"进而把只体现经济、技术和国家功能的现代化与失去了理性主义传统的现代性对立起来了"。③

尤其值得注意的是，俞吾金教授关注哈贝马斯现代性理论，主要是想从中挖掘它对当代中国如何走好现代化道路的意义。他指出，哈贝马斯现代性理论能够为此提供有益的启示。（1）处于复杂的历史处境当中的中国应该如何具有清醒的自我意识，如何处理现有的各类价值体系？中国后发于西方国家的现代化进程，前现代的、现代性与后现代主义的价值体系并存于同一时空，相应的理论发展也是与西方错位的。哈贝马斯的现代性理论带来了启示："我们应该坚持现代性的价值体系，但又必须从前现代的价值体系，特别是从后现代主义的价值体系中

---

① 俞吾金：《理性在现代性现象中的四个向度——从马尔库塞的〈单向度的人〉说起》，载《求是学刊》2004 年第 4 期。
② 俞吾金编：《传统重估与思想移位》，哈尔滨：黑龙江大学出版社，2007 年，第 132—139 页。
③ 俞吾金编：《传统重估与思想移位》，哈尔滨：黑龙江大学出版社，2007 年，第 132—139 页。

吸取合理的因素,以便不断地完善现代性的价值体系,用以指导现代化的实际进程。"①(2)现代性与现代化的关系是怎样的? 需要审视中国的现代化实际进程,同时吸纳现代的新思想,对传统进行超越,丰富现代性的内涵。实现现代性和现代化之间的"动态的协调"②。(3)如何应对现代化进程中的"理性"问题? 要对中国常见的实用理性乃至工具理性进行批判,防止生活世界殖民化,保护人的价值和人文价值。(4)哈贝马斯的交往行为理论强调了人与人之间沟通的重要性和沟通的规范,这与中国传统哲学和文化中的"道"的概念不谋而合。"道"有通达、沟通之意,要将"道"的精神重新发扬。"可以断言,中华民族的伟大复兴应该是与道的伟大精神的恢复不可分割地关联在一起的,而正是在这一方面,哈贝马斯的交往行为理论为我们提供了重要的启示。"③

三、法兰克福学派与马克思主义的关系问题

从俞吾金教授的评述中,我们可以把握他对法兰克福学派与马克思主义关系的基本看法。俞吾金教授生前撰写的最后一篇论文《批判理论的界限——对法兰克福学派主导思想的反思》从整体上反思了这个问题。他认为,与马克思的批判理论相对照,法兰克福学派批判理论存在着三个界限,即局限性。

(一) 理论的界限,体现在实践问题上

俞吾金教授指出,如果将"理论"区分为"诉诸实践的理论"和"与实践分离的理论"两种类型,马克思的批判理论显然属于前者:"哲学家们

---

① 俞吾金编:《传统重估与思想移位》,哈尔滨:黑龙江大学出版社,2007 年,第 132—139 页。

② 俞吾金编:《传统重估与思想移位》,哈尔滨:黑龙江大学出版社,2007 年,第 132—139 页。

③ 俞吾金编:《传统重估与思想移位》,哈尔滨:黑龙江大学出版社,2007 年,第 132—139 页。

只是用不同的方式**解释**世界，问题在于**改变**世界。"①改变世界所指向的就是实践。"在马克思看来，即便是在'解释世界'的理论活动中，实践仍然起着基础性的、核心的作用。"②相比之下，法兰克福学派批判理论则是一种与实践相分离的理论。法兰克福学派批判理论家，霍克海默、阿多尔诺、哈贝马斯等人尽管讨论过理论与实践之关系问题，但在后来的学生运动中，霍克海默、阿多尔诺、哈贝马斯却对自己的理论所引起的实践热潮避之不及，甚至表示反对。"由此可见，法兰克福学派的理论不但与反抗资本主义统治的实践活动相脱离，甚至还是对立的。"③当法兰克福学派批判理论走入现实，引发实践的时候，理论的提出者本身退却了，他们无法进一步跨入"改变世界"的行动，这就是实践的界限。

(二) 批判的界限，体现在革命问题上

俞吾金教授认为，法兰克福学派批判理论家以为自己继承了马克思的批判传统，但他们并没有意识到，马克思的批判理论也包含着对批判的界限和有效性的自觉意识。在马克思看来，通过精神层面的批判反对意识和理论是不足够的，批判起到的作用仅仅是唤醒意识。"批判本身并不是目的，而是手段，它不过是为革命做舆论上的准备罢了。"④因而，若要突破资本主义社会的错误观念，必须从现实层面改变产生这些理论的社会关系，也就是进行革命。正如批判理论与知识社会学之间有关意识形态的那场论战，霍克海默从马克思主义立场指出曼海姆阐释路径的不足，但尚未从曼海姆提出这一理论的社会现实继续考察，从而导致批判力度不足。法兰克福学派的批判工作在于理论本身，而

---

① 《马克思恩格斯文集》第 1 卷，北京：人民出版社，2009 年，第 502 页。
② 俞吾金：《批判理论的界限——对法兰克福学派主导思想的反思》，载《探索与争鸣》2014 年第 12 期。
③ 俞吾金：《批判理论的界限——对法兰克福学派主导思想的反思》，载《探索与争鸣》2014 年第 12 期。
④ 俞吾金：《批判理论的界限——对法兰克福学派主导思想的反思》，载《探索与争鸣》2014 年第 12 期。

不是革命,所以不能现实地引起资本主义制度的颠覆和现实的改变。

(三) 辩证法的界限,体现在肯定性问题上

俞吾金教授强调,辩证法在黑格尔的方法论中处于第二个环节,也就是"辩证的或否定的理性的方面",马克思所强调的就是这一否定的、革命的辩证法环节,同时不会因为其否定性而落入虚无主义。因为马克思有自己追求的肯定性的目标,即作为资本主义的取代方案的共产主义。作为法兰克福学派辩证法理论的代表,阿多尔诺的否定辩证法则是绝对的、排斥肯定的否定,这是为了反对实证主义和奥斯维辛集中营的同一性。然而,这种为了和实证主义划清界限而绝对排斥肯定的方案是错误的,而且阿多尔诺混淆了"同一性"和"同质性"。"在我看来,我们应该区分两种不同的同一性:一方面,我们应该摆脱'以理论与现实的同质性为基础的理论与现实的同一性(黑格尔坚持的正是这种同一性)';另一方面,我们应该追求'以理论与现实的异质性为基础的理论与现实的同一性(康德和马克思坚持的正是这种同一性)'。"[1]在这个意义上,阿多尔诺的否定辩证法所反对的本应是奥斯维辛集中营那种理论与现实之间的同质性关系,但却将其混淆为在理论与现实之间异质性基础上的同一性,这就导致他的否定辩证法成为了一种"否性意义上的实证主义"[2]。

辩证的否定包含着肯定的因素。阿多尔诺的否定辩证法声称要拒斥一切,但他和霍克海默在《启蒙辩证法》新版前言中,仍然肯定了"自由"和"人道倾向",这些被肯定的内容来自资本主义社会本身。事实上,无论是马尔库塞从否定现代资本主义的意义上提出的"大拒绝",还是哈贝马斯从肯定现代资本主义的意义上提出的交往行为理论、维尔默的"坚持现代性"、霍耐特的承认理论等,追求的共同目标都是使现代

---

[1] 俞吾金:《批判理论的界限——对法兰克福学派主导思想的反思》,载《探索与争鸣》2014 年第 12 期。

[2] 俞吾金:《批判理论的界限——对法兰克福学派主导思想的反思》,载《探索与争鸣》2014 年第 12 期。

资本主义社会进一步合理化，而不是像马克思那样，颠覆资本主义社会，以共产主义社会取而代之。尽管法兰克福学派批判理论对现存的资本主义社会进行了否定性批判，但与马克思的辩证法相比，它缺少了取缔资本主义社会的现实方案，"尽管它竭力使自己与实证主义对立起来，但它充其量不过是一种更隐蔽的实证主义罢了"①。

在理论与实践、批判与革命、肯定与否定等问题上，马克思主张实践、革命与否定性，与之相对，法兰克福学派批判理论家则受囿于理论的和思想的局限，在现实上和革命实践仍有一定距离。"不颠覆资本主义制度这个大框架，这就是法兰克福批判理论的总体上的界限，而这一界限也正是它与马克思的批判理论的根本差异之所在。"②这样的局限性和差异性导致法兰克福学派批判理论无法撼动资本主义社会，甚至有助于资本主义社会变得更加完善，"它对现代资本主义的抵抗归根到底类似于麦子对镰刀、婴儿对母腹的抵抗"③。

俞吾金教授的评述直指法兰克福学派批判理论的弱点，从而证明了马克思主义在当代的理论价值。实际上，法兰克福学派批判理论经历了三期发展，它对于马克思主义的态度是"从欣赏、信奉到怀疑、批判再到超越、重建"④。批判理论来到第三期发展的阶段，已经不属于传统的西方马克思主义，而是进入当代西方哲学的主流语境；而西方马克思主义作为马克思主义的一种表现形式，也不完全等同于马克思主义。⑤因而，在承认法兰克福学派批判理论贡献的同时，也要看到其局限性。

---

① 俞吾金:《批判理论的界限——对法兰克福学派主导思想的反思》，载《探索与争鸣》2014 年第 12 期。
② 俞吾金:《批判理论的界限——对法兰克福学派主导思想的反思》，载《探索与争鸣》2014 年第 12 期。
③ 俞吾金:《批判理论的界限——对法兰克福学派主导思想的反思》，载《探索与争鸣》2014 年第 12 期。
④ 王凤才:《再思批判理论与马克思主义的关系》，载《求是学刊》2015 年第 1 期。
⑤ 王凤才:《再思批判理论与马克思主义的关系》，载《求是学刊》2015 年第 1 期。

结　语

　　意识形态理论和现代性理论是法兰克福学派批判理论的重要研究领域,意识形态、科学技术、现代性、现代化、理性……俞吾金教授通过这些关键的概念和理论,继而关注中国问题和中国理论。俞吾金教授的问题意识有二:一是在于后期资本主义社会中的法兰克福学派批判理论家如何呼应和面对马克思主义的理论传统;二是在于观照中国的社会现实和思想自身,查看从中能够受到何种启发。正如俞吾金教授所说,中国是一个后发的国家,其现代化进程有"巨大的历史错位"①。中国没有完全西化,而是在战事的动荡与历史的变迁中,一面经受外来思想文化的冲击,一面内观自身延续千百年的本土文化。在这样的背景下,如何找到中国自己的节奏,同时又现实地处于这个世界之中,是非常关键的问题。

　　俞吾金教授站在马克思主义立场上,以中国立场、世界眼光,有批判地吸收西方思想资源,去思考中国的理论与现实问题。他深入研究法兰克福学派批判理论并用清晰的语言加以评述。俞吾金教授对法兰克福学派批判理论的评述源于对马克思主义基本原理和方法论原则的坚持,立足于对马克思理论的回归本真的研究。作为国内较早一批介绍和研究国外马克思主义的学者,俞吾金教授的工作重心主要是在早期西方马克思主义、新实证主义的马克思主义、结构主义的马克思主义、分析的马克思主义等,法兰克福学派批判理论并不是他的着力点。尽管如此,俞吾金教授的法兰克福学派研究工作还是提出了不少独到的见解,为推进国内学界的批判理论研究作出了重要贡献。

　　尽管在我和俞师单独出差的行程途中(例如,2009年去北京参加

---

① 俞吾金编:《传统重估与思想移位》,哈尔滨:黑龙江大学出版社,2007年,第132—139页。

一个国际会议、2013 年去我的母校山东大学讲座……),以及其他场合,俞师在勾画未来研究框架时,并没有着意强调法兰克福学派,但如果俞师在世,那么定会对中国学术作出更多更大的贡献。纪念恩师的最好方式,就是在俞师研究的基础上,继续精益求精地研究学术,思考重大理论与现实问题,从而为中国的学术事业、中国式现代化事业、中华民族伟大复兴、社会进步与文明发展作出更大贡献。"为天地立心,为生民立命,为往圣继绝学,为万世开太平"——这是几百年来学者的使命,是俞吾金教授的写照,也是我们后辈学人前进的方向与追求的目标。

(作者 王凤才,复旦大学当代国外马克思主义研究中心研究员,复旦大学哲学学院教授;刘珂然,复旦大学哲学学院国外马克思主义哲学博士研究生)

An Analytical Review of Professor
Yu Wujin's research on Frankfurt School

Wang Fengcai   Liu Keran

Abstract: Professor Yu Wujin is not only an outstanding scholar, but also a famous philosopher. He has made tremendous contributions in the fields of Marxist Philosophy, German philosophy, Foreign Marxist Philosophy, Aesthetics and Chinese Philosophy. Combining theory with reality, Professor Yu Wujin always thinks deeply of a major question on the standpoint of Marxism: in the pluralist theoretical environment and the fast-developing real world, how should Chinese scholars think about their own problems, develop their own theories and go their own way? Starting from this concern, Professor Yu's research on Frankfurt School mainly focuses on three important issues: (1) Frankfurt School's theory of ideology, especially the relationship between ideology and science and technology; (2) Frankfurt School's theory of modernity, especially the revelation of the theory of modernity to the modernization in contemporary China; (3) the relationship between Frankfurt School and Marxism, especially the limitations of Frankfurt School. Professor Yu Wujin's study of Frankfurt School not only provides excellent academic achievements for the study of critical theory, but also brings significant inspirations to Chinese academic research and Chinese modernization.

Key words: Yu Wujin; Frankfurt School; Science and Technology; Ideology; Modernity; Marxism

在与唯物史观的内在统一中阐发
马克思哲学的辩证法及其理论变革

——俞吾金教授对马克思辩证法的理论探索

贺 来 彭双贞

摘要: 将唯物史观把握为马克思哲学的核心内容,并在辩证法与唯物史观内在统一中理解和阐释马克思辩证法及其理论变革,这是俞吾金教授在马克思辩证法理论研究上的重要贡献。俞吾金教授认为,把马克思的辩证法理论与其唯物史观外在割裂,必然导致对马克思辩证法理论本质的"遮蔽"。基于这一理论反思和自觉,俞吾金教授在辩证法与唯物史观的内在统一中开启了"问题域的转换",揭示了马克思在辩证法与唯物论上所实现的双重转换,使被抽象化解读的辩证法回归"生存论的本体论"的思想地平。俞吾金教授提出的"向生活世界的辩证法复归"构成了他理解马克思辩证法理论变革的理论纲领,有力地推进了马克思辩证法理论研究的纵深发展。俞吾金教授对马克思辩证法理论的探索是其推动马克思主义哲学基础理论研究的一个缩影,为推进哲学基础理论研究的深化提供了一个典范。

关键词: 唯物史观 辩证法 生存论本体论 生活世界的辩证法

　　辩证法问题不仅是"西方马克思主义思考的焦点问题之一"①,也是当代中国马克思主义哲学基础理论研究中的重要问题。长期以来,由于马克思的一些追随者割裂辩证法与唯物史观的内在统一关系,以一种知性的方式理解马克思辩证法及其理论变革,导致了辩证法的真实载体、内容和本质自觉或不自觉地被遮蔽。要推进哲学基础理论研究和哲学观念变革,一个重要内容就是对马克思辩证法理论变革予以"解蔽",恢复"马克思哲学的本真精神"。作为中国当代重要的马克思主义哲学家,俞吾金教授敏锐地捕捉到了这一点。他通过学术史与基础理论的研究,在辩证法与唯物史观的内在统一中,实现了辩证法研究的问题域转换,提出了"向生活世界的辩证法复归",为推进当代中国马克思哲学的辩证法理论研究作出了重要的贡献。

一、反思"被遮蔽的"马克思辩证法:
与唯物史观外在割裂的辩证法及其理论后果

　　俞吾金教授指出,"一旦马克思学说中的基础部分——马克思哲学的初始见解和本真精神处于被遮蔽的状态下,马克思学说中其他有价值的东西也就随之而被遮蔽起来了"②。这一点在马克思哲学的辩证法中得到了集中体现。在马克思哲学的基础部分中,辩证法占据着重要地位却又长期处于"被遮蔽"的状态。俞吾金教授认为,导致这种状态的根本原因就在于割裂马克思的辩证法与唯物史观的内在统一关系,并从二者的外在关系中理解马克思哲学的辩证法及其理论变革。

　　俞吾金教授对马克思哲学辩证法的这种"被遮蔽"命运的揭示,建立在充分的学术史分析和反思的基础之上。他深入马克思哲学辩证法

---

① 俞吾金:《问题域的转换——对马克思和黑格尔关系的当代解读》,北京:人民出版社,2007 年,第 2 页。
② 俞吾金:《被遮蔽的马克思》,北京:人民出版社,2012 年,第 2—3 页。

的阐释史，系统梳理了这种"外在性割裂理解"的三种典型表现形态。

第一种是对马克思哲学辩证法的"黑格尔化"解读。在马克思生前，就有许多学者没能理解马克思辩证法与黑格尔辩证法的根本区别，否认或忽视了马克思辩证法的理论变革。对此，马克思指出"人们对《资本论》中应用的方法理解得很差"①。马克思一方面强调他是黑格尔的学生，但另一方面也指出"我的辩证方法，从根本上来说，不仅和黑格尔的辩证方法不同，而且和它截然相反"②。在马克思去世后，这个问题也没得到应有的重视。伯恩施坦、考茨基等人将马克思辩证法同黑格尔辩证法等同起来，在形而上学或旧哲学的意义上理解马克思辩证法，并因此否认马克思辩证法在马克思思想理论体系中的合法地位，主张以"进化"概念取代"辩证法"概念③。俞吾金教授认为，在"正统"阐释者那里，马克思也被完全黑格尔化了④。"正统"阐释者们的"黑格尔化"解读导致了对马克思辩证法思想的"遮蔽"，长期影响着人们对马克思辩证法及其理论变革的理解。

第二种是对马克思辩证法理论的"费尔巴哈化"解读。与伯恩施坦和考茨基否认马克思辩证法的理论变革不同，梅林、普列汉诺夫、列宁等人站在费尔巴哈的旧唯物主义立场上理解马克思辩证法的理论变革。"只有相信费尔巴哈哲学的基本观点的正确性的人，才能把黑格尔的辩证法倒过来，'使双脚立起来'。"⑤"历史唯物主义……它是对自然科学唯物主义的'补充'，代表这种自然科学唯物主义的就是与黑格尔斩断一切关系之后的费尔巴哈。"⑥按照此种理解，马克思是基于费尔巴哈的唯物主义立场实现了对唯心辩证法的"颠倒"，从而创建了唯物

---

① 《马克思恩格斯文集》第 5 卷，北京：人民出版社，2009 年，第 19 页。

② 《马克思恩格斯文集》第 5 卷，北京：人民出版社，2009 年，第 22 页。

③ 伯恩施坦：《社会主义的前提和社会民主党的任务》，北京：生活·读书·新知三联书店，1958 年，第 37 页。

④ 俞吾金：《被遮蔽的马克思》，北京：人民出版社，2012 年，第 16 页。

⑤ 《普列汉诺夫哲学著作选集》第 3 卷，北京：生活·读书·新知三联书店，1962 年，第 159 页。

⑥ 梅林：《保卫马克思主义》，北京：人民出版社，1982 年，第 146 页。

辩证法。唯物辩证法在社会历史领域的应用就构成了历史唯物主义。对此,俞吾金教授说道:"从一开始马克思与费尔巴哈就存在着重大的思想差异,马克思根本不可能返回到直观的唯物主义的立场上去,从而使自己从黑格尔哲学阴影中摆脱出来。"①马克思历史唯物主义与一般的唯物主义有着根本的区别,因而"黑格尔(辩证法)——费尔巴哈(唯物论)——马克思(唯物辩证法)"的阐释路线是难以成立的。

第三种是对马克思辩证法的"斯大林化"解读。1938 年由斯大林主持编写的《联共(布)党史简明教程》中指出:辩证唯物主义之所以叫辩证唯物主义,"是因为它对自然界现象的看法、它研究自然界现象的方法、它认识这些现象的方法是辩证的,而它对自然界现象的解释、它对自然界现象的了解、它的理论是唯物主义的。历史唯物主义就是把辩证唯物主义的原理推广去研究社会生活,把辩证唯物主义的原理去研究社会生活现象,应用于研究社会,应用于研究社会历史"②。基于辩证唯物主义和历史唯物主义的"二分"模式与二者之间外在的"应用关系",马克思的唯物辩证法被理解为"物质"世界观与"辩证"方法论的外在结合。对此,俞吾金教授认为,"这种滥觞于斯大林的、流俗的阐释方式,既没有理解黑格尔的唯心主义的特殊性,也没有意识到费尔巴哈的唯物主义的局限性,更没有认识到马克思的唯物主义的特殊性及它与费尔巴哈的唯物主义的本质差异"③。

上述三种典型表现形态,虽然具体路径各不相同,但共享着相同的前提,那就是都建立在把马克思哲学的辩证法与唯物史观外在分裂的基础之上。俞吾金教授认为,这种外在的分裂具有重大的理论缺陷,并将导致严重的理论后果。

首先,它没有意识到费尔巴哈的唯物主义的局限性在于其"唯物主

① 俞吾金:《被遮蔽的马克思》,北京:人民出版社,2012 年,第 22 页。
② 《联共(布)党史简明教程》,北京:人民出版社,1975 年,第 116 页。
③ 俞吾金:《被遮蔽的马克思》,北京:人民出版社,2012 年,第 48 页。

义和历史是彼此完全脱离"的①,将马克思辩证法的理论基础归结为旧唯物主义的"抽象物质"或"纯粹自然",必然使得马克思辩证法的真实根基被"遮蔽"。虽然费尔巴哈承认了物质世界的客观实在性,但他忽视了"物质"和"自然"是社会历史活动的产物。"先于人类历史而存在的那个自然界"是"不存的自然界"②。显然,将这种非历史性的"物质"或"自然"视为辩证法的基础,不仅不能克服黑格尔辩证法的抽象和神秘性质,而且使辩证运动成为与人无关的"自在之物"的抽象运动。这种"无人身的自然"的辩证运动同黑格尔"无人身的理性"自己运动的辩证法同样具有抽象的"神秘外壳"。正是在此意义上,俞吾金教授指出:"费尔巴哈式的一般唯物主义所赖以作为基础和出发点的、脱离人类社会历史的抽象的自然界或抽象的物质是不可能成为马克思的辩证法的载体的,从而无论是'自然辩证法'或'辩证唯物主义'实际上都是站不住脚的,因为它们的共同特点都是脱离人类社会历史。"③因此,从费尔巴哈的"半截子的唯物主义"出发理解马克思辩证法的理论变革必然遮蔽其社会历史活动的生存论根基。

其次,它没有意识到黑格尔唯心主义的特殊性在于其不仅"为历史找到了逻辑的、抽象的、思辨的表达",而且确立起辩证法"作为推动原则和创造原则的否定性"原则④,因此,上述分裂性的理解,既无法理解黑格尔辩证法的真实贡献,也无法克服黑格尔辩证法的抽象性。黑格尔将人=自我意识,并将思维同真正的主体(活生生的现实的人)分割开来,因而它只是为历史找到了抽象的表达,具有神秘的性质。在马克思看来,黑格尔辩证法的问题在于其所表述的"这种历史还不是作为既定的主体的人的现实历史"⑤。在黑格尔辩证法中,"实在主体仍然是

---

① 《马克思恩格斯文集》第1卷,北京:人民出版社,2009年,第530页。
② 《马克思恩格斯文集》第1卷,北京:人民出版社,2009年,第530页。
③ 俞吾金:《被遮蔽的马克思》,北京:人民出版社,2012年,第54页。
④ 《马克思恩格斯文集》第1卷,北京:人民出版社,2009年,第205页。
⑤ 《马克思恩格斯文集》第1卷,北京:人民出版社,2009年,第201页。

在头脑之外保持着它的独立;只要这个头脑还仅仅是思辨地、理论地活动着。因此,就是在理论方法上,主体,即社会,也必须始终作为前提浮现在表象面前"①。辩证法的否定性不是来自自我意识的主体运动,而来自人与社会作为主体的辩证法运动。以"自然""物质"作为辩证法的基础,并试图以此"颠倒"黑格尔辩证法的唯心主义,其结果不仅不能真正实现对黑格尔辩证法的扬弃,反而会遮蔽马克思辩证法否定性的根源在于现实的人及其社会历史活动。对此,俞吾金教授指出,"黑格尔的绝对精神根本不应该被颠倒并置换为抽象的自然"②。如果仅是从费尔巴哈旧唯物主义的立场出发理解马克思对黑格尔辩证法变革,虽然外在地把握到了黑格尔唯心辩证法的抽象性质,但从此出发,无法澄清并确立马克思哲学的辩证法的真实主体,因此,不仅不能去除黑格尔辩证法"神秘外壳",反而丢掉了其"合理内核"。

第三,由于上述原因,它必然停留于在主客抽象二元对立的近代哲学的水准理解马克思辩证法的理论形态。马克思新唯物主义与旧唯物主义不同,它对对象、现实"当作实践去理解,从主体方面去理解",因而不仅能够描绘能动的历史过程,而且基于作为社会历史前提的"现实的个人"及其"物质的生活关系"的辩证运动。以此为基础,辩证法成为关于现实的人及其历史发展的内涵逻辑。然而,以往的种种阐释路径撇开历史唯物主义,或者从旧唯物主义的立场,或者从抽象的观念主义立场理解马克思辩证法的理论变革,这使对马克思辩证法的理解退回到近代认识论主客抽象二元对立的哲学框架中。对此,俞吾金教授认为:"把抽象的辩证法和抽象的唯物主义迭加起来,决不是马克思本人的哲学立场。这样做必然会磨平马克思哲学与一切旧哲学之间的本质差异。"③马克思辩证法理论变革意蕴因此得不到应有的彰显。

可以说,俞吾金教授上述学术史梳理和分析,深刻地切中了以往马

---

① 《马克思恩格斯文集》第 8 卷,北京:人民出版社,2009 年,第 25—26 页。

② 俞吾金:《被遮蔽的马克思》,北京:人民出版社,2012 年,第 14 页。

③ 俞吾金:《重新理解马克思》,北京:北京师范大学出版社,2005 年,第 142 页。

克思哲学辩证法阐释中存在的根本缺陷，同时也凸显出了克服这一根本缺陷的现实路径：那就是必须克服马克思的唯物史观及其辩证法之间的外在分裂，从二者的统一中理解和阐释马克思哲学的辩证法。对此，俞吾金教授明确指出："马克思也十分重视蕴含在德国古典哲学，尤其是黑格尔哲学中的辩证法，但他总是把辩证法融入历史唯物主义的视角中。"①只有在唯物史观中，特别是在辩证法与唯物史观的内在统一中才能真正理解马克思辩证法的理论变革。

二、还原马克思辩证法的"本真精神"： "把辩证法融入历史唯物主义"

在反思与唯物史观外在割裂的辩证法及其理论困境的基础上，俞吾金教授深刻地指出，对马克思辩证法的研究必须回归马克思辩证法理论变革的原初致思路径，并把它置于马克思哲学的全部理论体系中予以阐释。从致思路径看，必须"使辩证法重新融入到人类历史中去，成为历史唯物主义语境中的历史辩证法"②；从理论体系看，"历史唯物主义是马克思的划时代的哲学创造之所在，马克思并没有创立过历史唯物主义以外的任何其他的哲学。换言之，历史唯物主义就是马克思哲学"③。对马克思辩证法及其理论变革的研究离不开历史唯物主义。一言以蔽之，必须"把辩证法融入历史唯物主义"。

俞吾金教授强调，把辩证法融入历史唯物主义，这是马克思哲学本性的内在要求。在他看来，马克思所确立的新唯物主义对旧唯物主义的超越，不能简单地理解为在"物质"本体上添加上"辩证"性质即可实现，关键是在于实现了对于"历史"的"唯物"且"辩证"的理解，而这一点，正是通过历史唯物主义的创立才成为可能。

---

① 俞吾金：《马克思对德国古典哲学遗产的解读》，载《中国社会科学》2006 年第 2 期。
② 俞吾金：《马克思对德国古典哲学遗产的解读》，载《中国社会科学》2006 年第 2 期。
③ 俞吾金：《重新理解马克思》，北京：北京师范大学出版社，2005 年，第 133 页。

俞吾金教授认为,马克思的历史唯物主义所确立的是一种"实践-社会生产关系本体论"①,它不仅实现了对抽象"物质本体论"的超越,而且为辩证法与唯物论的结合奠定了坚实的基础。俞吾金教授从实践维度与感性直观、理论态度和逻辑范畴的对比中具体阐明了历史唯物主义所确立的实践优先性原则:第一,感性直观的对象源自实践活动。脱离人的实践活动,感性直观到的自然界是非现实的自然界。人与世界的关系首先是一种实践关系,然后是一种认识关系。人不是旁观者,而是当事人。"实践维度对感性直观的优先性……充分体现马克思唯物主义对一切旧唯物主义的超越"②;第二,社会生活在本质上是实践的,理论问题源自实践问题。于是,问题在于改变世界;第三,逻辑范畴脱离实践活动就会变得固定化、神圣化,以此来理解人类社会历史,就会将现存社会理解为永恒的和抽象的。逻辑范畴其具体规定性受到实践活动发展的制约。因此,相较于感性直观、理论态度和逻辑范畴,实践活动具有优先性,这构成历史唯物主义的重要原则。

基于历史唯物主义的实践优先性原则,俞吾金教授进一步指出,马克思的唯物辩证法不是从"物质"出发去理解观念,而是"从物质实践出发来解释观念的东西"③。物质是实践活动的属性、产物、对象和过程本身。它既包括人与物的关系,也包括物质实践活动中的人与人的关系。在此意义上,旧唯物主义的抽象的"物质本体论"就转变为"实践-社会生产关系本体论"。在人与物、人与人的实践关系中,人对世界的认识就奠基于一种人改造物和社会关系的自我否定和自我超越的现实历史过程。据此,在俞吾金教授看来,马克思所提到"自然"概念完全不同于旧唯物主义的"自然"概念。旧唯物主义的"自然"概念是直观或客

---

① 俞吾金:《问题域的转换——对马克思和黑格尔关系的当代解读》,北京:人民出版社,2007年,第426页。
② 俞吾金:《被遮蔽的马克思》,北京:人民出版社,2012年,第371页。
③ 俞吾金:《问题域的转换——对马克思和黑格尔关系的当代解读》,北京:人民出版社,2007年,第423页。

体的思维方式所把握到的"先于社会历史活动的自然界"，而马克思谈的"自然"是基于人的实践活动的"人化了的自然""人类学的自然""历史的自然"。"在人类历史中即在人类社会的产生过程中形成的自然界是人的现实的自然界。"①因此，不存在先于社会历史活动的自然界的辩证运动，也不存在先于社会历史的思维的辩证运动，其本质上都是人的实践活动辩证特征。"在马克思看来，以人类的实践活动为基础和核心的'社会历史'才是合理的辩证法的真正的载体。"②在社会历史的实践活动中，人与自然呈现出否定性统一关系。于是，辩证法摆脱了朴素直观和思辨的性质，其否定性获得真实的根基，其批判性和革命性获得彻底的特征。辩证法不再是关于世界矛盾运动现象的朴素直观，也不再是关于概念自我否定和自身同一的辩证运动，而是在对现存事物肯定理解同时包含否定理解的人的实践活动的逻辑。

在此基础上，俞吾金教授形成了这样的基本观点：马克思不是通过旧唯物论与传统辩证法的外在结合实现了对旧唯物论与传统辩证法的理论变革，而是通过唯物史观，实现了对传统辩证法与旧唯物论的双重变革，建立了新唯物主义和新辩证法理论，并因此实现了唯物论与辩证法的内在的有机的统一。唯物史观把旧唯物主义的抽象"存在"转变为"人的现实生活过程"，"自然"被理解为"人化的自然"和"人的无机身体"；"物质"获得了具体的历史的实践性质。唯物论被转变为关于人与世界的实践关系的理论。"物质"不再具有终极实在的"实体"地位，而是成为"改造过的物质的东西"③。在此意义上，唯物史观既克服了旧唯物主义的"无人身的自然"，也克服了黑格尔辩证法的"无人身的理性"，基于实践活动的社会历史性，建立起关于现实的人及其历史发展的自我理解的学说。在此过程中，辩证法获得了区别于抽象物质本体

---

① 《马克思恩格斯文集》第 1 卷，北京：人民出版社，2009 年，第 193 页。
② 俞吾金：《问题域的转换——对马克思和黑格尔关系的当代解读》，北京：人民出版社，2007 年，第 452 页。
③ 参见《马克思恩格斯文集》第 5 卷，北京：人民出版社，2009 年，第 22 页。

论的生存论本体论根基。"物质"的存在是直接的和确定的,其规定性是固定的和非历史性的,而"物质实践"则是人通过改造人与自然、人与人的关系从而不断自我否定、自我超越获得现实性的过程。动物与其自身生命是直接同一的,而人总是通过实践活动生成人与自我、自然的否定性统一关系。因此,作为"推动原则和创造原则的否定性"的辩证法不可能是关于"物质"实体的辩证运动的直观反映,而只能是关于人及历史发展的内涵逻辑。由此可见,唯物史观的创立既是对唯物论的改造,同时也是对辩证法的改造,唯物史观与唯物辩证法的创造是一同绽出,一同呈现的同一个过程。

在俞吾金教授看来,只有按照上述理解,把辩证法融入历史唯物主义之中,才能透彻地阐明马克思哲学的辩证法与德国古典哲学,尤其与黑格尔辩证法的深层思想关联及其扬弃关系。"历史意识是德国古典哲学的基本遗产之一。"①在抽象的经验主义者那里,历史被理解为僵死的事实的汇集,而在黑格尔的辩证法那里,历史被理解为概念自否定运动的逻辑展开。黑格尔的辩证的历史观受到了马克思的高度重视,认为它将世界理解为一个发展的过程,从而为历史找到了一种辩证的表达,尽管是一种"抽象的、逻辑的、思辨的表达"②。吸取黑格尔自觉的历史意识,同时把它转换为"现实的人及其历史发展"的科学,这只有通过马克思唯物史观才成为可能。唯物史观把历史把握为人的现实生活过程。从人与物的关系看,历史体现为人不断改造世界、超越自身的创造性和发展性;从人与人的关系,历史体现为"一定的"生产关系的特殊性。在人的实践活动和社会关系的辩证运动中,历史不再是"僵死事实汇集",也不再是"想象主体的想象活动",人的现实的"能动的生活过程"③得以呈现。正是在此意义上,俞吾金教授指出,唯物史观克服旧的历史哲学及其"历史意识",从而建立一种"新的哲学",这种新的哲学

---

① 俞吾金:《马克思对德国古典哲学遗产的解读》,载《中国社会科学》2006 年第 2 期。
② 《马克思恩格斯文集》第 1 卷,北京:人民出版社,2009 年,第 201 页。
③ 《马克思恩格斯文集》第 1 卷,北京:人民出版社,2009 年,第 525—526 页。

是唯物史观与辩证法的有机统一体。

可以看出，俞吾金教授对马克思哲学辩证法及其理论变革的上述理解，为我们提供了重要启示。他启示我们：必须从马克思哲学的整体理论变革中理解其辩证法，马克思哲学的辩证法的理论变革不是孤立的，而是与唯物史观的创立一同显现和一同发生的。在辩证法与唯物史观的内在统一中，辩证法获得其真实的根基，它成了现实的人的存在及其活动的逻辑，"被遮蔽的"马克思辩证法的"本真精神"由此得以彰显。

三、把辩证法融入历史唯物主义的深层旨趣：
"向生活世界的辩证法复归"

把辩证法融入历史唯物主义，使辩证法成为关于现实的人及其历史发展的"生存论本体论"，人的现实的"生活世界"由此构成辩证法的真实"场域"，这产生了重大的理论效应。俞吾金教授用"向生活世界的辩证法复归"概括这种理论效应，并对此进行系统的阐发。

在俞吾金教授看来，"生活世界的辩证法"包含着如下三个层次的意蕴：实践辩证法、人化自然辩证法和社会形态发展辩证法[①]。

第一，从马克思辩证法的"内涵"看，生活世界的辩证法是一种"实践辩证法"。"向生活世界的辩证法复归"意味着消解"无人身的客体"或"无人身的理性"的辩证运动，将辩证运动置于人的实践活动及其基本形式——劳动中予以考察。黑格尔辩证法的功绩在于揭示了辩证法运动的否定性来源于人的自我产生的过程，即劳动的对象化及其扬弃。但同时，黑格尔对劳动理解有两方面错误：一方面，黑格尔"只看到劳动的积极的方面，没有看到它的消极的方面"[②]；另一方面，"黑格尔唯一

[①] 俞吾金：《自然辩证法还是社会历史辩证法？》，载《社会科学战线》2007年第7期。

[②] 《马克思恩格斯文集》第1卷，北京：人民出版社，2009年，第205页。

知道并承认的劳动是抽象的精神的劳动"①。虽然黑格尔正确揭示了否定性辩证法根源于于人的自我生产的劳动过程,但是人的劳动并不是抽象的精神劳动,而是改造对象的社会历史性活动。据此,俞吾金教授指出,马克思辩证法是一种关于人的"对象化、异化、外化、物化"的"劳动辩证法"②。这意味着:第一,作为人的本质力量的对象化,劳动具有肯定的意义。人的主体性通过现实的生产劳动展现出来,并通过生产劳动生成。在此意义上,人的主体性不是一种抽象的意识主体性,而是一种实践主体性。只有在具体的劳动实践中,人的主体性才得以成立。同时,只有在这种不断否定自我和对象的现实活动中辩证法的"作为创造原则和推动原则"的否定性才能得以成立;第二,作为人的本质力量的异化,资本主义雇佣劳动对于人的自我生产过程具有了否定的意义。一方面,这种异化劳动将人与自然分割开来,使人的对象化的产品反过来统治人;另一方面,这种异化劳动造成了人的自由创造本质的丧失。改造客体和确证主体的辩证运动变成了人不断自我丧失的过程,而非自我生产的过程。第三,作为既定历史阶段的结果,异化劳动造成了人的物化问题。在资本主义市民社会中,"物"表现为"庞大的商品堆积"。人成为一种"物化"的个体,既依赖于物质财富本身,又依附于私有财产关系。从人和物的关系看,人成为商品、货币、资本拜物教的信徒,其生产活动受到资本增殖逻辑的控制。从物和物的关系看,物和物的关系遵循自由和等价交换的原则,私有财产的神圣性被确立起来并为人的自由奠基;从人和人的关系看,在物和物的关系掩盖下作为资本人格化的资本家不断发展着对无产阶级的剥削和统治关系。这种人劳动的对象化、外化、异化、物化的"劳动辩证法"展现了市民社会中人及其生活世界的主体性维度的矛盾运动。

第二,从马克思辩证法的"载体"看,生活世界的辩证法是一种"人

---

① 《马克思恩格斯文集》第 1 卷,北京:人民出版社,2009 年,第 205 页。
② 俞吾金:《论马克思的"劳动辩证法"》,载《复旦学报(社会科学版)》2011 年第 4 期。

化自然的辩证法"。"向生活世界的辩证法复归"意味着将"人化自然"视作辩证法的真实载体。在人的实践活动中，人与自然的关系呈现出一种主体客体化与客体主体化的双向运动关系。一方面，人的实践活动必然凭借自身的肉体组织以及感性的中介与自然界发生关系，因而人必然受到自身自然生命和自然界规律的限制，并不是随心所欲地进行实践活动；另一方面，人根据自己的目的来创造对象物，通过实践活动将自己的本质赋予对象物。自然界成为"人的无机的身体"，具有社会历史的属性，是人们创造历史的现实基础。因此，自然本质上是人的生活世界的一部分。生活世界的辩证法既内蕴着人与自然的否定性统一关系，也反映了人的生存实践中人自然性与超自然性的矛盾。从这种"人化自然的辩证法"出发，辩证法自觉的表达了人及其生活世界中自然维度的矛盾运动的本性。

第三，从马克思辩证法的"本质"看，生活世界的辩证法是一种"社会形态发展的辩证法"，意味着将辩证法的批判和否定本性的充分彰显。社会形态的发展不是抽象物质的运动过程，更不是"物竞天择、适者生存"的自然进化过程，而是一个立足于人的社会生活的辩证运动过程。这种辩证运动的否定性不是一种"自在"或"自为"的"否定性"，而是一种基于实践活动的"自在自为"的"否定性"。"物质的生活关系的总和"构成社会形态的基本结构。因此，"以一定的方式进行生产活动的一定的个人，发生一定的社会关系和政治关系"①。生产方式的发展决定了社会形态的变革。生产力与生产关系、经济基础与上层建筑的矛盾运动推动了社会形态的不断跃迁。人通过批判和革命的实践活动不断现实地否定既定社会，根据自身的目的去进行社会变革。社会形态的辩证运动体现为一种"自在自为"的"否定性"。

在上述三层意蕴中，马克思哲学的辩证法所具有的人文解放旨趣得到了充分的体现。在"生活世界"中，辩证法不是"使现存物显得光

---

① 《马克思恩格斯文集》第 1 卷，北京：人民出版社，2009 年，第 523—524 页。

彩",而是包含"对现存物必然灭亡的理解"①,它表达着人追求自己目的的历史活动,充分彰显了马克思辩证法的价值维度,即在实践活动中对现存的"物质的生活关系""物质资料生产方式""物质生活的生产"进行不断的批判和变革,推动人的自由个性的生成、生活世界的丰富的人文解放向度。俞吾金教授反复强调:"在以往的哲学研究中,人们热衷于把辩证法从其载体——生活世界中剥离出来,单独地加以发挥,结果导致了诡辩。"②克服以往种种阐释模式所造成的对马克思哲学辩证法本真精神的遮蔽,把辩证法融入历史唯物主义,在辩证法与唯物史观的内在统一中理解马克思辩证法及其理论变革,其根本旨趣是拯救马克思哲学辩证法对人的生活世界的真实关切,是为了凸显它对于人的自由和解放的终极指向。这一点,构成了俞吾金教授辩证法思考和探索最深层的价值眷注,也是这种思考和探索给我们留下的弥足珍贵的思想遗产。

(作者　贺来,吉林大学哲学社会学院教授;彭双贞,浙江大学马克思主义学院讲师)

To Elucidate the Dialectics of Marx's Philosophy and Its Theoretical Reform from The Internal Unity with Historical Materialism
—Professor Yu Wujin's Theoretical Exploration on Marx's Theory of Dialectics

He Lai　Peng Shuangzhen

Abstract: To grasp and understand historical materialism as the core of Marx's philosophy, and to elucidate Marx's dialectics and its the-

①　参见《马克思恩格斯文集》第 5 卷,北京:人民出版社,2009 年,第 22 页。
②　俞吾金:《向生活世界的辩证法复归》,载《探索与争鸣》2000 年第 11 期。

oretical reform from the internal unity of dialectics and historical materialism is Professor Yu Wujin's important contribution to the study of Marx's theory of dialectics. Professor Yu Wujin believes that separating Marx's dialectics from its historical materialism will inevitably leads to the "masking" of the essence of Marx's theory of dialectics. Based on this theoretical reflection and self-consciousness, Professor Yu Wujin opened the "transformation of problem domain" in the internal unity between dialectics and historical materialism, revealed the double transformation of Marx' philosophy in dialectics and materialism. "the dialectics returning to life world" proposed by Professor Yu Wujin's constitutes his theoretical guideline to understand the reform of Marx's dialectics, and effectively promotes the in-depth development of the study of Marx's theory of dialectics. Professor Yu Wujin's exploration on Marx's dialectic theory is an epitome of his efforts to push deeper in the study of Marxist philosophy, and provides a model for the promotion the in-depth development on the study Marx's philosophy in China.

Key words: Historical Materialism; Dialectics; Existential Ontology; The Dialectics of Life World

从传统知识论到生存实践论

——俞吾金教授西方哲学研究述要

吴　猛

摘要：西方哲学研究是俞吾金教授全部学术思想工作的基础。在俞吾金早期对于西方哲学的探讨中，辩证法问题是他关注的焦点，而在思想成熟时期他则以哲学的当代转向，即从传统知识论向生存实践论的转向，为基本视野来考察整个西方哲学史，并在这一思想转向的框架下理解马克思哲学，再站在重新理解了的马克思哲学的立场上重新审视西方哲学特别是德国古典哲学和现代西方哲学。

关键词：俞吾金　西方哲学　传统知识论　生存实践论

俞吾金教授是当代中国著名马克思主义哲学家，他在马克思主义哲学史、当代马克思主义哲学、意识形态思想史、当代中国文化与哲学等领域都作出了重要的贡献，而这些工作的一个重要特点，就是以他的西方哲学研究为基础和前提。

俞吾金的西方哲学研究是他全部学术工作中持续时间最长、涉及范围最广的研究领域。俞吾金最早发表的一批学术成果，基本上都是西方哲学研究论著。即便在他的研究兴趣逐渐转向历史唯物主义领域之后,西方哲学①研究依然是他的重要研究对象。俞吾金的西方哲学研究对象包括从古希腊哲学到当代哲学的众多思想家,涉猎之广在当代中国学者中是罕见的。

俞吾金的西方哲学研究是以其内在的问题意识为线索和导向的。综观俞吾金在这一领域的全部工作,我们可以看到,在俞吾金早期对于西方哲学的探讨中,辩证法问题是他关注的焦点,而在思想成熟时期他则以哲学的当代转向为基本视野来考察整个西方哲学史,并在这一思想转向的框架下理解马克思哲学,再站在重新理解了的马克思哲学的立场上重新审视西方哲学特别是德国古典哲学和现代西方哲学。具体说来,俞吾金将现代哲学转向的本质理解为从传统知识论向生存实践论的转变,马克思的历史唯物主义只有在现代哲学的视野才能得到恰当理解,而反过来,德国古典哲学和海德格尔哲学的思想史意义也只有在历史唯物主义的视野下才能充分彰显。

一、俞吾金早期的西方哲学研究

俞吾金早期的西方哲学研究尽管带有鲜明的时代特色,即以"辩证法"为主轴探讨古希腊哲学和近代哲学,但这些工作中已经有了突破传统解释框架的明确倾向,这为此后俞吾金突破传统马克思主义哲学理论框架做了重要的理论准备。

(一)古希腊哲学研究

俞吾金哲学研究的最初成果集中在古希腊哲学领域。《"蜡块说"小考》②一文是俞吾金哲学研究工作的开端。在这篇短文中,俞吾金质

---

① 在此我们使用狭义的"西方哲学"概念,即不仅不包括马克思哲学,也不包括西方马克思主义,因为从总体上看,俞吾金教授全部学术研究是以马克思哲学为中心的,而西方哲学研究是其马克思哲学研究的最重要的基础,西方马克思主义则是他从马克思哲学的视角出发探讨现代性等问题所涉及的研究领域。
② 俞吾金:《"蜡块说"小考》,载《国内哲学动态》1980 年第 9 期。

疑了自黑格尔以来关于"蜡块说"是亚里士多德所提出的这一传统观点,指出这是柏拉图在《泰阿泰德篇》中已经提出的观点,并认为人们正是由于受到从黑格尔的《哲学史讲演录》到列宁的《哲学笔记》再到敦尼克的《哲学史》所形成的传统见解的束缚而未能对"蜡块说"的真正来源有所澄清。而在随后发表的一篇短文《亚里士多德的"蜡块说"辨》①中,俞吾金进一步对当时国内学术界所流行的关于亚里士多德的"蜡块说"割裂了形式和质料之间的关系的看法提出了挑战,认为亚里士多德"蜡块说"中关于"蜡块上留下的只是图章戒指的印痕而不是铁或金本身"的观点揭示物和感觉是可以分离的,并没有割裂形式和质料的关系,并进一步指出亚里士多德哲学的基础正是形式与质料的统一。在此基础上,俞吾金对亚里士多德的认识论进行了比较全面的考察,其基本成果体现在《亚里士多德认识论探讨》②一文中。在该文中,针对学界通常关于亚里士多德认识论的基本倾向是在唯物主义和唯心主义之间动摇的观点,俞吾金明确提出,这一理论的倾向是唯物主义的;而针对人们关于亚里士多德的认识论尽管看到了感性认识和理论认识的某种关系但最后还是被形而上学地割裂了的观点,俞吾金认为恰好相反,这一认识论中包含着丰富的辩证法思想。

俞吾金对古希腊思想的研究还包括对柏拉图思想的总体特点的研究。在文章《试论柏拉图哲学的基本特征》③中,他强调柏拉图哲学的批判性,认为柏拉图从相对主义、感觉主义和不可知主义三个方面对智者哲学所作的批判,构成了柏拉图哲学体系内部变与不变、个别与一般、神与理性三条基本矛盾线索;他还在梯利的启发下,将柏拉图哲学视为具有二重性的哲学,并以理念、灵魂和回忆为例说明这种二重性,如理念论中既包含理念是"永久不变"的和第一性的,而生灭变化的事物是第二性的这样的客观唯心主义理论,也包含着从个别到一般、由感

---

① 俞吾金:《亚里士多德的"蜡块说"辨》,载《社会科学》1981年第3期。
② 俞吾金:《亚里士多德认识论探讨》,载《复旦学报(社会科学版)》1981年第3期。
③ 俞吾金:《试论柏拉图哲学的基本特征》,载《复旦学报(社会科学版)》1982年第2期。

性到理性的认识路线所蕴含的现实世界第一性、理念世界第二性的结论,在灵魂观中柏拉图一方面赋予灵魂以人格化的神的意义,另一方面又赋予该领域以理性的实质,因而充满着理性和神学的尖锐冲突,而他的回忆理论则既包含先验主义的味道,又有反省、类比、联想、思考的含义;另外,俞吾金还特别重视柏拉图哲学的辩证性,认为柏拉图关于美、知识和美德等问题的讨论都是循着从个别到一般的路径进行的,因而体现了辩证法和认识论的紧密结合,这种辩证法的本质是区别于赫拉克利特的客观辩证法和智者学派的现象辩证法的概念辩证法,而概念辩证法的实质是在对立统一中把握概念,这体现在柏拉图对存在和非存在、一和多、有限和无限等概念的讨论中。

此外,俞吾金还对智者学派作了总体考察,不仅对这一学派的范围进行了澄清①,而且从消极方面和积极方面审视了"智者"②:一方面,智者学派的思想家有着破坏者和诡辩家的形象;但另一方面,智者是新文化的开拓者和传播者,是哲学认识论和方法论的改造者和探索者。智者用人的权威和神的权威相对抗,运用理性对法律的实质和起源进行以约定论为中心的解释,并建立起以平等、快乐为宗旨的伦理观,加速了希腊旧文化的崩溃,促进了新文化的形成和发展。俞吾金认为,智者在时间的领域内生气勃勃,但一旦跨入玄思的领域、试图用理性去探讨存在之谜的时候,他们的弱点就暴露出来了,这特别体现在,他们在认识论领域过分夸大了主体感觉的作用,因而无法得出积极的可知的结论;但在他们的探索中也包含着丰富的辩证法思想,这突出体现在他们在讨论主体和客体、思维和存在、存在和非存在等问题时所运用的矛盾思维方式上,这些表面上的"诡辩"实际上呈现了思维本身所包含的内在矛盾。

（二）斯宾诺莎思想研究

俞吾金对斯宾诺莎思想中的重要命题"规定就是否定"进行了详细

---

① 见俞吾金:《克拉底鲁是智者派哲学家吗?》,载《复旦学报(社会科学版)》1981 年第 1 期。

② 见俞吾金:《论智者哲学的历史地位》,载《江淮学刊》1983 年第 1 期。

的探讨。他认为这一命题并不是斯宾诺莎偶然提出的,而是贯穿斯宾诺莎一生思想的重要命题,特别是,它构成了《伦理学》中实体学说的基石,其目的在于论证实体的无限性。在《对"一切规定都是否定"命题的一点理解》①一文中,俞吾金试图从辩证逻辑的角度理解这一命题。在俞吾金看来,"一切规定都是否定"这一命题包含着事物自身运动的辩证法,即把否定理解为规定性自身引起的否定;同时,这一命题还包含着事物通过内在否定这一联系环节不断向前发展的辩证思想,因为作为规定的否定是保留肯定内容的否定,因而是作为联系环节和发展环节的否定;另外,这一命题还意味着,有限物在发展中,会被规定性内部的否定所打破,从而过渡为无限,因而包含有限和无限的辩证法。

俞吾金进一步要求突破传统的"实体—属性—样态"的理解结构,以新的视野即范畴辩证法的角度重新审视斯宾诺莎哲学体系。在《试论斯宾诺莎哲学的深层结构——范畴辩证法体系》②一文中,俞吾金从斯宾诺莎所运用的数学方法出发来说明这一体系。他认为,斯宾诺莎对数学中的无限性的研究,为其整个范畴辩证法体系奠定了基础。斯宾诺莎区分了抽象的无限性和理智的无限性或辩证的无限性,否定前者而肯定后者,从而使无限性概念不再停留于那种使抽象的量永远向前进展的空洞的想象的无限性,而成为与有限辩证统一的无限性。斯宾诺莎进而将理智的无限性观点导入哲学,用理智而非想象去把握实体、永恒性等概念,建立起完整的范畴辩证法体系。俞吾金认为,斯宾诺莎的范畴辩证法体系的基本结构是放射型的,以理智的无限性也即有限与无限的辩证关系为红线,将之贯穿到原因与结果、肯定与否定、自由与必然、整体与部分等范畴的辩证关系的理解中:通过理智的无限性观念,斯宾诺莎引入了"自因"概念,由果及因的直线式进展转化为因与果之间的圆圈式的相互作用和联系,一个无需还原到"第一因"也无

---

① 俞吾金:《对"一切规定都是否定"命题的一点理解》,载《哲学研究》1981 年第 5 期。
② 俞吾金:《试论斯宾诺莎哲学的深层结构——范畴辩证法体系》,载《上海社会科学院学术季刊》1986 年第 4 期。

需神意干涉的充满相互作用的自然界袒露在人们眼前;斯宾诺莎将理智的无限性理解为绝对的肯定,而将有限性理解为否定,从而建立起对于有限与无限的辩证关系的理解;在自由和必然的关系上,斯宾诺莎拒绝建立在任意的、想象的无限性基础上形成的自由观,将自由建立在理智的无限性的基础上,即不是将人的意志想象为具有不受限制的无限性,而是将之理解为在现实中是有限的,必须根据客观必然性作出自己的选择和决断,因而自由绝不是任性或任意,而是对必然的理解或意识;而对于整体和部分的关系问题,斯宾诺莎区分了对应于想象的无限性的、由截然可分的部分组成的整体和对应于理智的无限性的、由不可分割的部分组成的有机的整体,认为在有机整体中,部分永远只是作为整体的部分而存在的,如果有机整体是一个量的话,那么这就是一种无限的、唯一的和不可分的量。俞吾金认为,斯宾诺莎的范畴辩证法是西方范畴发展史中承上启下的转折点,弥合了亚里士多德与康德、黑格尔的范畴理论之间的巨大空隙。

(三) 发生认识论研究

俞吾金在对于皮亚杰的发生认识论进行的研究中,特别重视这种认识论思想与马克思主义认识论的一般结论进行比较,探讨发生认识论在哪些方面为丰富和发展马克思主义认识论提供了启示。在《发生认识论初探》①一文和其他关于发生认识论的文章中,俞吾金从主客体关系、认识建构和活动三个方面进行探讨。就第一个方面来说,俞吾金强调皮亚杰的发生认识论的一个重要思想,即反对人们追溯认识产生的绝对起点,而试图在主体和客体的相互作用中揭示认识发生和发展的规律。对于皮亚杰来说,客体是客观存在的,但客体作为主体的认识和活动的对象,又不能脱离主体而存在,它将自身显示给主体,而主体也按照这种显示建构客体。另外,主体建构客体的过程同时也是主体逐渐解除自身中心化的过程。而正是从主客体的交互作用出发,客体

---

① 俞吾金:《发生认识论初探》,载《复旦学报(社会科学版)》1982 年第 5 期。

才具有不可穷尽的极限性质。就第二个方面来说,俞吾金认为,皮亚杰的研究展现了低级形式的认识和高级形式的认识之间的差别比人们所设想的要大得多,因此要在认识论领域中打破形而上学壁垒并彻底贯彻辩证法,仅研究体现高级认识成果的科学史和哲学史是不够的,还应从发生认识论的角度研究儿童认识的整个建构过程。关于第三个方面,俞吾金强调,皮亚杰非常重视主体的活动在认识发生、发展过程中的重要作用,特别是无意识活动所起到的作用,并且提出了关于活动图式在儿童智力的发展中逐步内化为逻辑结构和概念的理论,这些思想有利于全面说明实践活动在人类整个认识过程中的地位和作用。

二、现代哲学范式转换研究

俞吾金教授从 20 世纪 80 年代末开始关注现代哲学范式转换问题,这一问题的提出对于他的学术思想的发展具有非常重要的意义,标志着俞吾金的学术研究走向成熟阶段。正是在对于这一问题的解答过程中,俞吾金认识到传统哲学与现代哲学的根本差别所在,并进一步对马克思哲学的性质特别是其本体论维度进行深入考察,从而形成了对于历史唯物主义的独特理解。

在现代哲学范式转换问题上,俞吾金的核心观点是,从传统知识论到生存实践论的发展,乃是西方哲学发展史中的一条根本性的线索。[①]在俞吾金看来,传统知识论有三个基本特征:一是直截了当地把求知理解为人类的本性,而未深入反思人类求知的动因;二是把求知理解为人类对外部世界的静观,未深入探究人类求知的实际过程;三是把真理性的知识理解为主观认识与客观对象相符合的结果,而没有深入追问知识的本质及其得以可能的真实前提。俞吾金认为,从亚里士多德到笛卡尔、再到康德和黑格尔,都置身于这一知识论的传统之中,而将知识

---

① 见俞吾金:《从传统知识论到生存实践论》,载《文史哲》2004 年第 2 期。

和知识的基础即人类的生存实践活动分离开。康德直到晚年才在《逻辑学讲义》中提出"人是什么"这一问题，并试图通过实用人类学加以解答。然而如果从海德格尔的角度来看，在没有澄明人的生存结构之前去讨论知识问题，必会陷入一种无根状态，因为认识或知识不是其他的东西，而正是此在在世的一种样式。这样，问题就应当从对于知识本身的考察转向对于作为知识的前提的人之生存活动的考察，这就是生存实践论的缘起。

在俞吾金看来，对于传统知识论哲学的反叛，有三条重要的路径：人本主义、实证主义和历史唯物主义。第一条路径的代表人物是叔本华、尼采和海德格尔。①叔本华将知识论关于理性和欲望的基本见解翻转过来，认为人自身所具有的比理性和认识更根本的东西是意志和欲望。不过，叔本华虽对知识论哲学进行了破坏性的批判，却并未破坏作为知识论哲学的世俗基础的基督教道德，相反，他赞成基督教道德的前提即原罪说和解脱说，因而接受了基督教的主旋律即禁欲主义。真正对知识论哲学形成致命一击的是尼采。尼采也将意志视为世界的本质，但他所理解的意志的内涵和意义与叔本华有很大差异。如果说叔本华将意志的无穷无尽的追求理解为一种恶的东西、从而得出人生充满痛苦的结论的话，那么尼采则把意志的这种追求理解为生命的健康而积极的表现，其本质是"权力意志"，而其目标在于成为"超人"。尼采从酒神和超人的尺度出发，提出"打倒一切偶像"和"重估一切价值"的口号，而在尼采所要打倒的偶像中，最重要的就是以符合论真理观为基础并以理性压抑感性的知识论哲学和基督教道德。尼采将人理解为生活在充满意义的现实世界中的欲求者和评价者，这对当代各种人本主义哲学思想的出现产生了重要推动作用。如果说尼采破坏了知识论哲学本身及其世俗基础即基督教道德的话，那么这一哲学的语言和逻辑

---

① 见俞吾金：《超越知识论——论西方哲学主导精神的根本转向》，载《复旦学报（社会科学版）》1989 年第 4 期。

基础则是由海德格尔破坏的。在海德格尔看来,以理性或语言为基本含义的"逻格斯",在前苏格拉底哲学家那里还包含着对"存在"的思考,但在苏格拉底和柏拉图那里,特别是亚里士多德那里,这种原始本质被埋没了。以这种埋没为代价产生的知识论哲学不但没有打开通向"在"的道路,反而用逻辑把思考在的途径都堵塞起来。在知识论哲学的框架中,与逻辑不可分割地联系在一起,堵塞"在"之思的,是语言。海德格尔从词源上重新考察了传统哲学的"存在""本质""思""逻各斯"等基本概念的原初含义及后来的变化,试图在语言的层面上将知识论哲学驱逐出去,使语言真正成为"存在"的寓所。由于逻辑和语言是精神的最基本载体,因此海德格尔的工作实际上摧毁了知识论哲学的基础。第二条路径的代表人物是孔德、马赫和逻辑实证主义者(特别是维特根斯坦)。孔德并不是一般地反对知识论哲学,而是反对康德以前的以追问世界的始因或目的因为己任的知识论形而上学,主张像康德那样将知识限制在现象的范围之内,从而将知识论哲学改装成了以研究诸实证科学之间的内在联系为任务的实证哲学,这就一方面对知识论形而上学进行了彻底否弃,另一方面又保留了知识论哲学的基本精神即哲学应该追求知识。马赫提出了思维经济原则并通过这一原则将物质、精神、物体和自我等统统还原为感觉或要素,从而对知识论形而上学进行了更彻底的拒斥,体现出与孔德的实证主义同样的科学主义倾向。到了逻辑实证主义那里,对知识论形而上学的拒斥达到了极端,也就是说,传统的实证主义仍然关心实在问题,而逻辑实证主义则纯粹是一种关于逻辑的学说。维特根斯坦在《逻辑哲学论》中将符号逻辑的研究成果直接导入哲学中,将哲学问题的大多数命题和问题视为不是虚假的,而是无意义的因而是根本无法回答的问题,而这些问题和命题又是由于不理解我们语言的逻辑而引起的,这样,全部知识论形而上学就萎缩掉了。不过,尽管实证主义最终实际上将全部传统意义上的哲学知识都萎缩掉了,但却并未对剩下来的语言和逻辑的知识与生活世界的关系进行充分说明,尤其无法对现实的人生活于其中的世界的革命化做出说明。而同时，无论是叔本华的悲观主义，还是尼采的超人学说，甚至海德格尔的基本本体论，也都不能为人本主义哲学奠定坚实的理论基础，因为这些思想未能揭示人身上所包孕的丰富社会历史内涵。在俞吾金看来，只有作为最初始和最基本的社会存在本体论的马克思的历史唯物主义才能为新的、科学的人本主义哲学的建构提供坚实理论基础。俞吾金认为，在历史唯物主义所代表的第三种反叛传统知识论的路径中，哲学被理解为在根本上是本体论而不是认识论，进一步说，这里的本体不是物质或精神本体论，而是作为人的实践活动、特别是劳动的结果的社会存在本体，而人的全部认识或知识都须在社会存在本体的基础上加以说明。

三、德国古典哲学研究

德国古典哲学在俞吾金的思想发展中占有特殊的地位，在某种意义上可以说，俞吾金关于马克思历史唯物主义的本体论式理解框架，其基本精神和旨趣正是通过他对德国古典哲学的解读而建立起来的。

俞吾金早期和成熟时期的德国古典哲学研究，在风格上有所不同，但大致可以看出：黑格尔哲学相较于康德哲学而言是俞吾金较早进行研究的德国古典哲学思想，而在康德哲学进入黑格尔视野之后，康德哲学迅速成为俞吾金建构历史唯物主义新框架的重要思想资源，与此同时黑格尔较多地成为被批判的对象；但在俞吾金重新理解康德哲学之后，他又开始重新理解黑格尔思想的当代价值。

（一）黑格尔哲学研究

俞吾金对德国古典哲学的研究是从黑格尔的哲学史研究方法即系统方法开始的。[1]俞吾金认为，黑格尔的这一方法旨在消除哲学史研究中只见哲学系统的分歧性不见哲学系统的统一性、只讲主观意见而不

---

[1]　见俞吾金：《黑格尔哲学史思想——系统方法探要》，载《学术月刊》1981 年第 11 期。

求客观规律、只注意各种哲学系统的互相斗争而不注意各种哲学系统的互相联系等错误观点,其基本原则包括具体性原则、有序性发展原则和相互联系原则,而矛盾分析、批判基础和逻辑与历史一致等方法只有从属于系统方法并成为系统方法的有机组成部分,才能获得其完全的意义。

俞吾金还探讨了黑格尔哲学体系的范围问题[1],认为一方面不能将黑格尔哲学体系的范围窄化,应将黑格尔的《哲学全书纲要》所涉及的《精神哲学》中有关法哲学、历史哲学、美学、宗教和哲学史等部分包括在黑格尔哲学体系之内,另一方面又不应当扩大化,将《精神现象学》包括在黑格尔哲学体系之内,因为在黑格尔那里科学以概念为对象,而在《精神现象学》中意识一直要发展到最后的"绝对知识"阶段才出现概念。在俞吾金看来,黑格尔哲学体系的真正范围包括《逻辑学》《自然哲学》《精神哲学》以及从《精神哲学》中发挥并扩展出来的《法哲学原理》《历史哲学》《宗教哲学》《美学》和《哲学史》等。

俞吾金还考察了黑格尔的哲学史观。[2]黑格尔在《小逻辑》第26至78节简要回顾了哲学史,这一部分占全书的五分之一,可被视为在新的哲学观念下撰写的哲学史纲要。黑格尔将哲学理解为纯粹的理性思维或概念认识,并以"思想对客观性的态度"为标尺,将哲学史划分为三个阶段:旧形而上学,经验主义和批判哲学,以及直观知识。俞吾金指出,黑格尔重新建立哲学史纲要时不是以外在的方式对各种哲学流派进行罗列,也不崇拜客观主义,而是注重哲学史自身的内在发展理路,从自己的哲学观出发对整个哲学史进行重新解读。黑格尔的这一哲学史重塑的理论指向,就是在扬弃旧形而上学、经验主义、批判哲学和直接知识论后建立起思辨逻辑,并将之理解为整个哲学史发展的最终归

① 见俞吾金:《略论黑格尔哲学体系的范围》,载《复旦学报(社会科学版)》1984年第4期。
② 见俞吾金:《作为哲学史纲要和最终归宿的〈小逻辑〉——黑格尔哲学史观新探》,载《哲学研究》2001年第11期。

宿。俞吾金认为，尽管黑格尔的哲学史建构注重哲学史发展的内在理路，注重哲学思想范畴的辩证发展，注重逻辑与哲学史的关系，都有其合理因素，但他的将个性、感性和生命意志边缘化的泛理性主义和其将哲学史理解为与现实生活之"源"相分离的、完全独立的发展史的唯心主义立场最终窒息了这些因素。黑格尔的泛理性主义的哲学史观受到了强调意志和情绪等非理性因素的叔本华和克尔凯郭尔的挑战，也受到了宣扬人本主义的费尔巴哈的挑战，而其唯心主义也受到了来自马克思的批判。

对于黑格尔的核心观点，俞吾金重点研究的是黑格尔的理性观。俞吾金从黑格尔是典型的理性主义者这一基本判断出发，探讨了黑格尔理性观的历史地位和命运。①俞吾金认为，黑格尔的理性观是他解决思维与存在对立问题的主要途径，理性是黑格尔哲学的真正主题。如果说逻辑、认识论和本体论三者统一是黑格尔真正与康德批判哲学拉开距离的关键的话，那么他的理性观则是这种统一的关键，因为一方面作为逻各斯的理性是事物的本质，因而逻辑与本体论相统一，而另一方面作为逻辑实体的最高环节的思辨理性又使得逻辑范畴不断从抽象发展为具体，从而使得逻辑与认识论统一在一起。在黑格尔那里，逻辑、认识论和本体论分别对应于绝对理性、主观理性和客观理性，因此认识论和本体论在逻辑学中的统一，实际上就是主观理性和客观理性在绝对理性中的统一。黑格尔思想中的理性是意识和自我意识的统一者，实质上是能动的普遍或普遍的自我，包含着客观化的巨大能动性，这种能动性不仅表现在思维中，而且表现在实践中，在此理性本身就是有目的的行动。另外，黑格尔的理性还是辩证法的承受者，这样思维和存在的同一才有可能被描绘成一个矛盾发展并从而有可能被人们认识的过程。俞吾金认为，理性在黑格尔哲学中的核心地位同时也就意味着人在这一哲学中具有至高无上的地位，同时黑格尔也没有将理性与革命

---

① 见俞吾金：《黑格尔：一个再思考》，载《复旦学报（社会科学版）》1985年第3期。

对立起来,并且将君主立宪的资产阶级国家作为其理性观在现实方面寻求的最高目标,这些都体现了黑格尔理性观的实践意义。俞吾金同时指出,以布拉德雷、罗伊斯、克罗纳为代表的新黑格尔主义运动所具有的非理性化特征,体现了以理性为核心概念的黑格尔哲学的陨落,而黑格尔哲学的真正出路在于从马克思主义立场出发,在批判地继承黑格尔哲学的合理内核和费尔巴哈哲学的基本内涵的基础上,对黑格尔的理性观进行改造和丰富。俞吾金进一步对黑格尔的理性概念的含义的发展演变进行了澄清。[①]俞吾金强调,黑格尔的理性观之所以特别重要,不仅是因为这是黑格尔哲学的中心概念,也不仅是因为它是黑格尔扬弃康德、费希特、谢林哲学的重要标志,更主要的是由于这一概念是整个西方哲学从近代过渡到当代的转折点。黑格尔的理性概念主要有三种含义,即绝对理性、客观理性和主观理性。"绝对理性"与绝对、绝对精神、理念或上帝同义,"客观理性"是指宇宙万物的本质、规律和目的,"主观理性"则指人的最高认识能力或逻辑思维能力。客观理性在未被揭示之前,只是按照自己的必然性盲目起作用,而要使这种力量变成自觉的力量,必须借助于人的主观理性。在俞吾金看来,黑格尔的主观理性的最大理论贡献在于提出"思辨的或肯定的理性"这一概念,这是那种困惑于思维的矛盾本性的"理性恨"(Misologie)得以消解的关键。俞吾金强调,在黑格尔那里,主观理性与客观理性统一于绝对理性,而促使自觉的主观理性和盲目的客观理性实现这种统一的力量,正在于人这种能意识到普遍者的普遍者或能思维的理性存在物。

在黑格尔的文本方面,俞吾金重点解读的是《精神现象学》。俞吾金首先从哲学与常识的关系的角度对《精神现象学》进行了解读。[②]在

① 见俞吾金:《黑格尔论理性》,载《外国哲学》第 10 辑,北京:商务印书馆,1989 年,第 202—216 页。
② 见俞吾金:《精神现象学:哲学对常识的扬弃》,载《复旦学报(社会科学版)》1992 年第 6 期。

俞吾金看来,从某种意义上可以说,《精神现象学》的基本主旨是,针对当时哲学的庸俗化倾向即把哲学变成普通识见或常识的倾向,以哲学扬弃常识,以科学扬弃意识,将形而上学之神重新迎回思想殿堂。常识作为一种朴素的、未经雕饰的思维方式,一方面包含着一些朴实无华的真理,但另一方面又具有不确定性和贫乏性,包含着这个时代的一切偏见。与之相对的是作为科学的哲学,后者赖以存在的基础是概念的自身运动。俞吾金认为,在《精神现象学》中,哲学对常识的超越主要体现在对于常识的表象性、情感性和坚执性的扬弃,其在文本上的体现分别是"意识""自我意识"和"精神"三个部分。通过这三种扬弃,常识中有价值的内容被提升为具体的、辩证的概念的思维,从而被改造为哲学。俞吾金认为,黑格尔关于哲学扬弃常识的思想昭示了:哲学所倡导的是一种超常识的思维,它的解剖刀首先对准熟知的东西;另外,哲学对常识的扬弃归根结底依凭的是否定的力量,而黑格尔辩证法的奥秘之处正在于在常识视为肯定的东西背后发现否定的东西;最后,从哲学史的角度看,哲学史就是一个不断从常识到哲学再到常识不断循环的过程,哲学不断超越常识,常识又不断哺育并校正哲学。其次,俞吾金对黑格尔在《精神现象学》中提出的"主奴关系辩证法"进行了分析。[①]俞吾金认为,黑格尔在讨论"主奴关系"时,既没有注意到历史上奴隶阶级的独立意识往往是由外在的或从内部成长起来的先知先觉者对广大奴隶进行教育的结果,而不是单纯的劳动的直接结果的事实,也没有深入分析奴隶劳动性质和主人的活动,因而将奴隶的劳动唯心主义地理解为抽象的精神劳动而不是现实生活中的真正的劳动即粗重、低级和损害生命的劳动,而浪漫主义地将主人设想为纯粹的享受主义者和消费主义者而忽视了主人在维持再生产和扩大在生产、创造意识形态、利用掠夺来的时间使自己得到全面和自由发展等方面的活动。俞吾金据此认为,黑格尔关于"主奴关系"的理论只是黑格尔制造的一种"理论神话"。

---

① 见俞吾金:《走出"主奴关系"的哲学神话》,载《东南学术》2002年第2期。

最后,俞吾金还试图从认识论的角度解读《精神现象学》①。他认为,如果返回到黑格尔哲学的原初语境中把握其认识论的话,其认识论并非普通的认识论,而是"精神认识论",也就是精神在自身活动中认识自己的认识论。如果说以康德和费希特为代表的主观唯心论哲学仍然停留在主观性层面,而斯宾诺莎和谢林尽管意识到了主观与客观的统一的必要性并倾向于客观性,但却试图将实体或绝对理解为无生命和无差别的并将实体或绝对的统一性始终以思维与广延、主观与客观的分离为前提的话,黑格尔的精神认识论则通过将精神设定为既是被认识的对象、又是进行认识的主体,终结了以笛卡尔和康德为代表的二元论的认识论,通过将精神认识自己的方式确立为规定性和否定性的统一,终结了以耶科比和谢林为代表的以直接知识或理智直观为基础的"手枪发射"式的认识论。俞吾金特别强调:在黑格尔的精神认识论中,精神认识自身的目的是从自在过渡到自为,即实现存在于它自身的概念与客观性的统一,而这也就意味着,精神认识自己的根本目的在于追求自由,如果我们看到这种以追求自由作为自身目的的精神认识论所蕴含的丰富的社会历史内容的话,那么这种精神认识论实际上为马克思的社会认识论和舍勒、曼海姆的知识社会学奠定了基础。

此外,俞吾金还试图挖掘黑格尔思想中的现代性批判维度。②俞吾金认为,黑格尔作为将现代性问题作为问题来看待的第一位哲学家,对现代性问题的探索始于青年时期。俞吾金将青年黑格尔通过对现代基督教的实证性、劳动的机械性和启蒙所带来的功利性和意志自由的无约束性的反思理解为黑格尔对现代性初始发展阶段的根本特征的分析。从第一个方面来说,黑格尔将只依靠外在的权威而漠视普通人的理性的宗教称为"实证的宗教",他分析了基督教通过教义中的"奇迹"

---

① 见俞吾金:《黑格尔精神认识论初探——重读〈精神现象学〉和〈精神哲学〉有感》,载《北京大学学报(哲学社会科学版)》2010年第5期。
② 见俞吾金:《现代性反思的思想酵素——从青年黑格尔的眼光看》,载《世界哲学》2012年第6期。

确立耶稣的权威以及通过将耶稣的十二门徒确定为耶稣的信使和继承者的方式确立这些门徒的权威的过程以及"教派"和"国家"在基督教形成过程中的作用，并倾向于将实证性理解为不仅是现代基督教的根本特征，而且是整个现代社会和现代性的根本特征。就第二个方面来说，青年黑格尔在亚当·斯密的启发下，认为人类生活由"需要""劳动"和"享受"三个方面构成，而劳动作为承上启下的中间环节起着关键作用；随着劳动中各种工具的发明和运用，以及劳动中分工的发展，劳动者的劳动与其需要日益分离，劳动越来越具有机械性，劳动者本身的思想和感觉越来越迟钝，不仅如此，现代劳动以攫取最大利润作为自己的最高目的，因而滑向日益严重的野蛮主义。就第三个方面来说，黑格尔将启蒙视为作为精神的自我意识的"纯粹的识见"，这种自我意识不仅将功利性作为自己的真正目标并通过这种功利性锻造了作为现代性的核心观念的工具理性，而且在不断扩展自己时开始相信自己是理性的法庭和追求自由的普遍意志，而这种没有任何约束的普遍意志和绝对自由只能导致绝对恐怖和整个社会生活的破坏。

（二）康德哲学研究

俞吾金对传统的康德研究的两个误区，即把康德批判哲学的思考起点理解为经验主义以及将批判哲学的范围理解为"三大批判"，进行了批判。①俞吾金认为，人们由于在知识论的框架中理解康德的批判哲学，因此错误地理解了康德的研究起点。事实上，二律背反，特别是关于自由和自然的必然性的第三个二律背反才是康德整个批判哲学的研究起点。而关于经验主义或休谟的问题，则只是《纯粹理性批判》的叙述起点。俞吾金进一步指出，如果我们不是局限于"三大批判"的视野来考察康德批判哲学，而是将批判哲学理解为从 1770 年直至 1804 年康德整个"批判时期"的思想的话，就能够看到，在康德思想中曾发生过一次重要的变化，即从 19 世纪 90 年代之前对人的心灵能力的批判性

---

① 见俞吾金：《康德批判哲学的研究起点和形成过程》，载《东南学术》2002 年第 2 期。

思考发展到 90 年代以后对人本身的思考,在"我能知道什么?""我应当做什么?""我能够期待什么?"三个问题之外提出了"人是什么?"这第四个问题。俞吾金强调,康德赋予了这第四个问题以特别的重要性,甚至将前面三个问题都可以归结为第四个问题,哲学人类学成为康德为形而上学奠基的基础性学科,而这意味着,康德之思考自由问题,从主要在实践理性即道德或伦理的范围内展开转变为将自由问题置于更广阔的背景即道德、政治和法律的范围内进行。

俞吾金探讨了康德的实践观,认为康德在《实践理性批判》导论中所提出的"遵循自然概念的实践"和"遵循自由概念的实践"的区分,是一个长期被忽略的隐蔽的"康德问题"。①俞吾金认为,康德的这一区分,是西方实践概念发展史上的重大理论事件之一,如果说前者涉及人与自然之间的关系和自然规律的话,后者则涉及人与人之间的关系和行为规范,只有澄清了这一区别,才有可能以"后康德"的方式谈论实践概念。俞吾金指出,对于康德来说,"自由"不受意志的自然倾向所左右,而以先验的道德法则为基础,因而只有与物自体和自由相关的"道德地实践的"活动才是真正的实践,而与现象界和自然的必然性有关的"技术地实践的"活动则只能统摄在前一种实践之下,而不是相反。不过俞吾金认为,正是由于康德坚持先验主义的道德观念和自由观念,因此他对"技术地实践的"活动的理解过于宽泛,而对"道德地实践的"活动的范围的理解又过于狭窄,这就造成了一系列理论困难,而一些当代思想家如哈贝马斯对之的改造也往往不甚清晰。俞吾金建议对康德的区分进行理论改造,将实践概念区分为主要与人的行动和自然必然性,即自然规律的关系有关的"认识论(或技术主义)解释框架内的实践概念",以及主要与人的行动和社会规范(如道德规范、政治规范、法律规范)的关系有关的"本体论(或人文主义)解释框架内的实践概念",而后

---

① 见俞吾金:《一个被遮蔽了的"康德问题"——康德对"两种实践"的区分及其当代意义》,载《复旦学报(社会科学版)》2003 年第 1 期。

者应当是前者的基础。

俞吾金还对传统的康德哲学研究中关于康德的"两种知识"理论的理解提出挑战。①首先，在俞吾金看来，康德的《纯粹理性批判》是其沉思十二年获得的成果，但康德是为了尽快出版自己的成果而在四五个月时间内仓促整理而形成的书稿，因此各部分会存在不尽一致的问题。其次，俞吾金指出，就康德的知识论而言，尽管康德明确区分了两种知识即"经验性知识"和"纯粹知识"，但实际上康德最终所主张的是将知识区分为"经验知识""先验知识"和"超验知识"。经验知识起源于感官对外部刺激的回应，是偶然的和不确定的；先验知识起源于心本身，是必然的和严格的普遍性的；超验知识起源于人们对上帝、自由和灵魂不朽的探索，是混乱的和矛盾的。再次，俞吾金认为，康德上述"三种知识"理论实际上是"三种知识要素"理论，也就是说，任何知识（包括数学、自然科学和形而上学）实际上都不是单纯的经验的、先验的和超验的，而是由上述三种知识要素相互渗透而建构起来的。俞吾金分析了康德所考察的知识要素之间"互渗"的三种情况：先验要素与经验要素之间的互渗，先验要素与超验要素之间的互渗，以及超验要素与经验要素之间的互渗。关于第一种互渗，康德立足于"思想无内容则空，直观无概念则盲"的观念，说明了数学知识和自然科学的知识是如何在经验要素和先验要素的互渗中形成的。关于第二种互渗，康德阐明了先验要素向超验要素的应用和渗透形成的"超验的原理"是不合法的，因为这只能导致"先验幻相"，而传统的形而上学知识则完全是由先验幻相构成的。关于第三种互渗，康德看到了两种倾向，即把对于超验知识的理解无差别地扩展到经验知识的范围以及把对于经验知识的理解无差别地扩展到超验知识的范围内，前一种倾向会产生"通过经验知识就可以直接把握自在之物"的错误观念，后一种倾向则会将上帝、自由和灵魂不朽这些自在之物也变成经验知识。在俞吾金看来，正是在经验要

① 见俞吾金：《康德"三种知识"理论探析》，载《社会科学战线》2012 年第 7 期。

素与超验要素在理性驱迫下的这种不可避免的互渗,使得康德不得不扬弃知识,以便为信仰腾出地盘。所谓"扬弃",就是既抛弃又保留,他要抛弃的是由先验要素与超验要素结合而产生的传统的形而上学知识,他所保留的是由先验要素与经验要素结合而产生的数学知识和自然科学知识。但如果理性不将自己局限在思辨理性范围内,而是进入实践理性的领域,将上帝、自由和灵魂不朽视为实践理性的范导性原则,那么思辨理性范围内的第三种知识即"超验知识"就获得了一个新的称谓,即"信仰"。康德知识论之所以会对三种知识要素之间的互渗有这些理解,其原因在于将既体现判断的必然性和严格的普遍性、又体现知识的扩展的"先天综合判断"视为知识的根本标准。特别是,尽管传统的形而上学在康德看来最终无法成为知识,但康德并不否认这种形而上学"至少就其目的而言是由先天综合命题组成的",也就是说,康德并不否认思辨哲学家们进行形而上学探索的动机是追求既具有必然性和严格性、又具有扩展知识特性的先天综合命题,只不过在这些探索中思辨哲学家们并没有同时达到这两个要求,要么停留在分析判断上,要么错误地将单纯经验性的综合判断理解为先天综合判断。这样,"先天综合判断何以可能?"就既是纯粹理性批判的总问题,同时又构成对一切形而上学学说的拷问。

(三)康德与黑格尔关系研究

俞吾金探讨了"理性恨"(Misologie)概念从康德到黑格尔的含义变化。①按照俞吾金的分析,康德所说的"理性恨",可在理论理性和实践理性两个层面来理解:从理论理性的方面来讲,"理性恨"是指以自然主义的方法探索形而上学的人们,对具有科学倾向的理性思维也即以严格的反思为基础的哲学方法的厌恶;从实践理性的角度来说,"理性恨"是指人们在追求自己的幸福时,在"普通的道德理性知识"的指引下

---

① 见俞吾金:《从康德的"理性恨"到黑格尔的"理性的狡计"》,载《哲学研究》2010年第8期。

活动会陷入更多烦恼,而接受"单纯的自然本能的引导"反倒能获得更多幸福,因此产生对普通的道德理性知识的厌恶。如果说康德对于理论理性领域的"理性恨"持批评态度,认为普通理性有提升为作为严格的科学的哲学的理性的必要的话,那么他对于实践理性领域的"理性恨"则一方面持批判态度,即认为这种"理性恨"会诱使人们退向单纯的自然本能,另一方面也揭示了其积极意义,即能够承担准确引导人们行为的重任的,不是普通的道德理性知识和幸福观念,而只有"哲学的道德理性知识"。黑格尔关注到康德关于"理性恨"问题的讨论,却将康德也纳入了"理性恨"者的范畴,因为康德虽然批判"理性恨",但他自己也认可了理性在认识超验对象时的无能,同时康德也提出一种知性绕开理性、直接把握超验对象的能力即"理智直观",不仅如此,即便康德在实践理性领域赋予理性以巨大的和积极的力量,但在这里根本上居于主导地位的实际上并非理性,而是对上帝的无条件的信仰。俞吾金强调了黑格尔对康德的"理性恨"进行批判的两个基点:一是尽管理念或自在之物是超验的,但仍是可以被规定的,因而也是可以被认识的;二是理性在认识超验对象时陷入辩证法不仅不是消极的,相反倒是积极的,理性正是通过现象与本质、有限与无限、有条件与无条件、部分与总体的辩证关系来把握这些超验的、无限的和具有总体性的对象,因而康德式的"理性恨"是完全没有必要的。针对康德的"理性恨",为了呈现理性在认识和实践过程中的地位和作用,黑格尔提出了"理性的狡计"的观念。俞吾金认为,"理性的狡计"旨在通过呈现普遍的理念在特殊的东西的冲突中得到保存并实现自己的目的,恢复理性特别是理论理性应有的地位和尊严。但俞吾金同时指出,黑格尔在批判"理性恨"和阐发"理性的狡计"的过程中又走向了另一个极端,过度抬高了理性的地位和作用,陷入了"泛理性主义"的泥潭。

俞吾金还对康德和黑格尔的自由概念的内在关系进行了分析。[①]

---

① 见俞吾金:《自由概念两题义》,载《开放时代》2000 年第 7 期。

在俞吾金看来,康德和黑格尔事实上都对后来在以赛亚·伯林语境中加以讨论的"肯定的自由"和"否定的自由"进行过讨论,具体说来,康德首先提出"肯定的自由"和"否定的自由"概念,黑格尔的自由观是沿着康德的本体论和实践理性的大思路展开的。在康德那里,自然必然性关涉的是"物",而物是属于现象领域的,与之相反,自由的因果性则关涉人这一理性存在物的行为,它超越了现象世界,而属于物自体或本体的领域。因此,对于康德来说,不能从与自然必然性有关的纯粹认识论的思维框架中理解自由的本质。黑格尔的自由观正是继承了康德的这种自由观。尽管黑格尔确实认为,未被了解的必然性是盲目的,但这里所涉及的只是必然性和目的性之间的关系,而没有做出"自由是对必然的认识"这样的结论,相反,黑格尔从不在单纯认识论范围内谈论自由问题,他总是把自由问题置于以本体论为基础的实践理性特别是法哲学的范围内来讨论。在俞吾金看来,无论康德还是黑格尔,所讨论的都是本体论意义上的自由问题,而不是现象界的自由问题,因而与之相关的只是实践理性范围内的,即政治、法律、道德、历史、宗教、艺术等领域中的必然性,这类必然性作为人类自己制定、自己遵守的法则与自然界的必然性之间存在着根本的差异。

四、海德格尔思想研究

在俞吾金重新理解马克思历史唯物主义的进程中,海德格尔思想,特别是其基础存在论提供了重要的思想材料。可以说,俞吾金关于海德格尔思想的研究为他的历史唯物主义重建提供了理论操作层面的技术支持。

俞吾金分析了"世界"概念在海德格尔思想及其转变中所起的基础性的重要作用。①俞吾金认为,"世界"概念在海德格尔早期和后期思想

---

① 见俞吾金:《海德格尔的"世界"概念》,载《复旦学报》2001 年第 1 期。

中都是非常重要的,而且在其早、晚期思想的转变过程中也起着重要作用。在海德格尔20世纪20年代的论著中,"世界"概念是他对传统哲学进行批判的一个切入点:在传统哲学中,世界总是被以自然思维的方式理解为现成的存在者总体,而真正的始源性的世界则被遗忘,这是由于人们没有从现象学的"面向事物本身"的观念出发,清理此在的在世结构,从而世界没有被作为始源现象而被给予。在海德格尔那里,世界与此在是不可分离的,不存在无世界的单纯主体性,也不存在与此在绝缘的世界,二者都是生存结构整体中不可缺少的环节,它们共处于始源性的现象中。在此在的"在世界之中存在"这一存在方式中,世界成为一个超越性的、先验的整体结构。正是借助于这种生存论本体论的视野,"周围世界"得以从"自然世界"中凸显出来。周围世界中的存在者在此在的生存活动中照面,因而具有"上手状态"的特征,而"自然世界"则处于"现成在手状态"中。只有"周围世界"才是真正具有本源性的世界。在俞吾金看来,在海德格尔30—40年代的著作中,海德格尔关于世界的理解进入第二个阶段。在这一阶段海德格尔在对于世界的探讨中引入了否定性维度:一方面,周围世界通过一系列生存活动和历史性决断而敞开为一个世界,但同时世界又有其立身之地,后者是世界的拘禁者和庇护者,这就是大地。世界和大地始终处于一种"争执"之中。而在艺术作品中,通过这种"争执"之被保持为争执,艺术作品的真理或美得以呈现;另一方面,随着人在现代社会成为主体,作为存在者整体的世界仅仅成为人的表象和有用物,因而成为"图像",而世界的图像化意味着人类中心主义的建立,"世界观"和"人道主义"由此产生,而当将人通过各种制造活动将世界转变为自己表象和加工的对象而进入"技术的白昼"时,世界就进入了黑暗,从而人的生存也就面临着巨大的危险和深渊。俞吾金认为,海德格尔正是经历了第二阶段的思考,发现了计算理性对于哲学本身的控制,以及在此在存在论中所隐含的人类中心主义倾向,从而修正了其"世界"概念,由此进入其思想的第三个阶段。在这一阶段中,海德格尔以"思"或作为思的诗取代被计算理性侵蚀的哲学,而"思"之所思也已经不再是一般意义上的"世界",而是作为世界之世界化的"四重整体",即"天、地、神、终有一死者(人)"。在这四重整体中,作为终有一死者的人不再居于中心位置,而是下降为世界的四个维度中的一个,他既不是世界的唯一组建者,也不是世界之世界化的认识者,而只是一个单纯的守护者。而作为人的日常此在所建立的周围世界,既是一个最切近的世界,也是一个与人的本质最疏远的、由技术的"座架"所支配的异化的世界。走出这个异化世界也即使周围世界世界化的根本方式,就是让技术的对象进入我们的日常世界的同时让它们走出去,也即对物采取"泰然任之"的态度,在这种尊重物之本性的态度中,人非但没有远离世界,反倒更贴近世界。对于海德格尔来说,对于物的泰然任之与对神秘的东西的敞开态度是共属一体的,二者共同使作为世界的"四重整体"得到保护,也使此在在技术世界中保持某种独立性。俞吾金认为,尽管海德格尔的思想存在早晚期的区别,但其对于生存、世界和存在意义的关注是始终如一的,甚至可以说,他通过对哲学之终结和思之开始的宣布,达到了一种更加宏大的生存论观念。

俞吾金还探讨了海德格尔对现代性的批判。[①]在俞吾金看来,尽管海德格尔很少使用"现代性"一词,但实质上却对现代性问题进行了非常深刻的反思。俞吾金从海德格尔对现代性现象的揭示和对现代性的本质性维度的探讨两个方面进行分析。海德格尔将现代性现象归纳为"科学""机械技术""艺术进入了美学的视界内""人类活动被当作文化来理解和贯彻""弃神"五个方面。所谓"科学",不是指一般意义上的科学,而是指现代科学,这种科学随着作为存在者整体的自然成了被算计、被摆置的对象而成为"研究",也即对对象进行筹划和支配;所谓"机械技术"也不是指一般意义上的技术,而是那种不但不是现代数学和自然科学的纯粹的实践应用、反倒是使现代数学和自然科学的实践应用成为可能的独立的实践变换,在其中起作用的是一种向自然提出蛮横

---

① 见俞吾金:《海德格尔的现代性批判及其启示》,载《江海学刊》2008 年第 5 期。

要求的"促逼"和"座架"，这种机械技术表面上体现了人对自然的控制，实质上在其中现代人却受到座架的控制、完全沦为工具性的存在物；所谓"艺术进入了美学的视界"，是指随着作为"感性逻辑学"的美学在现代艺术领域占据支配地位，艺术丧失了自己的本质，即不再将开启并显现绝对者作为自己的基本任务，从而沦落为事实科学的研究对象；所谓"人类活动被当作文化来理解和贯彻"，是指现代人类活动与被设置为人类对地球进行统治的手段和价值的文化紧密相联，这种文化本身被设定为人类活动的目标；所谓"弃神"，是指现代社会的基本精神状况是超感性的和神秘的理想世界的幻灭以及世俗生活和人们对幸福的普遍追求对理想世界的取代。海德格尔将上述现代性现象所蕴含的本质性维度概括为三个方面，即人成为主体、世界成为图像以及哲学成为人类学：无论是从笛卡尔开始的从"理性"和"思维"的角度理解"人"这一进路，还是作为现代形而上学的终结者的尼采所提出的从"理性"和"我思"赖以展开的基础，即"强力意志"的角度理解"人"这一进路，都将人这一存在者视为不仅异于其他存在者，而且其他存在者只能奠基于其上的"一般主体"；作为存在者整体的世界失去了自在性和神秘性，只作为人的意识的表象和有待于加工制作的对象而存在；在现代社会中哲学蜕化为从人出发并以人为旨归来说明和评估存在者整体的哲学解释。俞吾金强调，海德格尔的现代性批判的一个重要特色，是将现代性批判与现代形而上学批判联系在一起。在海德格尔那里，形而上学的一个重要作用，是通过某种存在者阐释和某种真理观点赋予一个特定时代以其本质形态的基础，而现代社会的基本现象和作为现代之本质的现代性的主要思想倾向正是植根于现代形而上学的土壤之中。

除此之外，俞吾金还探讨了海德格尔所提出的"存在论差异"的四重含义及其思想史意义。[①]俞吾金认为，在海德格尔关于存在论差异的

---

① 见俞吾金：《海德格尔的"存在论差异"理论及其启示》，载《社会科学战线》2009年第12期。

思想中,"存在与存在者之间的区分"尽管是最重要的内容,但却并不是唯一的内容,除这一内容之外这一思想还包含另外三个维度,即把作为人之存在的"此在"与其他存在者区分开来、在对于此在在世的分析中将"本真状态"和"非本真状态"区分开来、在此在以外的其他存在者的存在方式中进一步区分出"上手状态"与"现成状态"。俞吾金认为,存在论差异的这四重含义是不可分割地关联在一起的:第一重含义即存在和存在者的区分是根本性的,这一重含义的阐明,将哲学与实证科学区别开,也将海德格尔的基础存在论与传统存在论区分开;第二重含义即此在与其他存在者的区分揭示了唯有此在通达存在,从而对第一重含义起到佐证和确保的作用;第三重含义即对此在生存中的"本真状态"和"非本真状态"的区分呈现了通达存在的前提在于此时处于本真状态;而第四重含义即在此在以外的存在者中区分"上手状态"与"现成状态"则既展现了存在与存在者的联系,即存在必定是存在者之存在,也展现了此在与其他存在者之间的联系。俞吾金认为,海德格尔关于"存在论差异"的理论是存在论发展史中的一场划时代的革命,其中蕴含着海德格尔对形而上学史的批判,同时这一革命也为我们重新理解马克思主义哲学的基本观念提供了重要的启发:首先,在传统的马克思主义哲学教科书中,存在与存在者被混为一谈时,存在就被理解为自然界,在这个前提下思考思维与存在的关系问题,不但没有体现出存在论研究的深化,反倒是对存在论的告别;其次,如果不仅忽视存在与存在者的差别,还抹杀作为人之存在的此在与其他存在者的差异,就会导致诸如"世界统一于物质"这样的见解;最后,如果没有把事物所处的"上手状态"和"现成状态"区分开,就会忽视人类实践活动的重要作用,只满足于从"现成状态"上理解自然界。

（作者　复旦大学当代国外马克思主义研究中心研究员,复旦大学哲学学院教授）

Prof. Yu Wujin's Studies on Western Philosophy

Wu Meng

Abstract: Prof. Yu Wujin's studies on western philosophy is the basis of all of his academic researches. In his early time studies in this area, his work focused on the problem of dialectics. While in the mature phase of his thought his main question is the ontological turn of contemporary philosophy, that means, from traditional epistemology to theory of existential praxis, in the horizon of the whole western philosophy, from which he tried to revalue the system of Marx's philosophy and then revalue German classic philosophy and contemporary philosophy itself.

Key words: Yu Wujin; Western Philosophy; Traditional Epistemology; Theory of Existential Praxis

马克思实践诠释学方法之"考古"法①

李昕桐

摘要：俞吾金先生在其著作中论断：马克思哲学中蕴含着有别于西方诠释学的诠释方法，即考古法。笔者按照这个思路通过研究考古法

---

① 本文是国家社科基金项目"马克思的实践诠释学与中国诠释学构建研究"（21BZX001），黑龙江省人文社科基地研究专项"马克思的实践诠释学的意义研究"（2021-KYYWF-0139）成果。
"Hermeneutik"的命名问题一直是中国学界争论的焦点。20 世纪 70 年代，钱钟书先生在《管锥编·左传正义·隐公元年》中谈及乾嘉"朴学"时曾提到"阐释之循环"（die hermeneutische Zirkel）的问题，并在对该条的增订中明确地将"Hermeneutik"一词译为"阐释学"。（参见钱钟书：《管锥编》，北京：中华书局，1991 年，第 5 册，第 146 页。）后洪汉鼎先生在伽达默尔《真理与方法》的"译后记"中则坚持使用"诠释学"这一译名。他认为"Hermeneutik"传达出古代的遗风，在我国古代文化里比较接近这一概念的词是"诠释"。"诠释学"古雅而意蕴深厚。近几年张江先生掀起了"中国阐释学构建"的热潮。他在 系列的文章，尤其在《"阐""诠"辨——阐释的公共性讨论之一》（《哲学研究》2017 年第 1 期）中从语义学的角度分析了"阐"与"诠"的区别。他认为"阐"具有公开性、公共性，其向外、向显、向明，坚持对话、协商之基本诉求，即"阐"重意；而"诠"偏重"实""细""全"与"证"，其坚守由训而义与意，即偏于方法之训诂。"阐"与"诠"两者各有其长，互容互合。笔者认为"阐"字确有开放性诉求，另外"阐"具有对事物本质深度把握的意味，譬如《抱朴子·外篇·嘉遁》中："虽复下帷覃思，殚毫骋藻，幽赞太极，阐释元本。"（[晋]葛洪：《抱朴子》，北京：中华书局，2013 年，第 7 页。）唐人陆德明《经典释文·周易·说卦》对其解读为："幽，深也；赞，明也。"（[唐]陆德明：《经典释文》，上海：上海古出版社 1985 年影印北京图书馆藏刻本，上册，第 13 页。）即对于至精至微的"太极"和"元本"，需要阐幽发微才可以"通明"。所以处于新时代的中国，我们以马克思主义为指导，以古典资源为依托，以西方哲学为借鉴，构筑中国范畴、命题和图式之时，使用"阐释"一词最能彰显中国思维。但这篇文章由于是对俞吾金先生思想的继承和发挥，故延用其使用的"诠释学"。

的追溯环节(回溯过去,揭示前提)、考古法的再追溯环节(展望未来,考古现在),以及凝练考古法的思想前提(现实的整体性)和特质(辩证的抽象),试图论证这种"考古法"的全貌。考古诠释是一个富有辩证张力的螺旋式上升的循环,经过几步的诠释考古,马克思以现在为中介,从过去到未来、从未来到现在,展开了关于"现实"的全部图景,这样的诠释更为"深化",提出切中当下的理论尤为深刻。

关键词:诠释学　考古法　抽象

前言:提出问题——诠释方法之考古法

俞吾金先生在其著作《实践诠释学:重新解读马克思哲学与一般哲学理论》中提到了"马克思实践诠释学"的构建思路,笔者对此做了一个展开式的讨论——"马克思的实践诠释学何以可能"①。在此基础上笔者又关注到,俞吾金先生还在其著作中论断:马克思哲学中蕴含着有别于西方诠释学的诠释方法,即**考古法**。其原文如下:

> 第二条是考古法。马克思早就指出:"人体解剖对于猴体解剖是一把钥匙。反过来说,低等动物身上表露的高等动物的**征兆**,只有在高等动物本身已被认识之后才能理解。"在马克思看来,**真正的理解方式,并不像古典诠释学者所强调的那样**,通过对理解者的历史性的消除(实际上是永远消除不了的),达到对以前文本的客观的理解,相反,只有**在理解者对自己置身于其中的生活世界的本质达到批判的理解的基础上**,他才能真正客观地理解以前的文本。正是在这个意义上,马克思告诉我们:"**基督教只有在它的自我批判在一定程度上,可说是在可能范围内准备好时,才有助于对早期神话作客观的理解。同样,资产阶级经济只有在资产阶级社会的

---

① 参见拙文《马克思的实践诠释学何以可能》,载《探索与争鸣》2022 年第 10 期。

自我批判已经开始时,才能理解封建的、古代的和东方的经济。"**这种方法也是敞开的,它所着眼的不是作为理解对象的文本,而是整个理解活动的前提,即理解者对自己的历史性的批判性的认识。**只有在逻辑上先行地解决了这个问题,对以前的文本的客观的理解和解释才真正是可能的。①

笔者认为就这一段而言包含着几个层次的内容:

第一,俞吾金先生首先引用马克思的经典名句——"人体解剖"是"猴体解剖"的钥匙,并将其置于诠释学语境。其逻辑的顺序为"对当下的批判性认知"在先,强调其重要性地位,且表明诠释的时间方向是从"现在"到"过去",即称之为"考古"。

第二,俞吾金先生认为,这是马克思批判古典诠释学对"对理解者的历史性的消除"的理解方式,并明确诠释本身必须包含着历史性的问题。在这一点上马克思具有思想的超越性,后来海德格尔的"前见"和伽达默尔的"前理解"也是这一思想的另一种方式的具体展开。

第三,俞吾金先生提出应该"对自己置身于其中的生活世界的本质达到批判的理解"。笔者认为这明确了诠释的起点在于当下的生活世界。那么如何对当下的生活进行批判性认知? 笔者认为这里俞吾金先生隐含着两个方面的内容,即对当下的意识形态的正视和对当下之所以成为当下的历史性批判。就前一个方面俞吾金先生在其著作和文章②中作了充分的阐释;而后一方面则是俞吾金先生在这里特意提出的对于诠释方法富有新意的和值得探讨的问题——"考古",而且之所以使用"考古"一词,俞吾金先生意在表现"考古"语义本身的两个维度:

① 俞吾金:《实践诠释学——重新解读马克思哲学与一般哲学理论》,昆明:云南人民出版社,2001 年,第 91—92 页。引文黑体为本文作者加,全篇同。

② 俞吾金先生在其著作《实践诠释学——重新解读马克思哲学与一般哲学理论》(昆明:云南人民出版社,2001 年,第 88 页);以及文章《马克思的权力诠释学及其当代意义》(载《天津社会科学》2001 年第 5 期)中都明确指出了这个问题。

回到历史之中和深入研究挖掘。

第四，"这种方法也是敞开的，它所着眼的不是作为理解对象的文本，而是整个理解活动的前提，即理解者对自己的历史性的批判性的认识"，这句话进一步表明诠释的对象是生活背后的理性，是对当下历史的前提的认知。

第五，我们知道对于这种诠释的历史性问题，伽达默尔已经表达得非常充分了，而且国内学者对于马克思诠释的历史性问题也给予了重视，并对比性地给予两者相似性的解读。但笔者认为俞吾金先生的把握绝不止如此。而且他引用马克思的"人体解剖"和"猴体解剖"的目的，应该更注重"低等动物身上表露的高等动物的征兆"中的"征兆"的意味。这些都给予了我们广阔的思考和探究空间。

笔者认为俞吾金先生已经注意到了马克思实践诠释学的考古方法，这个在马克思唯物史观中一直被忽视的方法特质，但俞吾金先生并未对此展开。笔者在阅读马克思的著作过程中，探寻到了马克思对这种方法的具体表达的浓缩性文字，即在马克思"57—58 手稿"中阐述的一段文字。

> 我们的方法表明历史考察必然开始之点，或者说，表明仅仅作为生产过程的历史形式的**资产阶级经济**，超越自身而**追溯到早先的历史生产方式之点**。因此，要**揭示资产阶级经济的规律**，无须描述生产关系的真实历史。但是，把这些生产关系**作为历史上已经形成的关系来正确地加以考察和推断**，总是会得出这样一些**原始的方程式**，——就像例如自然科学中的经验数据一样，——这些方程式将说明在这个制度以前存在的过去。这样，**这些启示连同对现代的正确理解**，也给我们提供了**一把理解过去的钥匙**——这也是我们希望做的一项独立的工作。另一方面，这种正确的考察同样**会得出预示着生产关系的现代形式被扬弃之点，从而预示着未来的先兆**，变易的运动。如果说一方面资产阶级前的阶段表现为仅仅是历史的，即已经被扬弃的前提，那么，现在的生产条件就表现为正

在扬弃自身,从而正在为新社会制度创造历史前提的生产条件。[①]

笔者认为这段话蕴含着几个层次的意思:

第一,马克思将"资产阶级经济"作为诠释的"开始之点",而且认为"资产阶级经济"本身不是突然从天而降,而是作为过程从历史而来,是具有历史性的产物。

第二,因为资产阶级经济具有历史性,所以诠释它(诠释它的规律特质)需要超越当下而"追溯到早先的历史生产方式之点",即探寻"作为历史上已经形成的关系",这就是资本主义经济的前提。

第三,为什么通过考察以前的已经形成的生产关系就能诠释现在的资本主义经济呢? 马克思给出答案,因为已经形成的关系是"原始的方程式",它是"启示""先兆"。

第四,在历史的发展过程中(譬如资本主义发展的过程中),哪些前提条件是随着结果的生成而被扬弃掉了,那么它就是作为未来相关问题的"先兆",即也成为未来发展的可能的"前提条件",并且现在这些同样特质的"条件""前提"也终将在未来被扬弃掉。

这就是诠释一个从哪里来最后到哪里去的问题,包含了从过去到未来的诸多环节和内涵。笔者认为马克思实践诠释学的考古法,经历了从追溯过去到展望未来,再到"追溯现在"的全过程。这里就出现了几个问题:通过考古诠释追溯过去意味着什么? 展望未来意味着什么? 以及从过去到现在、从现在到未来、再从未来到现在的诠释何以可能的问题? 那么笔者就按照这些问题的思路一步步展开,试图论证马克思实践诠释学的方法,即被俞吾金先生命名为"考古法"的全貌。

一、考古法之追溯环节——回溯过去,揭示前提

马克思实践诠释学考古法的起点为现在,它的时间顺序不是从过

---

① 《马克思恩格斯全集》第 30 卷(1857—1858 经济学手稿),北京:人民出版社,1995 年,第 452—453 页。

去到现在,而是体现"考古"的语义学意义,即从现在出发,从结果出发,逆向而行。那么为什么诠释要从现在的(结果)出发？因为在马克思看来,只有从现在的结果出发逆向考古历史,考察什么是现在的前提,才能集中过去与现在结果最为主要的、最为紧密相关的材料,才能接近对过去如何发展到现在的最好认识。而且在笔者看来,马克思的这种考古法分为**"单线长距离考古"**和**"多线短距离考古"**。

"单线长距离考古"是指:马克思从当下的社会出发,推断复杂的当下社会现象之所以发挥现在的作用,需要什么前提,即"考古"集中于存在过去的、被证明是与现在社会特质最重要的相关的东西,并诠释为什么。这是一个比较明确的单线的长距离追溯。譬如马克思为了诠释资本主义而"考古"封建主义向资本主义的转变过程。在马克思看来,从封建主义可以找到资本主义最初起源的社会形态,即资本主义为何得以产生是封建主义之所以解体的方式,是封建主义结构(封建社会)的内部动力的驱使。这就是资本主义的前提。这即是马克思所说的"我们的方法表明历史考察必然开始之点,或者说,表明仅仅作为生产过程的历史形式的资产阶级经济,超越自身而追溯到早先的历史生产方式之点"。其中"开始之点"即为资本主义,而作为"早先的历史生产方式之点"即为封建主义。再譬如马克思以"资本"为起点,考察资本得以可能或者说资本得以产生的各种条件,所以他阐释与资本相关的或者说作为资本前提的流通过程或再生产过程。因为,在他看来,不仅要阐释资本如何进行生产,而且还要阐释资本如何被生产出来。总之这种考古多表现为单线的长距离的考古。

"多线短距离考古"是指考古与研究对象直接相关的要素间的相互作用。这里尤为突出的特点是要素间的内在关系和相互作用使得"结果"和"前提"不断发生转化。譬如马克思早期阐释异化和私有财产的关系,马克思说:"私有财产是外化劳动即工人对自然界和对自身的外在关系的产物、结果和必然后果。"①这个结论乍听起来特别令人困惑,

---

① 马克思:《1844 年经济学哲学手稿》,北京:人民出版社,2000 年,第 61 页。

但如果我们再往下看,马克思也进一步声明:"后来这种关系就变成了**相互作用的关系**。私有财产只有发展到最后的阶段,它的这个秘密才重新暴露出来,就是说,私有财产一方面是外化劳动的产物,另一方面又是劳动借以外化的手段。"①这就说明:人对自然界的对象化劳动产生了外化物,它成了"财产",但它同时又变成人们进一步借以外化的手段,这是外化劳动与私有财产的相互作用,起初这个外化的财产还没有那么明显的作为前提的特质,但越到后来,它演变成我们理解的作为剥削和压迫工人异化劳动前提的"私有财产"。这时作为中立概念或者说积极概念的"外化劳动"亦逐渐演变成消极意义的"异化劳动"了。所以只有当异化成为结果时,私有财产才成为前提,或者相反。后来在《资本论》阶段,马克思更充分地表达了这种所谓的前提和结果的相互关系性。譬如资本和劳动这两个要素间的关系,马克思认为只有当资本呈现为一种结果的形式时,劳动才能呈现为它的前提的形式,因此一事物成为结果和另一事物成为前提可以说是同时发生的,即"作为雇佣劳动的劳动和作为资本的劳动条件是同一种关系的表现,不过是从这种关系的不同的两极出发而已"。②这就表明在马克思看来没有绝对的前提和绝对的结果。前提(条件)亦可能是结果,结果与条件混为一体也可以再作为前提,且这种相互作用随着时间的推移而不断地展开。③总之因为是相互间的内在关系的追溯,所以诠

① 马克思:《1844 年经济学哲学手稿》,北京,人民出版社,2000 年,第 61 页。
② 马克思:《剩余价值理论》(《资本论》第 4 卷第 3 册),北京:人民出版社,1975 年,第 545 页。
③ 其实马克思的这种"内在关系"的辩证思想源于黑格尔,黑格尔哲学虽然是绝对精神的思辨哲学,但其内核处处呈现出事物间的内在关系性。黑格尔在《小逻辑》本质论"现实"篇论证了因果范畴的"相互作用"(Die Wechselwirkung),即"有区别的因果范畴,自在的都是同样的(an sich dasselbe)";"以对方为前提以对方为所引起作用的后果,直接的原始性与由相互作用而设定的依赖性,也是同一和一样的(ein und dasselbe)。""那以为是最初的第一的原因,由于它的直接性的缘故,也是一被动的,设定的存在,也是一效果。"中文参照黑格尔:《小逻辑》,贺麟译,北京:商务印书馆,1980 年,第 321 页;德文参见 Georg Wilhelm Friedrich Hegel Werke 8(Georg Wilhelm Friedrich Hegel Enzyklopädie der philosophischen Wissenschaften im Grundrisse, 1830, Erster Teil: Die Wissenschaft der Logik Mit den mündlichen Zusätzen, Suhrkamp, S. 301)。

释表现为"多线"，又因为要素间比较紧密和直接的相互作用，所以称之为"短距离诠释"。

马克思以现在为起点逆向而行的目的是为了探索现在的前提，以及"前提"条件与现在"结果"的关系。①过去发生了什么才能让现在拥有这样的特质，即"低等动物身上表露的高等动物的征兆"，即何为历史的征兆？考古法使马克思在错综复杂的过去中将目光集中于"征兆"。譬如马克思考察资本产生的"征兆"，"当资本——不是某种特定的资本，而是一般资本——刚一开始形成，它的形成过程就是在它之前的社会生产方式的解体过程和这一生产方式瓦解的产物。因而，这是一个历史过程和属于一定的历史时期的过程。这是资本的历史创始时期"②。马克思立足现在事物的特质，力图在过去中找到这些关系本身的必要前提。当然在马克思实践诠释学考古法的视域里，前提分为两种，一种是前提也可以成为结果，譬如资本的前提就是资本。这是资本成为资本的过程，资本在资本主义生产过程本身出现之前的发展过程和资本在这个过程中的实现，这属于历史上两个不同的时期（无非是早期形式和后来形式而已）③。"作为资本主义生产的既定前提的资本这个基础上进行的，但是这种前提，也象雇佣劳动一样，是资本主义生产的经常的创造，是它的经常的产物。"④而另一种前提是**被扬弃的前提**。譬如马克思说"资本生成、产生的条件和前提恰恰预示着，资本还不存在，而只是在生成；因此，这些条件和前提在现实的资本存在时就消失了，在资本本身从自己的现实性出发而创造出自己的实现条件时就消失了"⑤。这

---

① 之所以加引号，因为它不是绝对的。
② 马克思：《剩余价值理论》（《资本论》第 4 卷第 3 册），北京：人民出版社，1975 年，第545 页。
③ 在后一时期，资本作为一种自行起作用的东西而成为前提，它是它自己再生产的产物；而在前一时期，资本是另一个社会形式解体过程的沉淀物。
④ 马克思：《剩余价值理论》（《资本论》第 4 卷第 3 册），北京：人民出版社，1975 年，第546 页。
⑤ 《马克思恩格斯全集》第 30 卷（1857—1858 经济学手稿），北京：人民出版社，1995 年，第 451—452 页。

种在之前作为前提,而在后来的发展中失去其地位和作用的条件,马克思称之为"被扬弃的前提"①。马克思认为资本主义之前的生产条件是历史的,被扬弃的前提,那么这就预示着现在的资本主义生产条件表现为作为新社会制度的历史前提,且正在扬弃自身。

总之马克思实践诠释的考古法为我们提供了一种视域,以现在为起点,逆向而行。它超越从过去某一点出发的无方向性无目的性的探索。马克思从现在出发的视角诠释过去,集中把握其相互作用的历史性特质。马克思以资本主义为角度打开过去的钥匙,充分表明了实践诠释学考古法的优越性。也正如奥尔曼肯定"这种方法不仅适用于研究其概念层次,使其属于资本主义时代、阶级历史时期或人类的生存时期的过程和关系,而且适用于研究独一无二的事件和事态"②。而且马克思这种以现在为起点的诠释,即从当下资本主义的问题出发作为理解和解释的出发点的诠释活动,不禁令人想起伽达默尔诠释学"理解—解释—应用"中的"应用"环节。伽达默尔将"应用"(根据当下提出的问题)作为"诠释学意识"的优先地位,而"理解"和"解释"也不过是需要都围绕这个"问题"才予以展开。因为"问题的意义就是这样一种使答复唯一能被给出的方向,假如答复想是有意义的,意味深长的答复的话。问题使被问的东西转入某种特定的背景中。问题的出现好像开启了被问东西的存在。因此展示这种被开启的存在的逻各斯已经就是一种答复。它自身的意义只出现在问题的意义中"③。所以对于伽达默尔而言,根据问题回溯是解决实践问题最行之有效的原则。且"问题的本质就是敞开和开放可能性"④的诠释无限性,在过去追寻"可能"的"历史

---

① 《马克思恩格斯全集》第 30 卷(1857—1858 经济学手稿),北京:人民出版社,1995 年,第 453 页。

② 奥尔曼:《辩证法的舞蹈》,田世锭、何霜梅译,北京:高等教育出版社,2006 年,第 149 页。

③ 伽达默尔:《真理与方法》上卷,洪汉鼎译,上海:上海译文出版社,1999 年,第 465—466 页。

④ 伽达默尔:《真理与方法》上卷,洪汉鼎译,上海:上海译文出版社,1999 年,第 384 页。

性"中又得到了收敛和约束。这与马克思的实践诠释学是异曲同工的。尊重历史的发展是马克思实践诠释学的重要特点,在"考古"这一方面的表现亦可证明。所以我们甚至可以说马克思的实践诠释学是一种历史考古诠释学。但是,马克思高于伽达默尔的地方在于,马克思从问题开始,不只是与过去对话的视域融合,更在于解释现在"为什么"(Why)的问题,"怎么样"(How)的问题,以及发展到"哪里"(Where)的问题,即揭示事物发展的趋势和道路问题。

二、考古法之再追溯环节——展望未来,考古现在

(一) 通过过去与现在的内在关系,把握矛盾,展望未来

马克思诠释现在,是为了引导他对过去的考古,寻找过去的什么和追溯多远,作为现在的前提。然而诠释并没有到此为止,马克思实践诠释考古还指向未来,指向可能实现的未来。所以马克思才精彩地使用"从它的目的来说""从它的使命来说"和"潜在地"等词汇来表示他在命名实践中的未来主义倾向[①],即"对潜在问题的揭示在马克思的研究中占有优先地位"[②]。那么如何把握未来呢? 它需要我们把现在当作未来的前提(就如同过去是现在的前提),进而预测和把握未来。那么又如何把现在当作尚未发生的未来的前提来理解呢? 答案就是:从过去而来的到现在的趋势(规律)和矛盾向前扩展而推断出"未来"。这个思路即是:过去为现在提供的"什么",产生了什么规律和矛盾,那么这些规律和矛盾也会扩展开来趋向未来,即这些"征兆"也应该适用于未来。通过考古法,追寻现在(结果)与过去(前提)关联的基本特质,并将这个基本特征嵌入被辩证地组织过的现在之中。譬如在马克思看来,通过

---

① 转引自奥尔曼:《辩证法的舞蹈》,田世锭、何霜梅译,北京:高等教育出版社,2006年,第 155 页。
② 奥尔曼:《辩证法的舞蹈》,田世锭、何霜梅译,北京:高等教育出版社,2006 年,第 154 页。

考古而重新确立的资本主义错综复杂的矛盾（诸如资产阶级与无产阶级的矛盾、使用价值与交换价值的矛盾、生产过程中资本与劳动的矛盾、生产力与生产关系的矛盾、竞争与合作等等这些矛盾），代表了一个更大的潜在的因素系列，它们被重新组织并继续成为相互依存的、随着时间推移而继续发展为未来的趋势，这使得它们成了资本主义中的"社会主义的根据"。

马克思将这些趋势再思考为"矛盾"，强调了它们既相互支持又相互破坏的过程的相互作用。通过这些矛盾，每个历史阶段都是有助于认识其他阶段的方式包含了它真实的过去和可能的未来。马克思相信，一旦用矛盾形式将资本主义的问题再现出来，这些问题的解决方式就会变得清晰透明。他把对这种矛盾的思考向未来延伸，直到通过某种方式将其解决的时候，而这种解决的方式恰是社会的转折。马克思依靠这种思考预见了社会主义和共产主义。而且在马克思看来一个矛盾的解决可以是部分的和暂时的，也可以是完全的和永久的。①马克思通过考古包含资本主义及前提的主要矛盾，预见了资本主义的困境（资本主义正逐步变成破坏性的、无效率的、荒谬的社会）和必然灭亡性。而与此同时，马克思预见社会主义正逐步变成实际的、理性的、可想象的、必然的，甚至是显而易见的社会。因此，对马克思来说，无产阶级的组织、意识和策略带来的所期待的转变，只是一个时机问题。总之马克思在过去中寻找现在的前提，并且通过两者中存在的主要的、有机的内在联系（矛盾、趋势）开始展望未来，并将矛盾发展的主要趋势推进到超出它们解决的时间，由此得到了他所关注的未来的阶段。

---

① "部分的暂时的"情况是指有关因素会被推迟，也许在后来的结构中被重新组织；而"完全的和永久的"是资本主义矛盾彻底的解决。而在马克思看来资本主义生产力和生产关系之间的矛盾，在局限性的范围内发展生产力，这种危机是资产阶级生产中种种尖锐矛盾的最深刻、最隐秘的原因，所以在马克思看来资产阶级生产必然是历史的过渡形式，作为资本主义基础的那些条件已经变得越来越难以再生产，而与此相反，使社会主义成为可能的那些条件已经取得了快速发展。

（二）以可能的未来为结果，考古"现在"的前提

马克思在把现在的趋势和矛盾扩展到未来的过程中，预测的未来被看成它的核心部分是现在的一个结果的进一步扩展。而随着"未来"成为诠释的视角，未来就成了"结果"，"现在"与之前被界定了的"现在的前提"就一起成了"未来"的前提的一部分。马克思就是从现在的资本主义角度构建未来的社会主义、共产主义，然后再从未来的角度考古回溯现在。这时的现在资本主义被逆时扩展以至包括了它自己的过去，即包含历史前提的现在，它们此时被当成了这种未来的必要前提的总和。这是整个考古诠释循环的最后的一步，这是在所有所获得的认识的基础上更高级的一轮考古诠释。马克思通过这高级的富有超越性意义的一步给了他的资本主义分析以最后的处理。这是对现在的重构和诠释。而且这样的从现在到过去，从重构的现在到可能的未来，再从可能的未来重新诠释现在的整个诠释循环永远螺旋上升地重复着，以此让我们对诠释现在有更加清晰的把握。譬如马克思对共产主义的诠释帮助他把资本主义看成了人类历史的过程而不是终点，把那些充当社会主义前提的资本主义特有的性质提炼出来，作为其区分阶级社会和未来的无阶级的共产主义社会的可能性，或者说以现在的可能的未来为角度，重新审视现在，那么现在就是未来的潜在具体化。

这种潜在与现实的关系理解亦是马克思诠释思想的基础。其实这种思想可以追溯到亚里士多德。在亚里士多德看来，"潜能"是一种潜在的存在，"是运动和变化的本原"[1]，不是所有的潜能都一定转化为现实，只有具备了一定的内外因条件，潜能才能转化为现实。亚里士多德还看到了可能性与现实性之间存在着的密切联系[2]，可能性总是潜在的现实，而现实一定是已经实现了的可能；或是说现实性也孕育于可能性之中，可能作为现实的前提，只要具备一定的必要条件，可能就会逐

---

[1] 亚里士多德：《形而上学》，苗力田译，北京：中国人民大学出版社，2003 年，第 101 页。

[2] 在亚里士多德那里，潜能范畴的内涵比可能性范畴的内涵更丰富。

步转化为现实。亚里士多德在《范畴篇 解释篇》中就有这样的表述："因为我们看到存在着将是之物的开端,在某种意义上既是由于筹划也是由于实践,而且总的来说,在那些并非永远现实着的东西中存在着可能是和可能不是,在其中是和不是二者都有可能,从而被生成和不被生成也都有可能。"①而且亚里士多德并没有把"现实"等同于实际存在的僵死事物,而是把现实看成是具有必然性趋势的存在。"有必然性的东西就是现实的东西。"②在亚里士多德看来,事物都是从潜能变为现实的过程,"潜能-现实"范畴具有普遍的意义,是一切事物的共同原理,这是辩证思想的萌芽;但他没有意识到事物在不断转化的循环中推陈出新,而这一"推陈出新"或者说"扬弃"("否定之否定")的辩证思想在后来的黑格尔那里才得以真正地发挥和展开,成为黑格尔辩证法论证中最精彩的部分。而这种方法也深刻地影响着马克思。譬如马克思辩证分析了"解放"的潜能,即通过可能的共产主义来充实资本主义。

总之马克思从来没有割断未来、现在和过去。马克思实践诠释学考古法的逻辑和意义就在于从现在的角度考察过去,然后再从"现在"(这时的现在已经包括了被揭示出来的与过去的联系)的角度,扩展到了未来的某个阶段。最后,他再以未来中已经被确立的东西为角度考古,把现在及其与过去的联系一起进行考察,这是新一轮的考古诠释。至此马克思的考古诠释使过去、现在和未来的关系成为前提与结果的相互作用的一部分。马克思通过考古得出现在形式的前提,并将现在形式与具体过去的这种关系确立为征兆,再替换到它们与其可能的未来的一系列同样的关系之中。现在的形式被用作把构成它自己真实历史的趋势和矛盾进行扩展的基础,他用现在来澄清未来,恰如他用过去来澄清现在一样。这种方法对未来可能性的前提有了全新的认识和高

---

① 亚里士多德:《范畴篇 解释篇》,聂敏里译,北京:商务印书馆,2017年,第60页。
② 亚里士多德:《范畴篇 解释篇》,聂敏里译,北京:商务印书馆,2017年,第78页。

度的敏感。不仅对过去的考古对现在具有意义，而且以未来为取向对现在的考古也具有重大意义，因为未来作为现实的可能性，未来以一种巨大而又尚未被开发的潜在形式存在于现在之中。所以诠释未来的现在，也尤为重要。马克思关注现在资本主义的特征，通过考古分析前资本主义的起源，马克思又把其中（资本主义的前提与资本主义的关系）正在显示出来的对立面（共产主义）转化的潜在凸显出来，以此面向未来的共产主义社会。其诠释的结果为：现在的资本主义生活方式是历史的具体的结果，它是使之成为未来可能的东西的历史前提。总之通过分析出结果的前提（譬如资本主义的前提、具体的条件），同时把现存的趋势与矛盾继续扩展，并用未来共产主义的标准对这些条件前提继续充分地考虑，马克思以此建构了他的现实观。

三、考古法的思想特质——辩证的抽象

前面我们讨论了马克思实践诠释学考古法的整个过程：考古和"再考古"。接下来需要论证的就是"马克思实践诠释学考古法何以可能"，即考古法认知的前提，以及"如何实现考古法"。那么笔者就对这两个问题进行解读和论证。

（一）考古法的认知前提——现实是一个内在联系的整体

马克思实践诠释学考古法的认知前提是现实的整体性，即在时间截面上，现实包含着过去、现在和未来，它们是内在相连的保持运动的整体。笔者认为这种思想间接来源于亚里士多德，直接源于黑格尔。在亚里士多德看来，现实不同于现存的事物，即不同于实存，是整体性的，"现实是潜在的存在，而不是分离存在"[①]。"现实"的古希腊语"energeia"是"在动作中"，所以亚里士多德表述："现实最主要来自运

---

① 亚里士多德：《范畴篇 解释篇》，方书春译，北京：商务印书馆，1986年，第182页。

动"。①黑格尔视总体性为唯一的哲学方法,因为在他看来现实作为一个开放的整体,"在这种统一中,实存或者说直接性和自在存在,有因果关系的反思的东西都是环节。"②"一事物是可能还是不可能取决于现实性的各个环节的全部总体"。③现实是一个辩证的运动过程,在其中包含着稳定性和弥散性,并且在产生变化的现象中隐藏着现实的本质。而且黑格尔总体的特征表达着肯定与否定的一致性,他认为要在自我产生和生命的现实活动中认识真理,其方法就是整体的建构。在黑格尔那里现实具有历史性意蕴,这种现实的历史性意味着不是对在表面经验中的给定物的批判性限定,而是通过对历史的追溯达到对未来即将发生事物的把握,即总体的把握历史。这些对马克思都产生了重要的影响。马克思理解的"现实"仍然是个包容性的、开放性的概念,"现实是历史的现实,历史亦是现实的历史。"④现实是自身发展的辩证的历史过程。所以马克思认为可以通过社会实存(现在)的历史性和内在潜能的理解来把握现实发展。现实包含着历史,也包含着展开过程中表现为必然的未来。它是由历史滚滚而来,目前正在照面,但却没有停下脚步,而是继续沿着某种趋势和规律向前滚动的"球"。未来从现在脱胎,是现在终将会变成的东西,它作为潜在存在于现在的所有形式之中,所以现实是时间限度内内在相连的整体。

马克思认为既然现实是个整体,孕育于过程之中,是过去、现在、未来三个时间截面的不可分离的统一,那么对于现实的把握就只能诉诸辩证法。马克思为此提出了切中现实的方法——"从抽象到具体"——就是探究思维逻辑中如何再现历史生成过程的方法。"从抽象到具体"的内涵是:首先"从具体现实到简单抽象",即从具体的当下即定的现实

---

① 亚里士多德:《形而上学》,苗力田译,北京:中国人民大学出版社,2003年,第179页。
② 参见黑格尔:《逻辑学》下册,杨一之译,北京:商务印书馆,2009年,第201页(中译文略有改动)。
③ 黑格尔:《小逻辑》,贺麟译,北京:商务印书馆,1980年,第301页。
④ 参见拙文《"现实"的张力——马克思历史存在论的另一种解读》,载《求是学刊》2019年第6期。

事物（现在）出发,将丰富的表象抽象为简单的抽象规定,"这就是关于整体的一个混沌的表象"①。之后再"从抽象联系到综合具体的再现",这以前一个步骤为基础,但这个再现的具体"已不是关于整体的一个混沌的表象,而是一个具有许多规定和关系的丰富的总体了"②。可以说"从抽象到具体"就是把事物各个方面的本质的认识按照它们固有的关系连接起来,在思维上把它们综合成一个完整的具体,使社会总体作为一个各方面相互联系、相互制约的统一体,并在思维中再现,就社会而言就是再现完整的总体性特征的社会现实。

（二）考古法的内在本质——抽象的力量

马克思如何通过考古进行诠释? 我们刚才已经介绍了马克思"从抽象到具体"的内容。其中"现实的具体"就是当下展现在我们面前的世界,从时间截面上这是"现在";"精神上的具体"是指在头脑中被重构的(包含着时间跨度的过去、现在、未来的整体,以及空间维度的包含着诸多要的有机体)被诠释的整体。这是"思维用来掌握具体并把它当作一个精神上的具体再现出来的方式"③。所以对于"诠释现实"而言,"从抽象到具体"中辩证诠释得以可能的核心在于"**抽象**"。那么"抽象"作为方式如何理解? 为什么必须要经过"抽象"? 即抽象的作用是什么? 我们一直以为在马克思的语境中"抽象"是作为贬义使用,它或是被理解为与辩证法对立的"孤立"和"静止";或是被理解为与黑格尔关联的"系统""绝对精神"等形而上学的非具体性。但实际上,马克思的辩证法本身从未离开过"抽象"。因为它作为有意识的理性活动恰恰是辩证运思的基础。"抽象"来自拉丁文"abstrahere",是"从……中抽出"的意思,即表示将部分从整体中抽出,并使之暂时独立、静止。这就是用静止描述变化,用抽象描述变化。因为现实是生成变化的有机整体,且其内在的要素相互间影响,要素又与整体相

① 《马克思恩格斯选集》第 2 卷,北京:人民出版社,2012 年,第 700 页。
② 《马克思恩格斯选集》第 2 卷,北京:人民出版社,2012 年,第 700 页。
③ 《马克思恩格斯选集》第 2 卷,北京:人民出版社,2012 年,第 701 页。

互作用①,所以思考这种变化恰恰是要通过"从……抽出"的暂时性、稳定性和静止性划分来实现的。因为抽象起到了确定某物成为同一类,并明确那一类从哪里开始到哪里结束的作用。那么作为考古诠释,即,从现在这个时间点出发,沿着向后的方向回溯寻找前提(澄清前提)条件,以及将包含前提特质的现在继续向前推进,进而诠释未来,以及再从预测的未来考古现在的过程中,"抽象"通过意识的力量、逻辑的力量链接综合,进行科学概括或规定,起到了分解要素、明确角度、划清界限(范围)、区别层次等的作用;②以此将历史现实的整体演化过程描述出来,并具体地展现全部的、丰富的、复杂的、真实结构。

而且既然在马克思看来,现实不仅包含过去,还包含未来。且马克思的诠释考古包含着对为未来的展望,那么实际上,历史和未来都纳入他对其现在形式的抽象之中。譬如马克思对资本的诠释,即包括对资本早期的抽象(使资本成为创造财富的可能条件、即资本的前提条件,生产资料发展的早期阶段,或"原始积累"),又包含此过程中抽象出来的征兆特质(资本积累和集中积聚的趋势)对世界市场和未来社会主义过渡的影响。马克思为了诠释现在而进行抽象,把现实分解而成的要素当成他的抽象的结果,把被关注的领域限制在符合他当前的研究要求的范围之内,并把它当作一个"要素"或"环节",来强调它作为一个更大的和正在进行的过程的一个暂时稳定部分的特征。所以马克思把商品被说成是一个"流通的要素",货币本身(在其作为资本的方面)是"生产过程中的特殊要素",而"流通一般地表现为生产体系的一个环节"③。马克思这里的命名实践就反映出他给运动赋予了相对静止的认识论的优先权。

---

① 参见拙文《马克思的现实观之"关系—现实"思想解析》,载《教学与研究》2023 年第 5 期。
② 参见奥尔曼:《辩证法的舞蹈》,田世锭、何霜梅译,北京:高等教育出版社,2006 年,第 71—145 页。
③ 《马克思恩格斯全集》第 30 卷(1857—1858 经济学手稿),北京:人民出版社,1995 年,第 171 页。

所以在整个考古诠释中，就首先包含抽象起点，抽象出视角，抽象出核心要素，然后才涉及抽象范围。这里包含着抽象空间维度和时间维度的范围，即空间要素间的内在关系抽象（共时性的关系抽象）和时间跨度的过程抽象（历时性的过程抽象），以及两者的内在关联。**诠释的内在关系抽象是指**：关注要素的性质，并将其特质分离出来，再进一步确定它们之间的关系，进行分类和进一步诠释。譬如马克思围绕着当下资本主义经济，抽象出核心要素"资本"，再确立与其他抽象出来的劳动、生产、分配、交换、消费等相关要素的内在关系，抽象出"前提"与"结果"，以及相互转化的特质。**诠释的过程抽象是指**：在时间发展的整体中分离过去的事物，集中核心的要素，并强调它们与当下诠释起点的关系。譬如资本的这一"历史"和发展是资本的一部分，包含在马克思对资本所做的抽象之中，即就资本（或劳动、价值、商品或货币）而言不仅包括抽象它如何产生和起作用，而且包括抽象它如何发展，总之都以这种抽象的方式与过程、形成、历史相结合的。

而马克思抽象诠释的超越性在于内在关系抽象与过程性抽象的统一。马克思的"抽象"不仅包括变化或历史，而且包括这种变化或历史产生于其中的系统的某个部分。在马克思看来，任何事物的过程变化都只能存在于内在地联系着的因素之间的复杂的相互作用中，并通过这种相互作用而发生。空间的横向的内在联系与纵向的过程发展是同时的，"与变化接踵而至的是相互依存"①。所以两种抽象也是同时的。正如马克思以资本主义为视角，一方面抽象分解其中的要素（譬如分解资本、雇佣劳动、商品、生产、交换、分配，等等）；另一方面抽象确定资本主义产生的历史过程和未来走向，即以资本主义经济为角度，考古历史，划清封建主义、资本主义、社会主义等生产关系的界限。这种横向

---

① 奥尔曼：《辩证法的舞蹈》，田世锭、何霜梅译，北京：高等教育出版社，2006 年，第 82 页。

的有机运动抽象和纵向的历史过程的抽象是资本主义生产方式抽象的双重运动,是两者的统一。过程抽象中包含着内在关系抽象,内在关系抽象中也包含着过程性抽象。通过抽象,马克思将目光集中在资本主义时代的历史变化和相互作用(或系统)上,并将这两者纳入了它们在其中得以发生的独特形式。再以马克思所诠释的"资本"为例,它既被当作过程(马克思称之为"要素"求"环节")来抽象诠释,但也同时依据与生产资料、资本家、工人、价值、商品、货币和更多的要素之间的相互作用,以及随着时间的推移所发生的所有相互作用(马克思称之为"形式"或"决定")来诠释。这样两种抽象被统一到了现实之中,这就是精神性的建构,就是从现实的具体到精神的具体的精神建构过程。这就是深入现在的时间层面(社会实存)中去,通过实践的中介,把握各个方面的本质,再将各个本质规定在思维中内在关联,形成完整的具体反映,进而把握社会现实的趋向。这是不断螺旋上升的进程。可以说马克思的辩证总体观是全新的科学塑造。这个思想也被后来的卢卡奇和科西克继承。譬如,卢卡奇指出"辩证的总体观是能够在思维中再现和把握现实的唯一方法"①,科西克论述"在总体观中包含必然性和偶然性的辩证关系,现实的内在本质形式和现象(显像)形式的辩证关系,整体和局部的辩证关系"②。

总　结

马克思实践诠释学考古法,对现实(过去、现在以及未来)诠释的步骤:第一,立足当下,寻求特质。这是诠释的共时性分析、横向诠释现在的要素间的关系。第二,回溯过去,揭示前提。这是诠释的历时性分析,纵向寻找上述联系在过去的最主要的前提条件。第三,把握联系,

---

① Georg Lukács, *Geschichte und Klassenbewusstsein, Werke, Bd. II, frühschriften Band 2*, Neuwied und Berlin: Hermann Luchterhand Verlag, 1977, S.181.

② K. Kosik, *Dialektik des Konkreten*, Frankfurt a.M.: Suhrkamp, 1971, S.34—35.

展望未来。这是发现矛盾、趋向未来的过程。第四,再以未来为起点,考古回溯更具包容性的现在。马克思通过对过去问题的抽象经由现在的诠释循环,而达到对展开过程的必然性的把握,达到对未来的透视,再通过未来回溯考古现在,进行再诠释,以更高的水平在现在寻找未来的前提条件,此时的现在是有机的内在关系和考古历史性的把握。这是一个富有辩证张力的螺旋式上升的诠释循环。经过几步的诠释考古,马克思以现在为中介,从过去到未来,展开了关于"现实"的全部图景。这样的诠释更为"深化",提出切中当下的理论尤为深刻。它体现了诠释的有效性,即开放与收敛的平衡;开放性表现在,以当下问题为起点展开横向与纵向的、通古论未来的诠释维度;"约束性"表现在为角度和范围的抽象划定了界限。所以它在开放与收敛中达到了对"真理"的无限接近。

(作者 黑龙江大学哲学学院教授)

The Archaeological Method of Marxist Practical Hermeneutics

Li Xintong

Abstract: Mr. Yu Wujin argues in his work that Marxist philosophy contains a different interpretive method from Western hermeneutics, namely archaeological method. The author follows this approach by studying the tracing process of archaeological methods(looking back to the past and revealing premises), the retracing process of archaeological methods(looking forward to the future and archaeological present), and refining the ideological premise(reality as a whole) and characteristics(dialectical abstraction) of archaeological methods, attempting to demonstrate the overall picture of this "archaeological method". Archaeological interpretation is a spiral upward cycle full of dialectical tension. After several steps of interpreting archaeology, Marx used the present as a medium, from the past to the future, and from the future to the present, to unfold the entire picture of "reality". This interpretation is more "deepened", and the theory of putting it in line with the present is particularly pro-found. It is a higher level ontological hermeneutics that freely swit-ches abstractions in reality. And it also reflects the effectiveness of interpretation.

Key words: Hermeneutics; Archaeology; Abstract

历史与政治的张力：
马克思政治哲学思想的独特意蕴
——俞吾金教授历史与政治哲学研究方法探微①

鲁绍臣

摘要：与各种超历史和纯观念论的政治哲学思想不同，马克思的政治哲学思想是建立在历史唯物主义的科学性与规律性的基础之上的，但与对历史唯物主义线性、机械化的理解不同，马克思将历史理解为有政治实践张力和弹性的历史，从而为政治行动的能动性与主体性留下了足够的空间。这意味着马克思政治哲学是充满张力的政治哲学，其是内在的和历史的，而不是外在的和抽象的，既给政治行动与实践足够的空间与场域，又为其规定了不得不直面的难题与困局。

关键词：政治哲学　历史唯物主义　历史分析　张力

恩师俞吾金教授诸多研究方法与路径中，给我印象最深刻的是基于张力和历史分析的方法，这尤其体现在他对马克思的政治哲学和历史唯物主义的分析与研究中，正是这种"既有……又有……"的研究方

---

① 本文受到国家社会科学基金项目"21世纪国外左翼对新自由主义的批判及其超越路径研究"（23BKS195）、国家社会科学基金重大专项"中华民族共同体的基础理论及其国际视野"（23VMZ001）和国家民委铸牢专项"马克思主义共同体理论研究"项目的资助。

法与视野,为我们跳出非此即彼的片面和抽象的研究路径做出了极好的示范和引领,就如他在《马克思政治哲学理论的内在张力》一文中所说:"马克思的政治哲学奠基于历史唯物主义,而历史唯物主义则要求我们运用历史分析的眼光来考察一切社会现象,尤其是精神现象。在马克思的政治哲学理论中,既有对资产阶级民主、自由和平等意识的历史作用的肯定,又有对它们所蕴含的某种虚假性的批判;既有对社会主义民主、自由和平等观念与资产阶级民主、自由和平等意识之间的差异的论述,又有对它们之间的历史连贯性的阐明。我们决不能抓住马克思政治哲学中的某个思想要素随意地加以发挥,甚至无限地加以夸大,我们必须看到这些不同的思想要素之间的内在关联以及它们在历史唯物主义学说基础上的一致性。"①

一、政治解放的理想与现实的张力

在马克思的政治哲学中,在完成对黑格尔国家观的批判之后,马克思便在 1843 年 10 月的《论犹太人问题》中开始和以鲍威尔为代表的激进自由主义的青年黑格尔派拉开距离。鲍威尔等人反对犹太教的解放,在他看来,不管是犹太教,还是基督教,都是解放的障碍,唯有从一切宗教中解放出来,变成完全独立的自我意识的个人才是真正的解放。马克思在批判鲍威尔的过程中着手阐述自己政治哲学的基本理念:对"政治解放"与"人类解放"进行严格的区分。马克思以美国为例,认为政治解放中的自由与宗教信仰是相融的,政治解放的核心原则是分离的权利,而不是在他人或共同体中发现团结、友谊、责任、担当的意义,因此仅有政治解放并不会带来人的或者人类的解放,甚至会形成障碍。可以说,基于政治解放逻辑的现代西方资本主义文明,在哲学和观念的

---

① 俞吾金:《历史分析视野中的马克思政治哲学思想及当代意义》,载《江苏行政学院学报》2007 年第 3 期。

层面上，到罗尔斯的《正义论》，特别是《重述作为公平的正义》和《政治哲学史讲义》中已基本完成。

但是，基于历史唯物主义的资本主义现实的分析，使得马克思发现资本主义的社会历史现实并没有真正按照基于权利的政治解放往前推进，而且由资本主义社会资本占据支配一切的主导地位，即马克思所说的"资本是资产阶级社会的支配一切的经济权力"①。因此罗尔斯等人所谓正义优先于善的正义逻辑并未，也永远不会在资本主义社会中得到真正的落地。因此所谓的"塔克—伍德命题"（Tucker-Wood Thesis）所主张的马克思没有基于正义批判资本主义是站不住脚的，即"马克思并没有谴责资本主义是不正义的，他们的观点已广为人知。……塔克和伍德都没有审视马克思对公民和政治权利的正义的独特批判，就从马克思论述分配正义的文本滑向了马克思对正义批判的一般性结论。但现在，让我们撇开这个复杂问题不谈，来把塔克—伍德命题作为这样一种主张来考察，即马克思没有谴责资本主义是一种违反分配正义标准的制度。"②所谓"马克思和恩格斯不会以正义或不正义的词句来评价资本主义"的错误就在于其未能发现马克思发现作为观念和意识形态的资本主义正义理论和作为社会历史现实的资本主义社会不正义之间的张力。

即如果"正义"就是在相互冲突的利益之间达到一种"公正的平衡"的话，真实的资本主义社会则只会导致危机，简言之，"面对关于正义的花言巧语，马克思的根本反对意见不在于它是一个不好的宣传辞令，而是在于它预设了一个早已被马克思证明为虚假的社会理论"③。可以说，作为资本主义政治解放的社会理想，只有在完成了社会主义革命的

① 《马克思恩格斯全集》第 46 卷（上），北京：人民出版社，1979 年，第 45 页。
② Allen E. Buchanan, *Marx and Justice: The Radical Critique of Liberalism*, Methuen, 1982, p.52.
③ 李惠斌、李义天编：《马克思与正义理论》，北京：中国人民大学出版社，2010 年，第 29 页。

国家中,通过一系列的社会主义国家治理行动,方能真正现实现代文明关于公平与正义的理想。原因在于罗尔斯本人承认的"私有制的结构性障碍",这种障碍使得一切关于公平正义的构想都是理想的虚假理论,马克思一针见血地指出这种障碍的不公平性:"一方面是一小撮路特希尔德们和万德比尔特们,他们是全部生产资料和消费资料的所有者,另一方面是广大的雇佣工人,他们除了自己的劳动力之外一无所有。"①在《1844年经济学—哲学手稿》中,马克思告诉我们:"资本是对劳动及其产品的支配权。资本家拥有这种权力并不是由于他的个人的或人的特性,而只是由于他是资本的所有者。他的权力就是他的资本的那种不可抗拒的购买的权力。"②并且"因为资本是工人的对立面,所以文明的进步只会增大支配劳动的客观权力"。③

习近平总书记指出,"公平正义是中国特色社会主义的内在要求",要"逐步建立以权利公平、机会公平、规则公平为主要内容的社会公平保障体系"④,其他包括全面依法治国在内一系列的制度建设,都必须紧紧围绕保障和促进社会公平正义来进行。而这恰恰是资本主义文明的知识分子渴求而不得的理想。或者说资本主义社会政治解放所建立的政治国家只能完成形式的公平与正义,而无法在内容上在生产与再分配相结合的基础上,通过重点保障弱势群体生存权和发展权的实质平等,增加人们对公平正义的认同感,推动社会良性发展。可以说,只有在新时代中国特色社会主义的伟大实践中,通过把个人利益、社会利益、国家利益通过合理的共享机制联结起来,才能真正实现自由与平等、效率与公平、形式公正与实质公正等的有机统一。

可以说,马克思关于政治解放的论述是对近代以来的欧陆政治哲学理论与现代资产阶级政治实践的双重分析与批判。以对鲍威尔的深

---

① 《马克思恩格斯文集》第1卷,北京:人民出版社,2009年,第368页。
② 《马克思恩格斯全集》第42卷,北京:人民出版社,1979年,第62页。
③ 《马克思恩格斯全集》第46卷(上),北京:人民出版社,1979年,第5页。
④ 《全面建成小康社会重要文献选编(上)》,北京:人民出版社,2022年,第660页。

入分析与批判为起点,马克思后来一直致力于通过对霍布斯、洛克、孟德斯鸠、康德、黑格尔和斯密等人为代表的政治哲学与政治经济学的批判,深刻阐述历史唯物主义的正义理论。这也意味着,作为现代文明的公平与正义并不是能够一蹴而就的,即使在完成了社会主义革命的国家,也必须经历一个自然史的长期过程,通过持续"完善公共服务体系,保障群众基本生活,不断满足人民日益增长的美好生活需要,不断促进社会公平正义"才能落地,作为"不能跳过也不能用法令取消自然的发展阶段"自然史过程,社会主义国家通过自身的善治良谋,"能缩短和减轻分娩的痛苦"。

就如马克思所说,只有在社会主义国家的民主制中,这一被资本主义社会作为意识形态宣传的理想才能真正落地,马克思在《黑格尔法哲学批判》一书中指出:"民主制是国家制度一切形式的猜破了的哑谜。在这里,国家制度不仅就其本质说来是自在的,而且就其存在、就其现实性说来也日益趋向于自己的现实的基础、现实的人、现实的人民,并确定为人民自己的事情。"①换言之,和形式民主的资本主义国家不同,在社会主义以人民为中心的民主制弥合了国家与社会的分裂,在完成政治国家转变成社会主义国家之后,现代政治哲学思想的公平正义原则才有可能从意识形态的空想变成真正的现实。因此就不难理解,在《哥达纲领批判》中,马克思认为作为从资本主义社会中脱胎出来的社会主义,"在这里平等的权利按照原则仍然是资产阶级权利"②,但已不再是虚假和唯灵论的,而是在现实生活中可以落地并得到真切保障的权利。

国家职能也将从纯粹的政治国家逐步向积极介入市民社会的人民国家过渡。"历史任务就是国家制度的回归,但各个特殊领域并没有意识到:它们的私人本质将随着国家制度或政治国家的彼岸本质的消除

---

① 《马克思恩格斯全集》第 1 卷,北京:人民出版社,1956 年,第 281 页。
② 《马克思恩格斯选集》第 3 卷,北京:人民出版社,1995 年,第 304 页。

而消除，政治国家的彼岸存在无非是要肯定这些特殊领域自身的异化。"①国家制度的回归，或者物质国家的到来，将在已有生产力的基础上，通过积极治理，"给每一个人提供全面发展和表现自己的全部能力即体能和智能的机会"，并进一步得出结论说："社会从私有财产等等解放出来、从奴役制解放出来，是通过工人解放这种政治形式来表现的，这并不是因为这里涉及的仅仅是工人的解放，而是因为工人的解放还包含普遍的人的解放；其所以如此，是因为整个的人类奴役制就包含在工人对生产的关系中，而一切奴役关系只不过是这种关系的变形和后果罢了。"②在《共产党宣言》发表前夕，恩格斯曾以问答方式阐述过他和马克思所主张的共产主义学说。其中在回答第十八个问题"共产主义革命的发展过程"时恩格斯说："首先无产阶级革命将建立民主的国家制度，从而直接或间接地建立无产阶级的政治统治。"③这段话略加修改后在《共产党宣言》中被正式表述为："工人革命的第一步就是使无产阶级上升为统治阶级，争得民主。"④

二、道德政治批判与历史分析之间的张力

正如俞吾金教授所指出的那样，创立历史唯物主义之前的马克思对资本主义的批判主要还是基于异化或道德激愤。马克思分析指出，在现代社会，"自由是可以做和可以从事任何不损害他人的事情的权利。每个人能够不损害他人而进行活动的界限是由法律规定的，正像两块田地之间的界限是由界桩确定的一样。这里所说的是人作为孤立的、自我封闭的单子的自由……自由这一人权不是建立在人与人相结合的基础上，而是相反，建立在人与人相分隔的基础上。这一权利就是

① 《马克思恩格斯全集》第 3 卷，北京：人民出版社，2002 年，第 42 页。
② 《马克思恩格斯文集》第 1 卷，北京：人民出版社，2009 年，第 167 页
③ 《马克思恩格斯选集》第 1 卷，北京：人民出版社，1995 年，第 239 页。
④ 《马克思恩格斯选集》第 1 卷，北京：人民出版社，1995 年，第 293 页。

这种分隔的权利，是狭隘的、局限于自身的个人的权利⋯⋯从非政治的意义上看来，平等无非是上述自由的平等，即每个人都同样被看作孤独的单子"①。诸如此类，在马克思看来，政治解放的自由总而言之是利己主义的保障。

政治解放的自由阻碍了与他人的交往与联系的可能，这种自私自利的权利的自由使每个人不是把别人看作自己自由的实现，而是看作自己自由的限制。作为资产阶级政治解放最为重要的成果之一，"自由这项人权并不是建立在人与人结合起来的基础上，而是建立在人与人分离的基础上。这项权利就是这种分离的权利，是狭隘的、封闭在自身的个人的权利"②马克思最后总结道："任何一种所谓人权都没有超出利己主义的人，没有超出作为市民社会的成员的人，即作为封闭于自身、私人利益、私人任性、同时脱离社会整体的个人的人。在这些权利中，人绝不是类存在物，相反地，类生活本身即社会却是个人的外部局限，却是他们原有的独立性的限制。把人和社会连接起来的唯一纽带是天然必然性，是需要和私人利益，是对他们财产和利己主义个人的保护。"③

在马克思看来，在共同体与个体的关系上，作为政治解放的个体是最终的目的，政治共同体被贬低为维护个体利益的手段，作为共同体成员的公民身份被宣布为利己个体的奴仆，"人作为社会存在物所处的领域被降到人作为单个存在物所处的领域之下；最后，不是身为 citoye [公民]的人，而是身为 bourgeois[市民社会的成员]的人，被视为本来意义上的人，真正的人"④。因此，政治解放的结果是"人并没有从宗教中解放出来，他反而取得了宗教自由。他并没有从财产中解放出来，反而取得了财产自由。他并没有从行业的利己主义中解放出来，反而取

---

① 《马克思恩格斯文集》第 1 卷，北京：人民出版社，2009 年，第 40—41 页。
② 《马克思恩格斯全集》第 1 卷，北京：人民出版社，1956 年，第 438 页。
③ 《马克思恩格斯全集》第 1 卷，北京：人民出版社，1956 年，第 439 页。
④ 《马克思恩格斯文集》第 1 卷，北京：人民出版社，2009 年，第 43 页。

得了行业自由"①。由资产阶级革命实现的政治解放,尽管为资本主义社会带来了"人权",但其实亦带来了人与他人,人与共同体的分离。而政治解放之后的共同体和普遍性则主要体现在观念论层面对资本主义法权秩序的维护。

马克思据此指出:"政治解放的限度一开始就表现在:即使人还没有真正摆脱某种限制,国家也可以摆脱这种限制,即使人还不是自由人,国家也可以成为自由国家。"②这样的国家或者这样的共同体被马克思批评为唯灵论的、虚幻的共同体。在马克思看来,正是鲍威尔对政治解放、政治国家的共同体的缺陷熟视无睹,才将其视为人的解放的完成,似乎人只能生活在政治国家的虚幻共同体之中,马克思对此总结道:"完成了的政治国家,按其本质来说,是人的同自己物质生活相对立的类生活。这种利己生活的一切前提继续存在于国家范围以外,存在于市民社会之中,然而是作为市民社会的特性存在的。在政治国家真正形成的地方,人不仅在思想中,在意识中,而且在现实中,在生活中,都过着双重的生活——天国的生活和尘世的生活。前一种是政治共同体中的生活,在这个共同体中,人把自己看做社会存在物;后一种是市民社会中的生活,在这个社会中,人作为私人进行活动,把他人看做工具,把自己也降为工具,并成为异己力量的玩物。政治国家对市民社会的关系,正像天国对尘世的关系一样,也是唯灵论的。"③

但是不同于完全的历史客观主义分析,我认为马克思在阐述人的解放的理论时,既没有采用道德形而上学的批判方法,也并非纯粹自然主义的客观主义方法,而是将历史科学与政治哲学相结合,规律与革命实践相统一来展开评判。虽然恩格斯曾说,马克思首先是一位革命家,无产阶级以及全人类的解放是其毕生的事业。但马克思明确指出:"只有在现实的世界中并使用现实的手段才能实现真正的解放;没有蒸汽

---

① 《马克思恩格斯全集》第1卷,北京:人民出版社,1956年,第442页。
② 《马克思恩格斯文集》第1卷,北京:人民出版社,2009年,第28页。
③ 《马克思恩格斯文集》第1卷,北京:人民出版社,2009年,第30页。

机和珍妮走锭精纺机就不能消灭奴隶制;没有改良的农业就不能消灭农奴制;当人们还不能使自己的吃喝住穿在质和量方面得到充分保证的时候,人们就根本不能获得解放。'解放'是一种历史活动,而不是思想活动'解放'是由历史的关系,是由工业状况、商业状况、农业状况、交往关系的状况促成的。"①就如习近平总书记在纪念马克思诞辰 200 周年大会上所指出那样:"马克思创建了唯物史观和剩余价值学说,揭示了人类社会发展的一般规律,揭示了资本主义运行的特殊规律,为人类指明了从必然王国向自由王国飞跃的途径,为人民指明了实现自由和解放的道路。——马克思主义是人民的理论,第一次创立了人民实现自身解放的思想体系。马克思主义博大精深,归根到底就是一句话,为人类求解放。"②因此,完成从政治解放向人类求解放的转变是马克思鲜明的政治哲学主题,包含着人类解放的旨趣与对解放的现实道路的揭示。

布坎南说马克思"对个人因进入市场交换关系而远离自给自足的个人、家庭或小社会的田园诗般的独立生活而导致失去自由过于敏感。由于这种敏感,马克思成了由托马斯·杰斐逊和 20 世纪美国南方代表农民利益的人所倡导的古典政治哲学的一部分"③。可以说布坎南完全误读了马克思,马克思对由政治解放形成的现代资本主义社会始终是持肯定与批判同时并存的双重进路,而且是以动态的社会历史进程为根本的标准。努斯鲍姆(M. Nussbaum)的判断则比较接近马克思,古典社会的范式"除了依赖理性,更多的是依赖共同体的稳固性;除了依赖规则,更多的是依赖附属关系;除了依赖对于历史进步的乐观主义,更多的是依赖对人类有限性和道德的认识"④。这也是马克思对李

① 《马克思恩格斯文集》第 1 卷,北京:人民出版社,2009 年,第 527 页。
② 习近平:《在纪念马克思诞辰 200 周年大会上的讲话》,北京:人民出版社,2018 年,第 8 页。
③ 詹姆斯·布坎南:《财产与自由》,韩旭译,北京:中国社会科学出版社,2002 年,第 59 页。
④ M.C. Nussbaum, "Kant and Stoic Cosmopolitanism," *The Journal of Political Philosophy*, 1997, pp. 1 – 25, at 1.

斯特展开批判的主要依据，即封建专制制度长期存在的秘密就在于，"交换手段拥有的社会力量越小，交换手段同直接的劳动产品的性质之间以及同交换者的直接需要之间的联系越是密切，把个人互相联结起来的共同体的力量就必定越大——家长制的关系"①。

在《德意志意识形态》中，马克思特别强调指出，共产主义的实现必须"以生产力的巨大增长和高度发展为前提"。"如果没有这种发展，那就只会有贫穷、极端贫困的普遍化；而在极端贫困的情况下，必须重新开始争取必需品的斗争，全部陈腐污浊的东西又要死灰复燃。"②马克思反复强调："当人们还不能使自己的吃喝住穿在质和量方面得到充分保证的时候，人们就根本不能获得解放。"③"只有随着生产力的这种普遍发展，人们的普遍交往才能建立起来；……最后，地域性的个人为世界历史性的、经验上普遍的个人所代替。"④而毫无疑问，政治解放后形成的现代文明毫无疑问是发展生产力的重要方式之一。

在《政治经济学批判（1857—1858年手稿）》中，马克思论述了人类社会的三大形式："人的依赖关系（起初完全是自然发生的），是最初的社会形式，在这种形式下，人的生产能力只是在狭小的范围内和孤立的地点上发展着。以物的依赖性为基础的人的独立性，是第二大形式，在这种形式下，才形成普遍的社会物质变换、全面的关系、多方面的需要以及全面的能力的体系。建立在个人全面发展和他们共同的、社会的生产能力成为从属于他们的社会财富这一基础上的自由个性，是第三个阶段。"⑤基于公平正义和权利的社会发展逻辑，其最终的成就是普遍的社会物质变换、全面的关系、多方面的需要以及全面的能力的体系，即个人能力的全面发展和共同的社会生产能力，这是社会主义生产

① 《马克思恩格斯文集》第8卷，北京：人民出版社，2009年，第51—52页。
② 《马克思恩格斯文集》第1卷，北京：人民出版社，2009年，第538页。
③ 《马克思恩格斯文集》第1卷，北京：人民出版社，2009年，第527页。
④ 《马克思恩格斯选集》第1卷，北京：人民出版社，1995年，第86页。
⑤ 《马克思恩格斯文集》第8卷，北京：人民出版社，2009年，第52页。

方式能达到的顶点，在此基础上，以自由个性为特征的共产主义才有可能。

通过上述分析，我们可以得出结论：马克思把作为对政治解放之超越的人类解放作为他的社会理想表明，"'市民社会'并不是马克思社会概念的全部，毋宁说它倒是真正社会之否定性的形式"①。即，马克思发现以商品交换为原则的市民社会或者资产阶级社会违背了自身的解放与非支配的承诺，马克思据此指出，批判的武器不能代替武器的批判，市民社会在完成对封建与等级制的批判和摧毁之后，自身也必将成为被批判的对象。一方面，人的解放，也就是人类社会或者社会的人类的建设需要克服国家与使命社会的分离，并且"只有当现实的个人把抽象的公民复归于自身，并且作为个人，在自己的经验生活、自己的个体劳动、自己的个体关系中间，成为类存在物的时候，只有当人认识到自身'固有的力量'是社会力量，并把这种力量组织起来因而不再把社会力量以政治力量的形式同自身分离的时候，只有到了那个时候，人的解放才能完成"②。

核心路径是通过"宗教的批判最后归结为人是人的最高本质这样一个学说，从而也归结为这样的绝对命令：必须推翻使人成为被侮辱、被奴役、被遗弃和被蔑视的东西的一切关系"③。在阿伦特看来，马克思的人的解放理论，或者人类社会和社会的人类的理论，核心是"非支配类型"，在市民社会或资本主义社会，虽然已经完成了政治解放，但却造成了商品拜物教和资本逻辑对支配与奴役，由于支配他人的人不能获得自由，因此人类社会和社会的人类的建设不仅意味着被剥削和奴役的劳动者的解放，同时还意味着资产者本身的解放。1845 年春马克思在《关于费尔巴哈的提纲》中写道："旧唯物主义的立脚点是市民社

---

① 吴晓明：《历史唯物主义的主体概念》，上海：上海人民出版社，1993 年，第 233 页。
② 《马克思恩格斯文集》第 1 卷，北京：人民出版社，2009 年，第 46 页。
③ 《马克思恩格斯文集》第 1 卷，北京：人民出版社，2009 年，第 11 页。

会,新唯物主义的立脚点则是人类社会或社会的人类。"①而在《哲学的贫困》中更是明确指出,"整个历史也无非是人类本性的不断改变而已",这句话的意思意味着,反过来,人类社会和社会的人类的建设,或者说超出资产阶级市民社会的路径也只能是历史的长期结果。

三、世界主义与人类大同的张力

现代社会的政治解放在面对超出民族国家范围的世界交往问题时,就形成了世界主义的主张。其认为人不应该因其先天的无法选择的偶然条件,如种族、国籍等,而在现实生活中遭受不公正的待遇,人们不应因为偶然事件的反复无常而遭受惩罚,他们的命运不应由民族身份和公民身份这样的因素来决定。人类对待他人拥有同等的道德和政治义务,这种义务仅仅建立在他们的人性基础上,而非国籍、民族认同、宗教信仰、种族或他们的出生地等方面。作为思想先驱,但丁认为需要通过建构一个超民族的世界政体,才能在人类共性的基础上依据一种共同法律引导全人类走向和平的,民族国家的地方政体应该接受这种共同的准则或法律。

世界主义在某种意义上就是市民社会的世界化,比如李斯特就批评斯密的政治经济学完全忽视了民族文化在生产过程中的重要作用。不过,在世界主义的问题上,马克思是持肯定态度的,在《资本论》第3卷中,马克思写道:"商业和商业资本的发展,到处都使生产朝着交换价值的方向发展,使生产的规模扩大,使它多样化并具有世界主义的性质,使货币发展成为世界货币。""我们的资本家发现他的资本在国外比在本国增值得快,而我们的资本家也和货币本身一样,是世界主义者。""货币发展为世界货币,商品所有者也就发展为世界主义者。人们彼此间的世界主义的关系最初不过是他们作为商品所有者的关系……随着

---

① 《马克思恩格斯文集》第1卷,北京:人民出版社,2009年,第502页。

同国家铸币对立的世界货币的发展,商品所有者的世界主义就发展为对实践理性的信仰,而与阻碍人类物质变换的传统的宗教、民族等等成见相对立。"

马克思认为没有世界范围内的政治解放,作为人类解放目标的人类大同的世界就不可能实现,因此对李斯特的贸易保护主义理论就提出了尖锐批评,并在 1845 年 3 月写的《评弗里德里希·李斯特的著作〈政治经济学的国民体系〉》一文中。针对李斯特的民族利己主义,马克思明确指出其实际上就是"德国庸人想使竞争规律、交换价值规律、买卖的规律在他的国门之外丧失自己的力量"[1],试图用否定和限制竞争规律、市场规律的方式来寻求发展,本身就是一种荒唐的行为。而且,交换价值也不是随意创造出来的,"把物质财富变为交换价值是现存社会制度的结果,是发达的私有制社会的结果。废除交换价值就是废除私有制和私有财产"[2]。

但"自由竞争和世界贸易产生了伪善的资产阶级的世界主义和人的概念"[3]。世界主义之所以是伪善的,就在于它虽然标榜自由,但实际上这种自由并不是人的自由,而是资本的自由。"货币在执行铸币职能时获得的特殊民族形式,在它作为货币而存在时丧失了。货币本身是世界主义的。"[4]当生产和货币成为世界主义时,商品也就自然具有了世界主义属性,各地的商品成为"世界主义的黄金"。既然资本主义生产总过程以及各种经济现象都具有世界性,那么作为这种经济的主体和当事人资本家也就相应成为"世界主义者"。"我们的资本家发现他的资本在国外比在本国增殖得快,——而我们的资本家也和货币本身一样,是世界主义者。"[5]

---

① 《马克思恩格斯全集》第 42 卷,北京:人民出版社,1979 年,第 256 页。
② 《马克思恩格斯全集》第 42 卷,北京:人民出版社,1979 年,第 254 页。
③ 《马克思恩格斯全集》第 3 卷,北京:人民出版社,1960 年,第 169—170 页。
④ 《马克思恩格斯全集》第 31 卷,北京:人民出版社,1998 年,第 321 页。
⑤ 《马克思恩格斯全集》第 50 卷,北京:人民出版社,1985 年,第 23 页。

马克思人类解放思想蕴含着超越民族国家的普遍性人类关怀,关注的是整个人类的解放和自由全面发展问题。由此,马克思自觉地把自己的理论扎根于人类整体的发展趋势之中,并且指出作为政治解放结果的世界市场是世界性的贫困与剥削的原因,"因此,无产阶级只有在世界历史意义上才能存在,就像共产主义——它的事业——只有作为'世界历史性的'存在才有可能实现一样。而各个人的世界历史性的存在,也就是与世界历史直接相联系的各个人的存在……每一个单个人的解放的程度是与历史完全转变为世界历史的程度一致的"①。

同时,针对以"真正的社会主义"这种抽象的人道主义主张为代表的由自由竞争和世界贸易产生的伪善的资产阶级的世界主义和人的概念,马克思批评其为"关于真正的社会、关于实现人的本质的无谓思辨",甚至批评其所代表的不过是"一种反动的利益,即德国小市民的利益"②。马克思将"经济学家、博爱主义者、人道主义者、劳动阶级状况改善派、慈善事业组织者、动物保护协会成员、戒酒协会发起人及形形色色的小改良家"等人视作保守的或资产阶级的社会主义分子。这些群体宣称的世界主义,是资产阶级自由主义、博爱主义、人道主义的世界主义,这种世界主义的经济基础仍然是资本主义,因此也就决定了这种倡议在现实政治中的软弱无力,并且会不可避免地滑坡为伪善,因此成为马克思批判的对象。

在对左翼资产阶级政论家阿尔诺德·卢格的评论中,恩格斯说道:"他的博爱的世界主义的计划,在贪婪的生意人精神面前碰得粉碎了,于是他不得不……以思想上多少歪曲的形式来代表这些生意人的利益。"③总之,马克思对通过政治解放的完成造成的世界历史持肯定的态度,并且指出:"历史向世界历史的转变,不是'自我意识'、世界精神或者某个形而上学幽灵的某种纯粹的抽象行动,而是完全物质的、可以

---

① 《马克思恩格斯文集》第 1 卷,北京:人民出版社,2009 年,第 539 页。
② 《马克思恩格斯文集》第 2 卷,北京:人民出版社,2009 年,第 59 页。
③ 《马克思恩格斯全集》第 5 卷,北京:人民出版社,1958 年,第 428 页。

通过经验证明的行动,每一个过着实际生活的、需要吃、喝、穿的个人都可以证明这种行动。"①也就是说,不管是全球正义的实现,还是人类命运共同体的建设,都应是现实的历史活动,是基于现实的民族国家的精神与活动才能最终实现的。

诚如习近平总书记所说:"世界命运应该由各国共同掌握,国际规则应该由各国共同书写,全球事务应该由各国共同治理,发展成果应该由各国共同分享。"②也正如政治解放不能直接成为人的解放的关键原因是,其是纯粹利己的、封闭的,而不在于是否完全消灭了宗教。人类大同世界的实现也并不需要消灭民族国家,纯粹的个体与世界政府的逻辑恰恰只能停留在政治解放的维度而不能解决今日之世界危机。今日世界之冲突在于世界的日益资产阶级化,恩格斯在 1845 年的演讲中同样指出:"每个国家的资产阶级都有他们自己的特殊利益,而且由于他们认为这些利益高于一切,他们无法越出民族的范围。"因此,出路在于如恩格斯在《在伦敦举行的各族人民庆祝大会》一文中所指出的那样:"真正的无产阶级政党现在正在各地提倡各民族的兄弟友爱,用以对抗旧的赤裸裸的民族利己主义和自由贸易的伪善的自私自利的世界主义。"③

因此,马克思人的解放思想是真正的人类性和世界性的思想,而不是披着普遍主义外衣的特殊主义,这种特殊主义的普遍主义借用了黑格尔的唯心主义世界历史理论,实际上背弃了世界主义内含的平等原则。在实践中,霸权国家和强权政治在世界范围内谋求特殊利益的行动,通常会打着普遍主义的旗号开路。马克思、恩格斯在对唯心主义世界历史观的批判中,特别揭露了这一理论背后的特殊主义实质,对这种特殊主义的普遍主义的回应,要求国际社会践行民族平等的原则,特别对经过精心包装的民族沙文主义保持警惕,从而谋得各民族平等的共同发展。但要真正实现这一目标却绝非易事。

---

① 《马克思恩格斯文集》第 1 卷,北京:人民出版社,2009 年,第 541 页。
② 《习近平著作选读》第 1 卷,北京:人民出版社,2023 年,第 564 页。
③ 《马克思恩格斯全集》第 2 卷,北京:人民出版社,1957 年,第 662 页。

总之,俞老师给我的启发是,在理解并阐释马克思的政治哲学理论时,不能"总是习惯于抓住其理论的某个方面加以发挥,忽略了马克思政治哲学理论中不同思想酵素之间存在的内在张力。事实上,只有充分重视不同思想酵素之间存在的内在张力,才可能全面地、完整地、准确地理解并阐发马克思的政治哲学理论,从而使这方面的研究沿着健康的轨道向前发展"[①]。他在《左翼理论家们的阿基里斯之踵——以对拉克劳思想的剖析为例》一文中批评左翼思想家容易"一根筋",难以辩证地理解其中的张力时指出,正如马克思在《黑格尔讽刺短诗》中撰写的:"我给你揭示一切,我献给你的仍是一无所有!"[②]这其实也是恩师俞吾金教授自身的写照,在我看来,他的思想中充满着辩证的张力,如果离开历史分析的方法抽象地去解读俞老师的思想,也可能面临同样的窘境。

(作者 复旦大学当代国外马克思主义研究中心研究员,复旦大学哲学学院副教授,复旦大学民族研究院暨中央四部委铸牢研究基地研究员、秘书长)

The tension between history and politics:
the unique connotation of Marx's political philosophical ideas
—A Microscopic Exploration of Professor Yu Wujin's Research
Methods in History and Political Philosophy

Lu Shaochen

Abstract: Different from various ultra-historical and pure conceptual

---

① 俞吾金:《历史分析视野中的马克思政治哲学思想及当代意义》,载《江苏行政学院学报》2007年第3期。

② 《马克思恩格斯全集》第40卷,北京:人民出版社,1982年,第651页。

political philosophical thoughts, Marx's political philosophy is based on the scientific and regular nature of historical materialism. However, it is also different from a linear and mechanistic understanding of historical materialism. Marx understands history as a history with political practice tension and elasticity, leaving enough space for the agency and subjectivity of political actions. This means that Marx's political philosophy is a tension-filled political philosophy that is internal and historical, rather than external and abstract. It provides enough space and field for political action and practice, while also specifying the difficulties and dilemmas that must be faced.

Key words: Political Philosophy; Historical Materialism; Historical Analysis; Tension

重温"俞吾金之问"

——"哲学是关于世界观的学问吗?"

周爱民

摘要:我国的马克思主义理论界曾长期把哲学理解成关于世界观的学问。俞吾金曾梳理了该界定的来龙去脉,并且对之进行了质疑。借助康德、马克思和海德格尔等人的思想资源,他指出这种界定所蕴涵的对整体世界的把握是成问题的,因为能把握的只是经由人类实践所中介的"周围世界",而且用静观的态度去把握世界其实是近代主体形而上学的产物,它本质上反映了资本对自然的掌控。俞吾金的质疑是建立在他重新理解哲学及其基本问题的基础上。在他看来,"哲学元问题"应该是一种问题际性的提问方式,即"为什么人类需要哲学-什么是哲学?"从哲学史的角度可以揭示出,俞吾金的质疑对国内理论界来说具有抛砖引玉的作用,而从当代关于哲学是什么的争论出发,可以指出俞吾金对哲学的理解在某种意义上与以哈贝马斯为代表的当代坚守启蒙的哲学家在根本旨趣上是一致的,即仍然坚守"理性"与"人性化的社会生活"之间的内在关联。

关键词:俞吾金　世界观　哲学元问题　理性

伟大的思想或理论往往诞生于对常识的追问与质疑。例如,康德在哲学领域中发动的"哥白尼革命"源于对认识的通常理解(主体符合客体)的质疑与颠倒,而影响 20 世纪哲学走向的《存在与时间》则源于对人人熟知的系词"是"(Sein)的追问。就如黑格尔所说的,熟知不等于真知。对于这些熟知,往往是如果没有人问我,我是明白的,但是如果我想给问我的人解释,那么我就不明白了。

10 年前,复旦大学哲学学院教授俞吾金对某种熟知发出了类似的追问与质疑。众所周知,我国马克思主义理论界长期流行着对哲学的一种理解,即把哲学看作是关于世界观的学问。在 2013 年发表的《哲学是"关于世界观的学问"吗?》①(下文简称俞文)一文中,俞吾金不仅梳理了该理解的来龙去脉,而且对之进行了质疑。他的质疑是有力的,所揭示的问题是深刻的,其主张是极具启发意义的。本文将首先围绕俞吾金教授曾经的质疑展开,其次澄清其质疑背后对哲学的重新理解,最后从哲学史与当代哲学语境中阐述"俞吾金之问"的当代意义。

一、哲学与关于世界观的学问

在对哲学的定义方面,人们常说有多少个哲学家恐怕就有多少个有关哲学的定义。这种说法虽然略有夸张,但也基本道出了哲学学科中一个尴尬的事实,即研究对象的不确定。与数学、物理、化学等学科不同,哲学学科难以界分出一个明确的研究对象。没有明确固定的研究对象,也就不存在共同的攻坚课题。一部西方哲学史所呈现给我们的往往就是研究对象与问题的转换史。在诸多的哲学史著作中,人们往往采取退而求其次的做法,首先从词源意义上简要说明哲学的含义,以便给出一个初步的无争议的事实性理解。然而,对词源的考察除了帮助人们了解其起源外,并不能提供更多的东西。例如,把哲学理解为"爱智慧"并不能指明哲学的独特研究对象与研究方法。令人尴尬的是,如果人们往前一步去具体规定哲学的内涵,就会产生纷争,就可能

---

① 俞吾金:《哲学是"关于世界观的学问"吗?》,载《哲学研究》2013 年第 8 期。

被拒斥为"一家之言"。

我国的马克思主义理论界就走出了这么一步,对哲学进行了明确的界定。根据俞文的考察,流行的界定源于艾思奇主编的《辩证唯物主义历史唯物主义》一书。该书对哲学进行了这样的明确界定:"哲学就是关于世界观的学问,哲学观点就是人们对于世界上的一切事物、对于整个世界的最根本的观点。因此它和任何一门自然科学和社会科学不同,它所研究和所涉及的问题,不是仅仅关于世界的某一个方面或某一个局部的问题,而是有关整个世界,有关世界的一切事物(包括自然界、社会和人类思维)的最普遍的问题。"①在该界定中,哲学被视为对整体世界进行把握的学问,关注的是最为普遍的问题。那么什么是"有关整个世界,有关世界的一切事物(包括自然界、社会和人类思维)"最普遍的问题呢? 又如何理解这里的"最普遍"呢?

首先,俞文并没有围绕"最普遍",而是针对"整个世界"提法的合理性展开了质疑。借助于康德和维特根斯坦的思想资源,俞文认为"整个世界"是不可知的,因而也无从把握。根据康德对"现象"与"自在之物"的区分,人类的知性范畴只能把握现象界,至于"灵魂""世界(或宇宙)"和"上帝"这类"自在之物"则无法被认知。当人类用知性范畴试图对之进行界定时就会陷入先验辩证法的幻相中。维特根斯坦也作出了类似的论证,认为人们只能认识世界中的具体事实,而无法把握整体世界的意义。基丁康德和维特根斯坦对整体世界可知性的怀疑,俞文认为艾思奇所谓的整体世界"作为客观上的最高的、无条件的、超验的统一体,根本就是不可知的"。

俞文否定了"整体世界"这一提法的合理性,但并没有彻底抛弃"世界"概念,而是借助马克思和海德格尔的思想资源,对我们所把握的世界作了进一步的规定。俞吾金认为,可以用"周围世界"来更为精确地界定世界概念。这一世界仅仅指"以人的生存实践活动为媒介"的

---

① 艾思奇:《辩证唯物主义历史唯物主义》,北京:人民出版社,1978年,第2页。

世界。

基于"整体世界"与"周围世界"的区分，俞文认为艾思奇界定中的失误就很清楚了："因为他混淆了两种不同的世界概念：一方面，他试图谈论康德或维特根斯坦意义上的整体世界；另一方面，他又试图坚持这个整体世界是可以被认识的。事实上，正如前面所论证的，这个超验的整体世界是无法加以认识的；我们能够认识的，只是以我们的生存实践活动为媒介的周围世界。在这个意义上也可以说，没有'世界观'，只有'周围世界观'或'环境观'。在许多场合下，研究者们以为自己正在谈论世界观，实际上他们谈论的却是周围世界观或环境观。"①

其次，在明确了真正要谈论的对象"周围世界"后，要回应的问题就是这个周围世界究竟是什么？ 在此方面，俞文进一步展开了对以艾思奇为代表的流行观点的质疑。该观点认为，周围世界是由自然、社会和人类思维三大部分构成的。这一看法并非艾思奇首创，俞文认为它实际上是对恩格斯所理解的世界结构的沿袭，而恩格斯的理解，即自然界、社会和人类思维，仅仅是对黑格尔所理解的世界结构的简单颠倒。俞文没有直接反驳这种简单颠倒，而是通过援引马克思的观点来展开批判。这一论证策略间接反映了他在此期间所进行的另一项重要的工作，即试图澄清马克思与恩格斯思想的重要差异。②限于主题，本文不再展开介绍俞吾金在此方面的重要观点与主张。③

俞吾金对流行的世界结构的批判，主要依赖的是马克思的论述。他认为，把世界简单地划分为三个组成部分（自然界、社会和人类思维）完全忽视了马克思对人类实践活动的重要论述。马克思在创立历史唯物主义的过程中，早就明确指出如何具体地理解人、社会与自然界。在

---

① 俞吾金：《哲学是"关于世界观的学问"吗？》，载《哲学研究》2013 年第 8 期。
② 参见俞吾金：《如何理解并阐释马克思的哲学观》（上、下），载《江海学刊》2013 年第 4 期、第 5 期。
③ 对俞吾金这方面思想的精彩论述参见王凤才：《重新理解马克思——俞吾金视阈中的马克思哲学》，载《哲学分析》2012 年第 6 期。

马克思的论述中,人一定是处于社会关系中的现实的个人,而社会与自然一定是借助于人类的物质生产活动处于相互中介关系中的存在,"被抽象地、孤立地理解的、被固定为与人分离的自然界,对人说来也是无"①。正是基于马克思的这种观点,俞文明确指出对世界做简单的领域切分,不能更好地理解世界,反而会陷入抽象的形而上学之中,例如关于"物质本体论"的主张。②

最后,在明确指出"整体世界"不可把握,能把握的只是"周围世界"并对之结构进行了详细说明后,俞文进一步展开分析了"把握"的具体内涵。这种分析直接调用的思想资源是海德格尔对世界观概念的批判。海德格尔对"世界观"(Weltanschauung)的反思长期在国内外学界都未得到应有的重视。③俞文可以说是开了国内这方面研究的先河。俞吾金从一反一正两个方面勾勒了海德格尔对世界观的看法。④海德格尔对世界观与近代主体形而上学内在关联的论述,是俞文指出的主要反驳意见。这一反驳意见力图指出,把哲学理解为一种世界观其实蕴含着对人与世界的一种新理解,即人是首先通过表象对对象世界行规定的主体,而世界则是被表象所把握的存在者整体。在此关系中,人与对象世界的关系就被重新理解为主体"利用、制造或摆置所有的存在者"的关系。这种关系自然让人联想到马克思笔下资本主义制度中资本与自然界的利用与被利用的关系,俞文也明确指出了这一点。

结合卢卡奇的洞见,如果世界观哲学是近代主体形而上学的产物,

---

① 《马克思恩格斯全集》第 42 卷,北京:人民出版社,1979 年,第 178 页。
② 对物质本体论的详细批判,参见俞吾金:《马克思对物质本体论的扬弃》,载《哲学研究》2008 年第 3 期。
③ 国外学界较为系统的梳理参见 Christoph von Wolzogen, „Weltanschauung Heidegger und die Begriffsgeschichte eines fragwürdigen Begriffs", *Heidegger Studies*, 1997, Vol. 13, S. 123—142。
④ 当然,海德格尔对世界观的论述也仅是一家之言,关于世界观概念及其发展的复杂史,参见 H. Thomé, „Der Blick auf das Ganze. Zum Ursprung des Konzepts, Weltanschauung' und der Weltanschauungsliteratur", in *Aufklärungen: Zur Literaturgeschichte der Moderne*, W. Frick et al. (Hsg.), Berlin: W. de Gruyter, 2003。

而主体形而上学的形成与资本主义经济结构(普遍的商品交换)的形成有着内在的一致性,那么就可以像卢卡奇所断言的那样指出,世界观哲学其实是资产阶级的一种意识形态。就此也就可以指出,如果马克思主义超越了资产阶级的意识形态,那么马克思主义就绝不可能仅仅是一种世界观哲学。那么超越世界观哲学的究竟是怎样一种哲学?可惜的是,俞文并没有在此方面展开过多论述。该文仅仅指出了海德格尔试图突围这种世界观哲学的尝试。结合俞吾金同时期其他文章对哲学以及马克思思想的重新阐述,可以说,海德格尔另辟蹊径的尝试,为俞吾金走出世界观哲学提供了跳板,跳跃的落地处并不是海德格尔的存在论,而是马克思的历史唯物主义。

二、作为"问题际性"的"哲学元问题"

俞吾金对世界观哲学的追问与质疑并非凭空产生,而是建立在长期研究西方哲学史,特别是康德与海德格尔思想的基础上。这两位哲学家在他反驳上述流行观点的过程中扮演了重要角色,而且在他对马克思主义哲学以及哲学本身的重新理解中,仍然可以清晰地看出他们的影响。接下来的内容将更详细地指出,俞吾金对哲学作为一种世界观学说的质疑,源于他更早时期对哲学的重新审视,这种重新审视也引导着他去重新看待马克思的思想。

如果说上述对世界观哲学的质疑还局限于"破"的层面,那么俞吾金主动反思对哲学的流行追问,则是明确要"立"不同的哲学观。如上文所指出的,根据数千年的哲学史经验,任何对哲学的界定都可能会被反对者们质疑为"一家之言",那么他为何也要介入到这种可能充满争议的讨论中呢?

从俞吾金于 20 世纪 80 年代发表的《从哲学的元问题谈起》到多年后的《再谈哲学的元问题》《关于哲学基本问题的再认识》,以及在其逝世前两年的演讲《哲学何谓》等文本中,他明确地表达了为何必须介入对哲学本身的追问。归结起来主要有两点原因：

一是，忽视对什么是哲学的追问及其基本问题的探讨，一味顺从当今部门化、实证化和碎片化的哲学研究趋势，只会把哲学局限在"器"的层面，而重要的悟"道"维度就会被遮蔽，哲学理论的创新之路也因此会最终遭到堵塞。

二是，目前对什么是哲学以及哲学基本问题的划定存在诸多问题，特别是把哲学的基本问题泛化为思维与存在的关系问题，"磨平了现代西方哲学与近代西方哲学之间存在的重大差异。扩而言之，当他们以同样的方式去研究中国哲学时，也把中国哲学与西方哲学之间的本质差异取消掉了"①。

显然，第二点原因与第一点原因直接相关，因为只有基于对什么是哲学及其基本问题的不同理解，才会产生重新纠正当今流行理解的需要。第一点原因与他对哲学的一种原初理解相关，即哲学应该关注最为基本的问题。基于这种理解，他区分了"哲学匠"与"哲学家"。前者只注重对具体哲学问题的思考，缺乏总体上的哲学观，其思想始终处于碎片化的状态中。而后者在具体研究中不忘哲学研究中的最基本问题，并时刻通过反思该问题来指导对具体问题的回答。这种看法在当代的哲学家那里有着广泛的共鸣，例如图根哈特就明确指出，"哲学的部门化，以及没有中心主题的哲学，其实是对哲学最初意图的背叛"。②与图根哈特不同的是，俞吾金并未直接把"人是什么"视作哲学的基本问题，而是通过对常识的问法"什么是哲学？"展开质疑后，提出了自己的"哲学元问题"。

俞吾金认为，日常生活中"这是什么"类疑问句，往往蕴含了两个预设：其一，预设提问对象已然存在，例如，某人指着某物问"这是什么"时，总是已然看到或听到某物，然后才可能有这类疑问，因此当人们发

---

① 俞吾金：《关于哲学基本问题的再认识》，载《北京大学学报（哲学社会科学版）》1997年第 2 期。

② Ernst Tugendhat, *Anthropologie statt Metaphysik*, Verlag C. H. Beck, 2007, S. 18.

出这种疑问时，总是已经就某种存在物而问的；其二，这类疑问句体现的是知识论语境中静观者的提问方式，即是说，它首先预设了独立的认识者和认识对象，然后指出这位认识者试图通过观察获知对象的特征。

套用"这是什么"提问方式去追问哲学是什么，也会蕴含上述两个预设，即哲学像生活中的某个存在物（杯子、树）一样已经存在，并且试图用静观的认识方式把握哲学。对于这两个预设，俞吾金分别给出了反驳：一方面，哲学并非像某个在场的存在者一样已经存在那里，它是一个生成过程；另一方面，哲学并非只是对世界的静观，用术语表述就是，哲学不能被等同于认识论，它同时还讨论人类的存在方式及其意义。

第一个反驳所针对的其实还是哲学的部门化，即不能简单地直接指认某种具体的哲学门类或流派就是哲学，比如不能直接就把形而上学、认识论或道德哲学等同于哲学。该反驳不是为了指出这种等同会忽略哲学的外延要更为广泛的事实，比如哲学还包括政治哲学、艺术哲学等，而是想指出这种直接等同会忽略所有这些哲学门类中所共同存在或预设的基本问题。俞吾金强调哲学是生成的过程，就可以被理解为哲学首先是对这种基本问题的回答过程，用海德格尔的话来说哲学就是"哲思"（philosophieren）的过程，那么这种哲思所思考的内容是什么呢？

通过第二个反驳，我们大致能够推论出俞吾金的回答。就如在第一个反驳中指出的，他强调哲学不能被等同于认识论，不是为了指出哲学的范围要更广，而是想强调哲学应该是对更为基本的问题的回应，而认识论问题只有在对这种更为基本的问题的回应中才能得到合理的解决。在俞吾金看来，更为基本的问题是"人的存在及其意义问题"。这里的"意义"不是指某种超历史的先验理解条件或者价值理想，而是对人的存在的澄清。尽管如此，这里的断言仍然较为抽象，人的存在及其意义问题究竟是什么呢？换言之，是探究人与其他存在者的差异性还是共通性？

在质疑了传统的"哲学是什么"的问法后,他提出应该以一种"问题际性"(inter-questions)的追问方式探讨关于哲学的元问题。①所谓的问题际性就是在原有提问之前添加一个新问题来引导人们对什么是哲学的解答。这个新问题是:为什么人类需要哲学?这样,对哲学的追问就变成:为什么人类需要哲学-什么是哲学?中间的连字符表示这两个问题构成了一个整体。把需要的问题放置在前,其意图很明显,就是要摆脱从单纯认知的角度去谈论哲学的取向。在他看来,哲学应该首先思考人类的生存活动,而人类生存活动面临的首要问题并非如何认识世界,而是如何满足自身的需要。当人们去追问哲学是什么并且从认知的角度试图回答哲学是什么时,应该要时刻回应为什么需要这种哲学以及它是对人类何种需要的满足。如果说"是什么"的追问是一种旁观者的认识视角,那么"为什么需要"的追问则是参与者的理解视角。把这两种视角融入"哲学元问题"的提法之中并强调它们构成一个整体,已经表明了俞吾金对人的存在问题的理解。如果人的存在的基本特征是需要与认识的统一,那么统一需要与认识的存在方式是什么?作为对这种存在方式进行反思的哲学又是满足我们的何种需要?

在俞吾金直接思考哲学是什么及其基本问题的文本中,我们无法找到直接的回答,甚至有时他对海德格尔思想的突出强调,还会让人误以为他主张人的存在的基本特征就是对存在意义的理解,但是从他对马克思思想的重新解读中,我们可以找寻到他对上述问题的回答。在重新理解马克思的诸多作品中,俞吾金所强调的一个关键线索是要站在超越单纯认识论的立场去把握马克思的历史唯物主义。这个超越的立场就是无产阶级的劳动实践立场。通过对劳动实践结构的分析,俞吾金强调"劳动辩证法"是马克思辩证法的基础。②

---

① 俞吾金:《哲学何谓》,载《上海学术报告 2012—2013》,上海:上海人民出版社,2015年,第 215—222 页。

② 俞吾金:《论马克思的"劳动辩证法"》,载《复旦学报(社会科学版)》2011 年第 4 期。

在劳动过程中，劳动实践构建了人类社会历史的不同形态，形成了人与自身、他人和自然物的不同关系。劳动实践的基本结构，不仅包括对肉体与精神需要的满足，这方面体现在马克思对劳动对象化的论述中，而且也包括对劳动对象的认知过程，这种认知过程反过来也会塑造劳动者。然而，资本主义制度中劳动者的异化劳动存在方式，却使得这两个方面扭曲成一种消极意义上的辩证法，即一方面"唯有通过劳动，人才能把自己的生命、本质力量和体力物化在劳动的产品中。换言之，物化劳动乃是人实现自己的本质力量的唯一途径"，另一方面"作为物化劳动的结晶，产品一旦成为为交换的目的而生产的商品，作为'社会的物'的商品就成了人的统治者，换言之，人便自然而然地拥有了商品拜物教的观念"①。

如果统一需要与认识的存在方式是劳动实践，而劳动实践是认识资本主义社会形态的钥匙，那么对这种实践进行反思的哲学也就可以顺理成章地被称为"实践哲学"。由于劳动实践在资本主义社会中以一种消极的"辩证形态"展开，那么对这种实践进行揭露的哲学也就是一种关于劳动实践的辩证法学说。那么这种学说又是满足我们的什么需要呢？显然，这种反思不仅仅是为满足我们的认识需要，因为劳动实践在资本主义社会中以异化的方式存在并非源于工人或资本家的错误认识，而是源于资本主义制度中的结构性强制。②如果这种强制呈现为一种现实的必然性，那么这种反思所要满足的则是打破这种必然强制的需要，即从这种强制中挣脱出来的需要。套用哈贝马斯的话，这种需求是人类追求"解放的认识兴趣"（emanzipatorische Erkenntnisinteresse），从这一角度来看，哲学是为满足人类追求解放的需要，是人类解放意识的"守护者"。

---

① 俞吾金：《自然辩证法还是社会历史辩证法?》，载《社会科学战线》2007 年第 4 期。
② 关于资本主义社会中这种结构性强制的分析，参见普殊同：《时间、劳动与社会统治》，康凌译，北京：北京大学出版社，2019 年。

三、"俞吾金之问"的当代意义

可以从哲学史的角度,也可以从当代关于哲学是什么的争论出发,澄清俞吾金之问的当代意义。从哲学史的角度可以揭示出,俞吾金之问对国内理论界来说具有抛砖引玉的作用,而从当代关于哲学是什么的争论出发,可以指出俞吾金对哲学的理解在某种意义上与以哈贝马斯为代表的当代坚守启蒙的哲学家在根本旨趣上是一致的,即仍然坚守"理性"与"人性化的社会生活"之间的内在关联,而这一旨趣在彻底世俗化的时代仍然面临诸多挑战。

从哲学史的角度来看,哲学是不是世界观的学问,是 19 世纪后半叶至 20 世纪上半叶西方哲学界争论的焦点问题之一。①回顾这段历史,世界观概念的流行与发展其实内在包含了一种相互矛盾的思想倾向。一方面,受 18—19 世纪世俗化以及启蒙运动深入发展的影响,哲学越来越远离形而上学的研究主题,转而开始研究"形而下"的如自然世界与个体心理等具体对象。以传统形而上学研究论题为对象的哲学越来越被人们视为陈旧的,与现实存在无关的非科学。世界观概念在哲学科学内部的流行其实迎合了这种时代需求,即需要一种新的名称来表达哲学研究对象的转移。不少学者认为世界观概念能更恰当地标识当时哲学的研究对象,因而主张用世界观概念代替更为模糊的哲学一词。然而,哲学与时俱进地研究自然科学的对象就会产生一个新问题,哲学究竟提供了何种区别自然科学的知识?换言之,哲学在自然科学面前如何为自己争得一席之地?主张哲学是世界观学说的另外一层含义是,强调作为世界观的哲学其研究对象要比具体个别自然科学的

---

① Andrea Staiti, "Philosophy: Wissenschaft or Weltanschauung? Towards a prehistory of the analytic/Continental rift," *Philosophy and Social Criticism*, Vol. 39, No. 8, 2013, pp. 793 – 807.

更为广泛，它关注的是"整体世界"（Weltganze）。[1]例如，当时的阿道夫·特伦德伦堡就明确指出"当个别科学在相互对立的方向上运作时，哲学的任务是从精神诞生出来的整体思想中调和它们，并引导它们呈现为一个有机的世界观"[2]。

　　从与自然科学区别的意义上强调世界观的重要性，在之后德语哲学界掀起的"生命哲学"思潮中得到进一步的强化。[3]该思潮以尼采、狄尔泰和西美尔为主要代表。他们曾分别主张哲学并非自然科学意义上的科学，而是基于个体生命体验发展起来的关于世界整体与个体生命关系的世界观学说。影响深远的生命哲学思潮对世界观基础性地位的强调使得这个概念走出了哲学圈，逐渐流行成一个被人们用来表述价值信念和宗教信仰的统称。[4]例如，雅斯贝斯在其影响广泛的《世界观心理学》中曾明确指出世界观是"观念，是人的终极和整体，既是主观的体验、力量和信念，又是客观的作为对象塑造的世界"[5]。强化这一理解的是另一股反对世界观的新康德主义和现象学思潮。例如胡塞尔就明确强调，哲学应该是一种更为严格的科学体系，与之相对的则是基于个人主观经验所形成的世界观信仰体系。[6]不论是主张哲学是世界观

---

① 根据克莱门斯·鲍姆克（Clemens Baeumker）的说法，约瑟夫·冯·格雷斯（Joseph von Görres）似乎是在 1807 年首次在《德国民间故事书》（*die Deutschen Volksbücher*）中使用了这个词，用它来表示哲学与单一学科的专业观点的对立。因此，鲍姆克经常使用这个词来表达哲学的普遍性。阿道夫·特伦德伦堡把世界观纳入他的哲学体系中，他的学生狄尔泰则是第一位把世界观概念置于哲学的核心的哲学家。参见 Matthias Thiel, "Weltanschauung, Philosophie und System," *Divus Thomas*, 1942, Bd. 20。

② Adolf Trendelenburg, *Logische Untersuchungen*, Leipzig: Hirzel, 1870, S.490—494.

③ Frederick C. Beiser, *Philosophy of Life: German Lebensphilosophie 1870—1920*, Oxford: Oxford University Press, 2023, pp.15‑26.

④ 克利姆克（Friedrich Klimke）在 1910 年出版的《世界观的主要问题》中就曾这样使用世界观一词了，如神秘主义世界观、宗教世界观和科学世界观等（Friedrich Klimke, *Hauptprobleme der Weltanschauung*, Kempten: Kösel Verlag, 1910）。

⑤ Karl Jaspers, *Psychologie der Weltanschauungen*, Berlinand Heidelberg: Springer Verlag, 1954, S.1.

⑥ 参见胡塞尔：《哲学作为严格的科学》，倪梁康译，北京：商务印书馆，2010 年。

学说,还是反对这种观点强调哲学是科学体系,都共同预设了世界观与科学之间的对立。科学与世界观在 19 世纪末 20 世纪初的哲学讨论中成为一种非此即彼的选择。

从哲学史的角度来看,俞吾金之问揭开了蕴含在世界观概念中上述相互矛盾的思想倾向,一方面是迎合科学化思潮的倾向,另一方面是试图区别于科学化思潮的理论努力。这种矛盾倾向背后所反映的基本问题是哲学与科学之间的关系问题。哲学是否应该像自然科学那样,放弃总体性的向往,仅仅局限于某个具体的研究领域从事专门的部门式研究,还是像世界观学说所坚守的那样,思考"宏大"问题,如世界的整体存在,人的整体存在,以及两者之间的关系等? 如果坚守总体性的向往,又如何避免一些不合理的形而上学预设?

基于上述视角来看,俞吾金之问在国内学界就具有了抛砖引玉的作用。他是想把西方哲学史中有关该问题的丰富争论引入国内马克思主义理论界的探讨中,从而激发国内学界更为深刻地探究哲学是什么,马克思主义哲学是什么这样的基本问题。只有在这种深入探讨中,才能进一步丰富和发展马克思主义哲学。回顾西方马克思主义的发展历程,法兰克福学派诸多批判理论家们也曾试图在当今的哲学和社会科学发展水平上去探索马克思主义的当代意义,而非先入为主地固守某个教条去对其他思潮进行单向度的批判,批判理论家们的努力所取得的效果是巨大的,成功使得西方学界开始认真对待马克思主义中的诸多洞见。

那么,在当代的哲学论争中,俞吾金对实践哲学的强调以及对哲学的理解,还能否激发更多的讨论呢? 本文最后将以哈贝马斯对哲学的理解为参照,指出俞吾金对实践哲学的强调在某种意义上与以哈贝马斯为代表的当代守护启蒙传统的哲学家在根本旨趣上是一致的,即仍然坚守"理性"与"人性化的社会生活"之间的内在关联。

有别于当代告别哲学的各类思潮,哈贝马斯坚持哲学在当代仍然能够发挥重要的作用,这种作用有别于德国古典哲学曾经赋予它的。他认为,当代实用主义与诠释学哲学已经强有力地否定了哲学曾经作为"引座员"和"审判员"的角色。在康德主义哲学传统中，哲学一方面充当着"引座员"的角色，可以引导科学认知、道德信念和宗教信仰各归其位，另一方面又充当着"审判员"的角色，可以审判各个文化领域活动（认知、实践与审美）中的"僭越"现象。与这两种角色不同，哈贝马斯认为，实用主义与诠释学哲学通过赋予交往共同体以"认识论的权威"（epistemische Autorität）地位，可以使哲学成为"占座者"和"解释者"。①一方面，哲学可以通过合理重构的方法重构出进行判断、行动和言说的主体所默默遵守的"前理论"知识，由于重构具有假设的性质，因而后续还需要经验科学的验证，在此意义上哲学其实就是为重构的经验科学提前"占座"②；另一方面，哲学可以解释日常的行动与沟通活动中已经蕴含着"认识论的权威"。日常的交往实践具有约束力不仅是因为这种实践是一种社会习俗或习惯的产物，还因为其中蕴含了合理的论辩因素，即实践的参与者在给出理由的互动中选择赞同或否定的立场。这种非静观反思的意识后来被哈贝马斯称之为"施为意识"。③哲学对这种意识的解释有助于使人们意识到现代性中存在的"中介问题"（Vermittlungsprobleme）④，并能提供解决这种问题的方向。

本文不再仔细阐述哈贝马斯的解决方案，而是想指出，哈贝马斯对哲学角色的重新定位其实想要调和 19 世纪至 20 世纪所出现的科学与

---

① 详细分析参见 Jürgen Habermas, „Die Philosophie als Platzhalter und Interpret", in *Kritik der Vernunft. Philosophische Texte: Studienausgabe*, Bd. 5, 2009, S. 58—81。该文首次发表在他于 1983 年出版的《道德意识与交往行为》文集中（Jürgen Habermas, *Moralbewußtsein und kommunikatives Handeln*, Frankfurt a. M.: Suhrkamp Verlag, 1983, S. 9—28）。

② 哈贝马斯对合理重构的详细论述参见周爱民：《论哈贝马斯的合理重构方法》，载《马克思主义与现实》2022 年第 3 期。

③ Jürgen Habermas, „Von den Weltbildern zur Lebenswelt", in *Kritik der Vernunft. Philosophische Texte*, Bd. 5, 2009, S. 261.

④ 哈贝马斯在两个方面谈论这个中介问题：一方面是理性的各个维度（认知、实践、审美）分化后，如何使得它们再度具有关联性？另一方面理性的分化所造成各个领域"专家化"，即只有专家才能掌握各个领域中的合理性维度，会造成专业知识与生活世界之间的脱节，那么如何使得专业知识与生活世界之间保持开放的互动呢？

世界观哲学之间的对立,之所以要调和这种对立,一方面是因他仍然坚守启蒙的传统,认为不能从科学观察角度说明人的独特性,因而也不能从为科学奠基的角度论证哲学存在的功能,另一方面他又避免完全否定科学观察的贡献,转而从神秘主义与形而上学的角度谈论人的独特性。这种理论努力背后所反映出来的,是他仍然坚守理性(并非仅是认知工具理性)能够促进人类社会更为人性化,用他的话来说,促进社会学习过程的持续展开,而其他非理性的替代方案只会把人类导向野蛮主义的深渊。哈贝马斯所试图兼顾的两个方面也是俞吾金所欲解决的理论难题,他一方面也明确反对仅仅从自然科学的角度探讨哲学存在的合理性,另一方面反对从先验奠基或者某种形而上学的立场出发来界定哲学的功能,而主张跟随马克思挖掘当代社会中劳动实践所蕴含的理性,并强调哲学的任务就在于澄清并捍卫这种理性。与哈贝马斯不同的是,他并不认为劳动实践蕴含的只有认知工具理性,而是仍然强调其中所蕴含的解放因素。基于这样的不同,他可能会质疑哈贝马斯所强调的哲学只能作为"占座者"与"解释者",可能仍然会高声呼吁哲学也应该要充当解放事业的参与者。俞吾金的这一主张在当代仍然具有鲜活的生命力。当今的问题或许不在于缺少各种对世界的"解释",而在于缺少如何改变世界的"行动"。行动的哲学并不反对解释,而是反对在行动之前必须要有所谓客观的解释,它强调解释总是蕴含于行动之中。

(作者 同济大学马克思主义学院副教授)

Is philosophy about worldview?
—Remarks on "Yu Wujin's Question"

Zhou Aimin

Abstract: In China's Marxist academic circles, philosophy was long understood as the study of worldview. Yu Wujin once reviewed the origins and development of this definition and questioned it. Drawing on the thoughts of Kant, Marx, Heidegger, and others, he pointed out that the understanding implied in this definition regarding the grasp of the whole world is problematic. It only grasps the "surrounding world" mediated by human practice, and attempting to grasp the world with a contemplative attitude is essentially a product of modern metaphysics of subjectivity, reflecting capital's control over nature. Yu Wujin's questioning is based on his re-understanding of philosophy and its fundamental questions. In his view, the "meta-question of philosophy" should be a way of inter-questions, namely "why do humans need philosophy—what is philosophy?" From the perspective of the history of philosophy, Yu Wujin's questioning plays a role in stimulating further discussion in the domestic theoretical circle. Starting from the contemporary debate on what philosophy is, one can point out that Yu Wujin's understanding of philosophy is, in a sense, consistent with contemporary philosophers who uphold enlightenment principles, such as Habermas. That is, they still adhere to the intrinsic connection between "reason" and "humanized social life".

Key words: Yu Wujin; Worldview; Meta-question of Philosophy; Reason

俞吾金对两种实践和自由概念的阐述及其意义①

胡云峰

摘要：俞吾金把马克思的实践概念作为马克思哲学变革的核心、把马克思哲学理解为社会生产关系本体论是他理论探索的标志性成果。俞吾金早在 20 世纪 80 年代就指出实践概念的道德维度、指出自由概念的两种划分，后继续借助康德对实践概念的区分，完整指出两种实践概念，分别对应于认识论、工具论和本体论、生存论，进一步确认实践概念在马克思哲学中的本体论意义。在此基础上，新千年后，俞吾金着力提出和勾勒马克思哲学的生成路径，确认马克思哲学本体就是社会历史，清楚擘画马克思社会生产关系本体论架构、厘清社会历史辩证法要点。俞吾金对两种实践和自由概念的阐述，有利于我们对实践、自由概念形成健全的认识，有利于我们走出"正统马克思主义"的阐释框架，从而准确地理解马克思哲学革命实质，有利于我们给予高科技、高竞争、高加速的现代社会更多的人文诊断和人文批判。

关键词：俞吾金　马克思　实践　自由

---

① 本文为中国科学技术大学新文科基金项目重点项目"中国式现代化共同特征与中国特色研究"（FSSF-S-220203）的成果之一。

2024年是俞吾金先生(以下简称"先生"或"俞吾金")逝世10周年。先生30多年的学术生涯为学术界留下了大量珍贵的文献,这当中标志性理论成果有二:第一是返回康德实践理性观点、批判了正统马克思主义中的实证主义思维,捍卫了马克思哲学中实践、自由概念的道德维度;第二是不满于正统马克思主义对马克思哲学的诠释框架,重新阐释马克思哲学本体论,提出"社会生产关系本体论"观点,尤其是2011年先生在《中国哲学年鉴》上发表专文《作为经济哲学的马克思哲学:兼论马克思哲学革命的实质和命运》,近六万字的长文,洋洋洒洒,更是反映了他对马克思哲学的研究达到他个人最成熟的状态。

恰如当年俞吾金这样评论当代人们在谈论实践概念时遗忘了康德:"他们谈得越多,离开真理就越远,因为他们的全部谈论都停留在'前康德'的水平上。仿佛康德从来没有存在过,仿佛人类思想史是他们学会思考的那一天才开始的"①,观时下,"正统"马克思主义学界也并未对正统马克思主义囿于认识论和实证主义思维的内在理论缺陷作出根本的回应,仿佛俞吾金当年对这种缺陷的揭示亦复被后人遗忘了似的,从这个意义上说,当前"正统"马克思主义研究依然停留在"前俞吾金"的水平上。

为此我们专门挑出俞吾金的实践-自由观点作为研究点,回顾俞吾金如何在学术期的早年就提出关于两种实践-自由概念的看法,其次我们将讨论俞吾金在实践、自由这个问题上如何得益于他对康德的一个被遮蔽的实践理解问题的发现和探索,最后我们讨论一下俞吾金实践-自由观点的当代哲学意义以及现实意义。

一、俞吾金实践-自由观点的文献学回顾

实践和自由概念是马克思主义哲学中的经典概念。马克思本人从

---

① 俞吾金:《从康德到马克思》,桂林:广西师范大学出版社,2004年,第43页。

黑格尔那里获得灵感（黑格尔把人的自我实现看作一个外化、以及对外化的扬弃过程），把实践理解为"感性的人的活动"，并将自由理解为人的类本质的实现、对异化的扬弃，以及"人类社会或社会化了的人类"的实现。实践概念由此构成了马克思新唯物主义与旧唯物主义的根本区别，但是在马克思去世之后，恩格斯通过《反杜林论》《路德维希·费尔巴哈和德国古典哲学的终结》，列宁通过《哲学笔记》（1895—1911），以实证主义的眼光逐步将实践概念要么蒸馏为"实验和工业"，要么囚禁在"认识论"中，而不考虑实践概念的本体论意义；将自由理解为对必然的认识，而不考虑认识本身携带的前见因素和所处的意识形态背景。①由于人们对于恩格斯和马克思之间的理论关系的模糊不清以及列宁在第三国际的理论主导地位，他们的解释思路未经过批判在我国也"自然而然地"取得了统治地位，由此"马克思主义哲学革命实质被严严实实遮蔽起来了"，"正统的阐释者们从自己的先入之见出发，创造出一个虚假的马克思、一种虚假的马克思哲学"。②

然而随着 20 世纪 70、80 年代思想解放，少数有见解的学者便开始尝试怀疑和批判正统马克思主义阐释路径。俞吾金便是这些人当中的一个。早在 20 世纪 80 年代头几年里，俞吾金就提出："道德实践这一重要的概念就应当被引入伦理学，使之成为马克思主义伦理学中的一个基本的概念。马克思早就说过：'社会生活在本质上是实践的。'人们的道德生活作为人们全部社会生活的一个不可缺少的组成部分，自然在本质上也是实践的，或者说得更明白些，道德生活就是一种社会实践。"③这其实就已经在正统马克思主义"对客观世界的改造"这一理解的基础上做了拓展。在这篇小论文中，眼光极其敏锐的俞吾金指出，恩

---

① 俞吾金：《作为经济哲学的马克思哲学：兼论马克思哲学革命的实质和命运》，谢地坤主编：《中国哲学年鉴》，哲学研究杂志社，2011 年，第 26、28、49 页。

② 俞吾金：《作为经济哲学的马克思哲学：兼论马克思哲学革命的实质和命运》，谢地坤主编：《中国哲学年鉴》，哲学研究杂志社，2011 年，第 36 页。

③ 俞吾金：《应当把道德实践的概念引入伦理学》，载《伦理学与精神文明》1983 年第 3 期。

格斯晚年曾经使用"爱情和友谊的实践""订立婚约的实践"这样的说法，那么也就是说的确存在一种"道德实践"，这种实践关系才是道德意识的直接的来源。固然一定的经济关系最终决定着人们的道德意识，但是这种道德意识和经济活动中间还需要道德实践作为"中介"。

1983 年 6 月，在桂林召开的"现代自然科学与马克思主义认识论"研讨会上，俞吾金与其他复旦大学哲学系的研究生共六人发布"认识论改革提纲"，这份提纲热情地讴歌了康德："康德是在卢梭的影响下，从严格的哲学意义上来思考人、探讨人的第一位哲学家。康德关于'人是目的'的著名口号，既是对封建专制统治的无情控诉，又是对机械唯物主义的理论超越。如果说，苏格拉底把泰勒斯开创的自然哲学转变为以探讨人的行为为己任的伦理哲学，那末，康德则在所有的领域里都把人视为太阳，把整个客观世界看作围绕太阳旋转的行星。"在这份石破天惊的提纲当中，年轻的学子们指出："以人的历史的实践活动为出发点的唯物史观正是马克思主义哲学体系的核心和基础。但是，哲学界一种盛行的观点一向认为，历史唯物主义是把辩证唯物主义推广到社会历史领域的产物。'推广说'实际上否定了马克思理论思考的起点是费尔巴哈的人本主义，而把这个起点拉回到十七、十八世纪的唯物主义那里。"①

康德的批判哲学的理性分析，振拔了启蒙哲学的高度；对康德观点的倚重，继续贯穿着俞吾金接下来的思想生涯。在 1988 年发表的《两种不同的自由观》②，直指教科书马克思主义的缺陷。俞吾金批判教科书哲学只从自由和必然的关系去理解自由，并把这种自由观称为认识论意义上的自由观。针对这种自由观，俞吾金提出了人类学本体论意义上的自由观，它主要涉及政治、法律、宗教、道德方面的实践活动，强调主体在社会行为中的自我意识和不可推卸的责任感。只有完整把握

---

① 谢遐龄、陈奎德、周义澄、安延明、吴晓明、俞吾金：《略论哲学改革中的若干问题》，载《复旦学报（社会科学版）》1985 年第 2 期。

② 俞吾金：《两种不同的自由观》，载《哲学动态》1988 年第 6 期。

人类认识论-工具意义上的自由以及生存论-伦理意义上的自由,我们才能对人类社会生活提出完整的建议。

在 2003 年发表的《一个被遮蔽了的"康德问题"》一文中,俞吾金继续指出康德对两种实践即"技术地实践的"活动与"道德地实践的"活动的区分,是一个重要的,但又被一直遮蔽的"隐性的康德问题"。俞吾金指出,本来康德那里就有两种实践概念,一个是遵循自然概念的实践,另一个是遵循自由概念的实践,分别对应于现象领域、认识论以及物自体领域、本体论;康德的"物自体"概念,除了认识论含义,还应该有"道德地实践的范导性假设"功能。后期恩格斯受实证思维浸染,走上了一条取消"绝对真理"的道路,将实证科学和辩证思维当作德国古典哲学的出路。而马克思则在《费尔巴哈提纲》中提出一种沟通性的实践概念,即"全部社会生活是实践的"(《关于费尔巴哈的提纲》第八条)这一论断,以弥平康德那里"善良意志"和个人需要和欲望之间的鸿沟。马克思说的"实践","感性的人的活动",主要指人类连续不断的感性劳动和创造,是生产活动,这种活动从人与自然的关系角度去考察,它就是"技术地实践的"活动;当从生产关系乃至整个社会关系角度去考察,即从改造社会、追求自由的本体论角度去考察时,它又是"道德地实践的"活动,这第二个维度即"道德地实践的"活动是全部实践活动的基础和核心。而遗憾的是,正统的马克思主义,无论是恩格斯,还是列宁都没有注意到康德的这个"实践",不是把马克思哲学导向非生存本体论的唯物辩证法和历史唯物主义(狭义),要么把实践概念囚禁在认识论中。①

新千年头 10 年里,俞吾金继续按照折回康德的思路,相继出版了三部重要的马克思哲学理解新著:《重新理解马克思》(北京师范大学出版社,2005)、《问题域的转换》(人民出版社,2007)、《实践与自由》(武汉大学出版社,2010),于《中国哲学年鉴》(2011)发表了将近六万字的长

---

① 俞吾金:《从康德到马克思》,桂林:广西师范大学出版社,2004 年,第 27—45 页。

文《作为经济哲学的马克思哲学：兼论马克思哲学革命的实质和命运》。这些著作或文章总体的思想依然是在实践本体论上重新理解马克思哲学，批判正统马克思主义的解释路径。这个时期俞吾金继续在社会生产关系本体论的视野中讨论和理解实践概念以及实践的辩证法。①

综上所述，对一个被遮蔽的"康德问题"的揭示标志着俞吾金在实践、自由问题上观点的成熟，并最终形成了马克思哲学领域内完整且相互对应的两种实践-自由概念。后来他将这个理解导入马克思哲学阐释框架的突破和革命这一重大课题，并最终提出马克思哲学社会生产关系本体论的观点。

二、俞吾金实践-自由观点基本内涵

俞吾金实践-自由观点基本内涵主要是揭示人类实践活动具有双重性：实践除了工具性的技术实践，还有伦理实践；对应地，自由除了工具论意义上的自由、认识论意义上的自由（对必然的认识），还有伦理意义上的自由。

就实践观点而言，前文我们已经通过梳理得出俞吾金主要受益于康德批判哲学中对于实践的理解。俞吾金曾经引用中国著名康德研究学者郑昕的话说，"超过康德，可能有新哲学；掠过康德，只能有坏的哲学"②，俞吾金视康德为西方哲学史上位居第一的大思想家，只有头脑十足愚蠢的人才可能看不到康德哲学的伟大贡献和意义，而康德之后的哲学必须踏着康德哲学的桥梁才能抵达新的境界。也就是说，今人对马克思哲学的合理诠释，也必须建立在对康德哲学的当代意义的恰

---

① 俞吾金：《物、价值、时间和自由：马克思哲学体系核心概念探析》，载《哲学研究》2004年第 11 期；俞吾金：《作为经济哲学的马克思哲学：兼论马克思哲学革命的实质和命运》，谢地坤主编：《中国哲学年鉴》，哲学研究杂志社，2011 年，第 23—54 页。

② 俞吾金：《探寻康德哲学的当代意义》，载俞吾金：《哲学随想录》，北京：北京师范大学出版社，2016 年，第 70 页。

当理解的基础上。俞吾金从三个方面提炼了康德哲学的积极当代意义:第一,康德通过"哥白尼革命"改变了人类思维方式,他的先验哲学的巨大创意是区分出现象和物自体,提出先验、经验、超验三个不同概念,从而说明人类知性是为自然立法,而理性则为实践立法,人类理性的真正用武之地是实践领域,即实现先验的自由;第二,康德开启的批判哲学所蕴含的批判精神成为后世哲学运思的重要方式,康德的批判精神比其他启蒙学者更为深刻的地方在于康德主张的是理性的自我反思,即对理性自身的含义和本质、活动范围和界限以及对自身的不同维度作出解析和界定;第三,康德哲学蕴含着伟大的人文精神和道德境界,尤其是通过扬弃知识为道德和信仰实践开辟地盘,这一点在以实证主义为主流意识形态的现代社会颇具有意义。

在研究康德哲学遗产的过程中,俞吾金挖掘出了一个被人忽视的实践理解问题,康德对实践的理解却是一个"极为重要的思想资源,开启这一资源,不仅可以更深入地把我康德整个批判哲学的本质,也可以更准确地理解实践概念发展史,并从当代哲学对实践的普遍误解和误用中摆脱出来"①。从这段话我们依然可以读出俞吾金 20 年前撰写文章时的兴奋以及激情。其实康德对于实践问题的看法,具有承前启后的特征:在康德之前,亚里士多德已经在伦理学中区分了知识(Episteme,推论性的、普遍适用的理论知识)、技术(Teche,实用性的制作和生产技艺)和实践智慧(Phronesis,涉及处理人与人之间的关系的道德知识,即伦理学);在康德之后,哈贝马斯提出三种认识兴趣,科学技术知识、人文科学知识以及自我反思的批判知识,分别对应人类工具理性(采取手段-目的结构)、实践理性(交往合理性,相互理解)以及解放理性(自由和自律,意识形态批判)②。实际上哈贝马斯对知识的划分与康德对理论理性和实践理性的划分有异曲同工之妙,前者显然

---

① 俞吾金:《从康德到马克思》,桂林:广西师范大学出版社,2004 年,第 28 页。
② 汪行福:《走出时代的困境:哈贝马斯对现代性的反思》,上海:上海社会科学院出版社,2000 年,第 160 页。

继承了后者并把实践理性理解为人类实现个体尊严以及主体间交往的平等对待的能力。

俞吾金在理解康德实践概念的时候主要抓住了康德作出理论理性和实践理性区分的前提和基础,即创造性地区分了现象和物自体,这种区分康德在1783年的一封书信中就形成。俞吾金这样分析:现象关涉自然的必然性,属于思辨理性,理论哲学或自然哲学的范围,在这个范围内起立法的作用的是知性;而物自体关涉的是人的意志和自由,属于实践理性、实践哲学或道德哲学的范围,在这个范围内起立法的作用的是理性。现象对应的是认识论问题,而物自体涉及的是本体论问题,也就是说,后者对人类生活而言是更重要,涉及人类行为的根本动机和目的问题,即信仰问题。俞吾金注意到物自体概念在康德哲学中具有三重意义,第一是感性刺激的来源,第二是认识的界限,再就是道德实践的范导性假设。显然,前两个含义属于认识论范畴,第三个含义属于本体论的范畴。物自体的概念在认识论揭示了人类认识的界限,在本体论上却为人类信仰和自由开辟了广阔的空间。与其说它是消极的,还不如说它是积极的。

正是现象与物自体的区分,为康德界定两种实践提供了依据,即遵循自然概念的实践和遵循自由概念的实践。即使在康德的年代,康德就已经发现人们对于这两种实践概念模糊不清,把它们视为同一个东西,俞吾金是在《判断力批判》导言中发现这一点的,并认为康德在这个问题已经向流行意见作了妥协,即认为有一种"遵循自然概念的实践",其实就康德本意,实践就是遵循亚里士多德传统、基于道德内涵理解的实践,并不存在什么遵循自然概念的实践,因为一旦遵循自然概念,遵循必然性,何来基于自由(道德意义上)的实践呢?基于妥协,康德并行采用了"技术-实践"和"道德-实践"这样的概念,但是坚持后者完全排除来自自然方面的意志的规定,构成了"各种规范中的一种特殊的样式",不是像前者那样基于感性的条件,而是基于超感性的原理。按照康德的意思,俞吾金说,只有基于先验的道德法则的行为才是真正的

"道德地实践的",如果人们遵循自然本能或世俗的愿望去追求幸福,那么这依然是遵循自然方面的意志的,只能纳入"技术地实践"的范围。①显然这里康德所谓"道德地实践"与后来哈贝马斯"主体间交往或相互理解"并不是完全等意的,因为后者语境中人们交往并不一定是完全符合道德义务论的,相反康德语境中的"道德实践"与哈贝马斯的"自我解放"旨趣更加相通。

当然后来的理论发展出现了对康德实践理解的偏离,尤其是来自恩格斯和实证主义方面的工作导致了康德"现象—物自体"创意中"物自体"被消解:恩格斯认为人类的实验和工业终结了不可知的"物自体",俞吾金尤其采用了来自恩格斯《路德维希·费尔巴哈和德国古典哲学的终结》中取消形而上学方面的证据,并认为恩格斯的做法与实证主义放弃探求最早来源和终极目的、把人类行为理解为以自然科学为导向的技术地实践并无不同。而正是恩格斯实证主义倾向,以及在传播马克思主义方面的权威地位,导致了后来正统马克思主义对马克思实践概念理解的工具性的活动,"改变世界"也被狭隘地理解为技术地"改造世界"。

俞吾金把马克思的"实践"理解为生存论意义上的"实践",是融合了"技术地实践的"活动与"道德地实践的"活动于一体的,前者对应于人与自然的关系,后者对应于人与人的关系,特别是生产关系。由于俞吾金对马克思那里的"革命"的理解指向"社会关系的改造",俞吾金明言马克思的实践理解中第二维度更为根本。尽管我们认为革命也有一种宽泛的理解,即对一切事物的格局或结构的颠覆,我们无法质疑俞吾金基于狭义理解的"革命"来理解马克思的"使现存世界革命化"这个命题的正当性。俞吾金将马克思的实践观置于生存论而非像恩格斯的那样囚禁于认识论的透视,我们认为是恰当的,到底是生存论统摄认识论,还是认识论统摄生存论,答案自明。

---

① 俞吾金:《从康德到马克思》,桂林:广西师范大学出版社,2004年,第32页。

　　俞吾金在一个注释中也提醒人们,马克思的"道德地实践"也非与康德"道德地实践"完全等同,至少在外延上各有侧重点,康德侧重宗教和狭义的道德活动,而马克思侧重于与社会革命有关的政治或法律方面的实践活动。正是这种侧重点的异位,导致了社会主义革命后社会主义国家面临"道德实践和宗教实践"的难题。俞吾金甚至认识到,在当代中国社会中,我们已经深切地感受到这些问题的巨大的冲击力。①俞吾金所指应该是即使是在社会主义社会,在社会生产关系得到"革命"的情况下,一个社会依然面临会一些道德实践难题,比如道德失范、信仰缺失、拜物教、社会控制,等等。在这个意义上,我们至少不能完全忽略康德本来意义上的、通过理性立法的"道德地实践的"维度。

　　其实俞吾金明白,后世人们对于实践理解出现了这种对康德的"遗忘"马克思也要负一定"责任",即那种将两种维度的实践进行综合的努力为后人理解上的分歧开了后门。然而我们确实没有理由怀疑或抛弃实践概念本来就具有的道德含义。在秉承马克思对生产劳动的理解的基础上,俞吾金对"实践"概念作了如下界定:一是"认识论(或技术主义)解释框架内的实践概念",它主要涉及人的行动和自然必然性的关系问题;二是"本体论(或人文主义)解释框架内的实践概念",它主要涉及人的行动和社会规范(如道德规范、政治规范、法律规范等)的关系问题。②这个界定既调和了认识论和本体论,也调和了恩格斯和马克思,更重要的是,这两个维度可以随时随地凝聚于人类的任一活动中。

　　实践概念经历如此变迁,自由概念同步经历类似命运:在康德那里,道德地实践系于自由(与必然性相对)与善良意志;而在认识论框架下,自由即为"对必然的认识"。借用哈贝马斯关于技术与实践的区分,俞吾金提出两种"自由"概念:第一种是工具论或技术意义上的自由,即

---

① 俞吾金:《从康德到马克思》,桂林:广西师范大学出版社,2004年,第38页。
② 俞吾金:《从康德到马克思》,桂林:广西师范大学出版社,2004年,第44页。

工具自由,主要涉及人与自然的关系;第二种是规范论或道德意义上的自由,即伦理自由,主要涉及主体间关系。

两种自由,伦理自由更为根本,因为它关系到人和人之间的社会关系,自由根本上讲是社会关系的自由,这一点在马克思那里也是一样:"事实上,只有关涉到生命、情感、爱情、忠诚、反叛、罪恶、信念、信仰这类人与人之间的关系问题时,本真意义上的自由才会显现出来。马克思批判地加以继承的正是康德从本体论意义上阐释出来的自由概念,但他进一步把这个概念置于经济哲学的视域中。马克思告诉我们:'这个领域内的自由只能是:社会化的人,联合起来的生产者,将合理地调节他们和自然之间的物质变换,把它置于他们的共同控制之下,而不让它作为盲目的力量来统治自己;靠消耗最小的力量,在最无愧于和最适合于他们的人类本性的条件下来进行这种物质变换。'马克思这里说的'最无愧于和最适合于他们的人类本性的条件'表明,马克思的自由概念始终落脚在人与人的关系。"①然而,正统马克思主义由于囿于认识论的阐释框架,片面强调了技术实践这个维度,淹没了自由的伦理维度,显然是对自由概念洗了一次硫酸澡。

后来俞吾金在一篇回应中指出,工具自由和伦理自由的实现路径和渠道也不同,前者是"由外铄内",即指望通过提升生产力水平和社会物质丰沛度来化解人类社会冲突;其主要手段是提升科技水平或者工具理性水平。后者则"由内塑外",指望通过恰当的教化提升道德自觉,改善社会制度环境来激励人们做出道德行为,真正实现人是最终目的这一启蒙最高理想。上述两种自由、两种路径都存在内在局限,前者必须以人类的可持续发展为前提,而后者则必须正视人性本身蕴含的破坏性及其他阴暗面。②此处我们可以借哈特穆特·罗萨的术语说,这两个限制其实都是"不可控"之"怪物",自由的魅力恰恰寓于自身的无法

---

① 俞吾金:《作为经济哲学的马克思哲学:兼论马克思哲学革命的实质和命运》,谢地坤主编:《中国哲学年鉴》,哲学研究杂志社,2011 年,第 45—46 页。

② 俞吾金:《理解、批判与构成》,载《哲学分析》2012 年第 6 期。

确保性、跳出必然性、保持内在和外在自然的协调和可持续。至此，我们可以用一个示意图来揭示俞吾金那里实践理解和自由理解之间的对应关系：

广义的历史唯物主义（实践唯物主义、社会生产关系本体论）	狭义的"历史唯物主义"（"辩证唯物主义＋历史唯物主义"中的后半部分）
☐	☐
☐ 技术实践与道德实践并存，但道德实践优先	☐ 技术实践
☐ 伦理自由	☐ 工具自由
☐ 本体论	☐ 认识论

俞吾金两种实践-自由概念对比示意图

三、俞吾金实践-自由观点基本意义

我们可以从理论和现实两个角度来看俞吾金在 21 世纪初提出两种实践-自由概念的重要意义。从理论上看，他为我们提供了一个康德视角下的马克思哲学，从而有助于我们走出实证主义——抽象认识论诠释框架的马克思哲学，从而进一步有利于我们矫正正统马克思主义解释中的理论偏差，直面人类社会道德实践的普遍性；另外从理论上看，俞吾金的这个观点与西方马克思主义理论发展形成了强烈的呼应关系，在呼应中俞吾金始终坚持了马克思哲学的基本立场，克服了西方马克思主义的抽象道德观的不利影响。从现实看，俞吾金较早地提出两种实践-自由概念，是他对人类发展到高科技社会、发达工业社会以及资本主义全球化阶段后出现的社会病症的理论回应。

首先，俞吾金上述努力有利于我们进一步解放思想，使我们有可能对于实践-自由问题、乃至马克思哲学革命实质、马克思哲学本体论等重大理论问题获得健全的认识。"'实践'原则既显示出马克思哲学与传统哲学之间的根本差别,也显示出马克思哲学的实质"①,在俞吾金之前国内外已经有一些学者介入探讨实践内涵,但囿于时代限制,他们始终没有将道德实践作为实践的重要维度与技术实践并列看待,更不要说将道德实践置于优先和本体论的位置,并最终走出正统马克思主义的诠释框架。

比如李泽厚对实践的理解被认为"启动了该领域的思想解放,指引了学界运思的基本方向,并提供了一个初始的概念框架"②。李泽厚第一个提出人类学本体论的问题,推崇人类主体性哲学,他认为马克思哲学应该建立在"实践"的概念基础上,马克思的实践哲学就是历史唯物主义。③但是李泽厚并未如俞吾金那样清晰地指出实践的内涵,李泽厚对实践的理解还是拘泥于传统教科书模式,他关心的主要问题还是"人类作为整体对自然的征服和改造问题",依然沉浸在对实践的工具论理解模式之中,他更没有在实践理解基础上提出俞吾金式的"社会生产关系本体论"。

而被认为"对实践概念、对马克思的实践思想的最成熟的理解,而且代表了改革开放最初 10 年中国学界的实践哲学研究的最高水准"④的高海清,认为通过实践概念的发现,马克思哲学实现了革命性变革,但是高海清只是把"实践"作为一种崭新的具有综合功能的思维范式,统辖人与自然、物质与精神、主体与客体、主观与客观、属人世界与自然世界等对立面的分化与统一,扬弃"唯物—唯心"的两极对立的思维范式。⑤这种强调矛盾综合的思维范式的实践论与俞吾金强调两种实践-

---

① 俞吾金:《作为经济哲学的马克思哲学:兼论马克思哲学革命的实质和命运》,谢地坤主编:《中国哲学年鉴》,哲学研究杂志社,2011 年,第 24 页。

② 徐长福:《爱智慧与爱自由:实践哲学的根本旨趣:试评俞吾金教授的实践哲学研究》,载《哲学分析》2012 年第 6 期。

③ 李泽厚:《批判哲学的批判:康德述评》(修订本),北京:人民出版社,1984 年,第 263 页。

④ 徐长福:《爱智慧与爱自由:实践哲学的根本旨趣:试评俞吾金教授的实践哲学研究》,载《哲学分析》2012 年第 6 期。

⑤ 高清海:《高清海哲学文存·续编》卷一,哈尔滨:黑龙江教育出版社,2004 年,第 170—171 页。

自由概念、强调生存本体论的实践论显然又不可同日而语。俞吾金从生存本体论意义上理解实践更加具有实践诠释学的理论效果，即用这样的实践观点去理解、批判社会现实，具有引导社会革命和改革的积极意义，因此具有批判的社会理论特征，并从一开始就和实证主义、思维模式论分道扬镳。时至今日，正统马克思主义言实践必言"改造世界"（含"客观世界""主观世界"），言自由必言"对必然的认识"，殊不知此深囿于俞吾金所言的认识论框架，而无视改造过程中的社会生产关系对于改造活动的制约，由此极易走进"唯生产力论"的窠臼，或是陷入"技术统治意识形态"的拜物教。

国外的情况是，东欧马克思主义那里遭遇无法挣脱正统马克思主义诠释框架的困境：它意识到了马克思哲学是"实践哲学"，但它对马克思的实践概念的丰富内涵和独特性仍然缺乏明晰的认识，[1]以《实践》杂志（1964 年创办，南斯拉夫"实践派"理论阵地）为核心形成的以彼得洛维奇、马尔库维奇、弗兰尼茨基等人为代表的"实践派"固然把"实践"理解为马克思哲学的核心，但是在俞吾金看来，这个"实践派"依然在恩格斯、普列汉诺夫和列宁的阐释路线的支配下，对马克思的实践概念的理解仍然局限于认识论的语境中，而未从更为深刻的本体论语境去认识马克思的实践概念乃至其整个实践唯物主义理论的实质和意义。[2]

后来法兰克福学派第二代核心人物哈贝马斯区分了劳动（"工具行动"，其实就是技术实践）和相互作用（"必须遵守的规范规定着相互之间的行为期待""相互承认"），批评马克思并未能做出此区分，以至于把相互作用归之于劳动，把交往活动归之于工具活动。对此俞吾金认为：在马克思那里，实践是一个内涵十分丰富的概念。就其要者而言，实践的最基本、最普遍的表现形式是生产劳动，对于人类的生存和发展来

---

[1] 俞吾金：《作为经济哲学的马克思哲学：兼论马克思哲学革命的实质和命运》，谢地坤主编：《中国哲学年鉴》，哲学研究杂志社，2011 年，第 29 页。

[2] 俞吾金：《作为经济哲学的马克思哲学：兼论马克思哲学革命的实质和命运》，谢地坤主编：《中国哲学年鉴》，哲学研究杂志社，2011 年，第 37、29 页。

说,这是须臾也不能脱离的活动;而实践的最重要的形式则是"使现存世界革命化",实际上就是进行社会革命。**所以,马克思从来没有使自己的实践概念局限于单纯的"劳动"或"工具活动"的范围内。**再次,从《巴黎手稿》对异化劳动的批判到《资本论》对大机器生产的反思都表明,马克思从未把技术的合理性理解为自己追求的终极目的,相反,马克思关注的始终是人的解放,是个人的全面而自由的发展。俞吾金进而指出**哈贝马斯所指的"理解与承认"并非交往活动的源始性前提,相反是一定社会关系发展到一定历史阶段的产物,**俞吾金用社会关系的历史性(他以古代社会对待奴隶的不同态度为例)进一步消解了西方马克思主义中的直观性。①也就是说,在俞吾金看来,要想恰当理解实践和自由概念,我们还是必须回到马克思社会生产关系本体论的地基上。这一点对于我们分析理解西方马克思主义后来出现的像霍耐特在《自由的权利》(2011)中论述的"法定自由""道德自由""社会自由"等规定,也依然具有积极意义。

由此可见,把实践概念视为马克思哲学革命的核心,明晰地界定马克思哲学中两种实践、自由概念,对于澄清马克思哲学的本体论基础具有多么重要的意义,任何闪失或偏颇都可能导致对马克思哲学的错误理解或盲目偏执。

其次,我们必须审视俞吾金提出两种实践-自由观点与西方马克思主义之间的理论互动关系,特别是在重新理解马克思哲学的本体论基础这个问题上,西方马克思主义对正统马克思主义的批评和怀疑为俞吾金走出思想迷雾提供了理论准备。俞吾金之所以能够将目光折回康德,探索对马克思哲学革命的新理解,西方马克思主义意大利新实证主义的马克思主义者德拉-沃尔佩和科莱蒂的思想对他启发很大。俞吾金注意到,科莱蒂试图通过向康德哲学的返回,阐明马克思哲学所从属

---

① 俞吾金:《作为经济哲学的马克思哲学:兼论马克思哲学革命的实质和命运》,谢地坤主编:《中国哲学年鉴》,哲学研究杂志社,2011 年,第 30 页。

的真正的传统,从而对马克思哲学的实质作出了新的阐释,特别是科莱蒂第一个提出:马克思历史唯物主义关注的核心不是别的,而是社会生产关系。①

俞吾金在借鉴西方马克思主义的理论资源时,并未照抄西方马克思主义,相反他作出了严格的批判,并形成自己的新的独特的马哲理解范式。在"专文"中俞吾金指出,正是西方马克思主义的滥觞,使得人们看清经典马克思主义阐释路径中的弊端。他列举了卢卡奇、科尔施、葛兰西等早期西马代表人物的思想,比如卢卡奇的总体论、科尔施的哲学论都是试图克服第二国际马克思主义阐释过程中的实证主义倾向和支离破碎特征。然而,尽管以卢卡奇、柯尔施为代表的西方马克思主义者们试图借助于对总体意识的倡导来恢复马克思哲学的本真精神,但由于他们仍然以无批判的态度运用"辩证唯物主义""(狭义的)历史唯物主义"这些正统的阐释者们常用的概念,也没有把马克思理论探索中的核心路径——经济哲学发掘出来,因而马克思哲学的本来面目仍然处于晦暗不明的状态中。②所谓(政治)经济哲学探索径路,即在完整的实践概念下马克思按照生产—商品—价值—时间—自由的逻辑次序展开对现代社会的诊断并开出药方,从根本回答了处于资本统治下的人类如何实现自由、资本主义社会向何处去的问题的。也就是说,马克思哲学的出发点是实践,尤其是社会生产实践。俞吾金最后指出:"经济哲学(进路)、历史唯物主义(结论)、科学社会主义(推论)这三个不可分割的部分构成了马克思学说的有机整体。"③可以说,俞吾金的这个发现进一步解除了正统马克思主义对马克思哲学革命的实质的包裹和遮蔽,论证了社会生产关系的自由是马克思哲学(经济哲学)的终极关怀。

① 俞吾金:《在重新理解马克思哲学的途中:卢卡奇、德拉-沃尔佩、科莱蒂和阿尔都塞的理论贡献》,载《上海交通大学学报(哲学社会科学版)》2007年第5期。
② 俞吾金:《作为经济哲学的马克思哲学:兼论马克思哲学革命的实质和命运》,谢地坤主编:《中国哲学年鉴》,哲学研究杂志社,2011年,第36—37页。
③ 俞吾金:《理解、批判与构成》,载《哲学分析》2012年第6期。

就马克思哲学的未来发展,俞吾金展望性地提出四个"俞吾金之问":第一,马克思主义还是实证主义? 第二,社会生产关系本体论还是物质本体论? 第三,实践诠释学还是抽象认识论? 第四,历史辩证法还是自然辩证法? 这四个追问揭示了基于两种实践、自由概念理解之上的马克思主义与正统马克思主义之间的根本区别,因此俞吾金主张用广义的基于社会生产关系本体论(亦基于对实践-自由双重理解)取代囿于抽象物质论和认识论(基于辩证唯物主义、取消了"道德地实践的"维度)的狭义"历史唯物主义"。

最后,俞吾金的实践-自由观点还具有强烈的现实人文关怀意义。从整个人类看,自 18 世纪西方开启启蒙事业以来,人类社会已经逐步迈入工业社会或后工业社会,科技拜物教、技术统治以及在技术加持的基础上社会管理和社会统治早已实现了意识形态上的更新换代,呈现出全面、精致、细微、加速控制特征。人类解放已不再是单纯生产力解放的命题,而同时要求社会关系的解放、爱欲的解放、人性的恢复,对自由的审视和追求在技术统治年代变得更加沉重和迫切。20 世纪 60 年代马尔库塞撰写了《单向度的人》,揭示了人类在发达工业社会自困于高度一体化的社会,因额外压抑、虚假需求而无法自拔、最终丧失超越性和否定性思维的困境。从 20 世纪初马克斯·韦伯滥觞的对高度合理化社会的担忧到 21 世纪初并未得到缓解,相反由于资本的竞争机制,技术的突飞猛进和不停加速,社会互动加速得令人窒息,使得陷入竞争、事务量增长、加速的三角结构和时间极权主义统治之下的生命个体感到极端的恐惧感,欲寻求支配的最大化却又陷入极端被动的无力感("无法掌控"),最终"自我耗尽""过劳或抑郁"。[1]这些问题其实都属于俞吾金所说的生存本体论和伦理自由范畴,在这个背景下我们重读俞吾金两种实践-自由概念观点,有利于我们树立全面、平衡、协调、可

---

① 哈特穆特·罗萨:《新异化的诞生》,郑作彧译,上海:上海人民出版社,2018 年,第 82、143 页。

持续的发展观,努力规避工具理性、加速竞争、资本压迫给人类个体生存发展带来的压力和弊端。我国于 2022 年提出要走一条"中国式现代化"道路,本义是就是我们要充分发挥社会主义制度优越性,开辟一条全体人民共同富裕、人与自然和谐共生、物质文明和精神文明平衡发展、和平发展和构建人类命运共同体的新路,为全人类全面解放和社会全面进步作出自己的贡献。无论如何,单向度地、工具化地理解实践或自由概念已经越来越无法从根本上满足中国式现代化的实践需要了!

(作者 中国科学技术大学马克思主义学院讲师)

How to Grasp the Contemporary Philosophical Significance of Yu Wujin's Views on Practice and Freedom

Hu Yunfeng

Abstract: Yu Wujin's taking Marx's concept of practice as the core of Marx's philosophical transformation and his understanding of Marx's philosophy as an ontology of social relations of production are the landmark results of his theoretical exploration. As early as the 1980s, Yu pointed out the moral dimension of the concept of practice and the two divisions of the concept of freedom, and then continued to draw on Kant's distinction between the concepts of practice to complete the two concepts of practice, corresponding to epistemology and instrumentalism, and ontology and existentialism, further confirming the ontological significance of the concept of practice in Marx's philosophy. On this basis, after the new millennium, Yu made great efforts to put forward and outline the path of generation of Marx's philosophy, confirming that the ontology of Marx's philosophy is social history, clearly drawing the structure of

Marx's ontology of social relations of production, and clarifying the main points of social-historical dialectics. Yu Wujin's elaboration of the two concepts of practice and freedom is conducive to the formation of a sound understanding of the concepts of practice and freedom, to our stepping out of the interpretative framework of "orthodox Marxism," so as to accurately understand the revolutionary essence of Marx's philosophy, and to our giving more humanistic diagnosis and humanistic critique to the high-tech, highly competitive, and highly accelerated modern society. It will help us to give more humanistic diagnosis and humanistic criticism to the high-tech, highly competitive and highly accelerated modern society.

Key words: Yu Wujin; Marx; Practice; Freedom

马克思《1844 年经济学—哲学手稿》中的 "劳动辩证法"

——从康德哲学的观念看

钟 锦

摘要:马克思《1844 经济学—哲学手稿》中的劳动学说,有其对人作为类的存在物的本质的深刻关怀,由此超越了国民经济学家的局限视域。这种关怀体现在对劳动辩证法的理解上。劳动中蕴含的功利性谋生意义和超越性自由意义之对立,构成康德所揭示的哲学史上辩证法的真实含义。据此展开的以共产主义为目的的历史哲学,也成为德国古典哲学现代性发展上的重要环节。由此可见马克思的哲学展现了深广的哲学史背景,值得我们再度反思。

关键词:马克思 《1844 经济学—哲学手稿》 劳动 辩证法 共产主义

俞吾金师提出:"把德国古典哲学的遗产归结为黑格尔的辩证法,虽然极大地突出了辩证法在哲学中的重要地位和作用,但与此同时,也潜伏着另一危险,即使哲学的内涵窄化,从而必定会导致德国古典哲学遗产的内涵的窄化。"①这并非泛泛提出的观点,而是基于老师自己独

---

① 俞吾金:《从康德到马克思——千年之交的哲学沉思》,北京:北京师范大学出版社,2017 年,第 12 页。

特的创见——辩证法不能和其载体分离。因此,老师指出:"在马克思看来,辩证法只关系到'人'这个社会存在物的全部活动,因而现实地存在着的只能是'社会历史辩证法',换言之,社会历史才是辩证法的真正载体。"①而一切社会历史都是人的劳动创造的,因此,"劳动辩证法"是马克思辩证法的基础。②在老师的启发下,我希望对"劳动辩证法"做一个哲学史式的注释,即从康德哲学的视角对之审视。

首先我想强调一个对于**辩证法**(Dialektik)的认识,即辩证法虽然是一种**对立**(Entgegensetzung),但它和矛盾不同:后者的对立必是一真一假,前者则是同真同假。康德分别称之为**分析的**(analytisch)和**辩证的**(dialektisch)。③辩证法可以作为幻象,那它的对立同假。康德有一个比喻能够帮助我们理解:"如果我把地球表面(根据感性外表)想象成一个圆盘,我并不能知道它延伸到什么程度。但是经验教导我:无论我往哪里去都在自己的周围看到一个空间,我可以继续往那里去;因此,我知道我每次现实的地球知识的限制,但却不知道一切可能的地理学的界限。"④因此,你无论说地球表面有一个边界,还是没有一个边界,在你知道地球是一个球体之后,两者都是假的。辩证法也可以作为真相,那它的对立同真。康德在《实践理性批判》里揭示的辩证法("dialectics"我们一般译作:辩证论):"**伊壁鸠鲁学派**说:意识到自己导向幸福的准则,这就是德性;**斯多亚学派**说:意识到自己的德性,这就是幸福。"⑤只是表象上的一真一假对立,实则是综合关系中**德性**和**幸福**的同真对立。以上认识也许不同于我们的一般辩证法认知,却是康德揭示的一个哲学史事实。无论批判哲学具有何样的独特面貌,其内在问

---

① 俞吾金:《问题域的转换——对马克思和黑格尔关系的当代解读》,北京:人民出版
社,2007 年,第 462 页。
② 俞吾金:《论马克思的"劳动辩证法"》,载《复旦学报(社会科学版)》2011 年第 4 期。
③ 参看 Kant, *Critique of Pure Reason*, A504 = B532。康德:《纯粹理性批判》,李秋零译,北京:中国人民大学出版社,2020 年,第 368 页。
④ 康德:《纯粹理性批判》,李秋零译,北京:中国人民大学出版社,2020 年,第 501 页。
⑤ 康德:《实践理性批判》,李秋零译,北京:中国人民大学出版社,2017 年,第 105 页。

题都具有哲学史的普遍真实背景，辩证法自不例外。

这个认识是否为马克思所接受，我们并不能肯定，毕竟马克思从未明确提及。不过，**批判**（Kritik）一词在马克思著作中经常的使用，让我们窥见他和康德的关联。现在谈及的这部《1844 年经济学—哲学手稿》，序言中就反复使用着批判一词，而且显示出和康德高度接近的思路。手稿揭示了国民经济学所造成的辩证法，随之进行批判。不同的是，马克思围绕的核心问题并非康德的理性，而是国民经济学家的劳动。

一

也像康德一样，马克思从表象上的矛盾入手。"现在让我们完全站在这位国民经济学家的立场上，并且按照他的看法把劳动者的理论要求和实践要求比较一下。"①——"劳动者生产的财富越多，他的产品的力量和数量越大，他就越贫穷。劳动者创造的商品越多，他就越是变成廉价的商品。"②针对这个矛盾，马克思提出对国民经济学一个容易理解的批判："既然在斯密看来，大多数人遭受痛苦的社会不是幸福的，——而实际上甚至社会的最富裕的状态都会造成大多数人的这种痛苦，——既然国民经济学（整个私人利益社会）会导致这种最富裕的状态，那么，国民经济学的目的就是社会的**不幸**。"③

这个批判看似容易理解，但更深刻的却是其哲学的视域：马克思通过来自对**人作为类的存在物的本质**的深刻关怀，在对物性的超越中确认人的价值。超越正是哲学的学科本质。在康德哲学里，**感触物**（Phenomena）和**智思物**（Noumena）二分，感触物是理性在经验界限之内的用途，称为**内在的**（immanent），智思物则是越出这个界限的用途，

① 马克思：《1844 经济学—哲学手稿》，刘丕坤译，北京：人民出版社，1979 年，第 10 页。
② 马克思：《1844 经济学—哲学手稿》，刘丕坤译，北京：人民出版社，1979 年，第 44 页。
③ 马克思：《1844 经济学—哲学手稿》，刘丕坤译，北京：人民出版社，1979 年，第 9 页。

称为**超越的**（transzendent）。①

　　这是手稿里对人作为类的存在物的本质的经典论述："人是类的存在物。这不仅是说，人无论在实践上还是在理论上都把类——既把自己本身的类，也把其他物的类——当作自己的对象；而且是说（这只是同一件事物的另一种说法），人把自己本身当作现有的、活生生的类来对待，当作**普遍的**因而也是自由的存在物来对待。"②这黑格尔风格的措辞，也许令人费解，但置于马克思现实关怀的问题意识中，其实明晰易懂。马克思将**自由**和普遍联系起来说明人的类存在本质，这都是基于劳动而言的。在人的劳动和动物的劳动的区别中，普遍和自由所指的意义是明确的："动物的生产是片面的，而人的生产则是全面的；动物只是在直接的肉体需要的支配下生产，而人则甚至摆脱肉体的需要进行生产，并且只有在他摆脱了这种需要时才真正地进行生产。"③

　　作为类的存在物的人，首先是自由的，因而需要超越动物性："人（劳动者）只是在执行自己的动物机能时，亦即在饮食男女时，至多还在居家打扮等等时，才觉得自己是自由地活动的；而在执行自己的人类机能时，却觉得自己不过是动物。动物的东西成为人的东西，而人的东西成为动物的东西。诚然，饮食男女等等也是真正人类的机能。然而，如果把这些机能同其他人类活动割裂开来并使它们成为最后和唯一的终极目的，那么，在这样的抽象中，它们就具有动物的性质。"④其次，是

---

① 参看 Kant, *Critique of Pure Reason*, A643 = B671。康德：《纯粹理性批判》，李秋零译，北京：中国人民大学出版社，2020 年，第 441 页。a priori, transzendentale, transzendent 这三个词一般译作先天的，先验的，超验的。韦卓民译前者为验前的，似较好。牟宗三译后二者为超越的，超绝的；但我们一般使用"超越的"恰是在实践理性的 tranzcendent 之意义上，而"先验的"一词译作 transzendentale 也颇可通。朱光潜也把 tranzcendent 译为超越的。
② 马克思：《1844 经济学—哲学手稿》，刘丕坤译，北京：人民出版社，1979 年，第 48—49 页。
③ 马克思：《1844 经济学—哲学手稿》，刘丕坤译，北京：人民出版社，1979 年，第 50 页。
④ 马克思：《1844 经济学—哲学手稿》，刘丕坤译，北京：人民出版社，1979 年，第 48—49 页。

普遍的,因而需要超越实物性:"**象其他一切商品的生产一样,对人的需求必然调节着人的生产**。如果供给大大超过需求,那么一部分劳动者就要沦为乞丐或者饿死。因此,劳动者的生存被贬低为其他一切商品的存在的条件。"①资本主义和国民经济学没有认识到人需要超越物性,造成了前述表象上的矛盾,马克思正是从此进行了针砭:"随着实物世界的涨价,人类世界也正比例地**落价**。"②

马克思的批判因此和康德有异曲同工之妙:通过揭示辩证法,确认理性的内在使用和超越使用之间的本质性辩证法。从哲学史上看,苏格拉底(康德同样涉及)揭示了道德学中的辩证法,康德揭示了形而上学中的辩证法,马克思揭示了经济学中的辩证法。和苏格拉底、康德的古典哲学形态不同,马克思比起要求理性的使用各安其分,更为激进地要求在综合关系中使这两种使用达致圆满。尽管康德已在**圆善**(das höchste Gute)概念中展现了这个要求,但未能从信仰的领域拓出,遂将这一现代性的核心问题留给了马克思。

马克思在劳动中完成了这一问题的论述,通过劳动自身的内在张力表达了理性两种使用的综合关系:劳动既是人类自由的限制,同时又是人类自由的展现。由此张力凸显出劳动自身蕴含的本质性辩证法,我们可以表述为**谋生劳动和自由劳动**的对立。人作为有限的理性存在者,不可能没有利害关心,劳动首先的意义自然在于对这有限性的服务,从而体现为谋生劳动。马克思说:"首先,劳动本身、**生命活动**本身、**生产生活**本身对人来说不过成为满足他的一个需要、即维持肉体生存需要的**手段**。而生产生活也就是类的生活。这是创造生命的生活。生命活动的性质包含着一个物种的全部特性,而自由自觉的活动恰恰就是人的类的特性。"③但是,劳动不仅因为其中的谋生因素而束缚人类的自由,而且也成就了人类的根本自由。由猿到人的进化过程中,劳动

---

① 马克思:《1844 经济学—哲学手稿》,刘丕坤译,北京:人民出版社,1979 年,第 5 页。
② 马克思:《1844 经济学—哲学手稿》,刘丕坤译,北京:人民出版社,1979 年,第 44 页。
③ 马克思:《1844 经济学—哲学手稿》,刘丕坤译,北京:人民出版社,1979 年,第 50 页。

造成人的本质,使人通由认识世界、改造世界的过程成为世界的主宰。马克思说:"实际创造一个**对象世界,改造**无机的自然界,这是人作为有意识的类的存在物(亦即这样一种存在物,它把类当作自己的本质来对待,或者说把自己本身当作类的存在物来对待)的自我确证。"①"正是通过对对象世界的改造,人才实际上确证自己是**类的存在物**。"②劳动就是如此使人在这样的过程中展现了自我的自由意识,从而体现为自由劳动。③在自由劳动中,人超越成为"类的存在物",人类的全面发展也由此才成为可能。

对劳动辩证法的思考,绝不是马克思标新立异的提法,从中体现了深厚的哲学史积淀。早在柏拉图那里,对此问题已经有了初步的反省。柏拉图指出"每种技艺的利益都是特殊的",所以"医术给予我们健康,航海术使我们航程安全",而"挣钱技术给予我们钱"。如果一个人在行医中得到了报酬,我们仍然不会把他的医术称为挣钱技术。所以,柏拉图指出:"既然得到报酬的这种利益,并不是来自他本职的技术,严格地讲,就是:医术产生健康,而挣钱技术产生报酬,其它各行各业莫不如此。"④显然柏拉图看到,在任何一种劳动中,都包含了人自我的确证和谋生的需求,他却只能以非概念性的语言表达这一点。也许没有马克思明确的阐述,我们很难窥见柏拉图的真实意图。但无可置疑的是,两位伟大的哲人遥隔哲学史相互呼应着。

在古典思想对功利的轻视下,柏拉图显得对"挣钱技术"不屑一顾,似乎技艺仅仅是人自我的确证。直到中世纪,仍然对劳动解决谋生的需求持负面的态度:"按照基督教的观点,劳动原初并非自身就是值得

---

① 马克思:《1844经济学—哲学手稿》,刘丕坤译,北京:人民出版社,1979年,第50页。
② 马克思:《1844经济学—哲学手稿》,刘丕坤译,北京:人民出版社,1979年,第51页。
③ 尤西林通过**劳动二重性**的提法,提示了这种劳动辩证法:"劳动既是人类生存欲望需求支配下的自然限定性的谋生活动,同时也是超越出这一谋生性而解放自然万物与人自身的自由活动。"见尤西林:《阐释并守护世界意义的人——人文知识分子的起源与使命》,郑州:河南人民出版社,1996年,第58页。
④ 参看 Plato, *Republic*, 346. 柏拉图:《理想国》,郭斌和、张竹明译,北京:商务印书馆,1995年,第28—29页。

赞扬的成就,而是罪的报应和惩罚。"①中国古典思想里也有同样的倾向,一切功利性的劳动被贬斥,"圣贤之学"成为教育的目标。孔子因此遭受到"四体不勤,五谷不分,孰为夫子"(《论语·微子》)的嘲笑。劳动辩证法的对立没有了,出现了人类历史上最早的"异化"劳动。

二

异化劳动当然是马克思的一个重要思想,他在黑格尔"外化"和费尔巴哈"异化"的基础上,创造性运用于劳动之上,成为著名的现代性批评概念。用马克思自己的讲法,所谓异化劳动是指:"劳动所产生的对象,即劳动产品,作为**异己的东西**,作为**不依赖于**生产者的**独立力量**,是同劳动对立的。劳动产品是固定在对象中的、物化为对象的劳动,是劳动的**对象化**。劳动的现实化就是劳动的对象化。在国民经济学以之为前提的那种状态下,劳动的这种现实化表现为劳动者的**非现实化**,对象化表现为**对象的丧失和为对象所奴役**,占有表现为**异化、外化**。"②也许我们可以从更深入的原因,思考异化劳动的现象。劳动自身原本应该具有辩证法的张力,而其对立的任何一方被忽视,劳动都有可能成为"异化"的。

在古典时代,谋生劳动不受重视,甚至被贬斥,于是劳动成为被规避的行动或被看作罪的惩罚。这固然有其社会阶级的原因,但谋生劳动的忽略更应该被关注。比如,中国圣贤人格过度强调超越性,遂使一切功利性的行动沦入世俗人格中,整个社会在"君子"和"小人"之间划开鸿沟,也使科学精神未能全面发展。由于两重劳动的对立,被古典时代的两重阶级分担,从整个社会来说,"异化"并不形成突出问题,且和古典思想密合。思想史上,似乎遗忘了这样一种异化劳动的

---

① 洛维特:《从黑格尔到尼采》,李秋零译,上海:上海三联书店,2006 年,第 370 页。
② 马克思:《1844 经济学—哲学手稿》,刘丕坤译,北京:人民出版社,1979 年,第 44 页。

存在。

随着现代世俗社会的来临,古典世界的观念被倒置了,体现在劳动之上,谋生劳动反过来压制了自由劳动,国民经济学家们以其理论揭明了这一点。马克思远比国民经济学家们深刻,他以更为广阔的视野——人的本质,对现代性的劳动作出了第一次全面的反思。在他看来劳动最能体现人的本质,即人作为类的存在。虽然马克思在《费尔巴哈论纲》中对于人的本质的规定早已让我们熟视无睹:"人的本质,并不是单个人所固有的抽象物,在其现实性上,它是一切社会关系的总和。"①但那是"在其现实性上"的一种意识形态强调,毋庸置疑,马克思在劳动中有着对人的本质更深入,更具哲学意味。马克思和古典思想不同,他首先认可谋生劳动;也和现代国民经济学家们不同,又不仅仅将劳动限于谋生,否则人的本质必将随着自由劳动的丧失同时泯然。马克思说:"诚然,饮食男女等等也是真正人类的机能。然而,如果把这些机能同其他人类活动割裂开来并使它们成为最后的和唯一的终极目的,那么,在这样的抽象中,它们就具有动物的性质。"②因此,异化劳动导致的一种后果就是:"**人的类的本质**——无论是自然界,还是他的精神的、类的能力——变成与人**异类**的本质,变成维持他的**个人生存的手段**。"③

劳动的纯粹谋生化,就是异化劳动出现在现实中的后果。马克思从中看到了人的本质的失落,因此表现出对自由劳动的无限向往。在马克思看来,异化劳动远离人道,他在对之的描述中饱含了对人道的炽烈热情:

> 首先,对劳动者来说,劳动是外在的东西,也就是说,是不属于他的本质的东西;因此,劳动者在自己的劳动中并不肯定自己,而

① 《马克思恩格斯选集》第1卷,北京:人民出版社,1972年,第18页。
② 马克思:《1844经济学—哲学手稿》,刘丕坤译,北京:人民出版社,1979年,第48页。
③ 马克思:《1844经济学—哲学手稿》,刘丕坤译,北京:人民出版社,1979年,第51页。

是否定自己,并不感到幸福,而是感到不幸,并不自由地发挥自己的肉体力量和精神力量,而是使自己的肉体受到损伤、精神遭到摧残。因此,劳动者只是在劳动之外才感到自由自在,而在劳动之内则感到爽然若失。劳动者在他不劳动时如释重负,而当他劳动时则如坐针毡。因此,他的劳动不是自愿的,而是一种被迫的强制劳动。从而劳动不是需要的满足,而只是满足劳动以外的其他各种需要的手段。劳动的异化性的一个明显的表现是,只要对劳动的肉体强制或其他强制一消失,人们就会象逃避鼠疫一样地逃避劳动。外在的劳动,人把自己外化于其中的劳动,是一种自我牺牲、自我折磨的劳动。最后,对劳动者来说,劳动的外在性,就表现在这种劳动不是他自己的,而是别人的;劳动不属于他;他自己在劳动过程中也不属于他自己,而是属于别人。①

或许对人性的热爱,比对阶级的敌视,更是马克思憎恶剥削的原因。当他看到,极端的劳动异化现象和阶级剥削相关联时,异化劳动中的悖论就更加尖锐和刺目了:

> 劳动为富人生产了珍品,却为劳动者生产了赤贫。劳动创造了宫殿,却为劳动者创造了贫民窟。劳动创造了美,却使劳动者成为畸形。劳动用机器代替了手工劳动,同时却把一部分劳动者抛回到野蛮的劳动,而使另一部分劳动者变成机器。劳动产生了智慧,却注定了劳动者的愚钝、痴呆。②

带着这样的关怀,他开始反省:什么才是自由劳动,人的本质如何体现在这种劳动中呢?

---

① 马克思:《1844 经济学—哲学手稿》,刘丕坤译,北京:人民出版社,1979 年,第 47—48 页。
② 马克思:《1844 经济学—哲学手稿》,刘丕坤译,北京:人民出版社,1979 年,第 46 页。

这是马克思一个经典的论述:"动物只是按照它所属的那个物种的尺度和需要来进行塑造,而人则懂得按照任何物种的尺度来进行生产,并且随时随地都能用内在固有的尺度来衡量对象;所以,人也按照美的规律来塑造物体。因此,正是通过对对象世界的改造,人才实际上确证自己是类的存在物。"①这段论述的实质是:自由劳动在于人对利害的超越,人的本质体现于其中,是人类全面发展的终极目的。这和康德的无功利美学有着内在的哲学史关联,我们知道,八十年代的美学热肇端于此,并非偶然。

马克思对劳动的全面认知,就使他对国民经济学的劳动理论认识得极为敏锐:"**劳动**在国民经济学中只是以**赚钱活动**的形式出现。"②因此,这种理论的实质不过是:"**贪欲以及贪婪者之间的战争即竞争**,是国民经济学所开动的仅有的两个飞轮。"③这不仅造成资本主义社会的悖论:"社会的最富裕的状态,这个毕竟可以大体上实现的并且至少是国民经济学和资产阶级社会的目的的理想,对劳动者来说却是**持续不断的贫困**。"④也造成资本主义理论的悖论:"(**李嘉图学派**)从斯密经过萨伊到李嘉图、穆勒等等,国民经济学的**玩世不恭**不仅就工业所导致的后果在这些人面前以更发达和更充满矛盾的形式表现出来这一点而言相对地增长了,而且在绝对的意义上,他们也总是自觉地在从人异化这一点上比他们的先驱者走得更远,但这**只是**因为他们的科学变得更加彻底和更加真实罢了。由于他们把能动形式的私有财产变为主体,也就是说,既把人本身宣布为本质,同时也把作为某种畸形存在物的人宣布为本质,所以,现实中的矛盾就完全符合于他们视为原理的那个充满矛盾的本质了。**工业的支离破碎的现实**不仅不否定,而且相反地肯定他

---

① 马克思:《1844 经济学—哲学手稿》,刘丕坤译,北京:人民出版社,1979 年,第 50—51 页。
② 马克思:《1844 经济学—哲学手稿》,刘丕坤译,北京:人民出版社,1979 年,第 12 页。
③ 马克思:《1844 经济学—哲学手稿》,刘丕坤译,北京:人民出版社,1979 年,第 43 页。
④ 马克思:《1844 经济学—哲学手稿》,刘丕坤译,北京:人民出版社,1979 年,第 12 页。

们**自身内部的支离破碎的**原理。因为他们的原理实际上就是这种支离破碎状态的原理。"①

三

正是在人类劳动中饱含了对人性的终极关切,使马克思展开全新的历史哲学。在唯物史观中,我们看到既往的社会既是阶级社会,剥削现象也就从来没有改变过。本来以为随着生产力的发展人类的生存状况会得到巨大的改善,但在阶级社会发展的最高阶段——资本主义社会,剥削空前残酷,异化劳动的状况也随之空前严重。仅凭生产力的发展,似乎并不能为我们提供真正的进步。这时,马克思就把自由劳动这个人类全面发展的终极目的引入了历史哲学之中。

自由劳动本应成就人的本质,但人类的现状却总是不断背离它,也就是说,异化劳动在不断加剧。这种现象不能完全归因于阶级剥削:诚然无论是在奴隶社会、封建社会,还是在资本主义社会,阶级的压迫和剥削的确使劳动者处于异化状态;但是在没有阶级的原始社会,劳动者也仍然受到恶劣的自然环境的压迫,自由劳动无法真正展开。因此,人类的本质和现状的对立,根源于自由劳动和谋生劳动的辩证法对立。一旦这个辩证法被我们明确意识到,历史的发展方向就会清晰起来,即:谋生劳动不断地自我扬弃,从而不断改善异化劳动,在无限的进程中不断逼近自由劳动。这正是马克思在历史哲学中为我们引入共产主义的初衷,所以与以往的任何社会形态都不同,共产主义社会并非有限现实的产物,而是人类无限发展的必要理念。因此以按需分配来定义共产主义社会,就只是一个有限现实的角度,这根本不能展示共产主义对于人类的终极意义。我们仍然需要重温马克思对于共产主义的定

---

① 马克思:《1844 经济学—哲学手稿》,刘丕坤译,北京:人民出版社,1979 年,第 67—68 页。

义:"**共产主义是私有财产即人的自我异化的积极的扬弃**,因而也是通过人并且为了人而对**人的本质**的真正**占有**;因此,它是人向作为**社会的**人即合乎人的本性的人的自身的复归,这种复归是彻底的、自觉的、保存了以往发展的全部丰富成果的。"①

我们看到,在科学的视域下,马克思揭示出生产力和生产关系的辩证法;而在人的本质的超越性视域中,马克思揭示出劳动自身的辩证法。在后者中,历史的发展获得了必然性,辩证法为我们指示出历史进步的终极目标——共产主义。马克思为此显得极为兴奋,他将共产主义视为历史之谜的解答。也许阶级社会的发展曾令年轻的马克思困惑:为什么伴随生产力的发展却是异化劳动的不断加剧? 历史的发展难道真的没有终极目的? 然而劳动辩证法的发现让他兴奋不已:

> 这种共产主义,作为完成了的自然主义,等于人本主义,而作为完成了的人本主义,等于自然主义;它是人和自然界之间、人和人之间的矛盾的真正解决,是存在和本质、对象化和自我确立、自由和必然、个体和类之间的抗争的真正解决。它是历史之谜的解答,而且它知道它就是这种解答。②

于是历史的运动就能够被我们理解了:

> 因此,历史的全部运动,既是这种共产主义的现实的产生活动——它的经验的存在的诞生活动,同时,对于共产主义者的能思维的意识来说,又是它的生成的被理解和被认识的运动。③

我们不难发现,辩证运动以及真理就在于运动的全过程,这里继承了黑

---

① 马克思:《1844 经济学—哲学手稿》,刘丕坤译,北京:人民出版社,1979 年,第 73 页。
② 马克思:《1844 经济学—哲学手稿》,刘丕坤译,北京:人民出版社,1979 年,第 73 页。
③ 马克思:《1844 经济学—哲学手稿》,刘丕坤译,北京:人民出版社,1979 年,第 73 页。

格尔。不仅马克思本人受到黑格尔的深刻影响,而且问题意识也必然使他延续黑格尔的道路。其实,从康德到黑格尔,再到马克思,现代性历史观的发展线索极为清晰。

但是共同性不能遮蔽他们之间的差异性,马克思自己就把他们之间的差异明确指示了出来。这个差异就是,在马克思的辩证法中包含着必然性的"革命"观念。也许在我们了解了马克思的劳动学说和共产主义学说之后,才能真正理解他的这段话:

> 辩证法,在其神秘的形态上,成了德国的时髦东西,因为它似乎使现存事物显得光彩。辩证法,在其合理的形态上,引起统治阶级及其夸夸其谈的理论家们的恼怒和恐怖,因为辩证法在对现存事物的肯定的理解中同时包含对现存事物的必然的否定的理解,即对现存事物的必然灭亡的理解;辩证法把运动本身的一切既成形式都看作是过渡的形式,因此它不崇拜任何东西,按其本质来说,它是批判的和革命的。①

尽管马克思和黑格尔都是在辩证法中看到通过自我扬弃而造成运动这一点,但对于这种运动的态度却完全不同。黑格尔以一种冷峻的目光注视着运动的过程,在类似信仰的期待中等候绝对真理的最终来临。也许是他对于这种来临太过自信,以致完全肯定了任何有限性存在的合理地位,所以在他看来:存在的都是合理的。因此,马克思认为黑格尔的辩证法只是"使现存事物显得光彩",而那种在期待中等候真理来临的态度未免显得神秘了。马克思的态度则完全不同,我们曾经强调过他具有强烈的现实感,他显得有些急迫地要促动历史的发展,因而局限性的存在在他看来就必须尽快予以解决,这种解决的方式就是革命。

---

① 马克思:《资本论》(法文本第 1 卷),北京:中国社会科学出版社,1983 年,第 846—847 页。

他就不会像黑格尔那样把存在看得过于合理,他把辩证运动本身的一切既成形式都看作是过渡,于是在肯定的同时就予以否定,而且着意地否定。

我们如果把马克思的"革命"完全当作阶级斗争,其实没有深刻地理解他。在"革命"的背后,隐藏着马克思对全体人类全面发展的终极关怀。也许以往社会的历史使马克思觉察到,人类的意识形态并不一定必然地追随生产力的进步。为了促成整个社会的全面进步,我们必须人为地介入历史的发展,这种介入的力量正是"革命"。为了使人类摆脱异化劳动的处境,必须制止剥削的进一步恶化,为了做到这一点,就必须使劳动者拥有生产资料。而现实的状况却是,生产资料掌握在不从事劳动的剥削者手中,那么,劳动者就必须通过现实的革命夺取生产资料,这就是阶级斗争。在马克思看来这种斗争是必要的,他说:"有了共产主义**思想**,就完全足以扬弃私有财产思想。而为了消灭现实的私有财产,则必须有**现实的**共产主义的行动。"不过,尽管马克思对于这种行动的实现显得很有信心,把它看作历史的使命,但他仍然强调这是一个漫长的过程。他说:"历史会带来这种共产主义的行动,而我们**在思想中**已经认识到的那个正在进行自我扬弃的运动,则实际上将经历一个极其艰巨而漫长的过程。"①这里实际是对现实和理想的一种区分:共产主义作为人类的理想给我们设定了一个终极目的,革命则是面向这一目的的现实决断。于是马克思在通向共产主义的路程上,为我们另外安置了一个栖身之所:社会主义。在这里,我们通过不断地革命行动,使劳动不断地脱离异化。于是,劳动无限地趋近自由,人的本质无限地敞开。

通过这样一种区分,马克思把科学和超越性的视域巧妙地融会在历史哲学之中。于是我们看到,三大社会形态与社会主义、共产主义也联结了起来,生产力和生产关系的辩证法与劳动自身的辩证法就都在

---

① 马克思:《1844 经济学—哲学手稿》,刘丕坤译,北京:人民出版社,1979 年,第 93 页。

历史进步之中发挥作用。这是马克思独特的历史观，洛维特一定看到了这种联结，并且指出了联结点：现在。他对于马克思的历史观，其实是颇能会心的：

> 借用基尔克果的术语来说，这个"现在"是一个决定性的"时刻"，它把全部有意义的历史分割开来，但不再分割为一个异教的"前"基督和一个基督教的"后"基督，而是不那么彻底地分割为一个"史前时期"和一个未来的历史。无产阶级专政把人们从必然王国带进没有任何史前时期那些对抗的自由王国。因为目前的资本主义社会是社会生产程序的"最后的"对抗形式，并且在自己的胎胞里发展出最终解决资本与劳动、压迫者和被压迫者的这种对抗的条件。市民—资本主义的社会"终结了人类历史的史前时期"。①

这个想法的形成，是在跟随俞吾金老师学习的时候，那时老师的《从康德到马克思——千年之交的哲学沉思》一书正在出版过程中，其中主要的论文我都读过。书中《康德：自然辩证法概念的创制者》一文，及《马克思对康德哲学革命的扬弃》中的一节，都对康德的辩证法思想及马克思对之的回应提出了新颖的见解，令我颇为受益。我根据自己对康德的理解，将《1844 经济学—哲学手稿》中的劳动学说，在辩证法的视角下进行了阐述。老师并不完全认可，但仍然鼓励我继续思考。十数年来，我几乎搁置了这个思考，现在依照老师提出的批评，勉强做了些完善。将它拿出来，作为对老师的纪念，尤其是对老师在学术上的开放态度表达感谢。

（作者　华东师范大学哲学系副教授）

---

① 洛维特：《世界历史和救赎历史》，李秋零、田薇译，上海：上海人民出版社，2005 年，第 41—42 页。

Dialectics of Labor in *Economic and Philosophical Manuscripts of 1844*: From the Perspective of Kantian Philosophy

Zhong Jin

Abstract: Based on his theory of labor in the book *Economic and Philosophical Manuscripts of 1844*, Karl Marx provides a profound insight into the concept of man as a species-being, going beyond the horizon of national economists. This keen insight rests on his understanding of the dialectics of labor. It is the contradiction between the utilitarianism of livelihood and the transcendence of freedom in labor that constitute the fundamental idea of dialectics in the history of philosophy revealed by Kant. The historical philosophy with Communism as its aim has become a milestone in the development of modernity in classical German philosophy. Hence, Marx's philosophy exhibits a deep and broad background for the history of philosophy and it is well worth reflecting on.

Key words: Marx; *Economic and Philosophical Manuscripts of 1844*; Labor; Dialectics; Communism

修辞学、情感投注、精神分析：
拉克劳的话语-修辞本体论建构

郑　端

摘要：在近几十年间，哲学领域经历了"语言学"和左翼政治思想发生的"本体论"两大重要趋势的相互交融。语言学转向强调语言在思考和表达中的关键作用，力图超越传统马克思主义中的本质主义。与此同时，左翼政治思想逐渐将本体论置于焦点，试图为左翼政治找到新的理论-实践空间。恩内斯托·拉克劳，作为后马克思主义学者，被认为是这两个趋势融合的代表。他在《社会的修辞基础》中提出了建立在修辞学的话语本体论的理论目标。尽管他意外去世，未能亲自呈现修辞本体论的全貌，但在最后的专著《论民粹主义理性》中，他已勾勒出这一话语-修辞本体论的基本架构。本文指出拉克劳的理论演进，从霸权到民粹主义-霸权，以及从话语本体论到修辞-话语本体论的微妙偏转。通过精神分析的引入，拉克劳将民粹主义、修辞和情感维度从边缘重新拉回到中心，形成了政治-修辞学-精神分析的一般本体论。该本体论将修辞学的"提喻法"和命名行动中的情感参与视为社会和事物"缝合"自身的基本机制，实现了统一性。在这一理论框架下，左翼政治的语言学和本体论转向凸显其意义，即先打破对社会的本质主义视角，以开放理论-实践视野，再以本体论建构寻求一种多元左翼政治实践空间，追求"复调的声音"。

关键词:话语本体论　后马克思主义　民粹主义　修辞学　霸权理论

在理解国外马克思主义发展的理路中,存在着两种重要思想趋势:一是自 20 世纪 20 年代起发生的哲学的"语言学"转向,另一个是左翼政治思想的"本体论"转向①。包括让-吕克·南希将解放政治的基础立于"一种与他人共存之存在的本体论(an ontology of being-with-one-another)"②;哈特和奈格里也在《帝国》中宣称:"政治哲学逼迫我们去进入本体论的地界"③,巴迪欧的事件哲学更以数学集合论作为本体论基础,以及阿甘本对"新的统一的潜在性本体论(ontology of po-tentiality)"的追求④,左翼政治理论家愈发将本体论作为自己思考的重点。而另一方面,哲学的语言学转向——这一被理查德·罗蒂在 20 世纪 70 年代认为是"哲学最近的重要革命"则将矛头指向各类型式的形而上学。这一思潮的深刻影响也体现在左翼政治思想之中,哈贝马

---

① 俞吾金老师在《传统重估与思想移位》一书中就提出了研究西方马克思主义的语言学转向和本体论视野下分析国外马克思主义的理论命题。俞老师将本雅明、詹姆逊、哈贝马斯、柯亨等人的思想纳入西方马克思主义的语言学转向的"弧线",认为对其他国外马克思主义学者进行深入研究,"还能以更具体的方式描绘出这一弧线"。同时,他也强调了国外马克思主义学者"由认识论、方法论的维度转向了本体论的维度"。虽然没有直接提及当代左翼政治学者,但这两条路径的划分也明显适用于他们。如 Oliver Marchart、Lenore Langsdorf 和 Ian Angus 等学者也都分别沿着这两条理路径对于当代左翼政治理论进行了相关研究。参见俞吾金:《传统重估与思想移位》,哈尔滨:黑龙江大学出版社,2007 年。参见 Oliver Marchart, *Post-Foundational Political Thought: Political Difference in Nancy, Lefort, Badiou and Laclau*, Edinburgh: Edinburgh University Press, 2007, Ian H. Angus and Lenore Langsdorf eds., *The Critical Turn: Rhetoric and Philosophy in Postmodern Discourse*, Carbondale: Southern Illinois University Press, 1993,等等。

② Jean-Luc Nancy, *Being Singular Plural*, Stanford: Stanford University Press, 2000, p.53.

③ Michael Hardt and Antonio Negri, *Empire*, Cambridge: Harvard University Press, 2001, p.354.

④ Giorgio Agamben, *The Omnibus: Homo Sacer*, Stanford: Stanford University Press, 2017, p.44.

斯、拉克劳、齐泽克等理论家都主动接受了语言学转向，以试图剥离传统马克思主义中被认为存在的本质主义。

这两种思潮之间的相遇也促成了近几十年来左翼思想的重要理论土壤。后马克思主义学者恩内斯托·拉克劳就是将这两者结合并发展的重要代表人物。拉克劳至关重要的理论工作就是建立了一种新的话语本体论地基上，并于其上思考左翼解放政治的可能性。在他去世前的最后一部著作——《社会的修辞基础》中，拉克劳就表达了建立基于修辞学的话语本体论这一理论目标，固然他承认在这些论文中"对这一本体论的系统性表达仍需在未来某一天（完成）"①，然而这一理论工作也随着他在 2014 年突然去世而遗憾中止。

尽管如此，在《霸权与社会主义战略》一书出版的近 20 年的时间内，拉克劳对其话语本体论进行了非常丰富的论述。综合了葛兰西、福柯、德里达、维特根斯坦、拉康等人的理论资源，拉克劳逐渐发展出一套完整的话语本体论，并整体上呈现出了较大的理论一致性。不过笔者认为依旧可以识别出他的理论重心的细微偏转——从霸权到民粹主义-霸权，从话语本体论到修辞-话语本体论，拉克劳愈发强调政治主体性的建构的重要性，以及情感在其中的关键作用。在 2004 年发表的《未来一瞥》一文中，拉克劳强调了"修辞学、精神分析学与（作为霸权的）政治学"的"三位一体中，看到了社会思想与政治思想的未来"②。而两年后出版的《论民粹主义理性》一书中，拉克劳也基本沿着这一路径对这一修辞-话语本体论进行了相对系统的论述。

因此，本文试图阐明拉克劳的话语-修辞本体论的主要内容，同时分析这一本体论建构又如何和拉克劳对于民粹主义政治的分析形成一种独特的理论-实践互动。这可以帮助我们理解激进政治的语言学转

---

① Ernesto Laclau, *The Rhetorical Foundations of Society*, London: Verso Books, 2014, p. 2.

② Ernesto Laclau, "Glimpsing the Future," in Simon Critchley and Oliver Marchart eds., *Laclau: A Critical Reader*, London: Routledge, 2004, p. 326.

向和本体论转向的理论意义,理解后马克思主义的理论发展及其潜能
与限度。

一、作为政治本体论维度的修辞

若要试图理解拉克劳的话语本体论,以及一般意义上的左翼本体
论转向,首先需要理解他们的理论-实践介入是运作在一种后语言学转
向对形而上学地基的彻底性颠覆的地址之上。这意味着当这些学者的
理论提问"该做什么"时,他们并不是简单将这一本体论基础视为某种
真理宣称,并由此实然推导出应然,而是承认政治介入永远只能在其具
体的政治-历史语境之中进行的。他们在本体论上的论证已经拥有了
维特根斯坦的"语言-行动"的述行性特性,以图开辟新的解放实践的空
间。就像拉克劳自己所说的"由于争论和话语构成了社会性(the so-
cial),他们的开放性特征成了更大的行动主义以及更为激进的自由意
志主义。人类,曾一直屈服于外在的力量——上帝,自然,历史的必然
法则——现在总算,在后现代性的门槛上,认为自己第一次成为自身历
史的创造者和构建者"①。

这也是为何拉克劳《论民粹主义理性》一书目标虽是为了敞开左翼
民粹主义政治计划的可能性,却用相当篇幅建构他的修辞-话语本体
论。实际上,在这部著作中,拉克劳将民粹主义和修辞学之间建立了等
同关系,他将这两者在各自领域(政治理论和语言学中)分别进行了理
论地位的翻转——将两者从各自学科的边缘地位拉至中心地位。在
《论民粹主义理性》中,拉克劳总结了群众心理学和以前的民粹主义研
究中对民粹主义现象的批评,其中一个重点就是民粹主义话语往往表
现为"非理性"的修辞(rhetoric)——民粹主义者往往通过重复、夸张、

---

① Ernesto Laclau, "Politics and the Limits of Modernity," *Postmodernism*, London:
Routledge, 2016, p.341.

比喻来强调特定的观点。而关于民粹主义的理论和定义,也同它所试图描述的现象一样,表现出了模糊不清、模棱两可的特性。面对这一描述不可描述之物的难题,学者们似乎只能找到民粹主义运动之间的"家族相似性",但任何实证定义经过仔细推敲都难以成立。因此,民粹主义政治往往被冠以非理性、过时的政治之名,甚至这一概念本身被认为过于模糊,应予以抛弃。

试图为民粹主义政治"正名"的拉克劳对于这种看法并非直接予以反驳,而是进行一种哥白尼式的视角转换——在他看来,民粹主义话语中展现出来的这些修辞特性并非民粹主义独有,而正是社会本身之建构性的表现。在拉克劳看来,无论是自由主义传统还是马克思主义传统都陷入了理性主义的窠臼,对社会政治现象中表现出的非决定性、建构性、对抗性和偶然性视而不见。固然,面对日渐呈现出韦伯合理化特征的那一小写的日常政治现象(politics),已然浸淫在理性主义范式下的政治科学和社会学似乎对其尚能有所把握。然而,在社会的常规运行的稳定性被打破,民粹主义——或者说安东尼奥·奈格里所谓的"创制性"时刻——出现时,大写的政治性(the political)所揭示的社会的开放性、对抗性和建构性才得以彰显,此时传统理论就陷入了理解困难。

因此,在拉克劳看来,民粹主义的修辞性质不仅不是其弱点,反而是民粹主义政治,乃至任何政治行为能够发挥作用的先决条件。他认为,模糊性和非决定性是"被印刻在社会现实之中[1]"。具体来说,并不存在纯粹客观处于"零层"社会现实,所有所谓对社会现实的认知和表达都永远已经被话语或者意识形态中介过后才能形成。如同他后来在反驳齐泽克黑格尔式的意识形态观时所说的那样,认为存在没有意识形态"歪曲"的社会现实,这一假设本身就是最大的意识形态[2]。所

---

[1] Ernesto Laclau, *On Populist Reason*, London: Verso Books, 2005, p.67.

[2] Ernesto Laclau, *The Death and Resurrection of the Theory of Ideology*, London: Verso Books, 2014, pp.13 - 15.

谓"社会",无非就是各类不同话语和意识形态相互叠加、冲突、融合的集合。他强调,并不存在某一优先视角能够以理性或者辩证法去把握所谓社会的真实。因此,任何对社会的言说,都在某种程度如同盲人摸象一般,无论其如何自我宣称为知识而非意见,都无法触及到社会所谓的"总体性"层面。

社会并不拥有能够接触到话语之外的总体性和客观性,但人的所有思考和行动又必须依赖对周遭世界拥有某客观性和总体性的基础之上。那么在拉克劳看来,这种具有操作性的客观性只能是一种话语建构,他认为"话语就是这样的客体性构成于其上的主要地域",而话语则指的是"一个各种元素的复合体,其中关系起到了构成性的作用",也就意味着任何拥有关系的元素和结构都具有话语性。在这个意义上,"话语"指向的是"社会实践中内在的表意(signification)关系"。这也意味着,话语指向了事物之间关系是如何建立起来的,也是事物存在的根本。不仅如此,他还强调,"对于严格意义上的语言学为真的(原则)也同样对于任何表意元素(signifying element)为真"。由此,拉克劳将社会理解为一种关系性的表意结构,而语言学作为理解意义生产基本机制的学说,也可以被应用于理解社会。

在这一理论奠基下,修辞也就不再是社会意义表达中的附属现象,它指向的恰恰是话语元素之间建立联系并进行置换的方式:"当一个字面意义的术语(literal term)被一个比喻式的术语(figural term)替换时,就有了修辞置换(rhetorical displacement)。"①这种字面意义(literal)与比喻式(figural)之间的对立,和前文提到的"社会现实"和"意识形态"的对立类似,预设了语言应能够对应那一处于底层的真实,从而确立了 literal 的优先地位和 figural 的从属地位。

因为修辞相对于"真实"的层级较低,在传统语言学中,修辞往往被看作是一种可有可无的装饰,相对于更为核心的语法学和语义学,属于

---

① Ernesto Laclau, *On Populist Reason*, London: Verso Books, 2005, p.71.

边缘地位。西塞罗就曾在思想实验中强调了修辞的次生性——他假设了一种当词语不够的情况,也就是实际的事物多于可以用于命名的词时,人们才不得不使用比喻等象征修辞。语言学中修辞的从属地位直到美籍俄裔语言学家雅克布森(Roman Jakobson)的布拉格学派才得到改善,雅克布森发展出一种对修辞的形式主义分析方法。他认为,修辞学中的比喻(metaphor)和转喻(metonymy)正好对应结构语言学中的两极聚合关系(syntagmatic)和组合关系(paradigmatic)。在语言学中,比喻是指两个词语之间因为其本身的相似性而连接起来,而转喻则指的是两个词语之间因为其邻近性而连接起来;聚合关系则是表明两个词语因为在语句中起到相同的作用,而可互相替换的一种关系;组合关系,则是指两个词语在同一语句中相互连接,因此能够构成意义的关系。举个例子,在"今晚,一只猫在爬树"这句话中,假如把"猫"替换成"狗","猫"和"狗"之间就是比喻/聚合关系。而在"好记性不如烂笔头"这句话中的"笔头"就是一个转喻/组合关系,"笔头"被用来指代"用笔记笔记"中的"记笔记"。在建立了这一语言的意义接合结构和修辞之间的等同关系之后,修辞在语言学中的地位才得到肯定。

在语言学发展的基础下,修辞上升之社会本体论的铺垫已经完成,拉克劳进一步引入拉康的精神分析学将修辞学"升华"——他将修辞放置于主体无意识之中,成为了生成意义的核心机制。在 1957 年的《弗洛伊德以降无意识和理性中字母的中介作用》①一文中,拉康将语言学的比喻(metaphor)和转喻(metonymy)与在弗洛伊德无意识理论中十分重要的两个概念——凝结(condensation)和置换(displacement)概念画上等号:凝聚是一个理念将许多不同的理念的冲动都包含到自身当中,也就是将诸多不同的理念置换到单一的一个理念之中;置换则指的是在无意识中,通过力比多投注(cathexis),一个理念(图像、思想等)

① Jacques Lacan, "The Agency of the Letter in the Unconscious or Reason since Freud,"(1957) in Julie Rivkin and Michael Ryan eds. , *Cultural Theory: An Anthology*, Malden: Blackwell, 2004, pp. 447 - 461.

可以将自己所包含的冲动完全转移给另外一个理念。在拉康看来，凝聚就类似转喻关系，而置换则类似比喻关系。精神分析和语言学在学术发展上发生的趋同演化，也标志着在意义生产的主观和客观方面，通常被认为是边缘性的修辞性/潜意识发挥了重要作用。

从这一视角出发，西塞罗关于词语匮乏的讨论不只是一种假设，而是内在于语言基础功能中的构成性障碍。索绪尔关键性地指出了能指和所指之间不存在任何必然的联系，也就意味着不可能存在真正的能够客观描述事物的字面术语（literal term）。实际所有的言说，都必然是比喻式术语（figural term）。一个人试图描述一个事物的时候（建立所指和能指之间的联系），必然需要不断引用其他的所指，实际已经隐含对修辞关系的依赖。然而这些其他的所指也并无和它所对应的所指之间拥有必然的联系——设想一个孩子不断追问，苹果是什么味道的？什么又是甜味？糖的味道为什么就是甜味？这一追问最终也无法达到和现实直接联系的字面术语。因此，语言势必无法准确表达其含义。在经典语言学中，这种符号无法涵盖其意义被称为 catachresis（词不达意）。因此，在拉克劳看来，西塞罗假设的启示就是：语言从其构成上就必然依靠修辞性，而修辞性本身就是这一"词不达意"概念。

站在这一视角，政治现象中的修辞性也需要以一种新的本体论视角进行重读。民粹主义之所以饱受批评，很大部分源于它所诉诸的"人民"概念被认为是含糊其词、词不达意。但拉克劳认为词不达意不是语言表达的失败，而是语言游戏的本质。因此，传统理性主义传统下的理论视角，自然是无法理解民粹主义"人民"的构成，反而是使用语言学和修辞学的理论工具方可探究这类被归为非理性的政治形式。正是在这个意义上，拉克劳认为政治和修辞学同样应占据一种"一般本体论"的地位。

那么，代表民粹主义的这一修辞工具是什么呢？拉克劳认为，对应民粹主义-霸权的术语就是"提喻法"（synecdoche）。提喻法属于转喻法中的一种修辞形式，它指的是用属于整体的一个部分来代表这一整体,比如"他们共享同一片屋檐"中就用属于部分的"屋檐"来代表"房屋"这个整体。在民粹主义构建人民这一"空的能指"时,其实就是用一个特殊的需求来代表这些差异化需求之整体,也就是用特殊性代表普遍性的过程。实际上,拉克劳从霸权理论向民粹主义-霸权的转换也可理解为是他从"转喻法"到"提喻法"的转变。在《霸权与社会主义策略》中拉克劳强调的是"浮动的能指"概念,指的是对立的政治计划将如"公正""平等"等"浮动的能指"链接入自身的行动,也就是把霸权理解为转喻;而到了《论民粹主义理性》中的民粹主义-霸权逻辑是"提喻法"构建"空的能指",以将边缘性群体之名被上升到整体,更加突出民粹主义-霸权的颠覆性。这理论发展看似只是细微差别,但其召询出的政治计划却有着深刻的意义,也揭示了左翼理论本体论转向的政治意涵。霸权理论在拉克劳最初提出之时,他和墨菲所思考的政治现实就是 20 世纪 60 年代中期开始的新社会运动,这些相互之间似乎并无本质关联的运动却形成了巨大的政治动能,促成了西方社会深刻的政治变革,他们之间的相互链接只能从话语的和政治的角度去理解。霸权理论可以说就是对这一系列新社会运动为何能构成统一的解放政治进行的理论化尝试。但随着新自由主义的盛行,新社会运动已经开启的历史开放性又似乎被封闭。但这一将社会政治建制自然化永恒化的政治-话语配置伴随的也是右翼民粹主义的兴起。在拉克劳和墨菲的诊断中,出现的是更为彻底的对政治性(the political)的忽视。然而此时新社会运动的运动主义已经风采不再,这一境遇下解放政治的主体是谁,画上了一个问号? 所以在《论民粹主义理性》中拉克劳建立的政治逻辑是以特殊性之名上升到普遍性,将被边缘化的"人民"翻转到政治中心。这一系列理论动作的实际目标是试图探索当代左翼的普遍的革命主体性问题,也就是如何在晚期资本主义中社会群体和身份已然愈发离散的情况下(用拉克劳的术语来说,"全球化资本主义下的社会异质性不断增殖")创造出新的革命主体,或者换句话说——如何"无中生有"。对于拉克劳的政治本体论来说,这一问题就成为如何通过政治本体论来"召唤"出一个尚未存在的实体。面对此理论目的,在拉克劳的话语-修辞本体论建构中,命名就成为直指生成存有的关键概念。

二、作为事物基础的命名

在思想史上,各式各类的形而上学一直都试图为现实事物寻找到共有的基础。这一基础也曾以不同的名称出现——本质、主体、逻各斯或者上帝。从海德格尔开始,这一事物的奠基问题就被重设为实体(ontic)和本体(ontological)之间的进行区分的行动。也就是说,思考的重点不再是为事物找到特定的一个基础(ground),而是事物如何获得自身基础(grounding)的问题。海德格尔的这一启示,在后现代主义思想中主要沿如下路径被继承下来——那就是实体和本体的区分如何被理解为差异的问题(比如德里达的 Différance)。在这条被奥利佛·马尔查特标注为左翼海德格尔主义的思想脉络中,拉克劳将这一奠基问题同样进行了转换,问题不再是差异如何作为差异,而是差异的统一性是如何形成的。

拉克劳认为这一问题的答案仍在修辞性之中。在他看来"不运用修辞工具,没有概念结构可以找到自身内在的统一性"[1],而这一具体的"修辞工具"就是"命名(naming)"。拉克劳将命名与概念进行了对立,试图超越是两种对事物统一性来源的传统解答——第一种解答是科学式的描述主义见解;第二种则是黑格尔主义的辩证法式解读。描述主义可谓现代科学范式试图替代传统形而上学寻求一种实证的实体观念,而黑格尔主义的辩证法则以概念的辩证统一得到通往普遍性的那个总体/实体。在拉克劳看来,这两种解答都是一种本质主义的视角,都预设了主体能够以理性透析事物的本质,从而导致了对本体论层面的政治性(the political)的忽视。

---

[1] Ernesto Laclau, *On Populist Reason*, London: Verso Books, 2005, p.67.

本体论层面政治性（the political）和实体政治（politics）的区分经由卡尔·施密特、汉娜·阿伦特、保罗·利科等学者的不断阐释，成了当代左翼政治本体论转向的重要理论思想基础。拉克劳继承了这一区分并将其转换成了他的政治本体论的重要判断——"社会是不可能但必要的"。社会是不可能，是因为不存在某种话语能够彻底把握社会。任何一种话语至多只能围绕某一节点（nodal point）暂时性地"缝合"社会。这种不可能性的根源就是社会中无法消除的对抗性。拉克劳认为："对抗性，作为这种最终缝合的不可能性的见证者，是社会的（the social）之限度的'经验'。"①这种对抗性并非客观的可以直接观察到的现象，但它确是本体论政治性的最重要特征。

在拉克劳的理论中，这种对抗性成为了社会不可能构成自身的限度，但也促成了政治本体论层面向实体层面发挥作用。小写的实体政治也生发于对社会对抗性的处理，而其结果是各类话语对"社会解释权"的争夺，其结果就成了胡塞尔的"社会沉淀"。但这一社会沉淀反过来将这一斗争时刻遮蔽并自然化，形成一种"世事自然如此"的观念。在这个意义上，拉克劳认为社会就是"由政治性所确立"。以这些不同的话语框架作为参照系，人们的身份和行动也才获得了意义，实践和想象的边界也得以建立。这也是为何社会又是必需的。

但这并不意味着构成社会和人们的行动需要的是编织"宏大叙事"，在拉克劳看来，这一缝合的社会的节点并没有"占优先地位"的地点。如同维特根斯坦"语言游戏"理论所展示的那样，构建社会意义实际在日常的言说行动之中不断在进行着。这也是为何拉克劳将语言、政治和精神分析拉到一般本体论地位的缘故：不是和社会、文化、经济所区别的——独立的政治（politics）领域的本体论，而关于那一为事物赋予意义的政治性（the political）之一般本体论。因此，"缝合"社会的

---

① Ernesto Laclau and Chantal Mouffe, *Hegemony and Socialist Strategy: Towards a Radical Democratic Politics*, London: Verso Books, 2014, p.125.

话语也并非一定是由政客、学者等所发明的，高悬于日常生活的政治话语，而是在日常生活中赋予事物意义的一般语言-行动所代表的话语。

正是在这个意义上，拉克劳强调了"命名"的作用。他认为"命名"才能成为事物构成自身的基础。"试图命名无法命名的东西"①是语言的基本功能。拉克劳的"命名"概念将克里普克"原初的命名"思想与齐泽克的"回溯性命名"思想相结合。克里普克强调，词语之所以能够代表事物，并不是因为它们共有某种描述性特征，而是通过一种和描述行为毫无关系的"原初的命名"行动来完成的。②如同忒修斯之船的隐喻一般，虽然每一片代表着忒修斯之船具体属性的木头都已经置换，是原初的命名行动维持了其身份和统一性。在人的思维当中，名称是固定的，但属性可以改变。这一"原初的命名"概念反对的主要是语言学中描述主义者的"概念规定"——概念就是试图在所指和能指之间建立起固定关系，而反描述主义者的"命名"则试图将能指从所指的捆绑中解放出来，强调能指与所指之间的非决定性关系。在拉克劳看来，传统理论的视线闭塞很大程度上来源于这种描述主义的见解，他们假设了名称和事物之间应有的重叠性，所以能指只是事物描述性特征的透明中介。但语言学的反描述主义传统中，命名是先于事物与行为的独立行动，通过自己的偶然的命名行动，它创造了事物是其所是的必然性。在这个意义上，语言学的反描述主义传统不仅仅打破了能指和所指的必然联系，更是用拉克劳的话来说"解放了能指"——让能指不再从属于所指。

而这一命名行动的性质是什么？拉克劳借用了齐泽克对于命名的精神分析解读，认为命名作为基础其实是回溯地发挥作用。拉康认为身份认同和对象的统一性都是命名行为的结果。也就是说命名创造了把事物联系起来的"节点"。具体来说，命名行动先通过类似于婴

---

① Ernesto Laclau, *On Populist Reason*, London: Verso Books, 2005, p. 71.
② Slavoj Zizek, *The Sublime Object of Ideology*, London: Verso Books, 2019, p. 92.

儿受洗仪式的命名礼，再回溯性地将各种描述性特征"添加"到了这一名字或能指身上。齐泽克提出了关键性的问题，也就是当所有的描述性特征在不断变化的时候，留下的那个东西我们仍然称之为 X。问题是，这个 X 究竟是什么呢？齐泽克认为，这个 X 就是命名的回溯性效果（retroactive effect of naming），"是名称本身，这一能指，支撑着对象的身份"①。齐泽克认为，话语构造的缝合点之名称，其本身没有实证意义上的同一性。这一缝合功能使用再多的不同的所指试图填充都无法完成，而必须通过一个"纯粹的能指"实现的。齐泽克曾通过万宝路香烟的广告语来论证这点，广告中对美国的描述是："一个属于努力诚实之人而拥有无限前景的土地。"可口可乐的广告语不是："美国，这就是可乐"，而是"可乐，这就是美国"。两者都是通过万宝路和可乐这一符号来缝合美国这一身份。两者都将自己的品牌作为美国身份结晶化到自己的能指上。但在拉康看来，命名的行动需要一个前提，这就是命名过程不再从属于描述，或者来源于某种先于命名过程的某种指定关系（因为 A 被命名为 A，所以 B 应该被命名为 B）。因此，能起命名作用的能指不仅仅是偶然的，而且必须是空洞的。这也就是说，如果想要构建一种全新的身份，就要用一个全新"纯粹的能指"。比如说，公司需要建立一个独特的品牌，最好是用一个别人没用过的名称（能指）。

不过，拉克劳批评将这个"纯粹的能指"理解为"没有所指的能指"。他认为"没有所指的能指"只会指向一种无历史无意义的"空洞的普遍性"。似乎历史（以及现实）的意义完全依赖于主体回溯性的解读。这种凭空生成的"没有所指的能指"只能是噪音，是处于表意（signifying）系统之外，只会导致历史虚无主义。拉克劳强调"空的能指"必须已经在表意系统之中。这就意味着命名过程是必然是依赖历史语境。民粹主义的历史也证明了这一点。所有历史上作为民粹主义身份的那个空的能指，都曾经是一个具体的社会角色的名称。比如波兰的团结工会

---

① Slavoj Zizek, *The Sublime Object of Ideology*, London: Verso Books, 2019, p. 92.

(Solidarność)、西班牙的我们力量党(Podemos),等等。这些民粹主义运动就是通过这一特殊的名称链接了诸多异质性元素,最终将其凝结为一种集体意志,或者葛兰西意义上的"历史集团"来形成反现状的政治运动。因此,许多学者将霸权理论视为后现代主义对左翼政治的"釜底抽薪",似乎一切都是偶然,一切都是话语的"无限游戏"。实际上,后结构主义学者常提的偶然性(contingency),指的是一件事物的生成来源于一系列前序的选择和决定,并不是任意性和随机性。在这点上,历史学出身的拉克劳深刻地认识到左翼政治并不是真的"无中生有",而是寻找一种政治模式能够将看似分裂的局部抵抗联合起来。也是在这个意义上,他们试图重新试图发掘"人民"这一在历史一直代表激进性的名称。

三、引入精神分析:情感的重要性

在拉克劳的修辞-话语本体论建构中,精神分析的理论成为了最为重要的触媒,其打通了从政治到语言学的链接。当然,引入精神分析学除了为拉克劳提供论证的理论工具之外,往往被忽视的一点就是其重拾了情感(affect)在政治身份构成中的重要性。拉克劳的《论民粹主义理性》一书的主题有一层目标也是将"修辞工具——比喻、转喻、提喻、词不达意——成为扩人社会理性的工具"[1]。拉克劳的学术伴侣墨菲后来则更为直白地指出了情感对于政治的重要性,"不承认'激情'是政治领域的驱动性力量就无法理解民主政治",而"集体身份,一个'我们'是创造出社群成员之间强认同的一个激情情感投注(passionate affective investment)的后果"[2]。

拉克劳将情感(affect)视为民粹主义政治与理性主义传统下的政

---

[1]　Ernesto Laclau, *On Populist Reason*, London: Verso Books, 2005, p.12.

[2]　Chantal Mouffe, *Agonistics: Thinking the World Politically*, London: Verso Books, 2013.

治的重要区分。特别是他和墨菲将右翼民粹主义不断提及对于情感的应用，也常常被许多学者批评为是在为右翼民粹主义进行辩护。然而，拉克劳通过精神分析来论证情感也实际上描绘了一种更为微妙的态度。激情和享乐往往成为一对难解难分的概念，并且在西方传统中往往被视为是需要被理智所掌控的才能通往德性。最为典型的看法如亚里士多德的"灵魂马车"说，以及他将智者学派的修辞视为"为了享乐而享乐"进行的批判，某种程度上构成了人们对于情感和享受的基本见解。然而这点直到亚当·斯密和边沁那里得到了挑战——追求欲望和享乐不再被视为导向不义的政体，反而被视作能够促进公正。在此之后，关于政治主要呈现为社会和政治两分的基本假设：在市民社会的经济交往中可接受激情和享乐的无限制扩张，而政治则以理性处理经济享乐无限扩张的溢出效应。在此背景下，精神分析学的重要性在于，它以力比多经济学打破了这一社会经济两分的基本图示。在精神分析视角下，亚里士多德和亚当·斯密传统都是对于激情和享受进行了简化。对于享受的需求不再被视为仅仅是来源于自然或者是仅仅在符号层面（对于"善"）的追求，而是两者之间的结构性缺失所导致的——享受和情感的需求不是来源于仅能被暂时满足的生理需求，而是来源于他者（语言）中的结构性缺口，意味着它永远无法满足。用拉康的话来说"'再来一遍'成为他者的缝隙的合适名称，这一他者也是对爱需求的起源"①。这有两个重要的理论后果，第一是情感表现为政治与社会之间的鸿沟的超越，激情和欲望永远已经必然经过符号的中介，并且也经由符号不断的进行合理化。这也是为什么社会与政治现象表现出如此大的复杂性，而不像自然现象一样有规律可循。同样，情感是政治中必然拥有的要素，其本身不应被视作是好或者不好，其规范性维度取决于符号它者和情感之间的"无限互动"，也就是说，需要看具体的语境和场

---

① Lacan, Jacques, *The Seminar of Jacques Lacan: Book XX: Encore: 1972—1973*, New York: Norton, 2011.

景。第二则是在本体论层面上,社会和政治(符号)位置的颠倒,欲望和情感的来源是符号界上的缺失所导致,对于情感的无限需求也是死亡驱力的来源。这也就意味着自由主义范式下将"善"和对欲望的无限追求的等同难以成立。对"善"这一符号本身的追求从结构上是不可能的,只能最多暂时性的满足。

在这一理论背景之下,拉克劳明确指出:"关于冲动的理论占据了经典本体论的地位"[①]。在精神分析理论中,主体已经是缺失的主体(subject of lack),主体要试图去填补这一缺失,而唯一的方法就只有通过对一个客体的认同。这个客体就指向那个神秘的完满性的客体,而"霸权就是对一个部分客体的投注,这个部分客体是属于一个永远会躲避我的完满性,因为它纯粹是神秘性的"[②]。例如广告中常见的场景就是将特定的商品和这种完满性进行连接,似乎消费了某一品牌的食品或日用品,生活中的一切烦恼就烟消云散了。反面的例子是,比如在排外种族主义的话语中,如果能驱逐掉某个民族的人,"我们"就能恢复被他们中断的过去的美好生活。精神分析理论中,这种认同过程需要对一个客体的投注(investment):我将我的身份投注到魅力型领导人的承诺,或者我将我的不满投射到一个他者身上。这一认同过程必须会产生出拉康称所称的原质性的"快感"(jouissance)。这种快感不是对具体的欲望对象的快感,而是产生于对一个客体的无法满足的欲望的实现。正因为如此,它一方面意味着在政治中个人或者群体总是会投注到一个特定的话语之中,另一方面也意味着政治永远包含不属于理性的情感维度。

问题是这种完满性是从哪里来的? 拉克劳通过乔安·科霍克在《坚韧不屈的墓碑:论安提戈涅》中对精神分析的讨论来进行分析。在这本书中,科霍克讨论了弗洛伊德的死亡冲动概念和原初的母亲

---

① Ernesto Laclau, *On Populist Reason*, London: Verso Books, 2005, p.237.
② Ernesto Laclau, *On Populist Reason*, London: Verso Books, 2005, p.116.

(Nebenmensch)概念。首先,弗洛伊德认为死亡是所有冲动的目标。而科霍克提醒我们不应该把这种冲动理解为一种目的论,类似叔本华所理解的死亡是真实的结果和生命的真实目的,而应该把冲动理解为反对系统本身。弗洛伊德在《超越快乐原则》中认为所有冲动都是指向要恢复"在时间中向死亡移动"的过去时刻的;这一过去的时刻是一个回溯式的幻想。而科霍克用柏拉图《蒂迈欧篇》中的神话来解释这点。在《蒂迈欧篇》的神话中,地球是包含一切的,它不需要器官,它也没有外部。在精神分析理论中,我们可以将其理解为一种原初的母亲/孩童关系,也即是弗洛伊德的原初的母亲(Nebenmensch)概念。这个概念中包含了"所有主体整个人生都在试图回归找到的所有东西和快乐"。这种完满性就类似于拉克劳提到的神秘而不可达的完满性。试图在现实找到这种完满性只会导致完满性的毁灭。但是,科霍克总结了阻碍这一毁灭的两种原因:第一,所有的冲动都只有部分性的冲动,不存在完整的单独的冲动,所以,任何冲动的实现都无法达到这种完满性,也不存在真正的完满性的毁灭;第二,存在一种关于冲动的悖伦,也就是试图满足冲动的行动本身会阻碍冲动目标的实现,故而冲动的内在障碍会将冲动中止,并将其分裂成为部分性的冲动。冲动就只能在这些部分性的对象上得到满足,而这些对象就是拉康的"客体小 a"。

科霍克接下来论证,虽然原质快感是无对象的,但它可以投注到一个部分性的客体身上,这个部分的客体就是客体小 a。客观小 a 就是拉康的"升华"概念,即将普通的客体上升到原物(the Thing)之尊严的高度。科霍克接下来指出,这种部分性客体不能被理解为整体中的一部分,而应该被理解为作为整体的那个部分。对于这一问题,拉克劳指出,这种冲动的部分客体不是引起了整体性的那一部分性,而是这种部分性的客体成为这一整体性的名称。这就表明,拉克劳通过科霍克将拉康的客体小 a 逻辑理解为这样的公式:有一种部分性的客体,以命名行动,成为了那一无法实现的神秘完满性的代表。而这个部分性客体也不再仅仅是一个特殊的客体,而是被升华到了原物之尊严的高度。

这也就是民粹主义—霸权的逻辑——一个个别的需求,其名称成为那个无法达到的完满普遍性的代表。拉克劳指出,这个特殊需求也就不再仅仅是一个特殊需求,而变成了"空的能指",成为了那种无法达到的普遍性的化身。拉克劳认为,科霍克的分析将精神分析概念纳入了一般本体论位置。拉克劳通过对科霍克的分析给出了激进投入的公式:让一个客体成为神话般的完满性的化身。情感(享受)是这一投入的本质,而其偶然的特点使得这一公式获得"彻底性"①。

通过将精神分析、修辞和霸权-民粹主义提到本体论高度之后,情感维度在政治分析中的作用就被彰显出来。符号的意指活动(signification)也需要情感。任何意义的产生过程都需要情感才能实现。如同德里达文本之外无它的判断一样,拉克劳的话语-修辞本体论得出的也是情感之外无它(There is no outside affection)。甚至命名的回溯性作用只能通过包含情感的"激进的投注(radical investment)"的过程才能完成。这就意味着如同人的大脑负责认知的部分总是需要经由更为原始的,负责冲动的部分才能发挥作用一样,无论是一般意义上的社会生活还是政治实践,情感是在最基础性的层面上发挥作用。而传统理论往往将这一占据重要地位的人类体验放到理论的边缘位置,自然表现出了对复杂社会现实的理解困难。如同社会学家阿莉·拉塞尔·霍赫希尔德在《故土的陌生人》一书中对美国茶党支持者的观察中所发现的那样,意识形态不同的双方最大的隔阂往往是"同情心之墙",而支撑政治身份的"深度故事"是一种"感觉如此(feeling-as-if)"的叙事。

站在解放政治计划的角度情感维度就更不容忽视——话语的建立以及对意义的争夺和解释,从来都不是仅通过理性和逻辑来进行的,这里面必然包含了情感的激情投注。正因为如此,民粹主义中表现出的非理性的情感不是可有可无的,它们是霸权斗争的本质。同时,强调情感在构建意义过程中的内在性,就意味着在话语结构中的不同元素之

---

① Ernesto Laclau, *On Populist Reason*, London: Verso Books, 2005, p.111.

间的关系是偶然且不平衡的。任何政治计划只能是在特定的历史语境之中生发出来,情感的无限扩张也会转换成"死亡驱力",政治的暴力也永远在可能性的地平线之上。

结　论

在 2010 年拉克劳的学生 Jason Glynos 和 Yannis Stavrakakis 对他进行的访谈中,双方讨论了一个关于拉克劳理论发展的问题,那就是他的理论是否从符号转向了情感维度? 拉克劳指出情感维度其实一直存在于他的理论之中。他认为:"我并不认为我的理论从话语的符号维度转向了情感维度,因为我从一开始,就不接受这两者之间有分离。"[1]但毫无疑问的是,无论是在《论民粹主义理性》一书的论证中,还是在拉克劳民粹主义-霸权的理论转向中,他还是着重强调了情感的重要性。同样地,修辞也在拉克劳构建的话语本体论中的地位愈发显赫。这一发展伴随着的是对新社会运动的总结转向对左翼民粹主义运动的召唤。如果说,在《霸权于社会主义战略》时更为强调符号,那是因为革命主体性的问题尚未那么凸显,社会改革的氛围仍然浓厚,问题在于如何让离散的社会运动纳入一个后-马克思主义的共同政治图景之中。但到了千禧年以后,这一潜在的普遍左翼政治主体现实中更是无迹可寻,此时无论是哈特、奈格里更为乐观的诸众,还是盖·斯坦丁的流众(Precariat),还是拉克劳的重提"人民",都透露出的是一种葛兰西所谓的"旧的已经死去,新的尚未出生"的理论-政治困境。

也是在这一背景下我们来思考拉克劳为代表的左翼政治的语言学转向和本体论转向的意义。拉克劳的话语-修辞政治本体论主要论证了社会的开放性和建构性,反对将社会看作是可被理性把握的,而对修

---

① Jason Glynosa and Yannis Stavrakakisb, "Politics and the unconscious—An interview with Ernesto Laclau," *Subjectivity*, No. 3, 2010, p. 235.

辞性、命名和情感的强调则试图拓展左翼政治的理论-实践空间,特别是将民粹主义政治纳入视野。在拉克劳看来,只有"人民"这一能指才足够空洞,又带有足够的历史遗产,能够成为新的普遍解放运动之名。如同文中讨论的,拉克劳的理论动作是不断地将边缘的,部分的来代表整体——无论是民粹主义、修辞还是情感——他实际上是将"提喻法"的原则应用于自己的理论本身。

这意味着,拉克劳自己也深刻意识到,自己的理论也只是试图暂时性"缝合"社会的诸多话语之一。他的话语本体论的构建也同样在文本性之中。换句话说,强调话语的偶然性和非决定性的理论本身,不得不产生一种自反性,也必须承认自己的理论话语也是偶然且非决定的。那么,在利用话语理论拆除了最终的基础之后就会产生斯图亚特·西姆所提到的难题,若要称自己理论为左翼的,似乎又得陷入新的本质主义①。这也是理查德·罗蒂在《语言学转向》导言中对语言哲学家们提出的担忧,他们如何保障自己不像以前的形而上学"哲学革命家"一样,仅在认同了其理论之后才能假设其前提的不证自明性②。或者说,要理解拉克劳的理论-政治计划,首先要对其理论本身进行一次"激进投注"。

当然,这并不意味着左翼政治的本体论转向是一种"帕斯卡的赌注"——以解放政治计划为砝码迫使读者认同自己的本体论言说。而恰恰是一种更为激进政治的召询。因为当行动所依赖的那个固定地基已经失去,最为激进的做法反而是思考,行动可能有的意义是什么? 左翼政治的本体论转向可被视作是一种邀请,邀请人们在新的本体论平面上重新思考更多的可能性。回到拉克劳的话语-修辞本体论,这一邀请不应被简单地解读为左翼政治应该采用民粹主义,而是解读为:在这

---

① 西姆:《后马克思主义思想史》,吕增奎、陈红译,南京:江苏人民出版社,2011年,第46页。

② Richard Rorty ed., *The Linguistic Turn: Essays in Philosophical Method*, Chicago: University of Chicago Press, 1992, p. 1.

一已经敞开了修辞、情感的本体论地界中,既然民粹主义都可以思考,还有什么是也可以想的? 因此,左翼的本体论转向实际上邀请的就是拉克劳、墨菲所说的"每个声音都构建出自身不可还原的同一性"的解放政治的"复调的声音"①。

(作者 同济大学人文学院预聘助理教授)

Rhetoric, Affective Investment, Psychoanalysis: Laclau's Construction of Discourse-Rhetorical Ontology

Zheng Duan

Abstract: In recent decades, the field of philosophy has witnessed the intertwining of two significant trends: the "linguistic turn" and the "ontological turn" within leftist political thought. The linguistic turn emphasizes the pivotal role of language in reflection and expression, aiming to transcend the essentialism present in traditional Marxism. Concurrently, leftist political thought has progressively focused on ontology, seeking to discover new theoretical-practical spaces for left-wing politics. Ernesto Laclau, a post-Marxist scholar, is considered a representative figure amalgamating these trends. In his work "The Rhetorical Foundations of Society," he outlined the theoretical objective of establishing a discourse ontology grounded in rhetoric. Despite his untimely demise, Laclau delineated the foundational structure of this discourse-rhetoric ontology in his final monograph, "On Populist Reason."

---

① Ernesto Laclau and Chantal Mouffe, *Hegemony and Socialist Strategy: Towards a Radical Democratic Politics*, London: Verso Books, 2014, p.190.

This paper highlights Laclau's theoretical evolution, transitioning from hegemony to populism-hegemony, and the subtle shift from discourse ontology to rhetorical-discourse ontology. By introducing psychoanalysis, Laclau reintegrates dimensions of populism, rhetoric, and emotion from the periphery back to the centre, forming a general ontology of the political-rhetorics-psychoanalysis. This ontology regards rhetorical devices like metaphorical methods and emotional involvement in the act of naming as fundamental mechanisms for the institution and "suturing" of the social.

Within this theoretical framework, the significance of the linguistic and ontological turn in left-wing politics is emphasized. The approach involves first dismantling essentialist perspectives on society, adopting an open-end theoretical-practical perspective, and subsequently deploying ontology to construct a diverse space for left-wing political practices, aspiring towards a "polyphonic resonance."

Key words: Ontology of Discourse; Post-Marxism; Populism; Rhetoric; Hegemony Theory

二、思想史研究 <<<

马克思资本批判视域中的世界体系叙事①

兰　洋

摘要: 马克思对世界体系的思考经历了多次的转变,这与他从哲学思辨到政治经济学批判所走过的道路是一致的。在《资本论》及其手稿中,马克思最终形成的总体思路是:在深入批判资本主义的过程中具体展现现代世界体系的主要架构,并将资本权力的支配与统治关系视作国家间关系的本质属性。概括地讲,资本与世界体系的关系不是单一的而是多维的,不是外在的而是内在的。这表现在资本既破坏体系又创造体系,两者并置交织,形成稳定与动荡、繁荣与危机的周期性轮转。因此,只有扬弃资本及其运作逻辑,才能真正打破世界体系"建立—破坏—建立"的历史循环,以"真正的共同体"为国际社会和人类文明的发展指明全新道路。

关键词: 资本论　世界体系　人类命运共同体

近三十年来,世界体系(World System)逐渐成为国外学界关注的焦点问题。这种聚焦主要体现在三个方面。一是有的学者致力于开掘西方重要哲学家如亚里士多德、霍布斯、卢梭、休谟、康德、黑格尔等人

---

① 本文系国家社科基金青年项目"马克思对资本主义起源的解释范式转换及其当代价值研究"(21CKS012)。

关于"世界体系""国家关系""战争与和平"等命题的思想。二是亨廷顿、福山、基辛格等人基于建构主义、现实主义和自由主义的立场，分别提出了改良现有世界体系的政治方案。三是受马克思主义影响的学者如哈贝马斯、弗兰克（依附理论）、沃勒斯坦（世界体系理论）、奈格里与哈特、霍布斯鲍姆等对资本主义主导的世界体系给予深刻批判，并基于社会主义价值理念对未来世界体系进行了谋划。我们要对这一理论问题进行回应，进而建构关于世界体系的自主知识体系，首先必须回到马克思主义的立场、观点和方法。因为早在 19 世纪，马克思就以历史唯物主义重塑了世界体系的逻辑范畴，实现了世界体系叙事的重大变革。在辨识这一思想突破时，必须注意到，马克思并不是在一般的规范性意义上谈论世界体系，而是将其置于资本逻辑所主导的世界历史进程之中，进而凸显出世界体系的"社会-历史性"特征。深刻把握这一点，既有助于准确把握马克思的思想；也有助于我们透视现实问题，深刻理解"百年未有之大变局"。

一、马克思的世界体系叙事：从哲学批判到资本批判

纵观马克思的思想历程，他对世界体系的思考经历了一个相互联系又层层深入的过程。自法国大革命和拿破仑战争后，主导欧洲乃至世界格局的是英俄普奥等列强。这些国家建立起维也纳体系（Vienna system），用以维护它们对弱小民族和国家的统治，维系列强之间相对和平的状态。在马克思的时代，如果说共产主义是欧洲的"幽灵"，那么维也纳体系就是一切进步力量面前的"铁幕"。1830 年革命、1848 年革命和巴黎公社运动的失败都与其直接相关。因此，世界体系问题必然构成马克思持久思考的对象。概括地讲，在不同的时期，马克思对世界体系的研究有着显著的主题和特征，可以概括为哲学批判、政治批判和资本批判三种叙事。

1845 年以前，马克思对世界体系的思考主要是借助于批判黑格尔

法哲学的"迂回路径"。马克思认识到,作为普鲁士官方哲学的黑格尔法哲学,事实上为维也纳体系提供了合法性论证。这是因为在黑格尔关于世界体系的构想中,世界体系的终极实体是君主立宪国家,而君主国家的"相互承认"则标志着世界体系的建立。虽然黑格尔在理论上希望将君主权力置于近代资产阶级宪政框架之内,但在实际政治运作中又为专制主义和正统主义留下了空间。对此,马克思敏锐地指出:"黑格尔应该受到责难的地方,并不在于他如实地描写了现代国家的本质,而在于他用现存的东西来冒充国家的本质。"[1]这段话洞穿了黑格尔的国家哲学与专制主义之间的暧昧关系。一方面,黑格尔以君主的人格来充当国家的政治人格,造成了"这个人格化的理性具有的惟一内容就只是'朕意如此'这个抽象。朕即国家"[2]。马克思则针锋相对地提出:"民主制是君主制的真理",人民主权取代君主主权是历史的巨大进步。因为"在民主制中任何一个环节都不具有本身意义以外的意义。每一个环节都是全体民众的现实环节。在君主制中则是部分决定整体的性质"[3]。另一方面,黑格尔基于君主国家相互承认而建构的国家体系不过是"虚假共同体",是正统主义的"神正论"版本而已。在现代世界中,"正如在黑格尔的法哲学中一样,普遍事务的被意识到的真正的现实性只是形式的,或者说,只有形式的东西才是现实的普遍事务"[4]。总之,在马克思看来,无论是王朝的同盟关系,还是黑格尔意义上抽象的相互承认,都无法实现各国平等交往和长久和平。只有基于普遍交往的历史规律和革命的主体力量所形成的共同体才是各民族通向和平与自由必经的政治形式。

从 1845 年到 19 世纪 50 年代中期,随着革命形势与理论研究重点的双重变化,马克思对世界体系考察不再借助于哲学批判的迂回路径,

---

① 《马克思恩格斯全集》第 1 卷,北京:人民出版社,1956 年,第 324 页。
② 《马克思恩格斯全集》第 3 卷,北京:人民出版社,2002 年,第 35 页。
③ 《马克思恩格斯全集》第 1 卷,北京:人民出版社,1956 年,第 280 页。
④ 《马克思恩格斯全集》第 3 卷,北京:人民出版社,2002 年,第 80 页。

而是转向运用历史唯物主义来"洞悉国际政治的基本秘密"。此时,马克思的主要工作是以民族国家为基本单位,从经济、政治、意识形态"三位一体"复合逻辑出发探讨世界体系的基本性质。首先,马克思高度重视经济因素在世界体系运作过程中的基础性作用。比如,在考察维也纳体系建立后的最大战争——1853年爆发的克里米亚战争时,马克思就是首先从全球性生产关系所产生的利益冲突来透视英法与沙俄之间矛盾,并把经济因素视为整个维也纳体系必然走向崩溃的动因。①当然,对经济基础的强调并不代表马克思忽略了政治和意识形态因素对世界体系的作用。实际上,按照经济基础与上层建筑的经典划分,世界体系在直接意义上被马克思定义为一套作为国际关系之"上层建筑"的国际制度体系。这个体系的直接内容是一系列条约、法律和会议,并形成与之相适应的意识形态。因而,马克思始终对维也纳体系的制度载体——神圣同盟及其正统主义的价值观念进行无情的批判。②正是由于对国际体系的基本架构进行了科学分析,马克思得以揭露出隐藏在所谓的"维也纳和平"背后的列强进行侵略扩张和相互争霸的险恶内幕。在马克思看来,维也纳体系的本质是列强追求霸权、肆意侵犯弱国权利和进行殖民掠夺的政治屏障。因此,要摧毁这一反动的世界体系,就必须诉诸一种民族解放与无产阶级革命的关联性模式:一方面,民族独立和平等是无产阶级国际合作的前提;另一方面,无产阶级革命所锻造的新的国家制度是各国和平和发展的政治保障。

19世纪50年代后期,尤其是进入60年代以后,随着《资本论》的写作和出版,马克思再次实现了理论突破,表现为以资本逻辑为视角重

---

① 兰洋:《马克思恩格斯关于"东方问题"的评论及其当代价值》,载《马克思主义研究》2021年第12期。

② 兰洋、杜玥:《马克思对"神圣同盟"的批判与新型世界秩序的价值理念》,载《毛泽东邓小平理论研究》2022年第10期。

新阐释世界体系。在此之前,马克思虽然已经将物质生产的历史性过程作为论述世界体系的起点,但是还未完全把握现代世界体系的独有特征和本质性规律。经过政治经济学批判的洗礼,马克思更为深刻地认识到,现代世界体系的独特属性在于权力的"现代性逻辑",即资本逻辑。资本作为一种世界性的力量,构成了现代世界体系的内在驱动力,而现代世界体系的形成和发展则是资本实现自身的自然历史过程。与此相联系,世界体系的变化也就不再仅仅体现为国家之间的斗争、妥协和权力关系,而是将国家行为内嵌于资本的增殖逻辑及权力逻辑之中,将国际关系的浅层表现还原为资本的内核展开。换言之,资本与民族国家的关系,而非民族国家这一独立对象成为马克思论述世界体系的逻辑起点。相较于哲学叙事和政治叙事,这无疑是研究视角的重要转换。在此意义上,《资本论》在揭露资本主义经济规律的同时,剖析了现代国家关系的内在本质,它是马克思关于世界体系最集中的"政治经济学阐释"。

二、资本破坏—创造体系的悖论性逻辑

正如上文所言,马克思对世界体系的思考经历了多次的转变,这与马克思从哲学思辨到政治经济学批判所走过的道路是一致的。在《资本论》及其手稿中,马克思最终形成的总体思路是:在深入批判资本主义的过程中具体展现现代世界体系的主要架构,并将资本权力的支配与统治关系视作现代世界体系的本质属性。当然,资本的隐性逻辑是如何展开为世界体系的显性特征,仍是需要进一步展开说明的。关于这一问题,马克思在《资本论》及其手稿中做了深刻而富于启发性的研究。概括地讲,资本与世界体系的关系不是单一的而是多维的,不是外在的而是内在的。这表现在资本既破坏体系又创造体系,两者并置交织,形成稳定与动荡、繁荣与危机的周期性轮转。我们可以仿照海德格

尔的方法，将资本之于世界体系的作用，标识为"破坏—创造"的悖论性逻辑。

首先，资本具有破坏一切旧体系的天然倾向。在《共产党宣言》中，马克思就曾指出："生产的不断变革，一切社会状况不停的动荡，永远的不安定和变动，这就是资产阶级时代不同于过去一切时代的地方。"①在《1857—1858 经济学手稿》中，马克思进一步指出："资本按其本性来说，力求超越一切空间界限""力求摧毁交往即交换的一切地方限制，征服整个地球作为它的市场"。②马克思对欧洲历史十分熟悉，早在《克罗茨纳赫笔记》中他就指出：在资本主义诞生前，还不存在真正意义上的世界体系，有的只是地域的体系。比如古希腊城邦体系、罗马帝国体系、中世纪基督教体系，等等。这些体系所依赖的权力基础或是军事强力或是宗教力量，其扩张势头始终受到天然的制约，无法形成涵盖广大地域的全球性秩序。资本主义是人类历史上第一个全球体系。它区别于古代一切区域体系的关键因素就在于形成了资本支配生产积累模式。资本不断吸纳更广大地域作为资本生产的"一环"，从而使得一切封闭的、局部的国家体系趋向解体。因此，消灭一切地域的、宗教的、军事的旧体系不是资本偶然的、外在的需要，而是内在的、必然的规律，是资本存活和发展的前提条件。

其次，资本具有建立世界性体系的内在诉求。资本不仅摧毁旧体系，更重要的是开创了世界历史的新时代。马克思指出："创造世界市场的趋势已经直接包含在资本的概念本身中。"③资本为了实现自我增殖，既要不断打破地理障碍，摧毁一切阻碍扩大生产的区域性经济；又要在全球性经济扩张的基础上，建立一套保障增殖进程顺利进行的政治系统。这套政治系统在国家内部表现为"政治集中"，即民族国家的形成；在世界范围内则表现为国家利益的日渐资本化以及随之而来的

---

① 《马克思恩格斯文集》第 2 卷，北京：人民出版社，2009 年，第 34 页。
② 《马克思恩格斯全集》第 30 卷，北京：人民出版社，1995 年，第 538 页。
③ 《马克思恩格斯文集》第 8 卷，北京：人民出版社，2009 年，第 88 页。

世界体系的出现。为了避免增殖过程发生中断,资本不仅需要建立稳定的全球生产链条,并且需要通过国际分工和地缘关系源源不断地实现价值转移。因此,建立涵盖广大地域的世界体系,对于资本而言是必不可少的。这一论点在《1857—1858 经济学手稿》为《资本论》所谋划的"五篇结构"和《政治经济学批判·第一分册》所规定的"六册结构"中,都能得到明确的印证。马克思这样描述他的"六册计划":"我考察资产阶级经济制度是按照以下的顺序:资本、土地所有制、雇佣劳动;国家、对外贸易、世界市场。"①可以看到,这里的后三个部分实际上就是世界体系的直接内容。在《资本论》中,马克思进一步提出,无论是资本的"形成史"还是"当代史",都需要国际政治上层建筑来为外围的资本化(外拓)和中心的再资本化(内卷)提供制度性支撑(如法律制度、安全制度、外交制度等)。就资本的"形成史"而言,资本的原始积累与世界性的国家体系是同步出现的。16 世纪作为马克思所说的"资本的现代生活史"的开端,其主要特征是西班牙和葡萄牙建立起广大的殖民体系。正如《资本论》第二十四章所描述的,中美洲和安第斯山脉的稀有金属、加勒比海地区和巴西的奴隶种植园生产的蔗糖以及黑奴贸易带来的巨额利润被源源不断输往欧洲,帮助西欧各国完成了资本的原始积累。就资本的"当代史"而言,第一次工业革命使世界体系达到了一个全新阶段。"英国工厂主垄断了机器和世界市场",它企图"使所有其他国家都改奉自由贸易的教义,从而建立一个以英国为大工业中心的世界,所有其他国家都成为依附于它的农业区"②。此时,英国作为世界体系的中心,主导了资本主义的全球生产,使列强之间、列强与殖民地之间出现了前所未有的经济联系,从而奠定了维也纳体系的利益基础。

最后,资本永远处在消解和重建世界体系的悖论性趋势之中。在《资本论》及其手稿中,马克思通过世界市场、国际分工、国家斗争等具

---

① 《马克思恩格斯文集》第 2 卷,北京:人民出版社,2009 年,第 588 页。
② 《马克思恩格斯文集》第 4 卷,北京:人民出版社,2009 年,第 335 页。

体内容展现了 19 世纪世界体系的基本图景。可是,如果仅将资本建构世界体系的过程视作单向的或一劳永逸的,还不足以窥探到问题的全貌。实际上,正如马克思所指出的:"资本主义生产的真正限制是资本自身"①,资本主义的世界体系在一开始就潜藏着资本自身无法克服的内在矛盾,这就决定了它永远处在动荡不安之中。一方面,伴随着资本规模的不断扩大,资本之间为了争夺利益必然展开的全球性激烈竞争。马克思在《资本论》第三卷中已经敏锐地察觉到"资本集中"的历史趋势。这种转变的直接后果是,资本竞争由国内向着国际大规模扩散,并最终形成以民族国家为单位的"国家经济体"(national economies)之间的全面冲突。这样一来,列强之间的矛盾变得更加不可调和,局部的、区域的、暂定性的矛盾升级为全面的、世界性的、普遍化的矛盾。另一方面,由于资本的存续和权力依赖剩余价值的剥夺和转移,因此资本所主导的世界体系始终内含极度不平等,表现为中心国家对边缘国家、工业国家对农业国家、西方列强对殖民地的支配性权力和系统性剥削。这必然激起被压迫民族和国家的持续反抗,成为不断突破整个体系的矛盾点和"薄弱环节"。上述两种矛盾决定了资本主义世界体系的始终处在自我消解与重建的悖论性周期之中。这一悖论导致的后果是:当资本尚可以通过常态化的手段实现自我增殖时,会通过中心国家的霸权或者几个主要列强之间的均势来维持住整个体系的暂时稳定;而一旦资本增殖的循环被打破,出现了世界性的危机,那么就不得不通过非正常的手段(比如发动局部战争乃至世界大战)来进行体系的重组和再造。简言之,资本永远试图建立某种稳定性来便利其行动,却又不得不将这一体系破坏。因而,资本主义的世界体系就必然陷入自我矛盾的境地。

综上所述,马克思揭示了资本主义世界体系的双重结构和双重逻辑。双重结构指的是:在直接的意义上,世界体系是强国之间的政治关系以及强国对弱国的支配系统;而在更深层的意义上,它体现为资本的

---

① 《马克思恩格斯文集》第 7 卷,北京:人民出版社,2009 年,第 278 页。

自我增殖和空间扩张所形成的权力关系。双重逻辑则指的是：当维持体系有助于价值增殖时，资本会全力地保障这一体系的存续；而当体系已经无助于价值增殖时，资本也会义无反顾地去破坏体系。在此过程中，我们可能看到资本形态的变化，看到中心国家的兴衰交替和权力倒手，可不变的是"以资本为枢轴的综合权力——较大权力对于较小权力——的支配和统治"①。

三、扬弃资本主义的世界体系："真正共同体"的理论筹划

按照马克思的看法，资本主义世界体系的特征既是等级性的、互相敌对的，又是非共同性的、动荡不安的。它所带来的并不是各国各民族的平等和繁荣，而只是资本的绝对自由与任意扩张。反过来讲，只有扬弃资本及其运作逻辑，才能真正打破世界体系"建立—破坏—建立"的历史循环，人类也才能迎来长久的和平和普遍的繁荣。正是基于这样的意识，马克思提出了建构"真正的共同体"，为国际社会和人类文明的发展指明了全新道路。

首先，"真正的共同体"扬弃资本的增殖逻辑，更新了世界体系的核心动能。基于政治经济学批判的视角，资本复利式积累和扩张式循环是现代世界体系建构、扩张、瓦解的动力学机制。由于资本自身存在周期性波动，因此必然造成全球体系的分化与重组。尤其是当某些国家过度攫取并挥霍超额利润时，或者某个历史阶段的市场空间和技术创新的红利被攫取殆尽时，整个体系常常出现严重危机。因此，只有打破资本的增殖逻辑，以全人类的共同利益取代资本的狭隘利益，以全人类共同控制下的生产力发展取代资本的无节制的增殖运动，才可能走出世界体系"破坏—创造"的循环过程。具体而言，这一新的体系具有如

---

① 吴晓明：《"中国方案"开启全球治理的新文明类型》，载《中国社会科学》2017 年第 10 期。

下特征:(1)在生产力持续发展和全球交往加深的基础上,各民族形成共同体利益,作为世界体系建构的连接点。(2)各民族以公平正义为原则,通过团结协作实现整体性的进步,使世界体系摆脱国家统治的性质。(3)逐步废除国际领域的生产资料私有制,以全人类的发展需要取代资本增殖的需要,不再将剩余价值的生产和转移作为发展的主要动能。当然,马克思也充分认识到,扬弃资本增殖逻辑是一个长期的历史过程。因此,从现实性上说,构建"真正的共同体"首先要学会利用和限制资本。即,在资本所能容纳的全部生产力完全发挥出来以前,继续挖掘其促进生产力发展、推动各国普遍交往的文明作用;同时扭转资本的无序扩张所带来的生产过剩危机,遏制资本造成的国际贫富分化和系统性冲突。

其次,"真正的共同体"扬弃资本的空间逻辑,重塑了世界体系的主要特征。在马克思看来,世界体系在深层的意义上就是资本所生产的空间全球化。问题在于,资本空间生产全球化并非遵循均衡的逻辑展开,而是等级性和虹吸式的:资本不断开掘生产成本更低的空间,却将剩余价值吸收到中心区域。其结果是催生了"三个从属于"的"中心—边缘"支配结构。马克思则站在历史辩证法的高度指出,资本空间生产全球化的历史限度表明,平等化是未来世界体系的原则内涵。只有通过建立合作型的国际关系,彻底改变国际地位由单纯实力大小界定的现实,人类才可能告别充满冲突的"史前时代",真正进入"人类社会"的阶段。进一步而言,世界体系的空间重组不可能在资本主义内部获得完成,而只能依托于社会主义力量的出现和壮大。社会主义力量的阶级性质决定了其对外政策以人类的普遍解放为宗旨。只有社会主义力量才能真正将国家和民族一律平等地视作国际交往的基本单位,将本国本民族利益与世界人民利益有机统一起来。简言之,等级性、霸权型的世界体系向平等化、协商型的空间结构的转型,取决于社会主义与资本主义的力量对比与关系发展。

最后,"真正的共同体"扬弃资本的权力逻辑,改变了世界体系的运作机制。马克思既否定了一般意义的强权,更否定了作为现代世界体系独有的资本统治和政治霸权。正如《资本论》所揭示的,资本的扩张必须依赖国家力量。资本主导的国际分工与中央集权的国家结构共同组成了现代世界体系,后者是为了适应前者而在一定的地理范围内产生的政治组织形式。各个资本"领地"之间的竞争往往会演变成国家之间的对抗,甚至通过战争的方式重新"定位"全球力量格局。这就是近代世界体系始终周而复始地陷入战争的原因。在马克思看来,使国际体系不再建构于资本周期性运动的"座架"之上与逐步消除霸权主义是同一过程。无论是阶级压迫的国内战争、列强征服世界的殖民战争还是大国之间的争霸战争,体现的都是世界体系的剥削性质。马克思则指出:"在舞台上应该出现另一种力量""在欧洲还有一个第六强国,它在一定的时刻将宣布它对全部五个所谓'大'强国的统治并使它们个个战栗。这个强国就是革命"①。"真正的共同体"所指向的绝不是简单的权力洗牌,而是彻底改造世界体系的权力来源及类型,消除资本总体性权力的全球布展。在马克思的视域中,如果说近代资本主义世界体系的权力来源是"三位一体"的——经济上的剥削性权力、政治上的支配性权力和意识形态上的同一化权力。那么,未来世界体系的权力性质将会发生"三位一体"的根本性变革。即,在经济上,由平等合作产生的共赢型权力;在政治上,由协商对话产生的领导性权力;在价值观念上,由文明交流产生的创造性权力。

综合上述三个方面,当世界体系不再受困于资本的统治,自然也就不再陷入"破坏—创造—破坏"体系的悖论逻辑之中。相反,随着社会主义力量的不断壮大,人类将达到一种新的世界文明。这一文明以人类的共同利益原则置换资本原则来组织社会生活,以"文明互鉴"替代"文明冲突"来引领普遍交往,以"真正的共同体"扬弃"虚假的共同体"来塑造国际关系。一言以蔽之,新世界体系的根本前提是废除资本主

---

① 《马克思恩格斯全集》第 10 卷,北京:人民出版社,1962 年,第 8 页。

义私有制和不平等的国际分工；主要途径是社会主义运动的胜利和社会主义国家间的通力合作；伦理主张是消除贫困和战争，平等地尊重各国各民族的生存与发展权利；最终目标是建立自由人的联合体，实现世界长久和平和普遍繁荣。

结　语

从上述内容可以看出，马克思通过资本批判开创了一条世界体系转型新路。这不仅超越了同时代人的思想视域，更具有穿透时空的能力，为我们建构关于世界体系的自主知识体系，进而回应现实问题提供了思想武器。从理论观照现实，当今世界，多重挑战和危机交织叠加，世界秩序来到了历史的十字路口。面对百年未有之大变局，人类社会的未来前景呈现出两种方案，一是继续维持以强权国家为中心的国际体系；二是超越资本和霸权的统治，建立更加公平正义的世界秩序。毫无疑问，后者才是人类发展的正确道路，是在历史与理论的逻辑中证明了的必然选择。归根到底，在这样一个各国高度依存的全球化时代，推动世界体系在稳定中向着更加公平和善治的方向不断改进，既是摆在全人类面前的大课题，也是各国必须共同解开的方程式。不同于西方实践中"你输我赢""强者通吃"的丛林法则，马克思资本批判视域中的世界体系叙事强调坚持真正的多边主义，尊重各国自主发展的权利，反对资本无序扩张，反对霸权强权，反对集团政治，代表了世界人民的根本利益，代表了人类文明进步的方向。

习近平总书记指出："人类是一个整体，地球是一个家园。面对共同挑战，任何人任何国家都无法独善其身，人类只有和衷共济、和合共生这一条出路。"①面对动荡变革的世界，中国站在马克思主义的真理

---

① 习近平：《加强政党合作共谋人民幸福——在中国共产党与世界政党领导人峰会上的主旨讲话》，北京：人民出版社，2021年，第3页。

立场和方法论上,提出建构"人类命运共同体"的重大理念。这一理念继承了马克思"人的全面解放"的价值追求,彰显了 21 世纪社会主义和人类进步力量的蓬勃生命力,是通向更高级国际文明的必经之路。一言以蔽之,构建以人类命运共同体为核心的新型世界体系,才能真正解决世界性问题、实现国际公平正义、提升全人类的福祉,这是马克思对世界体系的研究给予我们的最深刻启示。

(作者　中国人民大学马克思主义学院副教授,中国人民大学当代政党研究平台研究员)

The Narrative of the World System in the Perspective of Marx's Critique of Capital

Lan Yang

Abstract: Marx's thinking on the world system has undergone multiple transformations, which is consistent with his path from philosophical speculation to political and economic criticism. In "Capital" and its manuscripts, the overall idea ultimately formed by Marx is: demonstrating the main structure of the modern world system specifically in the process of deeply criticizing capitalism, and regarding the domination and ruling relationship of capital power as the essential attribute of inter state relations. In summary, the relationship between capital and the world system is not singular but multidimensional, not external but internal. This is manifested in the fact that capital both destroys and creates the system, with the two intertwined and forming a cyclical cycle of stability and turbulence, prosperity and crisis. Therefore, only by abandoning capital and its operational logic can we truly break the historical cycle of "establishment destruction establishment" in the world system, and point out a new path for the development of the international community and human civilization with a "true community".

Key words: *Capital*; World System; Community with a Shared Future for Humanity

切近社会存在的思想征途

——对《马克思主义经济学史(1883—1990)》的当代审视①

黄志军

摘要:在理论与实践的辩证关系的意义上,马克思主义经济学的发展可以被看作是一段切近现代社会存在的思想征途。M. C. 霍华德和J. E. 金合著的《马克思主义经济学史》就是这样一部以此为对象的研究力作。它阐述了从马克思去世后到东欧剧变时期(1883—1990年)政治经济学的发展历程和知识谱系,让我们看到宏大的历史叙事背后马克思主义经济学的理论起伏和追求真理的努力。从对资本主义社会和社会主义社会演变的理论阐释来看,《马克思主义经济学史》的问题意识是明确的,评价是犀利的,视野也是独特的。但是受立场和时代的限制,它又不可避免地显现出自身的理论偏颇和历史局限。

关键词:社会存在 《马克思主义经济学史》 资本主义社会 社会主义社会

一、何谓马克思主义经济学?

近年来,笔者从事的一项工作是对政治经济学史的重要著作进行

---

① 本文为国家社科基金一般项目"政治经济学批判与人的存在方式研究"(20BZX008)的阶段性成果。

当代解读。这项工作主要包括三篇:上篇是对从古典经济学到蒲鲁东主义的经济学史研究的评论,它首先以《切近社会存在的思想征途:对卢森贝〈政治经济学史〉的哲学审视》为阶段性成果发表,中篇则是对从马克思去世之后到东欧剧变时期的马克思主义经济学史研究的评论,即是本文将要展开的对 M. C. 霍华德和 J. E. 金所著《马克思主义经济学史(1883—1990)》的当代审视。下篇则是对中国经济学史这一议题的评论,这一工作此后随即展开。这组评论涉及的研究跨度较大,议题颇多,但是它们有一个基本的视角,就是"要把握政治经济学史的正确书写,就必须追问如下问题:政治经济学范畴及其相互间为何会以如此这般的方式关联,进而能够串联出它们的历史? 基于这样的追问,我们主张从哲学视角即从社会存在的视角来解读政治经济学史,进而把政治经济学的发展历程看作是政治经济学家们以思想的方式切近社会存在的征途"[1]。正是基于这样的视角,我们才不至于陷入经济学史中的某些概念陷阱或圈套,而是真正去把握其内在的社会存在底色。

在正式讨论马克思主义经济学对现代资本主义和社会主义社会的解释和改造之前,应该追问的一个前提性问题是:霍华德和金《马克思主义经济学史》中的马克思主义经济学是何指? 在一般的理解中,马克思主义经济学指的是由马克思恩格斯创立的政治经济学说,它揭示了资本主义社会经济运行的基本规律,通过劳动价值论和剩余价值论揭露了资本主义社会的基本矛盾,并为未来的社会发展指明了发展方向。显然,这是狭义意义上的理解。众所周知,马克思恩格斯当时所处的资本主义社会随着其内在矛盾的不断深化和推进,后来已经发生了深刻的变化。与此同时,对这种不断进行的变化的解释也逐步构成马克思主义经济学的重要内容。问题便由此而来,这些随之而来的解释以及由此形成的经济理论在多大程度上是马克思主义的?

---

[1] 黄志军:《切近社会存在的思想征途:对卢森贝〈政治经济学史〉的哲学审视》,载《北京行政学院学报》2022 年第 2 期。

在《马克思主义经济学史》中,霍华德和金大致把马克思主义经济学的发展划分以下四个时期:第一个时期是1883年即马克思逝世时的马克思主义经济学。那时的基本文献主要体现在《资本论》第一卷以及作为补充的《共产党宣言》和《反杜林论》中,它们主要是关于商品生产的经济理论,而主要研究商品流通,以及商品生产和商品流通之间联系的理论还没有正式出版,所以并没有构成当时马克思主义经济学的主要内容。因此,当时的"马克思主义经济学是由有关价值和剥削、资本和剩余价值、积累和危机,以及资本主义产生和即将来临的对它的超越的理论构成的,所有这些理论都是基于对当时英国领先地位的考察而形成的"[①]。

第二个时期是1929年即资本主义经济危机爆发时期。随着《资本论》第二、三卷,以及《剩余价值学说史》的出版和传播,被广泛讨论且可以被定义为马克思主义经济学的基本文献也大量增加,与此相关,这些著作为分析当时的资本主义社会的变化也提供了宝贵的新洞见和新视角。尤其是关于资本一般利润率的形成和长期下降趋势的理论,以及关于资本主义经济危机的理论,都构成了这个时期马克思主义经济学的核心内容。"尽管存在许多重大的缺陷,但到1929年时,不能认为马克思主义经济学正在'退化'。相反,它继续进入新的领域、提出新的思想、面对新的对手,遭遇新的问题,它的多样性、它的分裂、它的不和谐是它巨大力量的来源。"[②]

第三个时期是1917年十月革命以后的苏俄(苏联)社会主义时期。在马克思主义经济理论领域,此前的普列汉诺夫、列宁、托洛茨基和布哈林等纷纷提出了各自具有创见的经济理论,其主要议题是如何理解俄国资本主义的发展,以及俄国将以何种方式走向社会主义的问题。十月革

[①] M. C. 霍华德和 J. E. 金:《马克思主义经济学史(1883—1929)》,顾海良等译,北京:中央编译出版社,2020年,第353页。

[②] M. C. 霍华德和 J. E. 金:《马克思主义经济学史(1883—1929)》,顾海良等译,北京:中央编译出版社,2020年,第354页。

命后,列宁的著作和思想开始占据着更为重要的地位,其面临的主要任务是改造马克思主义经济学,以使其适应落后的社会主义国家的实际情况,以及包括后来斯大林的政治经济学和对苏联生产方式的讨论。

第四个时期是第二次世界大战结束后的马克思主义经济学。当时发达资本主义国家仍然迅速而平稳地进行着资本积累,如何回答"资本主义发生变化了吗?"这一重大的时代问题,就成了马克思主义经济学不可回避的重要时代任务。与此相关的经济学理论层出不穷,如凯恩斯主义、垄断资本理论、新帝国主义理论、新价值理论、新危机理论,等等。

正如上述,马克思主义经济学随着资本主义社会的变化,历经了近120年的发展历程,呈现出了不同的面相和理论侧重点,那么到底哪些才算是真正的马克思主义经济学? 固然,要对此作出回答,仅仅依靠马克思主义的经济学文献是不够的,因为马克思主义经济学的创立和发展实际上都是与资本主义社会的存在自身密切相关的。所以,划定马克思主义经济学范围的一个重要标准即是它们的理论是否切近了资本主义和社会主义社会的存在,而非传统意义上的标准,即看它们是否符合马克思和恩格斯的某些论断或观点。当然,这不是意味着创始意义上的马克思的经济理论不再构成标准本身,而是说这种标准应该被有效地融入对变化和发展的资本主义和社会主义社会的解释之中。

对此,霍华德和金指出:"如果没有了劳动价值论、经济决定主义、剩余价值论和利润率下降理论,马克思主义经济学还能剩下什么与它称谓相匹配的东西呢? 还有什么东西使它不至于成为新古典理论中的一个微小的、相对平均主义的、具有社会倾向和历史意识的分支呢? 用拉卡托斯式的说法就是,马克思主义政治经济学的'坚硬的内核'又是什么呢?"①由此,他们认为21世纪的马克思主义经济学有四个本质性

---

① M. C. 霍华德和 J. E. 金:《马克思主义经济学史(1883—1929)》,顾海良等译,北京:中央编译出版社,2020年,第422页。

的内容：一是资本主义社会阶级性质的可不回避的现实，以及必然包括也不可避免的阶级斗争的现实；二是资本主义社会再生产中的一些关键性问题，如意识形态的问题、科学技术的问题等；三是资本再生产过程中的矛盾性，特别是不同阶级和阶级分化可能产生的对该制度的威胁；四是对"不平衡发展"概念的强调，即要说明资本主义作为一个世界体系是如何不可能平稳而协调发展的。在霍华德和金看来，这四个本质方面的内容将使马克思主义经济学不至于失去本来的面目，进而能够保持其作为一种进步纲领的理论地位。

显然，霍华德和金对该问题的担忧不是多余的，而是充满了睿智和洞见。资本主义社会作为马克思主义经济学的主要研究对象之一，如果它失去了对这一对象变化的把握能力，不能以理论的方式洞察其变化和机理，那么马克思主义经济学的现实意义则将会大打折扣。所以，根本性的问题还是在马克思主义经济学对现代社会的存在及其变化的把握程度上。就对《马克思主义经济学史》的考察而言，这里的社会存在主要涉及三个方面：

（1）社会形式：这是两个看似对立，但又相互关联的社会形式，即资本主义社会和社会主义。对于如何把握资本主义社会的新变化和苏联社会主义的新形态，马克思主义经济学家们所提出了各种各样的理论，如何判断这些理论的实质及其局限构成了霍华德和金的主要任务，也是本评论所要重点关注的议题。

（2）社会规定：从形式看，资本主义社会和社会主义社会是两种迥异的存在形式，但是从其内在规定看，它们则是在社会存在的普遍性和特殊性之间寻求某种平衡，而又打破这种平衡的结果。霍华德和金充分注意到了资本主义社会存在的现代要素及其历史意义，但对于苏联社会主义与资本主义的内在关系还有待进一步探究。

（3）社会改革：无论是资本主义社会，还是社会主义社会，改革都是其自身内在否定的一种表现形式，但改革又是多面向的，因每个观察者的角度不同而得出的理论自然就会存在差异。霍华德和金敏锐地把握到了这些差异及其冲突,本评论要做的就是站在当代社会主义发展基础上,进一步判断这些改革的历史和现实意义。

上述三个方面从形式上来说是反思性的,从内容上来说也是批判性的,更进一步说,这是基于马克思社会存在思想的反思和批判,因而也可以说是对《马克思主义经济学史》的当代审视。

二、马克思主义经济学对现代资本主义社会变化的阐释

霍华德和金所著《马克思主义经济学史》分为两卷,分别是 1883—1929 年卷和 1929—1990 年卷。其中与对现代资本主义社会变化的理论阐释紧密相关的内容有:(1)第一卷的第一篇"德国的贡献:1883—1914",主要分析了马克思的智力遗产,即《资本论》及其手稿在德国的相关研究,包括恩格斯与价值理论的争论问题,伯恩施坦和考茨基与修正主义的论战,希法亭的金融资本理论和卢森堡的资本积累论与帝国主义的问题等。该卷还包括其他两篇,即俄国到 1917 年在马克思主义经济学领域的贡献和 1917—1929 年的社会民主主义和共产主义的经济学理论。(2)第二卷的第二篇"长期繁荣",主要阐述了第二次世界大战之后,马克思主义经济学对"资本主义发生变化了吗?"这一问题的反思和回应,包括马克思与凯恩斯的关系问题,保罗·巴兰的垄断资本理论,对资本利润率下降趋势的实证分析,以及资本主义世界所开展的持久的军事经济等议题。(3)第二卷的第三篇"新帝国主义理论",主要从马克思主义经济学的角度研究了资本主义世界即资本主义中心地带和周边地区的关系问题,包括资本主义与不发达理论、不平等交换理论等。该卷还涉及其他三篇,如第一篇"大萧条与斯大林主义",第四篇"价值与剥削",第五篇"当前的争论"等。

可以说,《马克思主义经济学史》在辨析马克思主义经济学对现代资本主义社会变化的把握方面所付出的笔墨是最多的,也是最令人印象深刻的。当然,如果要求本文对霍华德和金的研究做出全面的评论

也是不切实际的。我们认为霍华德和金在这个议题上的主要贡献,不是把马克思主义经济学的相关文献都罗列出来(不过他们所掌握的各种各样的资料确实令人咋舌!),而是他们抓住了两个关键问题:一个是资本主义社会在现实世界中为什么会发生经济危机,以及这种经济危机将会导致资本主义发生怎样的变化? 另一个是资本主义社会在二战后为什么会处于长期繁荣的状态,以及这种状态对资本主义到底意味着什么? 这两个问题看起来似乎有些自相矛盾,但实际上却在理论和实践层面显示出了资本主义社会自身的矛盾性,以及随之而来的对这种矛盾性的理解的复杂性和不确定性。

第一个问题:资本主义社会的经济危机的根本原因是什么及其他会导致资本主义社会发生怎么样的变化? 这其实是一个贯穿马克思主义经济学发展的核心问题。众所周知,提出这一问题并最初给予解答的是马克思,他在《资本论》第三卷中把利润率处于长期下降的趋势看作是资本主义社会经济危机的根本原因。毋庸置疑,马克思的这个观点对后世的影响是深远的。但是在霍华德和金看来,恩格斯并没有在这个问题上追随马克思,而是把危机本质的变化与资本积累和集中采取的新形式联系起来,把垄断的增长和贸易保护主义的重现和重大危机联系在一起。随之,霍华德和金又尖锐地指责恩格斯:"由于忽略了利润率下降的趋势,他其至放弃了马克思危机理论中一个重要的线索。"[1]然而,如此指责恩格斯实际上是偏颇的。一方面,没有任何证据可以表明他忽视或反对马克思的危机理论;另一方面,恩格斯对资本积累和金融资本等资本主义社会发展新状况的揭示,实际上为后来的马克思主义经济学对资本主义社会变化的把握提供了非常有益的启发。

在第二国际时期,考茨基在《阶级斗争》一书中把资本主义的经济危机归结为两点:一是资本主义生产的无政府状态,二是日益增长的需

---

① M. C. 霍华德和 J. E. 金:《马克思主义经济学史(1883—1929)》,顾海良等译,北京:中央编译出版社,2020 年,第 16 页。

求和消费不足,进而认为资本主义生产将由于不可抗拒的经济力量必然导致毁灭。可以说,这也代表了正统马克思主义的主流观点。对此,伯恩斯坦认为这两个原因是没有根据的,一方面由资本主义生产的无政府状态导致的再生产比例失调问题,会因世界市场的增长与财富和信用的扩张而提供更多的调整机会;另一方面,以消费不足的方式所提出的正统马克思主义的危机理论,在后来已经被恩格斯和马克思否定了,因为无产阶级和中产阶级的购买力都在稳步提升。霍华德和金认为在 20 世纪最初的 15 年里,马克思主义政治经济学确实经历了重大发展,主要是德国理论家围绕考茨基和伯恩施坦的争论,在以下三个方面展开取得了重要进展:一是对资本主义的经济崩溃即危机理论展开更为详尽的研究,二是对资本主义社会的新发展阶段作出系统的说明,如卡特尔和信用、银行、金融等问题,三是对帝国主义竞争、殖民扩张和军国主义的发展进行经济解释。[①]这些研究成果主要体现在希法亭从金融资本和卢森堡从资本积累的角度来把握资本主义的新变化及其经济危机等。

霍华德和金认为希法亭的《金融资本》被证明是除《资本论》之外整个马克思主义政治经济学史上最有影响的著作之一,因为后来几乎所有对资本主义社会经济矛盾所作的马克思主义的分析都借鉴了这部著作,并称其改变了马克思主义经济学的图景。霍华德和金的评价在一定意义上是中肯的,因为《金融资本》相比较于正统的马克思主义而言,它在概念和分析层面更加切近了资本主义社会新展开的现实活动。一是它关注信用在资本主义社会中的重要作用,如信用在剩余价值分配中愈发重要的地位、利息份额的增加与银行统治力量的加强等,而这些议题在《资本论》中则仅仅是被置于流通领域来把握的。二是它对公司资本主义的兴起这一新现象的分析,深化了《资本论》对股份公司粗略

---

① M. C. 霍华德和 J. E. 金:《马克思主义经济学史(1883—1929)》,顾海良等译,北京:中央编译出版社,2020 年,第 83 页。

的理解。三是它分析了帝国主义的经济本质,即,建立尽可能大的经济区,通过保护性关税壁垒排除国外竞争,从而建立民族垄断联盟的开发区,进而引发帝国主义之间的现实矛盾和冲突。不过,霍华德和金更多地把目光指向《金融资本》与帝国主义分析之间的关联,而非指向《金融资本》在切近现代资本主义社会所发生的变化方面的独特贡献。这也导致他们分析的落脚点或判断的根据最终消弭在德国社会民主党内部的政治争议中。

与此同时,在把握资本主义社会新变化,即它必然朝向帝国主义发展方面,卢森堡的《资本积累论》也是一部可以与希法亭的《金融资本》相提并论的重要著作。它提出了一种基于学术论证和现实考察的结论,那就是资本主义要实现增长就必须靠这个制度外的消费者来实现其不断生产出来的剩余价值。在这个意义上,资本主义社会的生产能力和消费能力便存在着根本性的冲突,而这是由资本积累所导致的。其结果便是资本主义社会对非资本主义社会的强制性拓展,资本主义国家越来越具有侵略性,它们之间的竞争也越来越激烈,从而帝国主义最终表现为军国主义。在卢森堡看来,"从纯粹的经济观点看,军国主义是实现剩余价值的一个重要手段,它本身就是资本积累的一个领域"①。在霍华德和金看来,卢森堡混淆了个别资本的需要(需求的外部来源)和作为整体的资本主义制度的需要。因为作为整体的资本主义制度的需要是为了获取利润,而不是满足人的需求,所以在封闭的资本主义制度进行积累是可能的。尽管如此,卢森堡在把握资本主义经济危机理论方面还是提供了一个重要的视角,尤其是她对军事和国家力量在资本主义经济发展中地位的强调,对军国主义和发达国家之间日趋紧张的关系的经济必然性,等等。可以说,卢森堡的分析为后来把握资本主义的军事经济开拓了新的领域

---

① 转引自 M. C. 霍华德和 J. E. 金:《马克思主义经济学史(1883—1929)》,顾海良等译,北京:中央编译出版社,2020 年,第 109 页。

和视野。

由此可见,在 1883—1914 年以德国为理论阵地的马克思主义经济学发展过程中,一方面,正统的马克思主义者们坚定的抱守着资本主义经济崩溃论;而另一方面,像伯恩斯坦、希法亭和卢森堡等也试图提出更切近资本主义社会新变化的理论,这些理论本身在当时引起了巨大争议,甚至受到德国社会民主党内部的猛烈批判,但是如果把它们放在更长的历史长河之中来看,我们也许能体悟到这些理论的历史意义和当代价值,尤其是在第二次世界大战之后,资本主义处于长期繁荣时期,马克思主义经济学对此该作何种解释时。

第二个问题:资本主义社会在二战后为什么会处于长期繁荣的状态以及这种状态对资本主义到底意味着什么? 众所周知,第二次世界大战对世界各国的政治、经济、文化、思想等都产生了深刻影响。尤其是资本主义和社会主义两大阵营从联合对抗法西斯主义到渗透各方面的对立,对整个世界的进程产生了重大而深远的影响。对于马克思主义经济学来说,则是承受了前所未有的压力,即,资本主义社会并没有像预想的那样发生重大的经济危机,进而导致自身的崩溃。因为在发达资本主义国家所发生的另一番景象,即资本积累迅速且平稳地进行着,使得马克思主义经济学不得不重新审视其整个政治经济学。霍华德和金认为资本主义显然已经发生了变化,但是"它对马克思主义政治经济学在何种程度上产生了影响,又赋予其什么含义上,仍然存在着激烈的争论。资本主义发展的新的历史分期,判断资本主义发展新阶段的标准,以及如何把它与新'时期'区分开来,这些问题并没有得到解决,它们在未来的几十年里还会被提起"[1]。尽管如此,马克思主义政治经济学还是实现了切近时代发展的重大理论突破,诸如垄断资本、军事经济和利润率下降等理论。

---

[1] M. C. 霍华德和 J. E. 金:《马克思主义经济学史(1929—1990)》,顾海良等译,北京:中央编译出版社,2020 年,第 92 页。

保罗·斯威齐和保罗·巴兰合作发表的《垄断资本》是继希法亭的《金融资本》之后的又一马克思主义经济学力作。与希法亭把德国作为研究对象不同,斯威齐和巴兰的对象则是美国。但相同之处在于,无论是金融资本,还是垄断资本,它们都是马克思主义经济学家用以解释资本主义危机的主要概念。斯威齐(斯威齐—鲍威尔消费不足模型)认为,消费作为总产品的一个比例趋于下降,一方面资本家在利润不断增加的情况下,并没有增加足够的花费,从而保证储蓄率不变;另一方面,工人得到的收入不断减少,进而如果把所有储蓄都用于投资的话,那么股本则会比消费品的产量增长得更快。因此,如果积累有超过消费的趋势,那么投资将会被削减,而可以获得的利润的增长将宣告结束。基于以上消费不足模型,斯威齐和巴兰在《垄断资本》中提出"剩余增长规律"以解释1945年以后资本主义社会的长期繁荣,进而预言它的终极危机。在他们看来,大公司取代私人资本,通过对产量和价格的控制,进而达成共同利润最大化的目的。这样一来,生产成本会不断下降,价格则被垄断所固定,利润便会不断地增加,它虽然是微观经济学的原理,但是在宏观经济上,它反映了相对剩余和绝对剩余的增长趋势。但是不断增加的剩余如何被吸收的呢?他们认为资本家的消费和投资都不能解决该问题,而销售费用和政府支出则是资本主义社会解决该问题的基本出路。一方面,在引导时尚变化、创造新的需求、设置新的社会地位标准、执行新的礼仪规范方面,广告越来越具有支配作用,从而能够抵抗垄断资本的停滞趋势;另一方面,政府通过增加军事开支来支配它对剩余的吸收。

《垄断资本》对资本主义经济中"剩余"的关注,很容易让人想起马克思著名的剩余价值理论,但是正如其批评者所指出的那样,他们忽略了劳动过程和工资理论,他们强调剩余价值的实现而不是生产,他们的"剩余"概念是模糊的、与历史无关的和道德主义的,而不是马克思意义上的科学的剩余价值概念,所以在根本上是非马克思主义的概念。在霍华德和金看来,斯威齐和巴兰的观点是对当时美国资本主义反思的产物，他们在两个方面对全世界的马克思主义经济学产生了更久远的影响，一是其军事支出的理论，二是第三世界的消费不足理论。回望斯威齐和巴兰的垄断资本理论，可以发现固守所谓正统的马克思主义剩余价值理论自然无法对不断变化的资本主义社会作出科学的分析，然而背离马克思的科学剩余价值理论，也终将会"巧妙地"卸下历史唯物主义赋予马克思主义者的使命和重担。由此，不是马克思主义政治经济学在创造什么新概念，诸如金融资本、垄断资本，而是在存在论的意义上，资本主义社会自身发生的变化为这种理论提供了源头活水。行走在时代与马克思的思想之间，如何保持一种必要的张力，则成为马克思主义政治经济学的一个重大课题。

三、马克思主义经济学对现代社会主义道路的探索

霍华德和金的《马克思主义经济学史》在研究马克思主义经济学对现代社会社会主义道路探索方面的内容，主要分布在第一卷（1883—1929）的第二篇"俄国到 1917 年的贡献"、第三篇第十五章"向社会主义过渡：1917—1929 年的共产主义经济学"，以及第五篇第十八章"社会主义政治经济学"部分。我们无意于对普列汉诺夫、俄国民粹主义、修正主义、列宁、托洛茨基、布哈林，以及向社会主义过渡的政治经济学作事无巨细的描述。事实上，对马克思主义政治经济学来说，重要的不是其内部理论和学说的建构，而是对理论建构及其实现所赖以实现的社会存在的把握和揭示。在探索现代社会主义道路的思想征程中，俄国出现了各种各样的声音，他们在不同阶段代表着不同群体的现实利益，所以从社会存在的观点来把握这种探索或许能切中当时马克思主义经济学的内在脉搏，进而检验其得失。关于马克思主义经济学对现代社会主义道路的探索，我们主要涉及以下方面：一是列宁对俄国社会主义道路的研判，普鲁士道路抑或美国式道路；二是托洛茨基关于不平衡和综合发展的理论；三是马克思恩格斯

论后资本主义社会。

第一,列宁对俄国社会主义道路的研判,普鲁士道路抑或美国式道路。俄国马克思主义是世界范围内社会主义实践的先行者。对于俄国马克思主义者来说,他们的政治经济学首要面临的任务便是社会主义现代化问题,即如何使俄国走向现代化的道路。在此之前,普鲁士道路和美国道路作为实现社会现代化的两种典范,成为列宁等马克思主义理论家们最为关注的理论议题。所谓普鲁士道路,即是普鲁士政府采取自上而下的方式在农业领域改革封建制度,如颁布解放农奴人身依附关系、停止徭役的"十月赦令"和"农奴解放令",逐步向资本主义社会演进。其基本特点是,贵族地主阶级自上而下的主导农业改革,农奴制地主庄园变成资本主义农场,容克地主逐步地资产阶级化,广大的农奴变成贫农和童工。质言之,普鲁士道路是改良的道路,一方面它是在最大限度地保留农奴制的基础上,允许富裕农民交纳赎金免除封建义务,成为自己份地的所有者;另一方面,地主阶级逐渐的采用雇佣劳动方式,按照资本主义的方式来经营农场土地,从而使普鲁士的封建领主制经济向带有资本主义性质的容克地主经济转变。

列宁认为普鲁士道路在现代俄国历史中占据着主导力量。1861年的俄国农奴解放,农业生产者并没有与土地相分离,而是依然被束缚在土地上,所以它没有在根本上触动地主对农民的传统剥削关系。但列宁又认为1905—1907年的农民革命,实际上中断了"普鲁士道路"的演进过程。此外,普鲁士式的现代化道路在他看来是无效率的,而且俄国的贵族与东部德国的容克相比而言,更缺乏向农业资本主义转变的能力。尽管如此,在俄国,普鲁士道路通过资产阶级的革命可能会取得成功,然而布尔什维克的任务是阻止它的实现,并以更具革命性的"美国式道路"取而代之,通过革命建立"工农民主专政"。霍华德和金指出,当时列宁的马克思主义者们出于革命实际的需要,要求普鲁士道路在俄国获得一定程度的成功,然而这条道路的核心在于"封建贵族转变为依据资本主义经济原则行事的地主阶级。那么,通过什么标准来定义它的阶级利益呢? 是通过旧模式的结构,还是新模式的要求?"①言外之意,在普鲁士道路的定义中,封建地主阶级和资产阶级的利益实际上是难以界定的,这样将会导致革命阶级行动的丧失。对于当时的俄国革命来说,普鲁士道路显然是漫长的改良道路,已然不能满足暴风骤雨式的革命形势和要求,耐心和激情在革命阶级的行动中发生了不可避免的冲突。

那么美国式道路又如何呢? 与普鲁士道路不同,它是彻底地、迅速地将农民从封建关系中解放出来,通过资产阶级革命,废除封建的生产关系,进而建立以自身劳动为基础的农民个体经济。在竞争的经济规律中,农民开始分化,进而雇佣制的大农场开始占据主导地位,自发产生出农业资本主义的道路来。普鲁士道路是在土地贵族私有化的基础上,使农奴—地主经济转变为容克—资产阶级经济,而美国式道路则是通过国有土地私有化,产生普遍的小自耕农经济,进而最终形成资本主义雇佣制的农场经济。按照列宁的见解,美国式道路的农业生产是建立在商品生产逻辑的基础上的。1905 年,列宁主张建立以农民为基础的资本主义,剥削地主,实现土地的国有化,促进资本主义在俄国的发展,因为美国式道路在这方面具有可资借鉴的经验,即资本主义从占有大量土地的自由农民阶级发展而来。由此而来的负面影响,如会失去一部分资本主义化程度较高的地主,农村无产阶级的数量也将下降,等等,但是列宁认为这些将被"美国式道路"的全面的合理性所抵消。在霍华德和金看来,列宁所主张的美国式道路中的农民立场是存在不足的,即,他主张土地国有化政策,从而有利于资本主义获得最大程度的发展,但是农民没收地主的土地,并进而对它们重新进行分配,实际上在革命行动中两者是相互冲突的。

① M. C. 霍华德和 J. E. 金:《马克思主义经济学史(1883—1929)》,顾海良等译,北京:中央编译出版社,2020 年,第 214 页。

由此可见,列宁对当时俄国走向现代社会主义道路的探索是历史性的,然而又是非常具有实践性的。当普鲁士道路和美国式道路从他们各自产生的社会历史境遇中抽离出来后,如何在俄国当时的社会历史条件下获得再生,显然并没有现成的答案。资本主义社会在不同国家走的道路不尽然相同,又更何况俄国的马克思主义对俄国资本主义的发展研判呢? 但是以列宁为代表的马克思主义者的理论努力,显示了俄国当时社会存在的复杂性和特殊性,对于俄国资本主义的发展实际上所具有的决定性意义。所以,俄国当时走什么样的道路,现有的成功模式仅是"参考",而作为革命主体的俄国农民及其生产关系才是真正的"行动者"。

第二,托洛茨基关于不平衡和综合发展的理论。20 世纪七八十年代以来,列斐伏尔和哈维的空间理论似乎拓展了现代马克思主义者们的地理视域。但是如果往前追溯其理论渊源,恐怕是不能绕过托洛茨基不平衡和综合发展理论,其在西方马克思主义的影响不可谓不大。正如霍华德和金指出,在俄国社会民主党分为孟什维克和布尔什维克两派的背景下,"就政治经济学来说,最重要的是托洛茨基的不平衡和综合发展理论"[1]。可以说,它是俄国马克思主义者在探索现代社会主义道路方面的开创性思想。所谓不平衡和综合发展论,就是在托洛茨基看来,俄国需要走一种不断革命的道路,因为俄国的现代化是一个不平衡的过程,主要表现在部门发展之间的不平衡,而同时这些部门又综合在单一的社会形态中,它们具有不同的历史发展进度。他认为这种不平衡发展的形式是理解俄国的历史和未来的基本线索。与列宁后来强调帝国主义之间的不平衡发展不同,托洛茨基并没有对此予以区分。因为他始终把俄国的现代化定位一种特殊性的过程,而把帝国主义则视为具有相同矛盾的普遍经济体。

---

[1] M. C. 霍华德和 J. E. 金:《马克思主义经济学史(1883—1929)》,顾海良等译,北京:中央编译出版社,2020 年,第 137 页。

那么,如何评价托洛茨基的不平衡和综合发展理论呢? 按照当时的主要看法,认为他的思想是与正统派的彻底决裂。但是当时马克思主义的正统派,即是指与不断革命论相对而言的"两阶段"革命论。当然,他们对于马克思著作中有关不平衡和综合发展论的思想是不可能予以关注的。比如,在《政治经济学批判》序言中,马克思所指出的革命或转型时期,两种不同的生产方式在同一种社会形态中出现的状况,也就是先进的和落后的生产方式的不平衡形式以综合的方式存在于同一社会形态中。还比如,马克思认为西欧的封建制源于古代奴隶制与征服了罗马的德意志野蛮部落组织之间的相互渗透,等等。霍华德和金认为,不平衡和综合发展论在马克思的历史唯物主义中尽管是隐含的和受到限制的,但是托洛茨基作为激进的创新者,他的这一理论"可以被视为是为了提供一个更具一般性的框架而进行的第一次有意识的尝试,在这个框架中,马克思承认的不平衡和综合发展的复杂性与历史唯物主义的核心思想保持了一致"[①]。由于托洛茨基把不平衡和综合发展论建立在历史的"特殊性"观念上,因此也被扣上了民粹主义的"帽子"。在理论上,这种"特殊性"观念与历史唯物主义所强调的"普遍性"的历史进程有着某种外在的偏离。正因为如此,托洛茨基试图把不平衡和综合发展论推广到更宽广的领地,将其作为历史发展的一般规律揭示出来。

第三,社会主义政治经济学与社会主义的建设实践。正如霍华德和金指出,在马克思主义思想史上,由于对资本主义经济规律的探索占据着主导地位,而对社会主义经济学的研究其实是很不够的。但是自 20 世纪 20 年代以来,尤其是 20 世纪 70 年代以来,社会主义政治经济学开始被提高到一个显著的位置,备受马克思主义者关注。"当'实际存在着的社会主义'的危机的深度开始变得明显之时,1989 年

---

① M. C. 霍华德和 J. E. 金:《马克思主义经济学史(1883—1929)》,顾海良等译,北京:中央编译出版社,2020 年,第 242 页。

的剧变预示着,这一主题将主导 20 世纪 90 年代的马克思主义政治经济学。"①对于社会主义政治经济学而言,霍华德和金认为有四个问题是需要予以探讨的。

一是对未来理想中的社会主义的存在环境问题,理论家们其实意见并不一致,甚至相去甚远。一种观点将社会主义构想为一个孤立系统,而另一些则认为社会主义和资本主义将在漫长的时间内共存,对此,如何把握现实的社会主义存在状况便不是一个可有可无、可大可小的问题。

二是效率问题没有得到充分的讨论。马克思主义理论家们对社会主义的平等、自由、公平、正义等价值倾注了很多的精力,以此表明社会主义对资本主义在伦理、道德上的优势。但是在社会主义制度内部,如何更有效地满足人们的需要,并且比资本主义能够更有效、更好地提供这种满足的条件,却没有得到充分关注。"社会主义只有在满足同样的需求方面优越于资本主义,而不仅仅是由于它可以更好地适应于满足新的需求时才能赢得支持。"②

三是在后资本主义社会,剥削和压迫将显著减少,甚至可能彻底消亡,这是传统社会主义者的基本信念。这种信念是建立在假设所有人的需要将会在社会主义条件下得到更好的满足,但是归根结底,它得依赖于社会主义的效率。在霍华德和金看来,效率问题在非剥削和非压迫的情况下,仅是在宏观经济中被提及,但是在社会主义经济运行的微观层面没有得到普及性的重视和实践,这将导致社会主义内部危机的加深。

四是"实际存在的社会主义"显然不是富有效率的。霍华德和金指出:"苏联模式社会主义产生的历史性危机说明,必须谨慎地对待现实

---

① M. C. 霍华德和 J. E. 金:《马克思主义经济学史(1929—1990)》,顾海良等译,北京:中央编译出版社,2020 年,第 382 页。

② M. C. 霍华德和 J. E. 金:《马克思主义经济学史(1929—1990)》,顾海良等译,北京:中央编译出版社,2020 年,第 383 页。

的社会主义实践。"①众所周知，马克思所强调的未来社会高度发达的生产力，在苏联模式的社会主义建设过程中，并没有显现出来。它的高压统治最后也没能挽救低效率的生产力。特别是在与资本主义共存、竞争的情势下，社会主义的先进生产力如何实现一直是需要予以认真对待的问题。在引进资本主义先进技术的同时，也将面临它的管制、警惕和打压，这是常态，而通过自身的建设，要追赶资本主义的先进技术，则需要更为稳定、有利的外部环境，和更有效率、更具创造力的内部制度。

上述问题预示着社会主义政治经济学不可能孤立地存在，它需要与资本主义政治经济学密切地联系起来。"社会主义政治经济学只有建立在对资本主义进行彻底了解的基础上才有说服力。"②显然，霍华德和金谨记马克思在《政治经济学批判》序言中"两个决不会"的教导。其实，如果完全按照"两个决不会"的程序和方式，那么俄国社会主义则不可能产生。在理论上，无论是资本主义政治经济学，还是社会主义政治经济学，是不是一种具有普遍效力的经济学，进而适用于所有国家，这历来是一个警惕的议题。马克思所揭示的资本主义特殊经济规律，如货币、资本、信用、银行、剩余价值的生产等，这些都是人类社会的文明成果，社会主义政治经济学不可能也做不到视而不见，但是这些特殊的经济规律如何在社会主义国家发挥它的作用以及发挥作用的方式、范围和领域，则是因地制宜的。霍华德和金，在这一点上的理解显然对承载社会主义的政治、历史，以及国家和民族等特殊因素，并没有充分的考虑。

结　语

从时间上来看，霍华德和金的《马克思主义经济学史》涉及了从

---

① M. C. 霍华德和 J. E. 金：《马克思主义经济学史（1929—1990）》，顾海良等译，北京：中央编译出版社，2020 年，第 384 页。

② M. C. 霍华德和 J. E. 金：《马克思主义经济学史（1929—1990）》，顾海良等译，北京：中央编译出版社，2020 年，第 384 页。

1883 年到 1990 年一百余年马克思主义经济学的基本面相;从空间上来说,马克思主义经济学也历经了从德国到俄国,再向英美等国发展的进程。马克思主义经济学在时空上的转移,也表征着资本主义和社会主义社会在存在论意义上的演变。从这个意义上说,马克思主义经济学并没有"终结"自身,而是沿着社会存在的自身演变的道路,遵循着它的发展轨迹而不断地更新自己、发展和丰富自己。

霍华德和金的《马克思主义经济学史》为我们打开了一幅马克思主义经济学发展的多彩画卷,这里面的细节不一定都是如作者所言。自然,著者在评价某理论家时也是一家之言,不可全听信之。尤其是对苏联生产方式的研究和评价,我们认为著者将其完全置于托洛茨基的视野下来理解是非常不妥当的,而且对这样一种哪怕是最后归于失败的生产方式的研究,完全以政治的立场和范式来把握也是欠科学的。对于社会主义政治经济学的研究,如果著者要现在要加以修订的话,我想应该也不会仅仅停留于 1990 年的"东欧剧变"时期。因为改革开放以来的中国特色社会主义的历史实践,对任何一个想在马克思主义经济研究领域有所建树的研究者来说,都是绕不过去的重大课题。

马克思主义经济学历经百余年的历史,在面对纷繁复杂的现代世界时,除了其批判性和革命性以外,还需要创建更多更有用的"批判的武器"。一是面对全球气候变化,在实现碳达峰碳中和的过程中,马克思主义经济学应该有所作为;二是面对当今世界的军事冲突和局部战争,马克思主义经济学对军事经济的研究,尤其是军事力量与资本主义关系的研究,应该有所突破;三是面对全球金融形势和风险,无形经济的崛起等新经济状况,马克思主义经济学亦应有相当的声音发出。诸如此类的挑战和风险,对于马克思主义经济学史的研究来说,或许也是它切近现代社会存在的窗口和途径。

(作者　中国人民大学哲学院教授)

The Ideological Journey of Closing to the Social Existence
—A Contemporary Review of *The History*
of Marxist Economics(1883—1990)

Huang Zhijun

Abstract: In the sense of dialectical relationship between theory and practice, the development of Marxist economics can be regarded as an ideological journey that is close to the existence of modern society. *The History of Marxist Economics*, co-authored by M. C. Howard and J. E. King, is one such masterpiece. It expounds the development course and genealogy of political economy from the death of Marx to the period of Soviet and Eastern upheaval(1883—1990), allowing us to see the theoretical ups and downs of Marxist economics and the pursuit of truth behind the grand historical narrative. From the theoretical interpretation of the evolution of capitalist society and socialist society, the problem consciousness of *The History of Marxist Economics* is clear, the evaluation is sharp, and the vision is unique. However, limited by its position and times, it inevitably shows its own theoretical bias and historical limitations.

Key words: Social Existence; *The History of Marxist Economics*; Capitalist Society; Socialist Society

再论"贱民"与"无产阶级"

——黑格尔"贱民"概念的困境及超越[①]

刘纪龙　　庄忠正

摘要:在一定意义上,黑格尔的"贱民"与马克思恩格斯的"无产阶级"指向同一群体。与其说是主观情绪,不如说是物质贫困从根本上导致了"贱民"的产生。黑格尔关于"贱民"的界定受到马尔萨斯等英国政治经济学家的影响,存在表象化和偏见化的描述。这一概念亦面临着理论上的困境,即以"劳动"为核心对"贱民"的批判难以成立。马克思和恩格斯则站在历史唯物主义的哲学立场、无产阶级运动的阶级立场,以政治经济学批判为核心重释了"贱民"问题,用"糟糕的社会关系"代替"穷人的不法",用"资本运动"代替"理性运动",实现了从"贱民"到"无产阶级"的概念变革以及两个概念之间的相互建构:"无产阶级"是"贱民"的真理,"贱民"表征了"无产阶级"的低下地位,把为承认而斗争与为解放而斗争现实地勾连起来,并且实现了对古典经济学和黑格尔的批判性超越。

关键词:黑格尔　马克思　恩格斯　贱民　无产阶级

---

① 本文系中国人民大学科学研究基金项目"政治经济学批判视域下马克思的正义思想研究"(23XNA016)、国家社科基金青年项目"青年马克思政治哲学中的'黑格尔因素'研究"(21CZX011)的阶段性成果。

近年来，一些学者将黑格尔的"贱民"概念与马克思的"无产阶级"概念联系起来，进行比较研究，取得了一些有益成果，如甄别出二者在文本渊源的直接疏离性、逻辑结构的断裂性等①，但也有一些问题有待深入研究，例如黑格尔"贱民"概念与古典政治经济学的关系、从"贱民"到"无产阶级"实现的术语革命以及恩格斯对这一问题的理论贡献等。所以，我们不应局限于黑格尔对"贱民"的只言片语甚或矛盾性的描述，而应拓展研究视野，探究古典政治经济学对黑格尔"贱民"概念的影响，以及马克思和恩格斯对相关问题的分析，挖掘"贱民"产生的现实根源，厘清它与无产阶级的关系。

一、"贱民"：从何而来？

（一）客观境况或是主观情绪？

黑格尔的"贱民"概念主要出现在法哲学体系中的市民社会部分，且与贫困问题密切相连。所以，学界对它的讨论主要聚焦于"贫困—贱民"问题，争论的焦点在于贱民的产生根源：在黑格尔看来，贱民的产生的根源究竟是物质贫困，还是一种主观的偶然情绪？

黑格尔认为，"当广大群众的生活降到一定水平……之下……从而丧失了自食其力的这种正义、正直和自尊的感情时，就会产生贱民"②。他首先指出了贱民的根源在于贫困，这一观点具有较强的唯物主义性质。但黑格尔接着说："贫困自身并不使人就成为贱民，贱民只是决定于跟贫困相结合的情绪，即决定于对富人、对社会、对政府等等的内心反抗。"③这里，原因又变成"主观情绪"，贱民只是"决定于"特定的"内

---

① 潘斌：《从"贱民"到"无产阶级"：马克思对黑格尔贫困问题的政治性重构》，载《哲学研究》2018 年第 9 期；夏莹：《论黑格尔的"贱民"与马克思的"无产阶级"观念的结构性差异》，载《学习与探索》2019 年第 3 期。
② 黑格尔：《法哲学原理》，范扬、张企泰译，北京：商务印书馆，2017 年，第 278 页。
③ 黑格尔：《法哲学原理》，范扬、张企泰译，北京：商务印书馆，2017 年，第 278 页。

心反抗"。可见,黑格尔给出贱民产生的原因是:客观(贫困)与主观(对市民社会的否定性情绪)的结合,定义贱民的根本规定不是物质贫困,而是与之结合的"情绪"。他一方面指出了客观原因的本源性,另一方面又说主观原因更重要,是"决定"的,这引起不少争议。鲁达(Frank Ruda)认为,贱民是"使自身"在贫困的基础上形成的①,是自我产生的。国内有学者则把产生贱民的原因总结为两种偶然性,指出消除经济上贫困的偶然性并不连带着消除主观情绪上的偶然性②;也有学者从黑格尔是唯心主义者出发,认为黑格尔强调精神贫困,指出了精神贫困在贫困贱民问题中的核心作用③;还有观点从法哲学讲义出发,指出黑格尔归根结底认为是物质的贫困导向了贱民的内心反抗④。

可见,问题的关键在于,物质贫困和主观情绪(或"精神贫困"),从根本上是哪一个导致了"贱民"的产生。本文认为,在黑格尔那里,贱民产生的根本原因在于物质贫困,其作为核心因素,通过一系列现实环节,引发了对社会和劳动的否定性情绪。"贱民"是物质贫困与其次生结果的化合物,是"总体贫困"的结果。物质贫困作为"总体贫困"的基础与核心因素,统摄并决定了教育贫困(这直接导致了"精神贫困")、尊严丧失、医疗匮乏等其他方面的"贫困"。关于这一点,黑格尔作了说明:失去家族纽带关照的劳动者失去了"受教育和学技能的一般机会,以及司法、保健,有时甚至于宗教的慰藉",并且在匮乏的环境中酝酿着的"嫌恶劳动的情绪,邪僻乖戾,以及从这种状况中和他们所受不法待遇的感情中产生出来的其他罪恶"⑤。正是这些"不法待遇"让穷人心

---

① Frank Ruda, "That Which Makes Itself: Hegel, Rabble and Consequences," in *Hegel's Elements of The Philosophy of Right: A Critical Guide*, David James ed., Cambridge: Cambridge University Press, 2017, p.164.

② 夏莹:《论黑格尔的"贱民"与马克思的"无产阶级"观念的结构性差异》,载《学习与探索》2019 年第 3 期。

③ 田书为:《如何理解贫困:马克思对黑格尔的超越》,载《哲学分析》2021 年第 2 期。

④ 任劭婷:《从黑格尔"贱民"到马克思"无产阶级"的逻辑变革——现代自由的困境与出路》,载《哲学动态》2017 年第 3 期。

⑤ 黑格尔:《法哲学原理》,范扬、张企泰译,北京:商务印书馆,2017 年,第 276—277 页。

生反抗和不满。黑格尔的确预设了人的自由意志,但他认为意志的自由本性只有经过教化才成为自为的、现实的。穷人及其子女因物质贫困而无实际权利受到教育(把握普遍关系的理论教育与养成劳动习惯的实践教育),因而不具备"成为社会成员的能力",无法现实地融入市民社会,最终沦为"贱民"。①精神贫困从属于物质贫困而不是相反,这是黑格尔没有也无法忽视的市民社会的物质现实。更关键的是,贫困不能仅从绝对意义上理解,还应包括相对贫困。黑格尔之所以主要用"情绪"界定贱民,是因为贫困造成一种不对等和单向度承认,导致一种拒斥的情绪。维持"生物人"存活的物质基准线是确定的,但维持"社会人"生活的物质基准线却是浮动的、相对的,后者因社会、历史条件的不同而相异——"最低生活水平,即贱民的生活水平,是自然而然地形成的。可是这一最低限度在不同民族之间有着极大的差别"②。相对贫困即贫富分化造成了主观上的逆反心理。如阿维纳瑞(S. Avineri)所言,黑格尔也从主观上把握了贫困问题,"穷人最主要的问题是,当他们达不到特定社会所公认的最低生活标准时,他们仍然觉得他们需要达到这种水平"③。尽管有上述种种,黑格尔的哲学上的唯心主义、政治上的保守主义立场还是影响到了他对贱民的界定。他在贱民产生的社会或个人、客观或主观原因上摇摆,使得这一问题显得有些矛盾晦暗。真正理解黑格尔的"贱民",需进一步发掘其理论缘起,英国的经济状况及古典政治经济学正是准确把握这一概念的关键锁匙。

(二) 贱民概念的来源:英国古典政治经济学

黑格尔并非凭空造出"贱民"概念,它具有一定的历史语境,即英国古典政治经济学对《济贫法》无产贫民的讨论。黑格尔曾认真学习

---

① 黑格尔:《法哲学原理》,范扬、张企泰译,北京:商务印书馆,2017年,第238、275页。
② 黑格尔:《法哲学原理》,范扬、张企泰译,北京:商务印书馆,2017年,第278页。
③ 阿维纳瑞:《黑格尔的现代国家理论》,朱学平、王兴赛译,北京:知识产权出版社,2016年,第189页。

过古典政治经济学,阅读过斯密等人的著作,他的市民社会理论可谓是德国版的国民经济学,贱民问题的语境即是市民社会中的贫困问题。具体而言,在法兰克福期间,黑格尔关注了贫困问题,从英国报纸上做了许多摘要,其中重点关注"关于济贫法(Poor Law)的国会辩论,贵族和财团试图通过该税法给贫民一些小恩小惠,以平息他们的愤怒情绪"①。此时(1798 年)正值马尔萨斯的《人口原理》发表之际,对济贫税的讨论与批判十分火热。黑格尔提出的贱民问题很大程度上受到马尔萨斯等人对济贫税批判的影响。斯密曾批评"济贫法防碍劳动的自由移动",损害了"一个穷人所有的世袭财产,就是他的体力与技巧",使人丧失劳动自由权,变相滋生懒惰。②更具代表性的是马尔萨斯的批评,英国议会相当重视马尔萨斯的意见,1817 年草案和 1834 年新《济贫法》主要吸收了他的观点③。马尔萨斯认为,济贫税实际上鼓励了懒惰,使穷人依赖救济,削减了他们的自立自尊心理,并"助长了穷人的那种漫不经心和大手大脚的习气";因为他们(城市工人)在工厂倒闭陷入贫困时,还可以"指望教区给予帮助",所以他们不储蓄,而是肆意"酗酒和挥霍";取消救济,将使穷人陷入对意外的恐惧,"对于懒惰和挥霍,是一种最强有力的抑制";济贫法还"与自由思想格格不入……给那些不靠救济、尽力自谋生计的人平添许多烦恼";"艰苦的劳动是一种罪恶",但"同依附于他人相比,是一种较小的罪恶,不会使人类心灵堕落得那么厉害",即将劳动与否和堕落联系起来。④马尔萨斯的这些观点是当时古典政治经济学界对贫民的代表性看法。

此时再综观黑格尔对贱民的一系列规定,不难发现,其贱民概念很

---

① Georg Lukács, *The Young Hegel: Studies in the Relations between Dialectics and Economics*, London: Merlin Press, 1975, p. 170.

② 亚当·斯密:《国民财富的性质和原因的研究》上卷,郭大力、王亚南译,北京:商务印书馆,2017 年,第 136、121 页。

③ George R. Boyer, *An Economic History of the English Poor Law 1750—1850*, Cambridge: Cambridge University Press, 1990, p. 58.

④ 马尔萨斯:《人口原理》,朱泱、胡企林、朱和中译,北京:商务印书馆,1992 年,第 34—36、112—113 页。

大程度上是对古典政治经济学家关于城市贫民描述的总结。他描述贱民特征时用的即是"轻佻放浪、好逸恶劳、丧失自立精神"之类词语,在评论英国济贫税时还特意写到"懒惰和浪费（贱民由此而生）"。①这与马尔萨斯等人描述接受救济的无产者使用的词汇如出一辙。相同的论题与高度相似的界定证明了二者间的直接联系。此外,斯密在界定"必需品"时不但包括了维持人的最低自然生存的商品,还把"少了它……最低级人民,亦觉得有伤体面"的商品如"皮鞋、麻衫"②,即关乎人基本社会尊严的"面子商品"纳入其中。这亦是黑格尔指认的贱民尊严丧失的原因:当一个人穷得连"得体的衣物"都没有时,他就根本无法进入社会生活,继而会陷入一种极端的疏离之中。可见,黑格尔界定的"贱民"并非其独创,而是总结和承继了古典政治经济学家的观点或深受其影响,把具备上述特征的无产者称为"贱民"。

在探讨此问题时,学界往往忽略了这一关联,因而产生一些误读。如认为"贱民"在黑格尔那里只是理性国家运动的"剩余""偶然",是全然外在于市民社会的。但这一概念的提出本就基于英国市民社会,恰是现代市民社会内部的产物。还有观点基于"是否劳动""懒惰"等外在特征,把"贱民"与"无产阶级"对立起来进行比较,如"贱民"必然不会演变为"无产阶级"③,或者"穷困潦倒的'无权之人'与斗志昂扬的'革命主体'之间存在着本质性差异"④,进而引出二者一系列的"差异",等等。实际上,"贱民"不是一个独立的群体,它是从英国需救济的贫民

---

① 黑格尔:《法哲学原理》,范扬、张企泰译,北京:商务印书馆,2017 年,第 278、279 页。

② 亚当·斯密:《国民财富的性质和原因的研究》下卷,郭大力、王亚南译,北京:商务印书馆,2017 年,第 440—441 页。

③ 胡顺:《超越还是差异——再论马克思与黑格尔贫困理论的差异》,载《理论月刊》2021 年第 9 期。

④ 潘斌:《从"贱民"到"无产阶级":马克思对黑格尔贫困问题的政治性重构》,载《哲学研究》2018 年第 9 期。需要指出的是,无论在马克思还是恩格斯那里,无产阶级都是一个现实的而不是理想的存在,不是一个完美无缺的革命阶级。恰恰是其负面性、恶的方面为其革命与自我革命提供必要性。划分阶级的客观标准只能是生产资料所有权,而不是"劳动"。

（即城市无产阶级）的生活状况那里抽象出来的。科维纲也察觉到："贱民"与无产阶级间的联系："工人阶层或工人阶层的一部分人（'贱民'）的'荒淫'、'贫困'及'蜕化'不仅意味着贫穷，也尤其意味着道德的贫乏及伦理的剩余价值的丧失。"①

质言之，无产阶级的生活状况即是贱民概念的直接来源。黑格尔无批判地将马尔萨斯等人的描述搬了过来，结合自己的体系提出了贱民概念。黑格尔听信了他们的描述，以为真的存在一个希求不劳而获、懒惰挥霍、不知廉耻的群体。但马尔萨斯等人的描述与分析并不准确，使得黑格尔的"贱民"概念与现实具有非同一性。

二、黑格尔"贱民"概念的困境

通过文本对照和理论推论，我们发现了黑格尔的"贱民"概念与古典经济学在济贫问题上的高度相关，但黑格尔亦有自己的独到之处。黑格尔关注贱民问题的目的在于解决个体与共同体的分裂状况，使特殊性融入普遍的伦理性实体之中，达成个体与共同体之间相互承认的伦理性目标。对此，黑格尔采取了一个以劳动为中介的辩证运动方式。

（一）"贱民"何以为"贱"：劳动在黑格尔体系中的地位

劳动在黑格尔的精神哲学体系、伦理体系构建中都有十分重要的地位，它既是个人培育自我意识的手段，又是获得他者承认的基础，还是个体实现社会化、扬弃特殊性而与普遍性结合的中介。在《精神现象学》的自我意识中，黑格尔将劳动作为奴隶获得独立意识、走向自由和获得承认的基础环节。为获取承认而进行的斗争是人与人关系中最为本质的一度，即人之为人（person），必须获得其他人的承认。在否定与克服物的过程中，奴隶逐步达到"独立的意识的真理"。"在陶冶事物的

---

① 转引自潘斌：《从"贱民"到"无产阶级"：马克思对黑格尔贫困问题的政治性重构》，载《哲学研究》2018 年第 9 期。

劳动中则自为存在成为他自己固有的了，他并且开始意识到他本身是自在自为地存在着的"①，即在劳动过程中，他不仅改变了客观物，更确证了自身的本质和力量。在法哲学中，劳动被进一步规定为自由意志外在化，获得定在的过程——私人所有（所有权）以劳动为基础。这是市民社会中个体安身立命与自由的基础。此外，劳动不是孤立的而是社会历史性活动。在"需要的体系"中，个人通过劳动满足自身的目的，但"这个目的是以普遍物为中介的"，为实现目的，个人只有"按普遍方式来规定他们的知识、意志和活动，并使自己成为社会联系的锁链中的一个环节"②，即从事劳动的人必然被具有普遍规定的劳动中介所改造，陶冶事物的同时陶冶自身。这样，个体的人通过劳动外化（商品生产）与相互异化（商品转让）上升为具有普遍性的人。私人也与"观念的精神需要"这一"普遍物"联系起来，而不是沉溺于个人的"偶然性和任性"——黑格尔将之视为"劳动所包含的解放环节"③。个体的自我意识进一步上升为普遍的自我意识，向自由与精神迈进。这种从存在论和"人"的生成入手的劳动观超越了以斯密为代表的国民经济学，并为马克思所吸收、肯定④。

此时我们便明白黑格尔的这个说法了："问题不仅仅在于防止饿死而已，更远大的宗旨在于防止产生贱民。"⑤在黑格尔看来，贱民"好逸恶劳"，这是不理解"劳以成人"的精神本性，是一种"任性"。宁愿伸手乞食而"不愿意"加入劳动分工体系之中，等于拒绝进入以劳动为中介的市民社会，拒斥普遍性。"贱民精神"直接威胁着市民社会的基本原则，破坏了人与人、人与社会之间相互承认的基础以及实现自由的路径，是一种"不法"。贱民还将市民社会和国家视为一个虚假的共同体，

---

① 黑格尔：《精神现象学》上卷，贺麟、王玖兴译，北京：商务印书馆，2019 年，第 148 页。
② 黑格尔：《法哲学原理》，范扬、张企泰译，北京：商务印书馆，2017 年，第 229 页。
③ 黑格尔：《法哲学原理》，范扬、张企泰译，北京：商务印书馆，2017 年，第 236—237 页。
④ 参见《马克思恩格斯全集》第 30 卷，北京：人民出版社，1995 年，第 615 页。
⑤ 黑格尔：《法哲学原理》，范扬、张企泰译，北京：商务印书馆，2017 年，第 276 页。

从而萌生"内心反抗"以及对通过劳动进入此共同体的路径的厌恶和不信任。黑格尔曾将这种"认定国家权力和财富这两种本质性都与自己不同一的那种意识"称为"卑贱意识"。这种意识仇视统治阶级并时刻准备叛乱,它"贪爱财富又鄙视财富,那么随着享受消逝,随着日益损耗中的财富的消逝,它认为它与富人的关系也已消逝"①。这种意识将自身与国家的关系看作非同一的,因而是非伦理性的。由于上述种种规定,黑格尔将这一群体斥为"贱",不配得到承认。进而言之,贱民处在承认的丧失状态,这又引起要求承认的斗争。这种要求以"不法"的形式表现出来:一是直接向社会要求生活资料,而不经过劳动的中介,即要求社会无条件地承认他的权利;二是以侵害的方式引起别人的重视,要求正视他的力量,即犯罪。这里蕴含着结为"群氓"、反对"有机国家"②,即转化为"暴民"的倾向。这是黑格尔极力避免的,所以他才如此重视贱民问题。

(二)劳动与承认的"断裂"

黑格尔是以"劳动"为核心批判"贱民"的。在他看来,"劳动"不仅是维持生计的手段,更是达成伦理性目标的中介。但他的上述构想存在一个问题,即严格地讲,在法哲学体系内,人与人之间相互承认的中介并不直接是劳动,而是财产。黑格尔承继了斯密将财富的源泉移到劳动(主体)上的做法,把私有财产作为以物象(Sache)形式展现出来的人格。而物(Ding)的坚实性造就了一个多主体必须遵守的承认中介,私有财产现实地担任了人格间相互承认的中介,有学者将之概括为"无私有财产,无相互承认"③。但这一区分对黑格尔也许并不重要,对他来说,市民社会的原则即是劳动所有和等价交换。劳动和私有财产的区别不过在于,一个是就活动而言,另一个是就活动结果而言。然而,

---

① 黑格尔:《精神现象学》下卷,贺麟、王玖兴译,北京:商务印书馆,2019年,第58页。
② 黑格尔:《法哲学原理》,范扬、张企泰译,北京:商务印书馆,2017年,第365页。
③ 陈浩:《无私有财产,无相互承认——试论黑格尔〈精神现象学〉的理论困境》,载《世界哲学》2014年第3期。

正是在这里,劳动与承认发生了"断裂"。

劳动并不一定就能获得私有财产。市民社会中,"单独一种劳动与全部数量无限的需要的联系完全无法估量,是一种盲目的依赖关系,以致一种遥远的操作往往使整个一类由此满足其需要的人们的劳动突然受到阻碍,成为多余的和无用的"①,即需要的"殊多化"、分工与市场的盲目依赖关系会导致失业、贫困问题。这在黑格尔看来是贫困的重要原因。因此,他要求警察、同业公会之类的公共机关对贫困进行救助,并对市场无序进行调整,缓和震荡。②更重要的是,在救济过程中要避免助长"贱民精神"即好逸恶劳等心态,不能与劳动所有权相悖,"穷人用不着以劳动为中介就可保证得到生活资料;这与市民社会的原则……相违背"③。可是,让穷人劳动又会使生产过剩,这又是祸害之处。④他针对贫困与贱民问题罗列了几项解决措施,却又一一否定,并声称这是令现代社会苦恼的问题。可见,虽然黑格尔坚称劳动与所有是同一的,进而维护了劳动与承认的同一性,并以此批判了拒斥劳动的"贱民",但他无力解决贫富分化的问题,只能将贫困归因于市场的盲目性,并试图依靠同业公会、国家等机关来应对这一问题。但同业公会是否能应对这种危险呢?"对此,黑格尔的回答即便不是迟疑不决的,也是复杂的。"⑤19世纪中叶的现实则证明,公共机关并没有能完成黑格尔的期望,哪怕只是"缓和"。

黑格尔批判"贱民"的两个关键点是"对市民社会的内心反抗"和"对劳动的厌恶情绪",但都难以令人信服。私有财产扬弃了封建依附关系,成为相互承认的中介,但也悖论性地成为资产者压迫无产者、给予扭曲承认或不予承认的手段,以财产为中介的承认关系与需要关系

① 《黑格尔全集》第6卷,郭大为、梁志学译,北京:商务印书馆,2017年,第262页。
② 参见黑格尔:《法哲学原理》,范扬、张企泰译,北京:商务印书馆,2017年,第273页。
③ 黑格尔:《法哲学原理》,范扬、张企泰译,北京:商务印书馆,2017年,第279页。
④ 黑格尔:《法哲学原理》,范扬、张企泰译,北京:商务印书馆,2017年,第279页。
⑤ 让-弗朗索瓦·科维纲:《现实与理性:黑格尔与客观精神》,张大卫译,北京:华夏出版社,2018年,第290页。

异化为压迫关系。黑格尔看到了这一点:"这种需要与必然性——变成了意志的最高撕裂(Zerrissenheit),变成了内心的反抗(Empörung)与仇恨。"①正是市民社会摧毁了劳动与承认的中介关系,并且"劳动"是否能现实地让劳动者获得解放也是令人存疑。青年黑格尔意识到工业发展和劳动的负面性"注定使一个群体在劳动与贫困中过着原始的生活,使他们迟钝呆滞,只有这样,别人才能积累巨额财富"②,但这种批判在法哲学中却隐而不彰。问题的解决最终落到逻辑体系的必然性上,黑格尔依靠精神的辩证运动轻而易举"扬弃"了工业社会和劳动的消极面。难怪马克思批判他只知道"抽象的精神劳动",其设想的劳动解放环节是一种脱离工业社会现实的抽象,观念的运动并没有触动现实。概言之,无论是劳动的结果还是劳动本身,都难以实现黑格尔预定的目标。黑格尔谴责贱民,但对贱民产生原因的解释又让人觉得贱民"情有可原",最终也没有给出好的解决方案,这构成了"贱民"问题的理论困难。

三、"贱民"抑或是"无产阶级"?

承上言之,古典政治经济家的主流观点是,穷人之所以贫穷,是因为其懒惰挥霍。济贫税起到了鼓励懒惰、让穷人丧失廉耻、伸手求乞的反面作用,即把贫困的原因归诸个人,强化主观因素在贫困的作用,黑格尔正是受到他们的影响而提出贱民的概念。但这种观点并不准确,它是基于阶级利益,对无产者带有偏见的描述,并没有从资本运动、工业发展与生产方式变革等角度来把握问题。马克思和恩格斯都对此进行了历史唯物主义的批判和重构,将"贱民"确认、重释为"无产阶级"。

---

① Hegel, *Gesammelte Werke, Band 8*, Hamburg: Felix Meiner Verlag, 1976, S.244. 这里的"内心反抗"与《法哲学原理》中对贱民的界定是一致的。

② Hegel, *Gesammelte Werke, Band 8*, Hamburg: Felix Meiner Verlag, 1976, S.252.

（一）从"穷人的不法"到"糟糕的社会关系"

恩格斯较早地接触了英国的社会现实,在《英国工人阶级状况》中,我们几乎可以找到"贱民"的全部内涵和外延特征。恩格斯几乎逐字逐句地对黑格尔描述的"贱民"进行了分析和批驳,从工业时代的社会生活状况解释了无产者的行为特性,对所谓的"贱民"问题给予唯物主义的阐释和初步的政治经济学分析。

对于资产阶级指斥的贱民"挥霍堕落",恩格斯解释道,"工人的整个状况和周围环境都强烈地促使他们道德堕落。他们穷,生活对于他们没有任何乐趣",他们几乎没有任何享受,唯一对抗这种强迫劳动和恶劣环境的方式就是"酗酒、纵欲"。①就劳动所有与财产权,无产者采取了与市民(bourgeois)相反的态度:"无产者有什么理由不去偷呢?当人们谈论'财产的神圣性'时……资产者听起来很入耳。但是对没有财产的人来说,财产的神圣性也就自然不存在了。"②这里,黑格尔讲的"匮乏立即采取了不法的形式"③——无产者偷窃,成了侵犯"劳动所有"的不法贱民。此外,恩格斯还提道:"当无产者穷到完全不能满足最起码的生活需要,穷到处境悲惨和食不果腹的时候,那就会更加促使他们蔑视一切社会秩序。这一点资产阶级自己多半也是知道的。西斯蒙第指出,贫穷对精神所起的毁灭性的影响,正如酗酒对身体一样。"④这里与黑格尔对贱民的界定高度一致,即人在极穷困的条件下就会丧失尊严、精神堕落、对社会心生反叛。在法哲学讲义中,黑格尔也指出,在英国的城市穷人那里可以看到"人性可以沉沦到的多深的深渊"⑤。至于他讲的"依赖偶然性",恩格斯则解释到,无产者能做的一切,在支配他的"偶然事件"面前都微不足道,所以"不言而喻,他的性格和生活方

---

① 《马克思恩格斯文集》第 1 卷,北京:人民出版社,2009 年,第 428、442 页。
② 《马克思恩格斯文集》第 1 卷,北京:人民出版社,2009 年,第 428—429 页。
③ 黑格尔:《法哲学原理》,范扬、张企泰译,北京:商务印书馆,2017 年,第 278 页。
④ 《马克思恩格斯文集》第 1 卷,北京:人民出版社,2009 年,第 429 页。
⑤ K.-H. Ilting ed., *Vorlesungen über Rechtsphilosophie, 1818—1831*, Stuttgart: Frommann-Holzboog, 1973, vol. Ⅲ, S. 704.

式就是由这些情况决定的"①。恩格斯在谈到旧济贫法时亦指出,"谁没有工作,谁就得到救济,久而久之,穷人就十分自然地认为教区有责任不让他们饿死。他们把每周的救济当做权利来要求,而不是当做恩惠,这对资产阶级来说终究是非常令人不快的"②。黑格尔正是这样的态度:"这样来,在贱民中就产生了恶习,它不以自食其力为荣,而以恳扰求乞为生并作为它的权利。"③

不难看出,据恩格斯的观点,"贱民"不过是资产阶级从其利益出发,对无产者"不好的方面"的总结与抽象,他的真实身份即是英国的无产阶级。甚至"不好的方面"都是站不住脚的,以资产者谴责"贱民"的关键点即"害怕劳动"为例,恩格斯认为"如果工作或不工作生活状况都一样,那么他在二者之中当然要选择后者。但是,从这里只能得出结论说,当前的社会关系是糟糕透顶的"④,马尔萨斯和黑格尔却认为这是穷人的犯罪、"不法"。在《神圣家族》中,恩格斯和马克思共同指出:"这个阶级(指无产阶级——引者注),用黑格尔的话来说,就是在被唾弃的状况下对这种被唾弃的状况的愤慨,这是这个阶级由于它的人的本性同作为对这种本性的露骨的、断然的、全面的否定的生活状况发生矛盾而必然产生的愤慨。"⑤愤慨是黑格尔界定贱民的情绪。所以,恩格斯和马克思是基于财产的匮乏、非人的境况和对现存秩序的否定性情绪把黑格尔的"贱民"把握为"无产阶级"的。

(二) 从"理性运动"到"资本运动"

如果说恩格斯说明了"贱民"的产生是因为"糟糕透顶的社会关系",那么马克思则是在此基础上进一步阐明了这种"社会关系"的实质,并给予科学规定。

---

① 《马克思恩格斯文集》第1卷,北京:人民出版社,2009年,第430页。
② 《马克思恩格斯文集》第1卷,北京:人民出版社,2009年,第485页。
③ 黑格尔:《法哲学原理》,范扬、张企泰译,北京:商务印书馆,2017年,第278页。
④ 《马克思恩格斯文集》第1卷,北京:人民出版社,2009年,第486页。
⑤ 《马克思恩格斯文集》第1卷,北京:人民出版社,2009年,第261页。

相比黑格尔，马克思更强调劳动与承认的断裂。他指出，在资产阶级眼中，劳动并不代表尊严，"占统治地位的阶级……有一个共同一致的经济利益，这就是强制推行那种使生产者群众，'贱民'，成为只是上等人汲取财富和进行统治的泉源的'秩序'"①。劳动并不给无产者带来承认，他们被视作"劳动的贱民"。只有拥有私有财产的人即富人，才能获得承认。而作为"得不到信贷"的穷人，不仅被认为是贫穷的，"而且还在道德上判决他不配得到信任，不配得到承认，因而是社会的贱民，坏人"②。更关键的是，马克思揭示了"断裂"的根本原因。除了黑格尔已经揭示的市场和分工问题可能导致私人劳动无法转化为社会劳动，从而导致贫困，使得以私人所有为中介的承认关系异化外，马克思进一步指出，市民社会的实质是资本主义社会，劳动与所有是必然分离的。

劳动所有权以及等价交换在市民社会中更多地作为"抽象原则"而不作为"现实机制"存在，市民社会的现实绝不是简单的劳动者领有自己的产品以及在流通领域内等价交换。因为"真正的市民社会只是随同资产阶级发展起来的"③，它伴随着资本主义生产关系而发展，而资本主义生产关系是以资产阶级对无产阶级强制剥夺的雇佣劳动制度为核心的。在这一过程中，"以商品生产和商品流通为基础的占有规律或私有权规律，通过它本身的、内在的、不可避免的辩证法转变为自己的直接对立物"④，劳动所有变为资本所有。劳动所有权和等价交换被斯密和黑格尔当作市民社会的前提，但这一前提的基础却是交换价值的社会支配地位⑤，即劳动者生产资料被剥夺、劳动力普遍成为商品的基础上。这使得劳动与所有之间发生了最根本的断裂，劳动变为一种异

---

① 《马克思恩格斯全集》第 17 卷，北京：人民出版社，1963 年，第 660 页。
② 《马克思恩格斯全集》第 42 卷，北京：人民出版社，1972 年，第 23 页。
③ 《马克思恩格斯文集》第 1 卷，北京：人民出版社，2009 年，第 583 页。
④ 《马克思恩格斯文集》第 5 卷，北京：人民出版社，2009 年，第 673 页。
⑤ 参见《马克思恩格斯全集》第 31 卷，北京：人民出版社，1998 年，第 349 页。

化劳动。在此基础上,劳动者越劳动就越贫穷、低贱,因为他不断创造出资产阶级的财富,后者以此促使劳动者与生产资料进一步分离。越来越多的劳动者成为无产者,催生出大量的产业后备军和过剩人口,他们必然沦为"贱民"——"当工业兴衰的周期性已经成为举世瞩目的事情时,甚至在经济学家中也有一些人准备承认,资本不能没有由过剩人口中的'贱民'构成的后备军"①,他们"在一部分时间里由于被迫从事非人的劳动而遭到摧残,在另一部分时间里则由于没有工作而穷困堕落"②。

马克思的这一结论建立在剩余价值理论的基础上。黑格尔注意到的过剩问题,从深层次上看,受制于剩余价值的生产与实现问题以及劳动所有向资本所有规律转化问题。他之所以解决不了"贱民"问题,根源于他并不理解资本运动规律。可以说,不懂资本就无法懂"贱民"。"贱民"概念的提出基于"劳动所有"的"正义承诺";面对贫困现实,黑格尔尽管有些矛盾,但还是坚持了对"贱民"的批判态度。如果劳动所有是"合乎理性"的,那么不劳动的人就是"非理性"的,必然要受到谴责。所以,"贱民"问题被解释成一部分人在主观意识上的落后,要做的只能是想方设法消除他们的"贱民精神",依靠同业公会等"伦理性"环节改变人的精神。这种方案不能说没有作用,但其意义仅限于局部改良。在以交换价值为基础、以物象(商品、货币)为交往中介的市民社会中,同业公会既没办法消解"贫困贱民"的忿恨,也无力让"富裕贱民"放弃金钱带来的骄横,更不用说在世界市场的条件下对生产进行控制。"设想在交换价值,在货币的基础上,由联合起来的个人对他们的总生产实行控制,那是再错误再荒谬不过的了。"③就其实质而言,这种思路仍然属于马克思批判的"与观念搏斗"的德意志意识形态。问题的关键不在于人的某种意识,而在于人为什么产生这种意识。马克思则致力于解

---

① 《马克思恩格斯全集》第 43 卷,北京:人民出版社,2016 年,第 680 页。
② 《马克思恩格斯文集》第 5 卷,北京:人民出版社,2009 年,第 550 页。
③ 《马克思恩格斯全集》第 30 卷,北京:人民出版社,1995 年,第 108 页。

剖"糟糕的社会关系",把黑格尔那里作为"理性运动"剩余的"贱民"重释为作为"资本运动"产物的"无产阶级",指出了市民社会的实质是资本主义社会,从而解决了黑格尔的理论困难。

此外,马克思还从资本原始积累的历史出发,进一步回应了所谓的"不愿意自食其力",阐明了贱民不过是失去原有劳动条件的无产者,他们曾作为现代工人阶级的前身而存在。"他们大批地转化为乞丐、盗贼、流浪者,其中一部分人是由于习性,但大多数是为环境所迫……工人阶级的祖先,当初曾因被迫转化为流浪者和需要救济的贫民而受到惩罚。法律把他们看作'自愿的'罪犯,其依据是:只要他们愿意,是可以继续在已经不存在的旧的条件下劳动的。"①

结　论

基于以上考察,可以得出如下结论:同一群体,"站在国民经济学家立场上"的黑格尔将之消极地看作堕落、具有否定性情绪的"贱民";马克思和恩格斯则从资本批判入手,解释了他们受苦堕落的根源,把他们作为与生产资料相脱离的无产者以及被抛入"贫困、无知和道德堕落"境地的无产阶级来看待。这既反映了他们的阶级立场和理论视角的巨大差异,亦与资本主义的历史进程有关。黑格尔把城市的无产贫民称为"贱民",是因为当时的无产阶级尚未充分发展,是一个自在而非自为的阶级——阶级意识和斗争能力和目标还没达到"革命"的高度。把无产者视为"脓疮"②"贱民"也是当时思想界的普遍看法。在黑格尔眼中,他们只能提出"无机的见解","并非新秩序的开创者,只是旧秩序的颠覆者。其精神状态并未包含一些诸如更好世界的'理想'那般受人敬仰的内容,也未包含反抗旧秩序的'革命法权'。它只是充满嫉妒和仇

---

① 《马克思恩格斯文集》第 5 卷,北京:人民出版社,2009 年,第 843 页。

② 《列宁选集》第 1 卷,北京:人民出版社,2012 年,第 89 页。

恨的异化的精神状态"①。

值得说明的是,贱民的形象与马克思提到的流氓无产者十分相似,亦有部分重合,但不能等同。黑格尔的贱民理论取材于英国的斯宾汉姆兰济贫法实践。这一法令有着复杂的经济学效应,其部分结果是产生了很多不愿劳动、依赖补贴的赤贫者。但这并非因为他们道德堕落,而是因为当时的英国城市工业尚未完全建立而乡村却又因圈地运动等因素游离出大量无处就业的劳动力,进而出现了"工作不工作都一样"的情况②。这部分内容出现于恩格斯和马克思针对济贫法和英国政治经济学的批判之中,因为后者给出了完全道德化的解释。由此可见,贱民问题与马克思批判的流氓无产阶级的逻辑理路与问题意识是异质的。而马克思对流氓无产者的态度亦是发展着的:在《共产党宣言》与《路易·波拿巴的雾月十八日》中对其多是批评态度,到了《资本论》则注重从"实证科学"的决定论角度一步步论证这一群体产生的客观原因。于科学社会主义和历史唯物主义而言,更为重要的是实现从个体道德的主观公式到生产力与生产关系矛盾运动的客观公式的解释模式转换。首先要做的,便是将以"道德表现"为核心规定的"贱民"重新规定为以生产资料所有权为核心规定的"无产阶级"。而后用资本这一总体性权力去解释种种所谓的道德表现,团结因资本运动而失去生产资料的进而陷入苦难的群众。马克思对劳动所有原则的虚假性批判和资本所有权的揭露颠覆了国民经济学据以奠定其贱民批判的基础,即劳动正义的道德原则,进而瓦解了对无产者的道德化指控。尝试将"贱民"具体对应于"无产阶级"的某一部分,如流氓无产者、产业后备军或工人阶级,反而会出现困难:一方面,这几个群体间本来就存在重合(一个产业工人可能也是"贱民",在道德上存在问题)与转化(频繁失业或破产的工人成为流浪者)关系,其内部极不稳定;另一方面,马克思恩格

---

① 艾伦·伍德:《黑格尔的伦理思想》,黄涛译,北京:知识产权出版社,2016年,第420页。

② 这是一个复杂的经济学问题,马克思在《资本论》中给过详细剖析,笔者将另文详述。

斯也在不同内涵上使用过这几个概念，如广义的因资本运动而失去生产资料的"无产阶级"和狭义的承担革命使命的或者自为的"无产阶级"。本文将贱民理解为广义的无产阶级，即"不是自然形成的而是人为造成的贫民"①。

而黑格尔的思考却停留在以个体劳动为基础的私有制上，他只是隐约触碰但未能理解以占有他人劳动为基础的资本主义私有制，这使他未能触及问题的本质。按照鲁达的假设，我们不妨以"比黑格尔更黑格尔"的方式继续走下去："贱民"这种代表消极无机的反抗的失败将催生出"无产阶级"这种代表积极有机的反抗。后者作为前者的"真理"，扬弃前者于自身，作为反抗的更高环节而存在。作为政治经济学和哲学范畴高度统一的"无产阶级"概念真正地把握住了社会现实，使受苦难者肩负起推翻资本主义私有制，建构真正的共同体的任务。正如恩格斯所言："只有工人、英国的贱民、穷人，才是真正值得尊敬的人，尽管他们粗野，尽管他们道德堕落"，他们才是真正有前途的人。②贱民作为"自在的无产阶级"只有在革命实践和联合中才能扬弃自身狭隘性，抛掉"陈旧肮脏的东西"，上升为"创造性否定"的"自为的无产阶级"。

正是马克思和恩格斯站在历史唯物主义的哲学立场、无产阶级运动的阶级立场，实现了从"贱民"到"无产阶级"的概念变革以及两个概念之间的相互建构："无产阶级"是"贱民"的真理，"贱民"表征了"无产阶级"在市民社会中的低下地位。"无产阶级"概念帮助被压迫群体形成科学的社会认识、革命的阶级意识，"贱民"概念则揭示无产阶级的屈辱地位，戳破古典经济学和黑格尔关于自食其力的尊严与劳动承认的幻象，从而让现实的压迫更显沉重。通过把地位低下、不被承认的"贱民"作为资产阶级社会的产物把握为具有反抗动机、革命潜质和不断发展着革命能力的无产阶级，马克思和恩格斯把为承认而斗争与为解放

---

① 《马克思恩格斯文集》第 1 卷，北京：人民出版社，2009 年，第 17 页。
② 《马克思恩格斯全集》第 3 卷，北京：人民出版社，2002 年，第 497 页。

而斗争现实地勾连起来,最终实现了对英国古典政治经济学和德国古典哲学的超越,创立了科学社会主义。

(作者 刘纪龙,清华大学人文学院博士研究生;庄忠正,中国人民大学 21 世纪中国马克思主义研究协同创新中心研究员,中国人民大学马克思主义学院副教授)

Further Discussion on "Rabble" and "Proletariat"
—The Dilemma and Transcendence of Hegel's Concept of "Rabble"

Liu Jilong   Zhuang Zhongzheng

Abstract: In a sense, Hegel's "rabble" and Marx and Engels's "proletariat" point to the same group. Hegel's "rabble" is actually what Marx and Engels later called the "proletariat". It is not so much subjective emotion as material poverty that fundamentally leads to the emergence of "rabble". Hegel's definition of "rabble" has been influenced by Malthus and other British political economists, and there are problems of representation and prejudice. This concept also faces a theoretical dilemma, that is, it is difficult to establish the criticism of "rabble" with "labor" as the core. Marx and Engels, on the philosophical standpoint of historical materialism and the class standpoint of the proletariat movement, reinterpreted the so-called "rabble" issue with political and economic criticism as the core, replace "poor lawlessness" with "poor social relations", and replace "rational movement" with "capital movement,"realizing the conceptual transformation from "rabble" to "proletariat" and the mutual construction between the two concepts: "proletariat" is the truth of "rabble," and "rabble" represents the low status of "proletariat". It realistically linked the struggle for recognition with the struggle for liberation, and realized the critical transcendence of classical economics and Hegel.

Key words: Hegel; Marx; Engels; Rabble; Proletariat

《精神现象学》与马克思主义：
论泰勒对《精神现象学》的阐释①

谭　聪　李西祥

摘要:查尔斯·泰勒是加拿大著名的哲学家,但是作为其思想基础的重要著作《黑格尔》在国内学界并没有引起足够的重视。本文解读了泰勒对黑格尔《精神现象学》的阐释,特别是泰勒对意识和自我意识辩证法的阐释,并以此为基础,探讨了《精神现象学》与马克思主义的关系。在泰勒那里,《精神现象学》与马克思主义的关系主要表现在主奴辩证法对马克思的革命理论和劳动理论的影响;黑格尔的《精神现象学》的内在批判与马克思主义的关联;黑格尔的自由观与马克思自由观的关联;《精神现象学》的辩证法与马克思辩证法的关联等方面。泰勒对《精神现象学》的阐释在某种意义上代表了泰勒对黑格尔哲学思想的阐释,也在一定程度上构成了泰勒整个哲学思想的基调。深入解读泰勒的《黑格尔》,无论是对于理解泰勒的思想,还是对于黑格尔或马克思主义的理解,都仍然是一个未竟的任务。

关键词:泰勒　黑格尔　《精神现象学》　马克思主义

---

①　本文是国家社科基金重大项目"当前主要社会思潮的最新发展动态及其批判研究"(16ZDA101)和国家社科基金项目"斯拉沃热·齐泽克的哲学思想研究"(18BZX034)的阶段性成果。

查尔斯·泰勒(1931—　)是加拿大著名的哲学家,社群主义的代表人物之一,其思想有着广泛和深刻的影响,在西方思想界被认为是和罗尔斯、哈贝马斯等齐名的思想家。但是,泰勒的思想在国内却没有引起足够的重视,特别是对于奠定了泰勒思想基础的堪称巨著的《黑格尔》(英文版出版于 1975 年,此后经过多次重印;中译本出版于 2009年)一书,尽管已经出版了中文译本,但国内学术界似乎对泰勒这本书保持了与其学术地位和国际影响不相称的缄默。《黑格尔》全面阐释了黑格尔的思想,从黑格尔所处的时代背景,到黑格尔的重要哲学思想,主要是《精神现象学》和《逻辑学》,以及黑格尔的历史哲学和政治哲学,黑格尔在当代的影响等,泰勒都作出了既忠实于原著的又较为浅显易懂的,然而又具有创造性的阐释。《精神现象学》在黑格尔整个体系中具有特殊地位,并且《精神现象学》中的思想尤其是意识和自我意识的辩证法与马克思主义有重要的关联,在本文中,我们试图通过解读泰勒对黑格尔的精神现象学的阐释,主要是聚焦于其意识自我意识的辩证法,探讨泰勒对《精神现象学》的解读以及泰勒对《精神现象学》和马克思主义关系的阐释,从而丰富和深化对黑格尔《精神现象学》的理解以及黑格尔《精神现象学》与马克思主义关系的理解。

一、从意识到绝对知识:泰勒对《精神现象学》的总体阐释

正如我们所熟知的,德国古典哲学的一个重要主题就是主体和客体的同一问题,也就是说,如何才能将主体和客体同一起来。作为德国古典哲学的集大成者,黑格尔认为自己彻底解决了主客体的同一问题。泰勒清晰地指出:"黑格尔思想体系的特征本身是它表明了一切部分现实都必然地依赖于绝对,而绝对反过来也必然生产这个局部现实。"①

---

① 查尔斯·泰勒:《黑格尔》,张国清、朱进东译,南京:江苏人民出版社,2009 年,第 173页。译文根据英文版有所改动,下同,英文版参见 Charles Taylor, *Hegel*, Cambridge: Cambridge University Press, 1975。

这里的绝对就是精神，而局部现实就是特殊，也就是个体，也就是作为客体的东西，因此，主客体的同一实际上表现为作为绝对的精神与局部现实之间的同一，这实际上也就是黑格尔的《精神现象学》的主旨所在。

泰勒指出，《精神现象学》是事物向我们的意识显现的形式或者说是意识的形式，这种意识的形式，这种事物向我们显现的形式，实质上就是我们通向绝对知识的过程，也就是绝对精神向我们展开、显现的过程。在泰勒看来，《精神现象学》的论证过程是一种"内在批判"，也就是说，精神现象学对绝对精神的揭示不是从外部注入了什么东西，而是从事物内在包含的矛盾开始，一步步地从初始的矛盾最后达到绝对知识，这就是"意识的辩证运动"。这是一种黑格尔和马克思主义传统中的方法。泰勒写道："这个方法是从常识开始，不从外部注入任何东西，并做出了一个'内在批判'，正如这个程序已经在黑格尔和马克思主义传统中所知的那样。这意味着我们必须遵循意识的辩证运动。"①泰勒这里所讲的实际上包含了黑格尔在《精神现象学》和《逻辑学》开端中包含的辩证法。具体而言，泰勒认为，黑格尔讨论事物矛盾的方式是这样的，即，我们拥有一个事物，但是我们又拥有一个关于这个事物的理念，而这个事物是无法满足这个理念的，因此这个事物就必须被否定。例如，在《精神现象学》的开端，黑格尔的开端是感性的确定性，但是感性的确定性似乎又什么东西也没有说出来，因为这种感性确定性必须通过语言来表达，当我们表达这个感性确定性时，我们就会发现，这种感性确定性实际上等于什么也没有说。这就是黑格尔式的矛盾。泰勒写道："这就是黑格尔在《精神现象学》中探讨辩证矛盾的方式。我们开始于由某个事物起初决定要去实现的某个意图，或者我们开始于某物一定要达到的某个标准。我们接着证明此物无法有效地实现这个意图或达

① 查尔斯·泰勒：《黑格尔》，张国清、朱进东译，南京：江苏人民出版社，2009年，第176页。

到这个标准（并且在这里'无法'是一个概念必然性）。于是我们面临一个矛盾。"①这种矛盾可以采取两种形式，一种形式可以称之为历史的辩证法，另一种形式可以称之为本体论的辩证法。在泰勒的论述中，我们可以看到，他认为更为根本的是本体论的辩证法，历史的辩证法在某种意义上从属于本体论的辩证法，或者说是本体论辩证法在历史中的实现。当然，二者是紧密联系的。泰勒写道："我们可以从这里看到这两种辩证法是如何密切地联系在一起的。每一方都包含着对于他方的解释。黑格尔的历史哲学有助于我们去探讨他的本体论；而他的本体论又需要历史的展开。"②历史辩证法和本体论辩证法二者包含了相似的模式，也就是说，包含了相同的环节即三个环节。通过追溯至柏拉图，泰勒说明了黑格尔的辩证法的三个环节实际上在柏拉图那里已经存在了。柏拉图在《理想国》中对正义问题的探讨实际上包含了三个环节，即某个正义的观念；这个正义观念的标准属性；当我们按照标准属性来实施时发现这个观念的冲突和矛盾。泰勒认为，黑格尔的论证中一般也包含了这三个环节："真正的意图或标准，关于那个意图或标准的不适当的观念，以及使它们冲突并导致分裂的现实。"③

作为黑格尔辩证法开端的并不是黑格尔所认同的确定形式，而是某种我们普通人所认同的确定形式。然后，通过对这个确定形式的否定，也就是说，通过证明了这个确定形式是不恰当的，这个确定形式为另一个形式所替代。在黑格尔的辩证法中不存在随意的偶然的东西，只要辩证过程开启了，那么就会一直进行下去。泰勒写道："黑格尔主张，一旦辩证论证开展了起来，那么在其中将不仅不存在随意的行为，

---

① 查尔斯・泰勒：《黑格尔》，张国清、朱进东译，南京：江苏人民出版社，2009 年，第178 页。

② 查尔斯・泰勒：《黑格尔》，张国清、朱进东译，南京：江苏人民出版社，2009 年，第181 页。

③ 查尔斯・泰勒：《黑格尔》，张国清、朱进东译，南京：江苏人民出版社，2009 年，第182 页。

而且每一个阶段都取决于前一个阶段。"①这第二个阶段又会被认为不适当的，于是辩证运动就朝向一个新的阶段。泰勒指出，在黑格尔那里，这种辩证运动不会导致怀疑论，因为矛盾展开最后的结果是确定的结果。"每个矛盾都有一个确定的结果；它使我们具有一个肯定的结果。"②

但是，要使辩证过程具有一个确定的结果，就必须有一个作为开端的确定形式。黑格尔寻找这个开端，将这个开端确定为"感性确定性"。感性确定性是人们的普通意识就能感知到的东西，而哲学家们所看到的、所感知到的并不比常识更多，他们只是看到了普通意识中所蕴含的东西。也就是说，辩证运动的开启并不是因为哲学家们看到了比常识更多的东西，而是这种运动本身蕴含在开端之中，蕴含在感性确定性之中。辩证运动就在常识之中。泰勒写道："普通意识经验了变化，而我们哲学家把变化看作一个辩证运动。"③从我们普通意识的感性确定性出发，经过一系列的意识辩证运动，我们最终将到达真实知识或绝对知识，这样一个过程就是精神现象学，精神现象学实际上就是一系列的意识形式。

但是，黑格尔在其《精神现象学》中远非仅仅为我们描述了一系列的意识形式，而是远超出了这个范围。因此，从意识的辩证法，黑格尔又提出了一种与其并列的辩证法，也就是自我意识的辩证法，而自我意识的辩证法的基础或者说出发点是与感性确定性相对应的"自我确定性"。泰勒写道："伴随着认识的辩证法，即意识的辩证法，我们看到了一种欲望及其满足的辩证法，即自我意识的辩证法。后者的根源是'自我确定性'，它是一个丰富的概念，立即指明了我们自我的观念以及我

---

① 查尔斯·泰勒：《黑格尔》，张国清、朱进东译，南京：江苏人民出版社，2009 年，第183 页。

② 查尔斯·泰勒：《黑格尔》，张国清、朱进东译，南京：江苏人民出版社，2009 年，第183 页。

③ 查尔斯·泰勒：《黑格尔》，张国清、朱进东译，南京：江苏人民出版社，2009 年，第186 页。

们为之奋斗的状态。"①我们可以把"自我确定性"理解为与"感性确定性"相对应的一种确定性,感性确定性是我们对外在事物的感觉上的确定性,而自我确定性是我们对自身存在的确定性,有了这种确定性,我们是自由自在的,是完整的存在于我们的周围世界之内,而不是与其相异化,相对立的。问题在于,我们的这种自我确定性无法通过自身而达到,而必须通过外在现实的认可而达到。如果外在现实不能认可我们,不能满足我们的这种确定性,这就陷入了矛盾,从而导致了一种新的辩证运动,最为典型的是黑格尔所说的"主人和奴隶"的辩证法,而主奴辩证法的结果是我们自我观念的形成。

按照泰勒的看法,意识和自我意识在关于理性的部分再一次出现,二者被融合为理性,而自我意识的另一种形式被转化为精神的辩证法。理性和精神的进一步发展则是宗教。在宗教中,辩证法表现为历史辩证法。泰勒写道:"在这两种情况中,辩证法不再被仅仅视作知识的辩证法或确定性和真理的辩证法,而是整合了两者。这就是在历史中运作的辩证法。"②这样,《精神现象学》从意识出发,到达自我意识,意识和自我意识又在理性中汇合,自我意识的另一种形式则成为精神,这种精神又达到了宗教,最后表现为历史辩证法。泰勒形象地描述了《精神现象学》所描绘的图景。"表现黑格尔体系的图景不是一条单一的溪流,而毋宁说是一个江河系统;从起源开始,他走向了第一条支流,然后不是继续这个支流,而是坚持对狭窄港湾进行考察,如此等等;直到能够表明这个巨大的水系都流入了绝对精神的入口。"③黑格尔在《精神现象学》中所描述的种种意识的形式,最终就像涓涓细流终归大海一样,被消融在绝对知识、绝对精神的大海之中,不仅如此,这些意识形

① 查尔斯·泰勒:《黑格尔》,张国清、朱进东译,南京:江苏人民出版社,2009 年,第 187 页。

② 查尔斯·泰勒:《黑格尔》,张国清、朱进东译,南京:江苏人民出版社,2009 年,第 189 页。

③ 查尔斯·泰勒:《黑格尔》,张国清、朱进东译,南京:江苏人民出版社,2009 年,第 191 页。

式,这些涓涓细流本身就是绝对知识、绝对精神的大海的组成部分。

泰勒对《精神现象学》的总体阐释,主要强调了以下几个方面。首先,在《精神现象学》中,精神、绝对具有首要的地位,特殊性、部分的东西最终都构成了精神、绝对的环节,最后被融入到精神、绝对之中。其次,《精神现象学》所描绘的意识形式的过程是一个辩证发展的过程,包含了意识的辩证法、自我意识的辩证法、历史的辩证法等思想,强调黑格尔《精神现象学》的过程性思想。最后,泰勒指出,在黑格尔的论述中存在着一种趋向于总体性或包罗万象的驱力。黑格尔的每一个论证都试图证明,无论从何处出发,最终总是能够达到黑格尔所预设的终点即绝对知识。泰勒写道:"因此,为了使其论证可信,黑格尔被导向覆盖一切角度;他不是在通向目的的捷径前进,而是倾向于试图表明,任何给定的出发点都能达到那里。这是更为重要的,因为这种证明不仅为确立黑格尔的基本观念服务,而且为表明每一事物如何都是它的部分的目的服务。因此,在黑格尔的主要证明的作品中,存在一种朝向包容一切的驱力。"①在泰勒看来,尽管黑格尔也强调了精神必须物化、必须实体化、形体化,但归根到底精神对物质、对实体具有更为根本的意义,物质、实体、形体最终都要被无所不包的最后结果即绝对精神、绝对知识所融合和消解。这和哲学界对黑格尔哲学的主流的解读是一致的。但是在我们看来,泰勒在对《精神现象学》的传统阐释的基础上,做了某些具有重要意义的推进。首先,泰勒将《精神现象学》中的辩证法区分为历史辩证法和本体论的辩证法,具有重要的理论意义,为我们更为深刻地理解黑格尔辩证法思想开辟了道路。这一区分,在整个泰勒的黑格尔辩证法解读中也具有重要的意义,我们看到,泰勒在后面对黑格尔其他著作的解读中也遵循了这一区分,并强调黑格尔辩证法的本体论维度。其次,泰勒对黑格尔辩证法的过程论思想的强调,和马克思在

---

① 查尔斯·泰勒:《黑格尔》,张国清、朱进东译,南京:江苏人民出版社,2009 年,第190 页。

《1844 年经济学—哲学手稿》中对黑格尔辩证法的理解具有共同之处，并且泰勒的黑格尔解读也常常参照马克思对黑格尔的解读，因此，泰勒对《精神现象学》的解读也对我们理解马克思的黑格尔辩证法批判具有一定的参照意义。这启示我们从泰勒的《精神现象学》阐释转向泰勒对黑格尔和马克思主义之间关系的理解。这也是我们后面将要重点阐释的。最后，在泰勒的《精神现象学》的阐释中，意识和自我意识的辩证法具有更为重要的意义，因为在某种意义上，这一部分代表了《精神现象学》展开的模式，具有典型意义，从中可以窥见黑格尔辩证法的核心观点，也可以领悟泰勒的黑格尔的解读的核心内容。这也是值得我们特别注意的部分。因此，我们下面将进入泰勒对黑格尔意识和自我意识的辩证法内容的阐释。

二、从感性确定性到理性：泰勒对意识
和自我意识辩证法的阐释

在意识和自我意识的辩证法的阐释中，泰勒首先探讨了黑格尔的"感性确定性"概念。感性确定性是黑格尔《精神现象学》整个意识运动的开端，但在泰勒看来，黑格尔对感性确定性的论述具有典范性的意义，因为在黑格尔对感性确定性的论述中，包含了黑格尔的一个基本结构，我们可以说是黑格尔辩证法的基本结构。初看起来，感性确定性是最为丰富的概念，它似乎包含着一切，当我们面对一个事物时，我们不是用概念去把握它，而是直接用我们的感性、感官去感知它、把握它，由此我们就得到了一个感性确定性的对象。黑格尔写道："感性确定性的这种具体内容使它立刻显得好像是种最丰富的知识……此外，感性确定性又好像是最真实的知识。"[1]但是，对黑格尔而言，感性确定性并不能使他感到满意，因为在他看来，只有概念化的、知识化的，能够用语言

---

[1] 黑格尔：《精神现象学》（上卷），贺麟、王玖兴译，北京：商务印书馆，1979 年，第 63 页。

描述和表达的对象才是真正被认识了的。于是,黑格尔就进入了对感性确定性的怀疑和诘难。泰勒写道:"现在,在这里,黑格尔进入辩证运动的途径是要求感性确定性的主体说出它所体验的东西。"①这时候,感性确定性的主体并不能说出任何关于对象的确切描述,因为当我们对事物进行描述时,我们就必须用语言,而语言描述必须对对象进行选择,而这时候说出的事物就不再是感性确定性的丰富对象。因此,黑格尔就否认了感性确定性的丰富性,毋宁说,这种感性确定性的对象是最贫乏的。这种从感性确定性的丰富性到贫乏性的过渡和在《逻辑学》开端的从有到无的转化是一致的。黑格尔用"这时"这个词语为例论证了对感性确定性的否定。当我们说"这时"时,我们所意指的现在并不能在他人那里适用,因为尽管这个这时在我这里是确定的,但对他人而言,他并不处在和我一样的语境中,并不能理解我所说的这时到底意指什么。因为我们说这时的时候,我们所说的是一个特殊,但这个特殊是无法言说的。黑格尔得出了一个结论,即感性确定性的主张实际上说出了和它本身相反的东西。②这就证明了在感性确定性中所蕴含着的矛盾。泰勒指出,在黑格尔的论证中,实际上包含着这样的一种看法,即特殊性也就是感性确定性是不可获得的东西,因此它也就是必然消亡的东西,特殊性的不可言说,不可获得,都是其必然消亡的证据,而只有普遍,即概念才是永恒的。泰勒写道:"纯粹特殊的不可获得性不仅是一个认识论的真理;它也反映了一个存在论的真理,即按照其本性来说,特殊注定要消失,原则上它是必死的。永恒的东西是概念。"③但是,泰勒也强调了黑格尔关于特殊的另一方面,即概念、普遍也必须体现在特殊中,而不能脱离特殊。"概念在特殊的过程中揭示自

---

① 查尔斯·泰勒:《黑格尔》,张国清、朱进东译,南京:江苏人民出版社,2009 年,第192 页。
② 黑格尔:《精神现象学》(上卷),贺麟、王玖兴译,北京:商务印书馆,1979 年,第72 页。
③ 查尔斯·泰勒:《黑格尔》,张国清、朱进东译,南京:江苏人民出版社,2009 年,第197 页。

身,在其产生和消亡中揭示自身。特殊只有作为概念的过渡性工具才能被理解。"①黑格尔还指出,用"这时"来说明当我们说这时时,我们意指的是一个暂时的当下,但一旦我们指出它时,它就已经消失了。当我们界定这时为一天时,它实际上包含了无数的分分秒秒,当我们界定这时为一个小时时,它仍然包含了无数的分分秒秒。因此,黑格尔指出:"它是一个这时,一个包含着无数这时的这时。"②进而这时就不是一个特殊,而是一个普遍(共相):"指出这时也就使我们经验到这时是一个共相。"③泰勒认为,在这里关键问题并不是说通过特殊我们实际上理解的是普遍,或者概念对于我们把握事物而言的重要性,而是另一个重要问题,即只有通过普遍概念的中介我们才能把握特殊。泰勒写道:"从我们的观点看,重要的是黑格尔不仅论证了特殊的无中介知识的不可能性和概念的必然性作用,而且提出了这个理念,即这个论证,作为我们把握特殊并失败了的描述,反映了我们的经验自身,即当我们遇到特殊并向外达到特殊时并发现我们只有通过普遍概念的中介工具才能真正掌握它们。"④这是泰勒对黑格尔感性确定性的阐释的说明,即我们对特殊的把握,只能通过普遍的概念才能把握,特殊是离不开普遍的。

泰勒略过了知觉和知性的部分而进入了自我意识的部分。应该说,《精神现象学》中自我意识的部分是影响最为深远的部分。在有关感性确定性、知觉和知性的部分,主要论述的是有关知识,即主体对客体的关系,而自我意识的部分却转向了两个主体之间的关系,因此,自我意识部分主要论述的是欲望及其实现,可以说是欲望及其实现的辩证法,这里最重要的和最引人注目的是主人和奴隶的辩证法。

---

① 查尔斯·泰勒:《黑格尔》,张国清、朱进东译,南京:江苏人民出版社,2009年,第197页。
② 黑格尔:《精神现象学》(上卷),贺麟、王玖兴译,北京:商务印书馆,1979年,第70页。
③ 黑格尔:《精神现象学》(上卷),贺麟、王玖兴译,北京:商务印书馆,1979年,第70页。
④ 查尔斯·泰勒:《黑格尔》,张国清、朱进东译,南京:江苏人民出版社,2009年,第199页。

在意识部分，主要是相关于知识的问题，感性确定性构成了意识的起点，而在自我意识部分，则是相关于欲望与欲望的实现的问题，其起点则是自我确定性。意识是关于他物的知识，而自我意识是关于自己本身的知识。泰勒简明扼要地指出，在自我意识的阶段，辩证法存在于自我想要成为什么和自我是什么之间，这也就是自我确定性和真理。"随着自我意识，辩证法将成为在我们自身的理念即我们声称是什么和我们实际上是什么之间。这就是黑格尔称之为自我确定性和真理的两个环节。"①黑格尔明确指出，自我意识就是欲望一般。那么自我意识的辩证法所追求的是什么呢？泰勒概括了黑格尔自我意识的目标，这个目标就是追求一种完满性，这种完满性就是将外在现实包容于自身，也就是说，自我不依赖于外在现实，而是外在现实成为我们的表达。泰勒写道："追求的目标是完满性的表达，一种完满，在那里形体化了我们且我们所依赖的外在现实是我们自身的表达，且不包含任何异己之物。这个目标，我们称之为总体完满性的状态，被黑格尔等同于无限性的概念，是一种在其中不受任何外在物限制的状态。对黑格尔而言，正是这种对总体完满性的渴望是自我意识之奋斗的基础，首先是对这个目标的粗陋的不可认识版本的追求，然后是当人们被冲突和矛盾教育和提升后，对真实事物的追求。"②

自我意识追求着完满性，这种完满性只有通过它对其对象的扬弃而得到实现。自我意识实际上有两个对象，一个对象是物的对象，即感觉知觉的直接对象。另一个对象是意识自身。自我意识通过克服对象，表明自身是自我意识，这表明自我意识就是一个运动。"自我意识在这里被表明为一种运动，在这个运动中它和它的对象的对立被扬弃

---

① 查尔斯·泰勒：《黑格尔》，张国清、朱进东译，南京：江苏人民出版社，2009年，第202页。

② 查尔斯·泰勒：《黑格尔》，张国清、朱进东译，南京：江苏人民出版社，2009年，第204页。

了,而它和它自身的等同性或统一性建立起来了。"①但是,自我意识在扬弃对象的过程中认识到,它不能在对对象的扬弃中实现自身,因为通过把对象扬弃了,通过消灭对象来达到对自身的确定,那么说明对象并不是和它一样的东西。黑格尔认为,在自我意识的满足中,自我意识在扬弃对象中达到满足,它所经验到的对象实际上是生命,是另一个欲望,是意识,也是自我意识。"自我意识只有在一个别的自我意识里才获得它的满足。"②因此,自我意识对完满性的追求就变成了一个自我意识与另一个自我意识的关系。由此就进入了主奴关系的辩证法。

主奴辩证法是黑格尔《精神现象学》中最引人注目的地方,也是影响最为深远的理论之一。在两个自我意识的殊死搏斗中,一方绝不屈服,冒死相搏,成为胜利者,而另一方则选择了生存,屈服于对方,成为失败者。一方成为主人,另一方则成为奴隶。但是,单单主人和奴隶这两方面不能构成对主奴关系的完整理解,要完成这个关系,必须引入第三项,即物质现实,双方关系通过第三项物质现实为中介才得以完成。主人通过物质现实来统治奴隶,奴隶通过物质现实来为主人服务。但是,这个结果仍然存在着问题。主人作为一个自我意识,希望得到另一个自我意识的承认,但是奴隶在他看来并不是一个自我意识,对主人来说,得到奴隶的承认并没有什么意义。因此,这个主人实际上成为一个孤独的存在,他周围的事物围绕着他,但并不能给予其承认,也就是说,在主人最为完满的时候,其完满性却被暗中破坏了。在另一方面,奴隶被迫为主人服务,因为死亡恐惧而被迫从事劳动,并且这种劳动是在严格的规训下进行的。泰勒指出,对死亡的恐惧和这种规训下的劳动,对于奴隶具有重大的意义。但是,后世哲学并未重视死亡恐惧这一点,而只是重视了规训劳动的重要性。在泰勒看来,死亡恐惧也具有重要意义。死亡恐惧在黑格尔那里是一个非常重要的环节,这个环节在黑格

---

① 黑格尔:《精神现象学》(上卷),贺麟、王玖兴译,北京:商务印书馆,1979 年,第 117 页。
② 黑格尔:《精神现象学》(上卷),贺麟、王玖兴译,北京:商务印书馆,1979 年,第 121 页。

尔《法哲学》中也出现过。泰勒指出,正是因为恐惧死亡,恐惧这个外在否定,自我意识才转向了内在否定,大致意思是说,正是因为奴隶恐惧死亡这个外在否定,才转化为对自己的内在否定。泰勒写道:"他的外在存在的最高否定是由人在思想中达到的,也就是说,在还活着时达到的。但是他是在与死亡,即最终的外在否定的面对面中达到这种内在否定的,因为这表明了一切外在特殊性在其生命中的真正地位,它将它表明为必然的过渡,表明为注定要被否定的东西,并由此导致了思想中的否定,它是向普遍性的返回。"①主人本来是独立的意识,而奴隶是依赖的意识,但是主人的自为存在又依赖于奴隶,它只能通过奴隶与物发生关系,因此主人反而又变成了依赖性的,而奴隶却掌控着物,通过对物的掌控,奴隶认识到自己的自为存在。这就是黑格尔在主奴辩证法中更多地强调了奴隶在恐惧意识和劳动陶冶中转变为一个自为存在的这一方面。黑格尔写道:"在主人面前,奴隶感觉到自为存在只是外在的东西或者与自己不相干东西;在恐惧中他感觉到自为存在只是潜在的;在陶冶事物的过程中则自为存在成为他自己所固有的了,他并且开始意识到他本身是自在自为地存在着的。"②泰勒指出,黑格尔在这里指出了两条道路,即人类走向自为存在的两条道路,一条道路是通过作为对象的另一个自我意识,一个他者的承认,这是主人的道路;另一条道路是通过劳动,在劳动中改造客观世界,同时在这个过程中也改造了自身,使自己成为自为的存在。但是,主人在这种自为存在中陷入了一种愚蠢的自以为是的状态;而奴隶却在劳动中达到了普遍的意识。这样,奴隶和主人的关系就发生了颠覆。这种颠覆因为奴隶对规训的服从而更加彻底。泰勒写道:"服从于物的顽固存在的奴隶逐渐发生了转变,通过使它成为作为普遍意识的自我的肯定反思利用了这种抵抗。这种颠覆完成得更为彻底,因为他将他的转变归功于他的服从;只有在

---

① 查尔斯·泰勒:《黑格尔》,张国清、朱进东译,南京:江苏人民出版社,2009年,第213页。

② 黑格尔:《精神现象学》(上卷),贺麟、王玖兴译,北京:商务印书馆,1979年,第131页。

服务的规训下,他所从事才是超越其原初限制的劳动。"①

　　但是仅仅认识到自己的自为存在的奴隶还不能达到自由。黑格尔在斯多葛主义、怀疑主义和苦恼意识这一部分,论述了奴隶走向自由的阶段。在斯多葛主义中,奴隶达到的是一种内在自由,这种内在自由实际上是对真实不自由的逃避。在斯多葛主义中,思想是自由的,但是现实是不自由的,这是黑格尔所不能同意的。于是就进入了怀疑主义。怀疑主义是对斯多葛主义的否定。怀疑主义导致了我们对这样一种处境的认识,我们的自我实际上处于一种不断变化的、不稳定的环境中,我们自身也是不断变化的实体。"我们所拥有的是我们自身同一性的感觉和我们同样真切的依赖于变化着的、转换着的外在现实的感觉之间的摇摆。"②因此就过渡到了下一个环节,即苦恼意识。在前一个阶段被逃避的主奴关系在这里再次出现。黑格尔认为,主奴关系,以前是在两个主体、两个自我意识中的,现在却体现于一个主体,一个自我意识中,这个主体本身是内在分裂的。黑格尔写道:"于是现在就出现了自我意识在自身之内的二元化,这种二元化在精神的概念里是本质的,不过这两方面的统一却还没有达到,——这就是苦恼的意识,苦恼的意识就是意识到自身是二元化的、分裂的、仅仅是矛盾着的东西。"③这种矛盾和分裂的状况折磨着这个主体,于是就过渡到了下一个环节,即这两方面的统一,这就是理性。泰勒清晰地指出,在苦恼意识中,主体始终处于这样一种状态中,他作为一个特殊的个体,不能与不变的、永恒的东西统一起来。"不变之物被投射到彼岸。他与它的统一只有在失败感中才能被感觉到,这种失败感是必须以某种方式超越他的当下状态并达到与这个不可变的东西同一的感觉。……因为我不能停止作为

---

①　查尔斯·泰勒:《黑格尔》,张国清、朱进东译,南京:江苏人民出版社,2009 年,第 215 页。

②　查尔斯·泰勒:《黑格尔》,张国清、朱进东译,南京:江苏人民出版社,2009 年,第 218 页。

③　黑格尔:《精神现象学》(上卷),贺麟、王玖兴译,北京:商务印书馆,1979 年,第 140 页。

一个特殊的个体，所以我从来不能获得与不可变的东西的统一。"①主体不能与这个超越的、彼岸的、永恒的东西统一，但是主体却永远追求着这种统一，这种苦恼意识就转变为一种宗教意识。苦恼意识可以说是斯多葛主义的一个更高的阶段，在斯多葛主义中，人们退回到了自身内部，在自我意识的内部实现自由，而在苦恼意识阶段，人们则将自由设置为彼岸世界的，设置为永恒追求而却不能达到的。黑格尔在自我意识部分的结尾写道："但是在这个对象里，在它看来，作为这种个别意识的它的行动和存在，是自在的存在和行动，于是对它说来就出现了理性这一观念，出现了意识确信在它的个别性里它就是绝对自在的存在，或者它就是一切实在这一观念。"②由此泰勒认为，黑格尔最终将自我意识终结于理性，理性就是一种认识到了理性是一切现实的基础的自我意识。泰勒指出，这一阶段是"在其中人们开始认识到理性是一切现实的基础。换言之，他们达到了这一斯多葛主义所错失的洞见，即思想不仅是比外在现实更高的现实，而且理性思想决定了事物的进程的意义"③。

在《精神现象学》中，黑格尔对意识和自我意识的辩证法的阐释部分是最为重要的，也是影响最为深远的部分。在对这一部分的阐释中，泰勒遵循黑格尔的思路，将黑格尔的思想进程展现出来，从感性确定性、到自我确定性，从意识到自我意识到理性，从斯多葛主义到怀疑主义到苦恼意识，黑格尔层次深入地为我们展示出人和世界之间的关系，最终达到的是理性为现实奠定基础，理性和现实就在理性的基础上实现了统一。这是人追求圆满的过程，人们最终在理性中达到了圆满。当然，黑格尔的论述到此还没有结束，《精神现象学》的第三部分"丙：理性"实际上将探讨从主体本身引向了对社会、政治、宗教、伦理等的探

---

①　查尔斯·泰勒：《黑格尔》，张国清、朱进东译，南京：江苏人民出版社，2009 年，第219 页。

②　黑格尔：《精神现象学》（上卷），贺麟、王玖兴译，北京：商务印书馆，1979 年，第153 页。

③　查尔斯·泰勒：《黑格尔》，张国清、朱进东译，南京：江苏人民出版社，2009 年，第220 页。

讨,这一部分反映出《精神现象学》的雄心壮志,使《精神现象学》具有某种百科全书式的特点。泰勒对这些部分也做了探讨,限于本文主旨和篇幅,我们不再做详细展开。

从以上泰勒对黑格尔意识和自我意识的辩证法的阐释我们可以看出,实际上,泰勒对黑格尔的阐释在一定意义上不同于学界主流的以皮平和哈贝马斯等哲学家对相互承认的黑格尔的阐释,特别是在主奴辩证法部分的阐释中,我们看到,泰勒强调黑格尔对死亡恐惧和劳动规训对奴隶的启蒙作用,这某种意义上更接近于马克思异化劳动和异化劳动之克服的理解。这说明,泰勒对黑格尔《精神现象学》的理解自觉或不自觉地靠近了马克思主义。从泰勒后来对《精神现象学》与马克思主义的关系的阐释中,我们可以更加明确地看到这一点,因此,作为本文的结论,我们下面重点对泰勒《精神现象学》阐释中的黑格尔与马克思主义的关系进行概要探讨。

三、《精神现象学》与马克思主义：
泰勒《精神现象学》阐释中的黑格尔与马克思

在泰勒对《精神现象学》的主要思想的阐释做了以上说明之后,也就不难理解泰勒对《精神现象学》和马克思主义之间的关系的阐释了。在作为《黑格尔》全书结论的"今日黑格尔"部分中,泰勒专门对黑格尔与马克思主义的关系进行了阐释。首先,泰勒认为,正是通过黑格尔的中介,青年马克思是激进的启蒙传统的继承者。在泰勒看来,马克思是启蒙传统的传人:第一,他形成了人按照自己的意图逐渐地改造着自然并最终改造社会的思想;第二,马克思对于当时社会秩序的非人状况的激进批判。①其次,泰勒认为,马克思之所以具有强大的批判力量,在于

---

① 查尔斯·泰勒:《黑格尔》,张国清、朱进东译,南京:江苏人民出版社,2009 年,第751 页。

其继承了黑格尔的表现主义传统。例如，在《1844年经济学—哲学手稿》中对异化劳动的论述中，马克思论述了人对自然的改造也改造了自身，自然是人的无机的身体等思想。也就是说，人的劳动产品，人创造的客观世界，是他内在力量的表现。泰勒指出："这种异化观念因此内在地属于一种表现主义的思想结构。"①再次，泰勒认为，马克思对共产主义思想的论述，实际上是与黑格尔的追求完满的、自我意识所追求的特殊和普遍的统一具有相似性的。泰勒引用了马克思在《1844年经济学—哲学手稿》中的如下段落。"共产主义是私有财产即人的自我异化的积极的扬弃，因而是通过人并且为了人而对人的本质的真正占有；因此，它是人向自身、向社会的即合乎人性的人的复归，这种复归是完全的，自觉的和在以往发展的全部财富的范围内生成的。这种共产主义，作为完成了的自然主义＝人道主义，而作为完成了的人道主义＝自然主义，它是人和自然界之间、人和人之间的矛盾的真正解决，是存在和本质、对象化和自我确证、自由和必然、个体和类之间的斗争的真正解决。它是历史之谜的解答，而且知道自己就是这种解答。"②在泰勒看来，马克思的这份清单中，表现了一种与黑格尔相似的目标。"我们看到了以一种改换的形式所达到的黑格尔的抱负，看到了各种对立的和解。"当然，泰勒也看到了马克思和黑格尔达到和解的路径是不同的。黑格尔达到和解的路径是承认，而在马克思那里，并不存在承认，而是通过改造。这其中的关键在于，黑格尔和马克思的主体不同，黑格尔的主体是精神，而马克思的主体则是作为类的人。最后，泰勒认为，作为成熟时期的著作，马克思的《资本论》的基本立场仍然是和《1844年经济学—哲学手稿》分不开的。"我根本没有看到如下证据：马克思在任何一个实质性的方面背弃了这个立场，或者感到他

---

① 查尔斯·泰勒：《黑格尔》，张国清、朱进东译，南京：江苏人民出版社，2009年，第752页。

② 马克思：《1844年经济学哲学手稿》，北京：人民出版社，2000年，第81页。

有这样做的必要。"①

上述观点可以看作是泰勒在对黑格尔和马克思关系的阐释时的总体的立场。我们看到，泰勒在论述二者之间关系时，强调了《精神现象学》在黑格尔那里的重要性，也强调了《精神现象学》与《1844 年经济学—哲学手稿》之间的重要关联，并且强调《1844 年经济学—哲学手稿》的立场在某种意义上始终贯彻了马克思的思想，一直到其晚期的著作《资本论》。我们可以看到，泰勒在对《精神现象学》的阐释中，也不时地将黑格尔的思想与马克思的思想联系起来。

黑格尔的主奴辩证法与马克思主义的关联，对我们来说并不陌生。从上面泰勒对黑格尔自我意识的辩证法的论述可以看出，在泰勒看来，主奴辩证法和马克思主义之间的关系最重要的并不是从主人和奴隶的斗争关系中蕴藏着马克思的革命理论，而是劳动的重要性。泰勒写道："劳动的至关重要的重要性的理念，这对马克思也是核心性的，是随着黑格尔而产生的。"泰勒也看到了马克思和黑格尔劳动概念的重要区别，即黑格尔的劳动概念所带来的是主体的内在的自我意识的转变，即主体通过劳动认识到了自己的普遍意识，而对马克思而言，主体通过劳动对自然世界的改造了自身，塑造了人本身。这一方面反映了黑格尔思想仍然处于前工业时期，而马克思却看到了工业时期带来的巨大变化；另一方面也反映了马克思对人的理解和黑格尔的不同，在马克思那里，人是劳动塑造的，而在黑格尔那里，人仍然是一种自我意识，人们通过劳动只是达到了对自己意识的理解。在对劳动的理解中，泰勒强调死亡恐惧和规训劳动二者的重要性，但是在后世的哲学中，人们往往忽略了死亡恐惧的重要意义。在泰勒看来，死亡恐惧重要的在于将人们从日常生活中抽离出来，面对一个普遍，这个普遍就是死亡。正是由于对死亡的恐惧使奴隶能够从日常生活中抽离出来，从特殊中抽离出来，

---

① 查尔斯·泰勒：《黑格尔》，张国清、朱进东译，南京：江苏人民出版社，2009 年，第 756 页。

超越了自身。奴隶为了保全自己的生命,必须从事规训性的劳动,这种劳动使奴隶成为事物的主人,奴隶在塑造事物的过程中逐渐改造了自身,在塑造事物的过程中认识了自身。因此,对黑格尔而言,死亡恐惧和规训性的劳动构成了两个重要的必不可少的因素。泰勒写道:"死亡恐惧和服务的规训二者都是必需的。死亡恐惧将他从特殊中暂时解放出来,但是还未能建立普遍意识的肯定性体现。但是,仅仅是劳动,而没有对死亡恐惧的知晓,将会产生特殊的能力,而不是普遍意识。"①泰勒还论及了黑格尔的历史哲学和历史唯物主义的关系。在通过劳动塑造事物的过程中,奴隶达到了一种普遍意识,"由此他在他创造的对象世界中看到了他自身作为普遍,作为思维着的存在的反映。这个段落表明了黑格尔的历史哲学多大程度上预示了历史唯物主义"②。

泰勒还指出了黑格尔与马克思的一个共同特征即内在批判。在《精神现象学》中,黑格尔的意识的辩证运动并不从外部注入任何东西,而是从意识本身的内在发展中,走向对其自身的否定,从而达到一个更高的环节。也就是说,精神现象学所揭示的是事物自身运动的规律,而并不从外部强加什么东西。这正是整个《精神现象学》所建构起来的方式。最好的例证就是《精神现象学》作为开端的感性确定性。如前面已经说明过的,感性确定性是最丰富的最深刻的,但是当我们对其进行进一步地追问时,发现它并没有告诉我们什么东西,毋宁说,感性确定性是最贫乏的概念。这就使我们认识到,感性确定性是一个特殊,而特殊的东西必定会死亡,进而达到普遍,这就进入了知觉概念。黑格尔的论证当然是有些复杂和晦涩的,但是基本的逻辑就是如此。泰勒认为这种内在批判的逻辑和马克思主义的批判逻辑是一致的。这种

---

① 查尔斯·泰勒:《黑格尔》,张国清、朱进东译,南京:江苏人民出版社,2009年,第214—215页。

② 查尔斯·泰勒:《黑格尔》,张国清、朱进东译,南京:江苏人民出版社,2009年,第215页。

内在批判，正如马克思在讲到辩证法时所说的，在对事物的肯定的理解中包含了否定的理解，即对事物的必然灭亡的理解。这也就是马克思如何在《资本论》中从商品出发，一步步地推出的资本主义必然灭亡的逻辑。

泰勒还指出了黑格尔的自由观与马克思自由观的关联。按照英国著名黑格尔专家斯蒂芬·霍尔盖特之见，自由概念在某种意义上是黑格尔思想的核心，成为连接历史和真理的一个重要概念。①泰勒也特别重视黑格尔的自由概念。如同我们看到的，在泰勒看来，黑格尔的意识的自我意识的辩证法实际上描绘了主体走向自由的过程。正如我们上面已经讨论过的，主体的自由的实现有条道路，一条是主体被另一个主体所承认的道路，这条道路在某种意义上预示了后世哲学的主体间性；另一条道路是主体通过自己的劳动，在劳动中认识到了自己的创造性力量，认识到自己是一个主体，这时候，奴隶开启了走向自由的道路，经由斯多葛主义的内在自由，到怀疑主义的对外在事物的质询，到苦恼意识的内在分裂，最终达到认识到理性是现实事物的基础，从而消解融合了主观和客观的分裂，达到和解和自由。我们可以看出，黑格尔的自由实际上仍然是主观内部的自由，是局限在主体之内的。泰勒特别注意到，黑格尔反对绝对自由，即来自启蒙传统的特别是卢梭的一种自由观念，其根基在于人与人之间的绝对平等。黑格尔认为，这种绝对自由将会导致大写的恐怖。这样，尽管黑格尔的自由是内在自由，但他明确地反对用这种自由去压制他人的自由，因此将黑格尔的思想看作某种专制主义来源的思想是没有道理的。因此，在作为《黑格尔》全书结论的最后一部分，泰勒强调了黑格尔哲学对于现代自由概念的重要性，同时也指出了黑格尔也是自我依赖的自由观的最深刻的批判者之一。泰勒写道："黑格尔哲学是自由的现代概念的一个重要步骤。他帮助发展了

---

① 斯蒂芬·霍尔盖特：《黑格尔导论：自由、真理与历史》，丁三东译，北京：商务印书馆，2013 年，第 3—4 页。

一种作为总体的自我创造的自由概念……黑格尔也是作为自我依赖的自由的最深刻的批判者之一。"①泰勒也指出了黑格尔的自由观对包括马克思在内的哲学家们产生的重要影响。自由也是马克思的核心概念和永恒追求。但是，马克思对自由的探求和黑格尔的主观之内的内在自由不同，马克思的自由来自人的劳动对现实的改造，人在改造现实的活动中创造了自身，也实现了人的自由。

最后，泰勒对黑格尔在《精神现象学》中的辩证法的理解和马克思对黑格尔《精神现象学》辩证法的理解的差异。如前我们所提及的，泰勒认为，黑格尔在《精神现象学》中包含两种辩证法，一种是本体论的辩证法，另一种是历史的辩证法。泰勒在《精神现象学》的阐释的结束部分专辟一章，说明黑格尔的辩证法如何成为一种上升性的辩证法。略过泰勒的烦琐说明，我们看到，泰勒认为，在本体论的辩证法和历史辩证法的两种区分之外，我们还应该在黑格尔《精神现象学》的辩证论证中区分出另外两种辩证法，一种是严格的辩证法，另一种是解释学的或阐释性的辩证法。本体论的辩证法属于严格的辩证法，而历史的辩证法则属于解释学的或阐释性的辩证法，后一种辩证法并不是从严格的前提出发，在严格的概念演绎中展开辩证运动，而是用解释性的貌似有理来展开论证。泰勒指出，前一种辩证法是自我确证和自我依赖的，而后一种辩证法则是依赖性的。可以看出，泰勒较为赞成第一种辩证法，即严格的本体论的辩证法，而认为第二种辩证法则持较为轻视的态度。泰勒对黑格尔辩证法的这种理解，使我们看到，在对黑格尔《精神现象学》辩证法的理解上，泰勒与马克思具有重要的差异。在《1844年经济学—哲学手稿》中，马克思对黑格尔《精神现象学》的批判中，特别重视黑格尔的历史辩证法。在马克思那里，黑格尔的本体论的辩证法和历史辩证法并不能截然分开，因为正是通过否定性的

---

① 查尔斯·泰勒：《黑格尔》，张国清、朱进东译，南京：江苏人民出版社，2009年，第779页。

辩证法才展开了历史的辩证法。一方面,马克思指出了黑格尔的否定性原则是黑格尔辩证法的原则,另一方面指出,黑格尔通过这种否定的辩证法为历史找到了表达,尽管是思辨的表达。马克思写道:"黑格尔根据否定的否定所包含的肯定方面把否定的否定看成真正的和惟一肯定的东西,而根据它所包含的否定方面把它看成一切存在的惟一真正的活动和自我实现的活动,所以他只是为历史的运动找到抽象的、逻辑的、思辨的表达……"①"黑格尔的《现象学》及其最后成果——辩证法,作未推动原则和创造原则的否定性——的伟大之处首先在于,黑格尔把人的自我产生看作一个过程……"②在这里,我们可以看出,在马克思那里,本体论的辩证法是无法和历史辩证法区分开的,本体论的辩证法奠定了历史辩证法的基础,历史辩证法是本体论辩证法在现实上的展开。

泰勒对《精神现象学》的阐释在某种意义上代表了泰勒对黑格尔哲学思想的阐释,也在一定程度上构成了泰勒整个哲学思想的基调。在泰勒看来,正是《精神现象学》奠定了黑格尔的哲学思想的基础,也正是从这里奠定了黑格尔作为现代思想家的重要地位。泰勒对《精神现象学》与马克思主义关系的阐释,指出了黑格尔对马克思主义传统的重要影响,对于我们理解马克思主义具有重要的借鉴意义。因此,深入解读泰勒的《黑格尔》,无论是对于理解泰勒的思想,还是对于黑格尔或马克思主义的理解,都仍然是一个未竟的任务。

(作者 谭聪,曲阜师范大学马克思主义学院博士研究生;李西祥,浙江师范大学马克思主义学院研究员,博士生导师,双龙学者特聘教授)

---

① 马克思:《1844 年经济学哲学手稿》,北京:人民出版社,2000 年,第 97 页。
② 马克思:《1844 年经济学哲学手稿》,北京:人民出版社,2000 年,第 101 页。

The Phenomenology of Spirit and Marxism: On Taylor's Interpretation of the The Phenomenology of Spirit

Tan Cong   Li Xixiang

Abstract: Charles Taylor is a famous Canadian philosopher, but his important work Hegel, which is the basis of his thought, has not been researched enough in Chinese academic field. Based on Taylor's interpretation of Hegel's The Phenomenology of Spirit, particularly Taylor's interpretation of the dialectic of consciousness and self-consciousness, this paper explores the relationship between Marxism and The Phenomenology of Spirit. In Taylor's view, the relationship between the The Phenomenology of Spirit and Marxism is mainly manifested in the influence of the master-slave dialectics on Marxist revolutionary theory and labor theory; The relationship between Hegel's inner criticism of the The Phenomenology of Spirit and Marxism, Hegel's view of freedom and Marxist view of freedom; The relationship between the dialectics of the The Phenomenology of Spirit and Marxist dialectics. In a sense, Taylor's interpretation of the The Phenomenology of Spirit represents Taylor's interpretation of Hegel's philosophy, and to a certain extent, constitutes the keynote of Taylor's whole philosophy. A deep reading of Taylor's Hegel remains an unfinished task, both for understanding Taylor's ideas and for understanding Hegel or Marxism.

Key words: Taylor; Hegel; The Phenomenology of Spirit; Marxism

知性"先天"结构的社会历史性奠基[①]
——索恩-雷特尔对康德认识论的政治经济学批判

韩国庆

摘要：对康德的认识论历来存在两种主要的批判路向，即黑格尔路向基于历史理性的过程论批判和海德格尔路向基于"存在论差异"的"主体之主体性的存在论"批判，而马克思的政治经济学批判则提供了第三种可能的批判路向。西方马克思主义学者索恩-雷特尔通过对《资本论》中交换抽象的独特阐释，发掘出了马克思价值形式理论的社会综合意义，并以这一功能性的社会综合结构来为康德认识论中的先验综合奠基，通过对商品交换中"无意识因果性"和功能社会化结构的揭示，索恩-雷特尔指陈了传统形而上学范畴的虚假自律性并对其进行了历史唯物主义的起源论考察，指出同一性、定在、物性和主体性等范畴如何植根于商品交换的形式建构之中，为一种真正意义上的马克思主义认识论提供了可能的方向。

关键词：先天　索恩-雷特尔　认识论　政治经济学批判

康德的先验哲学是近代认识论的巨大成就，其深刻的批判向度一

---

① 本文系浙江省哲学社会科学规划课题"资本逻辑与主体形而上学内在关联之理路研究"（19NDJC087YB）研究成果。

扫经验论与怀疑论在知识根基上的不确定性,为已然作为知识之典范的数学与自然科学知识之可能性与严格性的原因作出了解释,并试图以此为未来作为科学出现的形而上学奠基。但是康德的解决方式也引起了诸多问题,最严重的是物自体领域的不可知性。除此以外,从整体上看,康德"先天论"的认识论方案也颇受质疑,尤其是关于认识的"先天"结构自身的性质和来源,康德并没有给予彻底的澄清,由此引发了两种最有影响力的反驳,即黑格尔基于历史理性的过程论批判和海德格尔基于"存在论差异"与"此在"之生存论性质而发起的对"主体之主体性的存在论"批判。马克思的哲学革命既包含对认识的历史过程性的强调,也是在存在论根基处发起的根本性变革,尤为重要的是,马克思的政治经济学批判提供了一种全新的认识论反思形式。西方马克思主义学者索恩-雷特尔基于马克思政治经济学批判所指示的方向,针对康德的先验哲学规划,深入地分析了康德对人类理性的"自我奠定的自律"[①]的信仰及其无根基性。索恩-雷特尔从商品交换活动及其抽象综合性入手,重新阐释了历史唯物主义的基本原理,提供了关于人类知识之所谓"先天性"结构的社会历史起源的解释,这对我们重新认识康德的先验哲学乃至整个西方认识论传统都具有重要意义。近年来索恩-雷特尔之所以逐渐引起学界兴趣,主要是因其"现实抽象"概念,这一概念被认为是对马克思"抽象劳动""抽象性"等概念的延续和丰富,或者说这一概念提供了对资本主义社会构建方式的"抽象性"进行深入界定的新的路径。但是其主要目标,即探究"西方历史的认识论",却并没引起应有的重视,尤其因为其论证的疏阔性以及对数学—自然科学与交换抽象之间关系的武断界定,其认识论被认为是简单的还原论,或对存在与思维之间关系的粗暴判定。本文将索恩-雷特尔对康德认识论的批判置于康德认识论批判的两条主要路线即以黑格尔和海德格尔为代

---

① 索恩-雷特尔:《脑力劳动与体力劳动:西方历史的认识论》,谢永康、侯振武译,南京:南京大学出版社,2015年,第2页。

表的批判序列之中,认为他代表了一种以马克思政治经济学批判为指引的全新的认识论批判路线,并为一种真正的历史唯物主义认识论提供了可能的方向。

一、对康德认识论的两个批判及其问题

康德认识论的基本论题是关于人类知识的起源、可靠性及其基本性质的澄清。经验主义从知觉经验出发,认为人类知识都是起源于经验性知觉,但由此就发生了知识可靠性的问题:如果知识来源于经验,奠基于人类的感官知觉之上,按照经验的流变性、感官知觉的不稳定性,那么人类知识的严格性、科学性是无法保证的。但是自伽利略、牛顿以来自然科学的发展明显展示出了一个具有高度精确性、系统性的知识领域,这一知识领域奠定在严密的公理推导、审慎假设、严格实证的基础上,形成了一种独特的理论和实验相互验证、相互推进的自律体系。这一自律的知识体系与人类历史上所产生的任何神话、伦理、宗教、形而上学的知识体系都迥然不同,它的严格性是在人类现有经验的一切时空以内都可以随时被验证的,其理论或者是可以被推导,或者是可以被总结出来的,并且都可以被经验所证实。但是唯一的问题是,这种知识的来源和性质如何却无从知晓,其真正的适用范围也无法确定。比如归纳问题就表明,人类现有经验范围以内的可适用性不代表一切时空领域内的可适用性,休谟由此对自然因果性、自我的实在性以及道德的可能性都提出了质疑。

面对怀疑主义的质疑,人类的知识有根基崩塌的危险,对此,康德创造性地将这一为人类知识体系奠基的任务转化成了对人类认识能力的根本批判。康德指出:"尽管我们的一切知识都是以经验开始的,它们却并不因此就都是从经验中发源的。因为很可能,甚至我们的经验知识,也是由我们通过印象所接受的东西和我们固有的知识能力(感官印象只是诱因)从自己本身中拿来的东西的一个复合物。"①这可谓是知识理论的一场翻天覆地的革命,因为它意味着人类知识在经验之外另有来源,即所谓"先天"的东西。关于人类认识能力中"先天"的部分,从柏拉图以来就以"理念论"的形式长期存在,但"理念论"在很大程度上与信仰和古典政治教化相关,这也是柏拉图认识论的一个特点,它是整体性的,无法单独就知识本身的性质而自我证成。近代以来,随着宗教、神话乃至人的政治与伦理生活都纷纷祛魅,知识以自然科学的实证体系为典范,以经验观察所得的知觉为可信靠的来源,曾经被认为具有先天性的某些知识要么被作为形而上学幻觉而摒弃,要么作为信仰被限制在个体主观信念中,理念论也逐渐消隐不见。而康德的先天论独出机杼,在启蒙时代的理性审查中,既保留了自然科学知识对经验知觉证据的合理信任,又具有穿透直观经验现象的先在性,在某种意义上可以说是重新复活了理念论,也以此开创了全新的德国观念论传统。

对于康德先天论的认识论方案,同时代和后世的哲学家们一方面感受到作为全新方法论的"批判"哲学的震撼力,另一方面对这一理性的自我考察也提出了诸多批评,比较有代表性的有两位:

第一是观念论的集大成者黑格尔。对于康德哲学中针对经验现象的先天性维度,黑格尔是极为赞同的,认为这些"先天的、即在自我意识之内的"思维规定体现了"康德哲学的伟大的一面"。②但黑格尔对康德先验哲学的认识论也提出了根本性的批判,粗略言之,可概述为以下三个方面:首先,对于认识的先天结构与认识活动本身之间的关系,黑格尔认为康德将认识当作一种工具或媒介,那么为保证认识的纯粹性就必须将认识所施加于对象上的作用从认识结果中分离出来,以免知识的客观性因受媒介影响而扭曲。③这种分离要在认识开始之前就已被意识到,这就是对进行认识的理性的自我批判,即纯粹理性批判。但是

① 康德:《纯粹理性批判》,邓晓芒译,杨祖陶校,北京:人民出版社,2017年,第1页。
② 黑格尔:《哲学史讲演录》第4卷,贺麟、王太庆译,北京:商务印书馆,1978年,第261页。
③ 黑格尔:《精神现象学》(上卷),贺麟、王玖兴译,北京:商务印书馆,1979年,第52页。

黑格尔认为这种"想要认识于人们进行认识之前,其可笑实无异于某学究的聪明办法,在没有学会游泳以前,切勿冒险下水"①。认识的自我批判只能在认识活动的展开中才能进行,而进行认识活动的那个理性必定是没有经受先行批判的,想要自我批判于进行认识之前,从而保证理性本身的纯粹性,这是矛盾的,只能是一种关于纯粹性与先天性的幻想,是一种关于客观性的"绝对旁观者视角"。而黑格尔对此持有与康德截然不同的观点,认识就是置身对象之中,与之共同历事,"绝对"也并非拒斥人类认识的"物自身":"绝对假如不是本来就在并且就愿意在我们近旁,它就一定要嘲笑这样的一种诡计;因为在这种情况下,认识就是一种诡计。"②第二,认识是一个在现实运动中辩证展开的过程,而不是一种主体的先在结构或自动程序运用于经验材料之上所得出的结果。在黑格尔看来,真理是一个经由完整发展过程而达致的理性体系,"真理是全体,但全体只是通过自身发展而达于完满的那种本质。"③真理不是一个单纯的结果,或一个命题式的断言,认识也不是一种主体的固有官能结构对对象的程序化处理。认识不是一种认知程序的产品,也不是一次性完成的,而是在矛盾中不断辩证展开的过程本身,这种过程性的认识论也是辩证法的精髓,辩证认识即在现实中不断矛盾展开的过程。第三,认识诸形式不是主体先天的内在思维纯形式,而是事物本身的逻辑结构。这是黑格尔对康德认识论的根本颠覆。黑格尔认实体为主体,指出"一切问题的关键在于:不仅把真实的东西或真理理解和表述为实体,而且同样理解和表述为主体"④。而认识的根本任务是跟随实体主体、跟随事物本身,科学认识的方法就是要使"全体的结构之展示在它自己的纯粹本质性里"⑤,因此直观性的"表象思维"和知性

---

① 黑格尔:《小逻辑》,贺麟译,北京:商务印书馆,2019 年,第 49 页。
② 黑格尔:《精神现象学》(上卷),贺麟、王玖兴译,北京:商务印书馆,1979 年,第 52 页。
③ 黑格尔:《精神现象学》(上卷),贺麟、王玖兴译,北京:商务印书馆,1979 年,第 12 页。
④ 黑格尔:《精神现象学》(上卷),贺麟、王玖兴译,北京:商务印书馆,1979 年,第 10 页。
⑤ 黑格尔:《精神现象学》(上卷),贺麟、王玖兴译,北京:商务印书馆,1979 年,第 31 页。

范畴的"形式推理"都只是外部形式化的思维操作,而真正的认识是要深入到对象本身、使其得以自我显现。所以逻辑范畴应该是内在于事物之中的,是事物本身的内在结构显现为逻辑和范畴,而非人的主观认识结构具有范畴形式。

第二种具有代表性的对康德认识论的批判来自海德格尔。海德格尔《存在与时间》计划中的第二部第一篇就是对康德图型说的解读。海德格尔认为虽然康德已经部分超越经验主义的流俗时间观而将时间先验化为内直观的纯形式,但他"终究无法窥时间问题之堂奥",非常重要的原因是因为他"耽搁了一件本质性的大事:耽搁了此在的存在论",即"没有先行对主体之主体性进行存在论分析"。①海德格尔认为康德所代表的传统认识论将认识活动当作一种认识主体从其内在性中超越出来而进入外部世界的客观性的过程,但这一认识方式"始终漏过了这个认识主体的存在方式问题",而在海德格尔看来,"认识是在世的一种存在方式"②,并非只是发生在意识中的认知活动,只有当此在这一认识主体的生存论性质得以澄清,认识活动作为一种在世存在活动才可能被真正理解。

虽然《存在与时间》计划中的第二部并没有完成,但是后来在1929年出版的《康德书》中,海德格尔对康德的《纯粹理性批判》进行了重新阐释,并将之解读为形而上学的一种奠基活动。在此解释路向上,康德先验哲学的所谓先天性的知识"并不研究存在物自身,而是研究先行的存在领悟的可能性",即"研究存在物的存在法相"。③就此而言,"《纯粹理性批判》与'知识理论'完全没有干系",或者准确地说,"《纯粹理性批判》不是一种关于存在物层面上的知识(经验)的理论,而是一种存在论

---

① 海德格尔:《存在与时间》,陈嘉映、王庆节译,北京:生活·读书·新知三联书店,2014年,第28页。

② 海德格尔:《存在与时间》,陈嘉映、王庆节译,北京:生活·读书·新知三联书店,2014年,第71页。

③ 海德格尔:《康德与形而上学疑难》,王庆节译,上海:上海译文出版社,2011年,第12页。

知识的理论"①。这里海德格尔也通过对康德"理性批判"之内涵的颠覆完成了对康德认识论的釜底抽薪。不过无论是《存在与时间》还是《康德书》的解读，海德格尔都的确指出了康德理性的自我批判式的认识论所面临的问题，即认识活动发生的前提是认识主体的在世生存活动，对后者的澄清是前者得以可能的存在论前提，而这正是康德认识论的薄弱环节。

无论黑格尔还是海德格尔对康德哲学的批判，其核心其实都是对康德所谓"先天"概念的批判式重构。在很大程度上，黑格尔和海德格尔都并不反对康德的先天论立场，问题只是在于这一"先天"的认识诸形式究竟奠基于何种存在论或逻辑学根基之中。二者的批判也都可以看作是对康德"哥白尼革命"的一种反拨，康德建立了认识对于主观经验过程的先验性，这对于知识本身超越个体经验和主观心理过程而保持其严格性尊严是有价值的，但是认识被奠定在了不明来源的主体认知能力之上，尤其是先验统觉的综合统一能力之中，这一能力必然有其来源，而其来源却是康德不能予以解释的。虽然这一部分的先验演绎康德给出了两个版本，但是仍然只能解说统觉的功能与展开过程，而不能从根本上说明其来源与性质。黑格尔和海德格尔都看到了这点，黑格尔相信认识的科学只能是关于现实且来源于现实的科学，而不是简单的先验主体认识能力对经验对象的认知操作，但是对于逻辑学与历史现实之同构性的根源，黑格尔的辩证法很大程度上仍然局限在观念论的思辨演证中，没有真正给二者提供统合的根基，也就并不能达到其自诩的现实性。海德格尔的康德阐释经由此在的生存论分析回溯到了存在本身的先行展开的畿域中，认识论问题最终被弱化了，被化为存在领会及其可能性境域的问题。这在某种意义上是对康德专题化认识论问题的取消而非解释，毕竟即便存在论领会不能由命题式认识所抵达，

---

① 海德格尔：《康德与形而上学疑难》，王庆节译，上海：上海译文出版社，2011 年，第 13 页。

但人类命题性知识与其知性范畴也仍需要被真正历史性的解释所穿透而非放弃。关于这一点,西方马克思主义者索恩-雷特尔从马克思政治经济学批判所指引的革命性实践出发,指出这些关于人类知性能力的"虚假意识形态"虽然问题重重,但是其"作为这样一种虚假的意识,在发生学上又必然是有条件的"。①对于这种发生学条件的考察,是马克思历史唯物主义认识论的重要方向。

二、理性自主的虚假自律性与人类历史实践的分裂

马克思在《关于费尔巴哈的提纲》第二条中说:"人的思维是否具有客观的〔gegenständliche〕真理性,这不是一个理论的问题,而是一个实践的问题。人应该在实践中证明自己思维的真理性,即自己思维的现实性和力量,自己思维的此岸性。"②马克思所主张的现实对意识的规定性从根本上揭开了认识论的起源面纱,这一革命性洞见不仅深入到其存在论根基处,而且可以说直接否定了认识的这种先天性及其虚假的自律性。但是马克思的这一洞见对于认识论的深刻意义并没有被深入领会,除阿多诺和哈贝马斯等少数哲学家以外,西方马克思主义思想家们对于认识论的专门讨论并不多,而正统马克思主义者们多偏向于从物质与意识、社会存在与社会意识之间的辩证关系去阐述,对于存在对意识之规定性的发生机制并没有深入揭示,因此马克思在认识论方面的巨大理论资源尚未被完全发掘出来。法兰克福学派的同行者索恩-雷特尔从马克思的政治经济学批判出发,以康德的认识论为主要剖析对象,来重建历史唯物主义认识论,是西方马克思主义者中少有的聚焦于认识论的学者。

索恩-雷特尔将康德认识论的特征首要地标示为"脑力劳动的自我

---

① 索恩-雷特尔:《脑力劳动与体力劳动:西方历史的认识论》,谢永康、侯振武译,南京:南京大学出版社,2015 年,第 108—109 页。

② 《马克思恩格斯文集》第 1 卷,北京:人民出版社,2009 年,第 500 页。

奠定的自律"①,这里所谓的"自律",即是指理性的自主性。我们知道,西方近代哲学的起点就是自我意识,笛卡尔的我思在康德那里发展为理性的自我意识,就认识论上的功能而言就是先验统觉。这种理性被认为是绝对自主的,甚至可以"为自然立法",所谓的"批判",就是让一切权威与传统都接受独立理性的审判②,为此理性首先展开自我批判,这种批判是通过先验演绎来进行的。通过这种批判,理性去除了自身的经验独断成分,成为形式化的纯粹结构与主体性功能。这种经受自我批判后的理性被认为是无前提的,或者至少是可以自我奠基、自我约束即"自律"的。但是它也引起了严重的问题,在这种纯粹性中,理性的历史根基被摧毁了。黑格尔意识到了这一问题,试图将历史性重新引入理性之中,但是索恩-雷特尔认为,黑格尔试图在理性中重建历史现实的辩证法是"从逻辑学中产生出来"的,而逻辑学只是一个更大的纯粹理性体系而已,在其中"诸规定实现自身",甚至使"真理变成了产生出时间的过程",而非在时间中产生出来的过程。③在此我们可以看出,康德的纯粹理性最终成为一种脱离历史性、时间性与社会现实的空洞结构,德国古典哲学从费希特到黑格尔的不断转向也没能从根本上解决此问题。而马克思虽然也进行形式化的分析,但是"对于马克思来说,形式在时间上是有条件的,它在时间中产生、消逝和变化"。④索恩-雷特尔认为:"马克思从一开始就将控制着形式的起源与变化的时间设想为历史的时间,自然历史的时间或人类历史的时间。因而,关于形式的任何东西都不可能被

---

① 索恩-雷特尔:《脑力劳动与体力劳动:西方历史的认识论》,谢永康、侯振武译,南京:南京大学出版社,2015 年,第 2 页。
② 康德:《纯粹理性批判》,邓晓芒译,杨祖陶校,北京:人民出版社,2017 年,第 1 版序,第 2 页注释。
③ 索恩-雷特尔:《脑力劳动与体力劳动:西方历史的认识论》,谢永康、侯振武译,南京:南京大学出版社,2015 年,第 3 页。
④ 索恩-雷特尔:《脑力劳动与体力劳动:西方历史的认识论》,谢永康、侯振武译,南京:南京大学出版社,2015 年,第 7 页。

预先构成。"①这里,索恩-雷特尔明确地将马克思的历史唯物主义指向了对先验哲学的批判,历史唯物主义既是对"人类历史总体"的一种"方法论假设"②,从总体上具有形式化的特征和超越性的维度,但是它却原原本本地是从自然历史与人类历史的时间之中产生出来的。历史唯物主义的这一特征既是马克思自述的对黑格尔唯心主义的颠倒,其实也是对康德的非历史主义的颠倒。如果"关于形式的任何东西都不可能被预先构成",那就意味着它们只能历史地构成,那么康德"先验哲学"中关于认识的"先天性"的论述就都成为可疑的了,所谓理性的自我决定也成为虚假的自律性,只是"人们共享的传统知识理论对一种原始的、内在于人的'知识能力'的信仰"。③康德试图打碎人们关于经验、宗教、律法、伦理的盲目信仰,却陷入了对理性自身虚假自律性的盲目信仰之中。

那么人类理性、人类知识的可能性该如何证成呢?索恩-雷特尔针对康德先验哲学对理性信仰的无根基性批判了理性与知识的虚假自律,所依持的是人类生存实践的历史性本身,"'历史唯物主义'这一表述意味着,人类历史是自然历史的一部分",其方式是"在劳动开始的地方,自然以人类历史的形式得以持续",人类"按照其劳动的尺度来生活,因而是凭借由他们自己进行的、自己开始并实施的生产来生活。'在生命的生产中',这是马克思用来解释其历史唯物主义历史观的主导原理的第一句话"。④人类历史性的生存实践,只能是劳动,即便思维本身,也只是劳动的一种具体形式,而非什么独立不倚的自律体系。在

---

① 索恩-雷特尔:《脑力劳动与体力劳动:西方历史的认识论》,谢永康、侯振武译,南京:南京大学出版社,2015年,第8页。
② 索恩-雷特尔:《脑力劳动与体力劳动:西方历史的认识论》,谢永康、侯振武译,南京:南京大学出版社,2015年,第128页。
③ 索恩-雷特尔:《脑力劳动与体力劳动:西方历史的认识论》,谢永康、侯振武译,南京:南京大学出版社,2015年,第6页。
④ 索恩-雷特尔:《脑力劳动与体力劳动:西方历史的认识论》,谢永康、侯振武译,南京:南京大学出版社,2015年,第4页。

此，索恩-雷特尔实际上提出了一种从作为人类生存实践最基本形式的劳动出发来看待理性与知识的方式，"劳动自身，且仅仅是劳动自身，摆脱了商品生产社会的所有概念，并且'超越'了这些概念"①。但问题的复杂性在于，在历史实践中展开的劳动并没有保持为一种纯粹的对象性活动（这也是马克思早期异化劳动理论所欲探究的），在索恩-雷特尔看来，这个作为人类历史实践之展开形式的劳动，在西方历史现实的演进过程中分裂了，它分裂为脑力劳动与体力劳动。值得注意的是，索恩-雷特尔这里对劳动方式的区分不是一般所认为的劳动行业分类或某种类型学上的划分，而是从它们与实践这个人类历史性生存的总体性存在方式的关系来界定的。索恩-雷特尔将"脑力劳动"与"体力劳动"作为一对批判性的哲学概念来使用，它并不是中性的对劳动种类的划分，"脑力劳动"作为一个批判性概念是就其脱离了实践本身的源初性而言的命名，就此而言"体力劳动"则明显更加本源和具有变革的力量。所以根源性的脑力劳动事业也应当具有体力劳动的本源特性，这才是历史唯物主义的应有之义。无论脑力劳动还是体力劳动，都必须基于其是一种历史性的人类实践活动才获得意义："如果人们根本不再谈及'知识理论'，而是谈论脑力劳动与体力劳动的分工，那么就会更为有效地摆脱知识理论与唯心主义传统的陷阱。因为在这里，整个提问方式都是以其实践意义为基础的。"②而西方哲学传统中的脑力劳动已经变成了一种脱离实践的纯粹理论哲学，并使自身神学化了，所以马克思才明确地指出"关于离开实践的思维是否现实的争论，是一个纯粹经院哲学的问题"③。由此，在索恩-雷特尔看来，康德哲学的先天知性概念正是马克思所批判的"离开实践的思维"，所以他要求我们"从资本主

① 索恩-雷特尔：《脑力劳动与体力劳动：西方历史的认识论》，谢永康、侯振武译，南京：南京大学出版社，2015 年，第 1 页。

② 索恩-雷特尔：《脑力劳动与体力劳动：西方历史的认识论》，谢永康、侯振武译，南京：南京大学出版社，2015 年，第 11 页。

③ 《马克思恩格斯文集》第 1 卷，北京：人民出版社，2009 年，第 500 页。

义的脑力劳动与体力劳动、二者的关系及其深刻区分的角度来考察从康德到黑格尔的哲学进程",以"摆脱内在于概念之中的纠缠和哲学思想的专业性,进入时空的、历史的视野之中"。①在这种历史性实践的视野中,"康德表述中的知识问题"就变成了"脑力劳动在其与手工劳动的分离中的显现方式问题",而这将使得康德的知识问题变成"历史唯物主义的子问题"。②后来在其 1936 年写给阿多诺的信中,他将这一"洞见"更明确地表述为:"整个独立的且带有逻辑自律假象的理论的历史产生,也就是说任何唯心主义所理解的'知识'的历史产生,最终只能从社会存在的实践中的一种独特且极其深刻的断裂出发才能得到解释。"③由于这种断裂,才导致意识的虚假独立性,实际上"离开社会存在的意识"被认为"无非是对'先验主体'的拜物教式反映"④。

那么具体而言,社会存在作为历史展开的人类实践如何作用于意识呢? 这正是历史唯物主义认识论的关键所在。在某种意义上可以说,海德格尔认为康德所遗漏的关于"主体之主体性的存在论分析",在历史唯物主义语境中,其要务即关于社会存在对社会意识的构建作用。但是社会存在并非直观经验的对象,而是历史实践的关系结构,社会意识结构也并非经验主体的直观印象形式,而是社会存在对主体意识的结构性塑形。康德所遗漏的这一部分,正是马克思在其历史唯物主义中所要提供的对于人类认识与一般意识形态的社会存在奠基。不过马克思只是在《关于费尔巴哈的提纲》中提出了历史唯物主义认识论的基本纲领,而对于人类知识的形成与其确证问题并没有专门予以论述。

---

① 索恩-雷特尔:《脑力劳动与体力劳动:西方历史的认识论》,谢永康、侯振武译,南京:南京大学出版社,2015 年,第 1 页。
② 索恩-雷特尔:《脑力劳动与体力劳动:西方历史的认识论》,谢永康、侯振武译,南京:南京大学出版社,2015 年,第 6 页。
③ 索恩-雷特尔:《脑力劳动与体力劳动:西方历史的认识论》,谢永康、侯振武译,南京:南京大学出版社,2015 年,第 106 页。
④ 索恩-雷特尔:《脑力劳动与体力劳动:西方历史的认识论》,谢永康、侯振武译,南京:南京大学出版社,2015 年,第 110 页。

"在唯物主义中，对物化的批判性分析取代了知识理论。"①物化问题是马克思和后来的西方马克思主义者都着力阐释的方向，但是对于严格的知识理论所需辨明的认识关系而言，还是远远不够的。索恩-雷特尔认为，虽然马克思没有对认识论进行专题化研究，但是从马克思后期政治经济学批判中却可以发展出一种真正的历史认识论，从而可以颠覆西方整个唯心主义认识论传统，建立起关于历史与现实的历史唯物主义认识方式。

三、"现实抽象"中的社会综合与作为"演绎"的认识形式之"无意识因果性"

给予索恩-雷特尔最大启示的是马克思在《资本论》中的商品形式分析，使他"发现了商品形式中的先验主体"。②正是从这里出发，索恩-雷特尔发现了商品形式与思维形式之间的隐秘关联，从而给知识的先天性找到了基于社会存在自身运动的形式渊源，也为历史唯物主义认识论开辟了可能的方向。

马克思在《资本论》第一版序言中说："本书第一章，特别是分析商品的部分，是最难理解的。"③其难以理解的原因，是因为"商品"这一政治经济学现象，体现着资本主义社会中物的最基本存在方式，而马克思对"商品"的分析，根本不是按照其作为社会经济活动的最简单对象来处理的，而是从中透视出了整个资本主义社会的结构形态、组织方式和资本主义社会中经济活动主体的思维方式。而关于主体的思维在经济活动中展开的方式问题，马克思在分析"拜物教"的小节中给出了经典

---

① 索恩-雷特尔：《脑力劳动与体力劳动：西方历史的认识论》，谢永康、侯振武译，南京：南京大学出版社，2015 年，第 126 页。
② 索恩-雷特尔：《脑力劳动与体力劳动：西方历史的认识论》，谢永康、侯振武译，南京：南京大学出版社，2015 年，前言，第 1 页。
③ 《马克思恩格斯文集》第 5 卷，北京：人民出版社，2009 年，第 7 页。

的分析。这些章节在索恩-雷特尔看来,是对认识的发生机制与作用机制最好的分析文本,他从中看到了政治经济学中所包含的社会综合及其对认识的构建性作用,不过还需要在马克思商品分析的基础上进一步对社会综合的联结方式进行专题化探究:"马克思在《资本论》的开篇部分所做的商品分析对政治经济学进行了分析,但并没有探寻社会中的社会综合的可能性,这一综合是以私人所有原则为基础的。与之相对,我的研究恰是致力于对这种社会联结的探索——由于这种主题的转换,政治-经济学的提问方式也就变成了社会学的提问方式。"①"政治经济学提问方式"向"社会学提问方式"的转变,就是从政治经济学现象中追问其社会综合的发生机制,并由此追问一般认识方式的可能性条件。

所谓的"社会综合",是索恩-雷特尔从马克思商品形式分析中发展出来的一种社会运行机制描述,它建立在价值形式对劳动的抽象之上,这一过程也被称为"现实抽象"。索恩-雷特尔将"现实抽象"概念用于揭示资本主义生产方式对社会现实所实施的社会综合之抽象方式上,它不再局限于传统认识论关于主体意识或观念的抽象性范围内,而是穿透了资本主义的社会现实并指证其现实再生产过程本身的强制性单调生成方式,即指认出这一社会综合的方式本身的抽象性。这也是索恩-雷特尔对马克思"拜物教"概念的进一步延伸,在此框架下"拜物教"将显现为"物化"的自我展开。而与卢卡奇的"物化"概念相比,"现实抽象"更执着于从资本主义经济生成结构的解析去规定其总体性特征,"现实抽象"也是一种现实的总体性,但是是现实的总体运动之结构形式,它将成为意识发生的可能性境域。"现实抽象"更多意味着"现实"的"自我抽象"而非观念对现实的抽象加工,并且正是现实的这种自我抽象运动方式成为意识以抽象范畴去把握对象世界的隐秘范式,现实

---

① 索恩-雷特尔:《脑力劳动与体力劳动:西方历史的认识论》,谢永康、侯振武译,南京:南京大学出版社,2015 年,前言,第 2—3 页。

在商品交换中实现自我抽象化，意识的认知方式则接受现实抽象方式的陶铸（bilden），形成了主体的"先验"范畴。索恩-雷特尔从马克思的商品抽象概念出发，认为其中包含价值抽象、劳动抽象、货币抽象、抽象财富、抽象主体和作为抽象关联网络的社会等层次。①其中索恩-雷特尔重点予以阐述的是作为抽象关联网络的社会。我们知道，马克思在《1957—1958 年经济学手稿》和《资本论》中都对抽象劳动进行了分析，《资本论》从使用价值和价值的二因素导向劳动的二重性，并将后者标示为"理解政治经济学的枢纽"。②而索恩-雷特尔则将重点从劳动抽象转向交换抽象，以交换关系为中心重构了马克思的商品分析。他所主张的逻辑是，"交换关系抽象了劳动"，这一抽象的结果就是商品价值，而"商品价值使进行着抽象的交换关系变成形式，并使被抽象化了的劳动变成实体"。③这一思路显然与马克思从劳动出发的商品形式逻辑有所不同，索恩-雷特尔对此解释说："我们在这里所从事的，不是总体关系，而只是其一个方面，即应当归因于商品交换而非劳动的抽象力量。"④这里交换关系被突显出来，成为社会整合的核心机制，"在社会网络被化约为商品交换的地方，人们所有物质和精神生活的活动必然产生一个真空地带，他们与一个社会的关联便在其中弥漫开来。通过这样一种行为，商品交换纯粹就是社会化本身"⑤。这样，交换抽象就整个地建构起了资本主义社会化的运行环节。

应该说，这种理论重构不乏创见，它以交换为中心重构了社会化的展开方式，交换不只是生产活动的后续环节，而是社会化得以发生的可

---

① 索恩-雷特尔：《脑力劳动与体力劳动：西方历史的认识论》，谢永康、侯振武译，南京：南京大学出版社，2015 年，第 9 页。
② 《马克思恩格斯文集》第 5 卷，北京：人民出版社，2009 年，第 55 页。
③ 索恩-雷特尔：《脑力劳动与体力劳动：西方历史的认识论》，谢永康、侯振武译，南京：南京大学出版社，2015 年，第 13 页。
④ 索恩-雷特尔：《脑力劳动与体力劳动：西方历史的认识论》，谢永康、侯振武译，南京：南京大学出版社，2015 年，第 13 页。
⑤ 索恩-雷特尔：《脑力劳动与体力劳动：西方历史的认识论》，谢永康、侯振武译，南京：南京大学出版社，2015 年，第 14 页。

能条件,交换的强制性生成了社会诸环节的联动结构,其抽象性也深深植入整个社会构建方式之中,由此也指明了资本主义社会之"现实"陷入"自我抽象"的困境及其根源。虽然这种以交换为中心的方式有忽略了资本主义的现实生产关系之嫌,但是索恩-雷特尔的目的并非解说资本主义的历史起源,而是从资本主义社会化的方式去探究其对社会意识,尤其是对主体认识方式的塑形。其实与索恩-雷特尔交从甚密的法兰克福学派领袖阿多诺也曾论及商品交换对于主体认识过程的意义,他指出,"先验的普遍性不是自我之纯粹自恋的自我拔高,不是自我之自主的傲慢,而是在完全依靠等价原则实现并永恒化的支配中有其现实性。那种由哲学美化并且只归于认识主体的抽象过程发生在现实的商品交换社会中"①。但是阿多诺并没有进一步探究认识过程与交换抽象之间的具体关联,而这正是索恩-雷特尔认为他"对商品形式中的先验主体的揭示"工作的意义所在。索恩-雷特尔从交换与生产这两个环节的现象学过程描述入手,"商品交换是抽象的,因为它不仅与商品使用不同,而且在时间上与之分离"②。交换不同于生产之处在于,它和物的关系与生产和物的关系是不一样的,在生产中,"人与自然的物质变换"始终在场,而交换则基于"使用的不发生,是使用上的真空,以及贯穿交易所需要的空间和时间的枯燥性"。③也许我们可以说,在索恩-雷特尔的描述中,交换是一种索引性的活动方式,天然具有指称性,并且是以行动而非符号来完成这一指称,即完成其社会化意义,因此,交换行为就其本身而言始终是抽象的。交换过程与具体的感性经验内容是相脱离的,在交换过程中商品"屏住呼吸"④,不产生物理实体性质

---

① 阿多尔诺:《否定辩证法》,王凤才译,北京:商务印书馆,2019 年,第 203 页。
② 索恩-雷特尔:《脑力劳动与体力劳动:西方历史的认识论》,谢永康、侯振武译,南京:南京大学出版社,2015 年,第 14 页。
③ 索恩-雷特尔:《脑力劳动与体力劳动:西方历史的认识论》,谢永康、侯振武译,南京:南京大学出版社,2015 年,第 17 页。
④ 索恩-雷特尔:《脑力劳动与体力劳动:西方历史的认识论》,谢永康、侯振武译,南京:南京大学出版社,2015 年,第 14 页。

上的变化,所改变的是占有关系。这样索恩-雷特尔就以交换行为为核心描述出了资本主义社会化的抽象性质,"每一个已发生的交换行为,并非单纯偶然地是抽象的,而是就本质而言是抽象的"①。这种抽象是"现实抽象"关键就在于它"不是由思想家创造出来的,它的起源不在人的思维之中,而在人的行动(Tun)之中"②。

索恩-雷特尔在此又提出了另一种对社会存在与思维之间关系这一经典唯物主义命题独辟蹊径的解释,即行为本身先于意识而发生的"无意识因果性"。③他用现实抽象绕过意识的自行发生来解释抽象性的起源,"不是人,而是人的行为、人们之间的相互行为产生了这一抽象"④。与亚当·斯密的"理性人"预设不同,索恩-雷特尔认为人们在交换行为中其实是盲目的,他们在市场中看似进行自由交换,却并不知道为何要如此行动,但是交换过程也并不因此陷入混乱,有某种东西引领着市场行为者进行交换活动,他们"必须让商品说了算"⑤。随着商品价格的波动,人的行动随之变化,在此看似是意识在帮助行为者进行决断,但是更深沉的决断并非个体的自主意识所作出的,相反,只有"意识到这样的商品语言,商品占有者才能成为理性的存在者"。⑥无疑,这种"商品语言"就是马克思所揭示的价值形式的语言。主体并非就自身而言是理性的,相反,只有当他追随"商品的语言",他才是理性的。

索恩-雷特尔也并非简单援引马克思的价值形式,而是以此来进行

---

① 索恩-雷特尔:《脑力劳动与体力劳动:西方历史的认识论》,谢永康、侯振武译,南京:南京大学出版社,2015 年,第 17 页。
② 索恩-雷特尔:《脑力劳动与体力劳动:西方历史的认识论》,谢永康、侯振武译,南京:南京大学出版社,2015 年,第 9—10 页。
③ 索恩-雷特尔:《脑力劳动与体力劳动:西方历史的认识论》,谢永康、侯振武译,南京:南京大学出版社,2015 年,第 19 页。
④ 索恩-雷特尔:《脑力劳动与体力劳动:西方历史的认识论》,谢永康、侯振武译,南京:南京大学出版社,2015 年,第 10 页。
⑤ 索恩-雷特尔:《脑力劳动与体力劳动:西方历史的认识论》,谢永康、侯振武译,南京:南京大学出版社,2015 年,第 20 页。
⑥ 索恩-雷特尔:《脑力劳动与体力劳动:西方历史的认识论》,谢永康、侯振武译,南京:南京大学出版社,2015 年,第 20 页。

一个关于纯粹知性之起源的历史唯物主义版本的"演绎":"我主张纯粹知性的社会起源的命题。从社会存在中,更确切地说,从交换行为的抽象物质性中演绎出纯粹的知性概念,能提高这一命题的可信度。这一演绎与康德那精细的'纯粹知性概念的先验演绎'——黑格尔将之称为'真正的唯心主义'——相对。"①按康德批判哲学的逻辑,所谓"演绎"意味着认识之自我批判的纯粹性,索恩-雷特尔立足于市场交换过程来展开演绎,似乎有些不够"纯粹"。但这或许正是其独具只眼的地方,因为他所标举为"演绎"的不是一般经验性市场交换过程,而是行为者在市场中于价值形式的引领下进行的"无意识因果性"活动。所谓"无意识因果性"是指价值形式之先于行为者意识的先行决断,这是索恩-雷特尔对马克思"他们没有意识到这一点,但是他们这样做了"②这一著名揭示的进一步理论拓展。前面我们说到,市场行为主体虽然盲目,但是并不因此陷入混乱,因为价值规律已经掌握了他们,替他们作出了决断。在最根基层面,主体意识被架空了,行为的原因性并非主体意识的施动性,更非意识对对象的意向性或镜像反映,"交换行为的抽象性是一种原因性通过行为而产生的直接结果,它根本不会直接呈现给概念"③。交换行为直接对意识起作用,而非通过概念中介,主体不是先通过直观或概念获得关于对象的意识,然后根据所获得的意识来发起行动,而是直接按某种既定的模式行动了,而这个模式甚至并没有被提供给意识以进行决断。在此主体作为认识主体的认知功能实际上被越过或悬置了,在进一步的分析中将显示主体认知功能甚至是由此交换抽象的机制所塑形出来的。应该说这是一个非常有价值的洞察,后来齐泽克对马克思商品形式与弗洛伊德梦的运作形式的对比考察以及新

① 索恩-雷特尔:《脑力劳动与体力劳动:西方历史的认识论》,谢永康、侯振武译,南京:南京大学出版社,2015 年,第 16 页。

② 《马克思恩格斯文集》第 5 卷,北京:人民出版社,2009 年,第 91 页。

③ 索恩-雷特尔:《脑力劳动与体力劳动:西方历史的认识论》,谢永康、侯振武译,南京:南京大学出版社,2015 年,第 16—17 页。

马克思阅读学派对价值形式的重新阐释等都直接或间接承认受惠于索恩-雷特尔的这一洞见。①

价值形式直接通过行为发生作用,对此人类理性并不是自觉意义上的有意识者,相反理性是在交换形式的运作过程中才被真正型构起来,在交换抽象完成之后,"思维面对交换抽象的效果完成了的格式塔时",思维结构与方式"受到了交换抽象的影响"。②索恩-雷特尔使用这些看似心理过程描述的术语,要表述的并非主观意识过程,而是形式化的构建,即意识形式受制于交换抽象的方式,也是他的"演绎"使意识既不陷于"经验杂多"的偶然过程,又始终受制于现实交换行为的方式,也是他对康德"先天"概念的回应。康德所谓的"先天",被索恩-雷特尔揭示为思维之超越经验偶然过程但又受制于无意识因果关联之现实抽象的方式。"无意识因果性"是发生在交换之经验偶然性过程"背后"的过程,是引领和决定行为的强制力量,它的展开构成一种机制化的社会关联,由于其抽象性,其作用方式没有被一般意识所捕获,只有历史唯物主义批判才在"物化"的层面有所触及,而真正的揭示只有基于商品交换之现实抽象过程的认识论专题批判才能予以揭示。索恩-雷特尔将自己的这一工作与海德格尔的"解蔽"相比较③,认为这是一种政治经济学的认识论"解弊"。海德格尔将西方形而上学的历史看作"存在之遗忘"的过程,整个西方思想的展开堆积着对存在本身的层层遮蔽,真理就是祛除遮蔽,为此必须进行形而上学史的解构。同样,索恩-雷特尔认为现实抽象以无意识因果关联的形式型构了整个西方社会,成为整个西方社会综合的历史发生方式,而这是"西方历史所特有的"④。

① 齐泽克:《意识形态的崇高客体》,季广茂译,北京:中央编译出版社,2017年,第9—17页。
② 索恩-雷特尔:《脑力劳动与体力劳动:西方历史的认识论》,谢永康、侯振武译,南京:南京大学出版社,2015年,第20页。
③ 索恩-雷特尔:《脑力劳动与体力劳动:西方历史的认识论》,谢永康、侯振武译,南京:南京大学出版社,2015年,第77页。
④ 索恩-雷特尔:《脑力劳动与体力劳动:西方历史的认识论》,谢永康、侯振武译,南京:南京大学出版社,2015年,第16页。

为此,必须以交换抽象为中心,重新审视整个西方历史现实与形而上学核心观念,在功能社会化视野下审查所谓独立自律的认识诸形式的历史性渊源。曾经,在特定的生产方式中所展开的社会综合,将"纯粹的、脱离了各种感官的知觉实在性的概念自身呈现为精神性的创造",而历史唯物主义的政治经济学批判将为我们展现出,"纯粹的思想自身呈现为思想的社会化",而这"应该归因于交换行为的社会现实抽象的影响"。①

通过对理性虚假自律性的批判,将其起源归于历史性劳动实践的断裂,又经由对"现实抽象"与"无意识因果性"的社会综合之发生,索恩-雷特尔初步建立起了关于人类认识的历史唯物主义阐释在政治经济学批判中如何实现的基本框架。但要揭示认识形式与知性范畴的真正起源,还需要一个关键步骤,即深入地解析诸范畴如何产生于交换抽象的社会化过程,当然,它仍然是索恩-雷特尔所谓"演绎"式地完成的,它产生于综合性社会的功能结构。

四、功能社会化理论与认识的先天诸形式

功能社会化理论可视为索恩-雷特尔历史唯物主义版本的认识形式之"演绎"的另一关键环节。如果说"现实抽象"概念更多着力于"现实"的"自我抽象"结构,那么功能社会化理论则更注重现实对观念、对主体认识的规定性机制。经过交换抽象对社会化过程的无意识整合,索恩-雷特尔发现了西方社会历史的独特功能性特征,这一功能性规定着认识的可能形式。他将通过商品交换而构建的社会称为"综合的社会",认为它是一种类似于 Buna(合成橡胶)的社会,与"树胶"这种自然产品不同,这种作为"合成"的社会化"纯粹是人的事情"②,是由人的交

---

① 索恩-雷特尔:《脑力劳动与体力劳动:西方历史的认识论》,谢永康、侯振武译,南京:南京大学出版社,2015 年,第 16 页。
② 索恩-雷特尔:《脑力劳动与体力劳动:西方历史的认识论》,谢永康、侯振武译,南京:南京大学出版社,2015 年,第 26 页。

换行为统合起来的；他还借用了黑格尔的"第二天性"的说法，①将这种社会化方式称为人的"第二自然"，"第二自然被理解为一种纯粹社会的、抽象的和功能性的实在性"。②此社会以自身的功能结构来定义其中的存在者，正因如此，此社会形式中的认识形式也从根本上是被功能所规定的，在某种意义上甚至可以说，是功能从无到有地生成了认识诸形式。功能不是个体主观意识的能力或客体的特性，而是作为现实行为的交换抽象所建构出的社会本身所实现的那种社会综合的发生机制。就此而言，功能社会化是西方历史中一个独特的发展阶段，这也是索恩-雷特尔对马克思"资本主义生产方式"的一个独特解读。

索恩-雷特尔的功能社会化理论主要从两个层面对康德所代表的西方形而上学及其认识论展开批判，其一是关于形而上学客体性的"同一性、定在和物性"范畴；其二是关于形而上学的主体性范畴自身。通过对这两个层面的批判，西方形而上学传统基于主客二元对立的认识论模式也丧失了合理性根据，认识论问题在商品形式分析中变成了社会功能化的运作机制问题。对此他指出："如果商品形式透析了唯心主义知识理论，直至其基本因素，以至于主体性、同一性、定在、物性、客体性和判断形式的逻辑这些概念清晰地、毫无遗漏地回溯到劳动产品的商品形式，回溯到其起源和辩证法之上，那么它就被足够严格地执行了。"③索恩-雷特尔认为，功能社会化产生于人类历史性实践的断裂，即生产劳动与消费之间的断裂，这种断裂始于剥削的产生，剥削瓦解了原始社会化，在新的模式中"将生产与消费之间的生活必要性关联转变为一种人与人之间的，即社会的关联"，而"这种由剥削所导致的人们之

---

① 黑格尔：《法哲学原理》，范扬、张企泰译，北京：商务印书馆，1961 年，第 10 页。
② 索恩-雷特尔：《脑力劳动与体力劳动：西方历史的认识论》，谢永康、侯振武译，南京：南京大学出版社，2015 年，第 46 页。
③ 索恩-雷特尔：《脑力劳动与体力劳动：西方历史的认识论》，谢永康、侯振武译，南京：南京大学出版社，2015 年，第 111 页。

间的紧密联系,就是我所称的功能社会化"。①"功能社会化"是与"原始社会化"相对的,由于剥削的产生,原始社会化解体了,剥削重新组建了社会的关系模式。"功能社会化"实际上包含三个层面,第一是这里所指出的剥削对社会关系的构建;第二是剥削关系对社会生产过程的重组;第三则是对西方传统形而上学与认识论范畴的一个激进的政治经济学解释,即功能社会化对"同一性、定在和物性"等作为商品形式之基本特征的这些范畴的构建:"商品形式的基本特征(同一性、定在和物性)的起源应该到这种人为的功能社会化的印痕中,在其产生的印痕中去寻找,这一形成过程经过缓慢而持久的深化,甚至最终成为唯一的统治。"②

同一性是西方形而上学的基本特征,海德格尔在《同一与差异》中将西方形而上学的基本机制归结为"存在-神-逻辑学"机制,并指出"同一律所说出的东西正是整个西方-欧洲思想所思的东西,这就是:同一性之统一性构成了存在者之存在中的一个基本特征"③。物的同一性在一般认识看来是一个经验直观的所予物,但是怀疑论者基于断裂与无限可分的立场而对同一者的连续性与统一性提出质疑,在休谟看来,甚至自我也并非统一的,遑论经验对象与客体。康德所要解决的一大难题正是经验对象的自身同一性与自我的同一性,这个同一性不是经验直观所能给予的,对此康德诉诸"统觉的本源的综合统一"。康德认为知觉直观直接的所予是杂多的,那么"在一个感性直观中被给予的杂多东西必然从属于统觉的本源的综合统一,因为只有通过这种统觉的统一性才可能有直观的统一性"④。纯粹统觉是自我意识的一种先验

---

① 索恩-雷特尔:《脑力劳动与体力劳动:西方历史的认识论》,谢永康、侯振武译,南京:南京大学出版社,2015年,第114页。

② 索恩-雷特尔:《脑力劳动与体力劳动:西方历史的认识论》,谢永康、侯振武译,南京:南京大学出版社,2015年,第115页。

③ 海德格尔:《同一与差异》,孙周兴、陈小文、余明锋译,北京:商务印书馆,2011年,第31页。

④ 康德:《纯粹理性批判》,邓晓芒译,杨祖陶校,北京:人民出版社,2017年,第74页。

认识能力,其分析的同一性来源于其综合的统一性,而这种综合的统一性在康德看来是必然的,"直观中给予的杂多的一个综合是必然的,没有这种综合,自我意识的那种无一例外的同一性是不可设想的"①。但是这个必然性其实只是一种反思的必然性,并没有真正证成它。从这个角度看,在康德认识论中作为"人类知识之至高原理"的统觉的本源的综合统一自身实际上是缺乏根基的。尤其"物的自身同一性"最终也需要诉诸"自我意识的同一性",这只能是在意识哲学的内在性中改变了问题,而非解决了它。

索恩-雷特尔转换了整个意识哲学的论证思路,从商品形式分析与功能社会化理论出发来解释同一性问题,但他并不认为同一性是意识的先验特征;他揭示了这一所谓的本源的同一性并非本源的,而是"社会化"的发生方式所构建的。前面我们所分析的"现实抽象"和"无意识因果性"就是社会化的一种发生方式,这里索恩-雷特尔则进一步从剥削的产生来阐释剥削主导的社会化如何塑形了同一性、定在与物性等范畴,对此他指出"定在者的同一性样态从最开始便是剥削关系中的统一性,它对这种关系来说是不可或缺的和构成性的"②。其原因则与剥削所导致的"物化"相关,"剥削者的居有行为将产品从劳动者那里'抽离',这样将人类产品'物化',将其中立化为物(Ding),固化为已完成了的、脱离了生产者双手的定在,这个定在现在被掌握在剥削者的手中,无视它的生产过程,作为单纯的给与性和接受性,作为在质量和数量上如此造就的特性,尽管强调它不是自然的产品,而是人类的产品(但恰恰是另一些人的产品)。因而,赋予商品或居有客体以同一性的,是它们所扮演的作为剥削者与被剥削者之间社会关联的环节这个角色"③。这

① 康德:《纯粹理性批判》,邓晓芒译,杨祖陶校,北京:人民出版社,2017 年,第 74 页。
② 索恩-雷特尔:《脑力劳动与体力劳动:西方历史的认识论》,谢永康、侯振武译,南京:南京大学出版社,2015 年,第 115 页。
③ 索恩-雷特尔:《脑力劳动与体力劳动:西方历史的认识论》,谢永康、侯振武译,南京:南京大学出版社,2015 年,第 115 页。

一段论述极为精妙,从中甚至可以读出海德格尔关于"上手状态"与"现成在手状态"之区分的意味。它给出了关于"同一性、定在与物性"的根本解释,这些形而上学范畴并非植根于人类认识中的先验范畴,而是基于剥削与居有立场对于物所实施的形式化把握方式,其根源在于其所扮演的占有者角色,即其"作为剥削者与被剥削者之间社会关联的环节这个角色"。这一角色决定了其"物化"的视角,也塑形了认识的先于一切经验而出现的诸形式,更重要的是,人的主体性也源于此:"由于功能社会化的辩证法,人类剥削者自身进入商品同一性的定在样态之中,出于其社会存在的一种完全规定了的结构的强制,将自身统觉为同一地存在着的'主体'。"①西方主体性哲学经由笛卡尔的"我思"到康德的"先验主体",始终是整个意识哲学的支点,黑格尔引入实体-主体以纠个体-主体之偏并弥合其裂隙,而马克思则从历史唯物主义出发指出"人的本质不是单个人所固有的抽象物,在其现实性上,它是一切社会关系的总和"②,从根本上颠覆了整个主体性哲学。索恩-雷特尔进一步从政治经济学批判出发,以功能社会化的辩证法开出了主体的主体性演历,可谓对整个主体性哲学的釜底抽薪。经由对"同一性、定在与物性"等诸客体性范畴与主体范畴自身的批判,索恩-雷特尔也就最终揭示了康德关于认识诸先天形式的政治经济学批判根源。

结　语

应该说,索恩-雷特尔的确提示了一种不同于观念论与意识哲学处理现实的可能的认识方式,对于我们反思人类认识结构与认识方式的性质是有重要意义的。但是它也存在诸多问题,除了其论证的详尽周密方面尚待提升以外,对"交换抽象"的历史限度不加节制,将这一理应

① 索恩-雷特尔:《脑力劳动与体力劳动:西方历史的认识论》,谢永康、侯振武译,南京:南京大学出版社,2015 年,第 121 页。
② 《马克思恩格斯文集》第 1 卷,北京:人民出版社,2009 年,第 501 页。

限定在资本主义社会的概念泛化到古希腊,并导致在历史叙事中直接将数学与自然科学的逻辑结构追溯到交换抽象的现实运作,这就陷于比附和武断了。而索恩-雷特尔这样无批判地使用"交换抽象"概念的原因也正是,他并没有真正把握到马克思的政治经济学批判,没有将"现实抽象"和"交换抽象"置于现实的生产方式考察之中,从而也就错失了真正的马克思政治经济学批判。

(作者　浙江万里学院马克思主义学院讲师)

The Socio-Historical Foundation
of the Transzendental Structure of Intellect
—A Political Economy Critique of Kant's Epistemology
by Alfred Sohn-Rethel

Han Guoqing

Abstract: While there have been two main lines of critique of Kant's epistemology, namely the Hegelian process critique based on historical rationality and the Heideggerian existential critique based on "existential difference," Marx's critique of political economy offers a third possible line of critique. Through his unique interpretation of the abstraction of exchange in Capital, Western Marxist scholar Alfred Sohn-Rethel uncovers the social synthesis of Marx's theory of value forms, and uses this functional social synthesis to lay the foundation for the a priori synthesis in Kant's epistemology. By revealing the "unconscious causality" and the structure of socialization in commodity exchange, Alfred Sohn-Rethel identifies the false autonomy of traditional metaphysical categories and examines their historical materialist origins, pointing out how the categories of identity, dasein, materiality and subjectivity are rooted in the formal construction of commodity exchange, providing a possible direction for a truly Marxist epistemology.

Key words: A priori; Alfred Sohn-Rethel; Epistemology; Critique of Political Economy

再论韦伯的经济理性批判：
基于"理想类型"法

王晓旭

摘要：与一种流行误解相反，韦伯眼中的资本主义并非一座只重复而无发展的"铁笼"，相反他认为资本主义的自我矛盾性使其前途莫测、值得期待。韦伯通过对资本主义的基本逻辑——经济理性的批判进入对资本主义矛盾性的理解，他认为，经济理性的抽象性使其不能免于向本能欲望、技术理性转化，但它本质上并不是后者，相反它的主导逻辑是与后者对立的、对于目的的自主选择，即目的理性。韦伯对经济理性的批判旨在为经济理性及其寓于的资本主义社会探寻一条克服抽象性局限的出路。由于经济理性的抽象性，对它的认识过程不能依赖直接的实证方法，须采取间接、建构性的"理想类型"法。

关键词：韦伯　经济理性　目的理性　技术理性　理想类型

经济理性是韦伯刻画资本主义的核心，但经济理性及更一般的理性概念在韦伯学说中往往显现出多义性，研究者们相信对这一突出文本特征的解释是更好理解韦伯整体研究构思的关键。从社会学实证研究规范的层面看，核心概念含义的不一致对理解韦伯学说制造了不必要的困惑和不便，因而应视为韦伯作品的缺憾①；但如果超出实证层面，推进至韦伯所主张的引领实证研究的"价值关涉"（Wertbezogenheit）、对资本主义本质的构想这一根本层面，则更应将概念歧义首先理解为韦伯眼中资本主义自身张力性的反映。事实上，韦伯虽然并未像马克思主义的理解一样将矛盾性、张力性等同于资本主义的本质逻辑，但同样警惕研究资本主义时限于"无知的实证性"，因为实证主义背后的单向度、绝对化逻辑根本上不符合资本主义的精神气质（Ethos）。基于此理念，韦伯在依靠社会学实证方法处理经验材料之外，提出"理想类型"（Idealtypus）法作为更深层的方法论指南：与实证方法相比，理想类型法并不追求对经验事实精准无二的概念归纳，而是在意识到现实自身张力性的基础上，对矛盾双方——现实的潜在本质与事实呈现——作出概念比较，从而促进对现实趋势的具体理解，因此理想类型法也被韦伯赋予了"概念速记法"（Begriffsstenographie）这一富有中介、辩证色彩的名称。②韦伯首先受德国经济学传统的启发，从经济理性而非先天本能的视角进入对资本主义经济现象的认识；在经济理性的视角下，韦伯以建构理想类型、概念批判的方式，澄清经济理性的含义，从而更准确地反映资本主义的历史特性和更具体地理解资本主义的可能前途。这个过程使一度看似扁平、"纲要"似的韦伯经济社会学概念设置，立体化为如卡尔博格所说的"连贯的步骤和策略"③，将时代中人带入对资本主义前途的历史性反思。

---

① 参见 Arnold Eisen, "The meanings and confusions of Weberian 'rationality'," *The British Journal of Sociology*, vol. 29, no. 1, 1978, pp. 57 – 70; Weiß Johanners, *Max Webers Grundlegung der Soziologie*, Frankfurt: UTB, 1975。

② 韦伯的"理想类型"法与马克思的"拜物教批判"或"辩证法"高度相似，可以彼此参照理解。两者一致的取向是反对对事实或理念单方面的依赖，而追求在事实与理念之间建立具体关联；这根本上是由研究对象自身——资本主义社会——的特性，即矛盾性、自反性决定的。论证详见笔者文章《经济社会的价值重塑：马克思和韦伯认识资本主义的路径》（载于《哲学研究》2023 年第 12 期）。

③ 斯蒂芬·卡尔博格：《韦伯的比较历史社会学今探》，张翼飞、殷亚迪译，上海：上海人民出版社，2020 年，第 1 页。

一、理性经济观的奠定:改造德国经济学与构造"理想类型"法

韦伯眼中,经济是现代社会的真正主题、"近代生活里决定命运的关键力量"①,考察现代社会若欠缺经济维度则只能是"夸夸其谈"。因此韦伯虽是社会学的奠基者之一,但直至辞世前一年所作"以学术为业"的著名演讲中仍自称经济学家。韦伯著作的权威英译者京特·罗特指出,经济在现代社会的决定性意义是韦伯的"一个最基本的观点"②;理查德·斯威德伯格认为在这一点上可以说韦伯继承了马克思的传统③。从大跨度的人类历史看,经济只有在现代社会才成为现实的主要逻辑,相反以往人类漫长历史的主题是与经济迥异的政治。这根本上是因为前现代社会缺乏经济发展的必要条件,即"匮乏"这一激发经济斗争的客观条件及追求经济利益的文化心理:"在一个土地过剩的时代,单纯的土地所有权根本不足以成为经济权力的基础。"④认为经济主题取代政治主题并非否认经济与政治存在显著共性,比如对经济优势的处置权作为经济的基础即具有鲜明的政治性——"如果没有暴力威慑的支持,任何经济系统都将难以为继,现代条件下的现代经济秩序更其如此"。但即便如此,韦伯认为经济与政治归根结底具有不同的精神气质,从而本质上代表不同的文明类型:"使用暴力和通常意义上的经济获取精神极不相容"⑤。因此只有首先从经济维度入手理解

---

① 马克斯·韦伯:《新教伦理与资本主义精神》,康乐、简惠美译,桂林:广西师范大学出版社,2010年,第4页。
② 马克斯·韦伯:《经济与社会》第1卷,阎克文译,上海:上海人民出版社,2010年,第19页。
③ 理查德·斯威德伯格:《马克斯·韦伯与经济社会学思想》,何蓉译,北京:商务印书馆,2007年,第229页。
④ 马克斯·韦伯:《经济与社会》第1卷,阎克文译,上海:上海人民出版社,2010年,第20页。
⑤ 马克斯·韦伯:《经济与社会》第1卷,阎克文译,上海:上海人民出版社,2010年,第158页。

现代社会，才能把握历史正在发生的实质性变迁。

韦伯经济观的最大特点，是坚持将经济从根本上把握为一种特定的理性行动，反对满足于从表象层面解释经济现象、把经济活动和经济规律直接等同于人的本能欲望的结果。韦伯的观念继承自德国经济学历史学派的传统，该传统在英国经验主义经济学外独辟蹊径，主张把握经济行动中普遍的精神内容。德国经济学产生之初即与强调经济活动由个人利益决定的英国理论经济学对立，认为应强调国家在经济中的意义。李斯特指出经济个人主义必须服务于发展德国民族经济的任务；浪漫主义则更激进地反对个人主义，追求德国人民的有机联合，主张经济独裁。19 世纪中期至 20 世纪初，经济学历史学派一度占据德国经济学的主流，它与前两者一以贯之，强调德意志民族国家的首要地位。创始人罗雪尔明确指出经济学应采取"历史方法"，主张经济学不应成为个人的致富手段，而也应有益于人类共同体。克尼斯指出，对经济现象的充分理解需要将经济关联于国家、法律、宗教等社会领域。19 世纪 80 年代诞生了经济学的"新历史学派"，代表人物施塔姆勒认为，伦理学是经济学的必要部分，经济学不能只被简化成市场交换的理论，而应扩展为宏大的道德和政治科学。韦伯继承了经济学历史学派的传统。在 1896 年名为"民族国家与经济政策"的演讲中，韦伯批判现代社会对狭义的经济的"过高估计"。在 1904 年为《社会科学与社会政策文库》第一卷写作的《社会科学认识和社会政策认识的"客观性"》一文中，韦伯提出了不同于传统经济学的"社会经济学"，后者从根本上将经济现象把握为一种文化现象，旨在探求资本主义发展的一般文化特征。韦伯认为社会经济学固然处理"匮乏"现象，但从单一的匮乏层面理解经济现象并不充分，因为人赋予事件的特定文化意义也客观上影响着人的经济行动。在 1909 年社会政策协会的维也纳大会上，韦伯呼吁不应将经济问题窄化为技术问题："我无法忍受具有震惊世界的重要性、并且产生了最重大精神后果的问题，在某些方面足以搅动人的灵魂的终极问题，却被转变为有关'生产'的技术性经济问题。"①

韦伯虽然吸收了德国经济学历史学派对英国经济学唯利益论的纠正、坚持保留普遍理性在经济学研究中的独立地位,但并非像后者一样矫枉过正,直接赋予经济活动道德必然性,将道德目的与经济行为简单视同内容与形式的关系。这种做法混淆事实与价值、经济与道德,而不研究二者的具体关系,根本上只是向现实利益妥协的另一种形式,同样无助于促进经济社会中人的自我理解与自主性的实现:"把国民经济学抬上以经验为基础的'伦理科学'的崇高地位……对那些理想的'客观'有效性仍然没有什么促进";"科学讨论与评价性的推断之间的不断混淆仍然是我们专业研究中散布最广且危害最大的特点之一。"②因此韦伯认为,从理性出发的经济学研究虽然不同于迷信量化事实的实证主义路径,但同样必须建立在社会学实证研究的基本规范之上,避免退回从绝对原则出发演绎现象的形而上学倾向。只有通过对客观经济现象的批判性研究,才能有效发掘和理解现实中理性的真实含义。

基于上述对经济学宗旨与属性的独特认知,在意义理解与实证研究、抽象理性与具体经验之间求取平衡的"理想类型"法应运而生。一方面,理想类型形同一般知性概念,但不同于后者自限于对对象的忠实反映和精确描述,相反它包含鲜明的价值意识与自我理解的诉求,因此理想类型的形成具有建构性,它自觉选择在特定的问题意识下显现出"本质重要性"的因素来建构对象。理想类型"无论怎么说……始终是我们为了某种认识的目的而预先采取的综合"③。"这种构想在内容上包含着乌托邦的特征,这种乌托邦是通过在思想中强化实在中的某些

---

① Max Weber, "Debattereden auf der Tagung des Vereins für Sozialpolitik in Wein 1909 zu den Verhandlungen über die Produkivität der Volkswirtschaft",译文转引自理查德·斯威德伯格:《马克斯·韦伯与经济社会学思想》,何蓉译,北京:商务印书馆,2007年,第404页。

② 马克斯·韦伯:《社会科学方法论》,韩水法、莫茜译,北京:商务印书馆,2013年,第2、13页。

③ 马克斯·韦伯:《社会科学方法论》,韩水法、莫茜译,北京:商务印书馆,2013年,第55页。

因素而获得的。"①虽然理想类型在形式上具有主观性，"它是一个思想的图像，它不是历史实在或根本不是'本来的'实在"②，但不应因"有其'主观的'源泉"而"从科学讨论中排除"③，相反它因为蕴含着深层的"价值关涉"而在研究中占据前提性地位，引领研究的方向。当然另一方面，对经济理性的认识也不能偏颇地依赖如狄尔泰所说的"移情"（Einfuhlen）与体悟，从而导致理性的含义过度私人化、任意化，相反真正具有普遍价值的理性源于社会现实，从而能够且必须在一定程度上被客观经验验证、进入具有"清晰性和可证实的精确性"④的科学论证范围，孕育实践效力。总而言之，理想类型必须"表明了一个社会行动进程的可以理解的主观意义"；同时"反过来说，阐述一个主观上可以理解的行动的理性进程，只有在相当大程度上接近于经验观察时，才能构成社会学的经验过程类型"⑤。理想类型由于存在于经济理性与经济现象的矛盾关系中，因而天然具有辩证性、动态性，表现为"概念批判"的持续过程，其推进标志着对经济理性的理解从单一的表象趋于具体和深化。

二、何谓经济理性：从获利本能到目的选择

经济现象被韦伯从根本上把握为人的理性行动的结果，但由于它必然蕴涵于非理性的获利本能中，所以往往被后者完全掩盖，导致人们对经济现象的理解本末颠倒，从而最终把经济理性的内涵窄化为纯粹

① 马克斯·韦伯：《社会科学方法论》，韩水法、莫茜译，北京：商务印书馆，2013 年，第 45 页。
② 马克斯·韦伯：《社会科学方法论》，韩水法、莫茜译，北京：商务印书馆，2013 年，第 49 页。
③ 马克斯·韦伯：《社会科学方法论》，韩水法、莫茜译，北京：商务印书馆，2013 年，第 2 页。
④ 马克斯·韦伯：《经济与社会》第 1 卷，阎克文译，上海：上海人民出版社，第 93 页。
⑤ 马克斯·韦伯：《经济与社会》第 1 卷，阎克文译，上海：上海人民出版社，第 101 页。

量的层面的利益计算与积累。这是对经济理性的理解中主要的意识形态，因为它产生自经济理性自身的矛盾本性。比如同时期的桑巴特认为资本主义的本质是获利本能或获利冲动（Erwerbstrieb），当然这种本能冲动非但无损经济行动的持续性，反而使之趋于规律化，因为规律性的行动是满足本能冲动的必要手段，"谁只要营利，就可以扩大他的权力"。在桑巴特的解读下，经济理性被简单等同于精于计算的"市民精神"。所以，如要避免对经济理性的片面错误理解，使其真实含义全面具体地呈现，则必须借助对经济现象由表及里的概念批判。

在理解经济现象的起点上，韦伯与一般经济理论无异，都从最直观的事实表象即客观条件的"匮乏"及其对人的获利本能的激发出发。在《社会科学认识和社会政策认识的"客观性"》一文中韦伯对经济作出初步界定：经济起于人们满足肉体与精神需要的目的，但满足这些目的的手段并非现成完备，相反在量或质上是匮乏的。匮乏激化了人的本能欲望；但由于放任欲望、盲目争夺根本上将导致获利失败，所以欲望的满足反而应诉诸对欲望的理性控制，包括个人对自身行为的合理规划，对客观条件有意识的改造和加工，与自然和社会成员展开有计划的联合或斗争等。总而言之，"匮乏"是界定经济的核心概念、一切经济现象的必然原因。这是韦伯与一般经济学理论的共识，也是韦伯所尊重的关于经济的基本事实；但不同的是，韦伯对匮乏这一非理性现象的解读，同时保留了虽然一定程度上引发概念矛盾、但仍然不可抹杀的理性因素。该定义中，韦伯虽然以匮乏为现实的认识起点，但尝试将作为意志主体的个人视为逻辑前提，初步将经济设定为一种个人理性的"创造"或"利用"条件的客观行为。

为了突显经济的理性内涵，韦伯以较于"匮乏"概念更为适用的"效用"（Nutzleistungen）概念组织经济现象。韦伯在 1918 年至 1920 年（即去世前三年）集中修订了《经济与社会》中的基本概念，在形成的"社会学的经济行动诸范畴"章中,经济或经济行动(Wirtschaften)①在原有定义的基础上被重新界定:"根据行动的主观意义,只要它是为了满足对'效用'的欲望,就应该叫做'以经济为取向'的行动。'经济行动'是指行动者和平运用资源控制权,其主要动力就是以经济目的为取向。"概而言之,追求效用的经济行动包括"对效用的欲望"和获得"为满足这种要求所需的供应手段"两大要素。在该定义中,核心概念"效用"取代了通常意义上由匮乏衍生出的"需求"概念,突显出即使在内容上高度客观化、规律化的经济行动,本质上仍属于"一个独特的主观意义类型"、蕴含着人的主观目的和判断,"它必定是自觉的,因为重要的并不是进行经济准备的客观必要性,而是相信它有必要性"②——把握这一点是正确界定一切具体经济现象的关键。即使在满足最低需求的原始经济中,经济行动也并非纯粹动物式的、由包括生存在内的一切"既定"需求决定的活动,相反也已包含最低程度的能动性。以"效用"概念为枢纽,传统上被理解为由客体决定的经济行动呈现出新面貌:经济行动虽然看似由符合人的某种既定需求的客体事物驱动,但根本动力则是人对获得这种事物的"机会优势"的控制权——这种权力在现实中必定是"潜在"的、其获得与否结果未定;正是由于个人追求潜在效用的现实化,竞争蔓延为经济世界的普遍现象。

"效用"概念奠定了经济的理性本质,但仍不足以使这一本质与它所关联的非理性结果相区别,有待进一步明确化为"选择"概念。直观地看,以"效用"取代"匮乏"只是将需求的评价标准、满足需求的主导力量由客体转换为主体,二者只是侧重点的不同和程度的差别,从而在很多实际情境下无法区分。比如,一些本质上由匮乏引发的政治性暴力

---

① 经济和经济行动在这里被明确为同义语,宏观的经济现象归根结底是个人经济行动的结果。韦伯说:"我们把自主的经济行动叫作'经济'。"(参见马克斯·韦伯:《经济与社会》第1卷,阎克文译,上海:上海人民出版社,2010年,第157页。)

② 马克斯·韦伯:《经济与社会》第1卷,阎克文译,上海:上海人民出版社,2010年,第156—158页。

行动（包括对物质条件的占有和对他人意志的强制），为了实现其最终目标，仍然选择采取非暴力的、"形式上和平"的手段，对行动精心计划和组织。但实际上，政治性暴力行动固然依靠非暴力手段，但往往不能从根源上规避盲动，其症结在于政治性暴力行动受单一目的的强力感召，这一定程度上遮蔽了复杂的实践过程中各种子目标隐含的冲突性，从而妨碍了对它们作出合理的辨析、取舍与安排。相比之下，成熟的经济行动之所以能够持续合理地推进，与政治行动相区别，并不取决于最终目的的客观难度以及所需手段的多样性，而取决于，在追求最终目的的过程中，始终根据各种子目的的紧迫程度（及对应手段的稀缺程度），对它们作出审慎地"选择"，这个过程拒绝任何现成、单一的标准。

借由"选择"概念，经济行动在何种意义上具有理性首次得到具体说明。一方面，目的的选择是经济理性的本质、经济发展的根本动力。匮乏所激发的人的获利欲望与利益积累虽然某种程度上刺激了经济，但不足以推动经济行动的持续进展，使经济成为现代社会的普遍逻辑，所以不能被视作经济理性的真正内涵；相反经济理性根本上存在于自发性的"选择"过程本身中，意味着从包括人的获利欲望在内的一切既定客体中解放，在这一视野下，获利欲望成为在成熟的理性经济行动中需要加以制约的非理性成分。这一理论判断能够被历史事实佐证。韦伯比较了两种极为类似的经济形态。他指出，历史上获利欲望主导的经济形态是"政治资本主义"或"冒险资本主义"，在欲望支配下其获利手段往往具有投机性甚至暴力性，从而这种经济类型虽然在历史上频频出现但始终未能转化成现代意义上的资本主义，反倒是后者形成初期"最强烈的内在障碍之一"。进而，韦伯聚焦于为现代资本主义诞生前夕提供主要"担纲者"群体的基督教新教加尔文宗，它反映了现代资本主义最重要的精神特质：加尔文宗的最大特点是将基督教的重心由对上帝救赎世人这一必然前途的坚信不疑，转换为在"预定论"使救赎永失确定性后，信徒唯一可寄望的是对自身"能够"获得救赎的不断"确证"；同理，资本主义持续发展的动力不是利益自身的强大吸引，而是在

获利的不确定性的牵引下,对自身目的的不断检视和权衡,即责任伦理
(Verantwortungsethik)对信念伦理(Gesinnungsethik)的取代。但另
一方面,经济理性由于拒斥任何实质内容,所以是一种抽象理性(或"形
式理性"),有趋于非理性甚至彻底虚无化的趋势和危险。这一点表现
在资本主义在其起源期之后立即丧失伦理价值、由纯粹的非理性欲望
驱动,面临恶化为没有任何内在目的从而发展停滞的重复性机制,甚至
使以往冒险资本主义的获利欲蕴含的"奇里斯玛"(Charisma)式精神
也消失无存,"不仅牺牲习俗、也牺牲情感的价值,最后可能是赞同道德
不可知论的工具理性而放弃对任何绝对价值的信仰。"①。经济理性的
抽象性,使得当今资本主义以官僚化这一从根本上抑制自身能动性的
方式,或自毁、危机的方式,维持自身形式上的平衡。综上,抽象的经济
理性客观上兼具"积极的方向"与"消极的方向"。这本质上意味着,经
济理性只有在对自身面临的非理性危机的持续批判中,才能确证和理
解自身。

三、求证经济理性:技术理性批判

批判技术理性对于理解经济理性具有本质重要性,因为技术理性
是经济理性自我矛盾的直接结果和集中反映。②因而,技术理性及其延
伸出的官僚制、合法性权威等概念,是建构经济理性中最重要的理想类
型设定,突显韦伯资本主义认识的特点。直观地看,资本主义的理解史
同时也是一部技术问题的批判史。资本主义自诞生起就显露出与技术
的矛盾关系:一方面,技术对生产过程的主导是资本主义得以奠定和发

---

① 马克斯·韦伯:《经济与社会》第 1 卷,阎克文译,上海:上海人民出版社,2010 年,第
  121 页。
② 技术理性并没有被韦伯当作一个独立的名词概念提出,但在建构与经济理性相对照
  的理想类型的意义上,韦伯把技术(technology,Technologie)作为一种理性形式
  解读。

展的必要条件,但另一方面,技术统治也对资本主义造成根本性破坏,最初表现在使支撑资本主义的直接生产阶级受到经济地位和人格完整性的双重损害,这也是早期社会主义者对资本主义的主要道德控诉。马克思开创了从资本主义逻辑自身理解技术问题的路径,认为技术统治是资本主义矛盾性、抽象性本质的反映。在马克思的哲学—经济学解读下,资本主义并非单纯的"流变"与"过渡"的虚无过程——这种观点乃是"只看到这种社会形式的没有实体的外观"①,相反资本主义具有实体性的本质(价值实体);但这一实体性的本质在当下并未现实化,相反是抽象的,所以必然趋于物化和量化自身,表现为自行增殖的"纯粹的量"。资本主义的量化趋势首先体现在物质生产领域,即生产过程的技术化导致实体性的"劳动"被量化的"劳动力"取代、创造性的"复杂劳动"被重复性的"简单劳动"化约;进而向整个社会阶级和多个社会领域泛化,这一趋势被马克思形容为使整个社会处于受剥削者的地位、"降到仅仅是工人的地位"②。韦伯接续了马克思的逻辑,将生产的技术化从根本上把握为资本主义的抽象逻辑和量化趋势的反映。他指出,机械化生产对于资本主义的意义,"从技术的观点来看",不仅在于对生产效能的促进,更在于"它们的性能在质和量上的规则性和可计算性"③。

在对技术与资本主义的内在关联性的把握下,韦伯将技术的含义由马克思语境中主要指称的生产技术,延伸为普遍的技术理性。技术向技术理性的延伸有两方面的含义:首先,技术问题在成熟的资本主义社会具有时空普遍性。一方面,它的影响范围由直接生产阶级拓展为整个社会成员——"正如工人与完成工作所需的手段分离了一样"④,企业经营者与企业所有权相分离,政府雇员与行政手段相分离,大学教授与研究资源相分离,军官士兵与作战手段相分离;另一方面,它的影

① 《马克思恩格斯文集》第 5 卷,北京:人民出版社,2009 年,第 99 页。
② 《马克思恩格斯文集》第 8 卷,北京:人民出版社,2009 年,第 200 页。
③ 马克斯·韦伯:《经济与社会》第 1 卷,阎克文译,上海:上海人民出版社,第 222 页。
④ 马克斯·韦伯:《韦伯政治著作选》,阎克文译,北京:东方出版社,2009 年,第 225 页。

响层次由物质生产领域延伸至人的整体生存状态,即人在资本主义量化逻辑的支配下缺失实质性意义、受制于本能欲望。这种状态被韦伯形容为追求"数字的浪漫之美"①,沉迷于"纯粹竞赛的激情",甘作"无灵魂的专家"和"无心的享乐人"②。其次,技术问题的时空普遍性源于其逻辑普遍性。技术问题并非如早期社会主义者认为的是可以与资本主义分别看待的副作用、道德批判的对象,相反内在于资本主义,是资本主义的本质——经济理性的自我反映。

经济理性与技术理性的矛盾关系具体表现在:一方面,经济理性虽然与技术理性本质有别,但又依赖后者、向后者转换。这使得两者在经验层面难分彼此,都表现为"目的-手段合理性"(Zweckrationalität),即对目的与手段匹配关系的考量。原因在于经济理性具有抽象性、具体表现为经济理性的最终目的——"营利"的抽象性:营利活动的成功取决于个人能动性的发挥、对自身面临的各种子目的的审慎选择,避免依赖任何既定原则、教条而限制自身作出正确判断;同时,营利植根于普遍的竞争环境,所以天然具有不确定性,这使得相比于非营利性经济模式如前资本主义社会的预算经济,个人不得不矛盾地加强对自身行为的约束,重视经济现象浮现的规律性,最终使自身行为表现出"自利所决定的一致性",这个过程中经济理性转换成了技术理性。经济理性与技术理性在经验上的趋同,导致后世资本主义批判中往往出现混用经济理性、技术理性、目的理性概念,以及将官僚制与资本主义等同的误区。另一方面,经济理性与技术理性的在经验层面的趋同,意味着理解经济理性的关键是超出经验常识、在理论层面辨析二者的本质差异,对差异的把握是回归经济理性研究的根本价值关涉——寻求破解经济理性矛盾性逻辑的前提。

---

① 马克斯·韦伯:《新教伦理与资本主义精神》,康乐、简惠美译,桂林:广西师范大学出版社,2010 年,第 44 页。

② 马克斯·韦伯:《新教伦理与资本主义精神》,康乐、简惠美译,桂林:广西师范大学出版社,2010 年,第 183 页。

区分经济理性与技术理性、分析把握二者差异,是成功建构经济理性的首要环节。"并非任何理性选择手段的行动类型都可以叫作'理性经济行动',甚至不能叫作任何意义上的'经济行动',尤其是应当把'经济'与'技术'区别开来。"①由于经济理性的抽象性,对经济理性与技术理性的辨析依靠非实证的间接方式,韦伯主要采取了思想实验、"集群描述"②的方式。韦伯指出,经济理性和技术理性虽然在经验层面都表现为权衡目的与手段关系的"目的理性",但两者的侧重点恰恰对立:经济理性着重考虑目的,技术理性则着重考虑手段。具体地说,一行为是否在技术上合理,其判断标准是"用力最少"原则,即是否采取了对于实现某一目的而言的最优手段,同时,"目的本身被公认为无可置疑"③。相比之下,经济理性除了必须充分掌握技术原理——这是经济理性与技术理性经验上重合的原因——之外,还需将技术问题进一步转化为"成本"问题,即手段的稀缺程度的问题,具体地说是思考特定手段被用来满足此目的而非彼目的,将会导致的后果。这个问题在市场经济中表现为考虑对手段的成本投入是否能在产品出售后得到偿付,并相较于投入其他产品最大程度地创造营利的"机会优势",在计划经济中表现为考虑特定手段为了满足一定边际效用而被消耗后,是否有碍于满足其他更为迫切的边际效用。由于经济理性与技术理性在原则上对立,所以完全能够设想经验层面二者极不相容的极端情况。比如,若要使一台生产机器发挥最佳性能,应该且实际能够采用某种极为稀缺昂

---

① 马克斯·韦伯:《经济与社会》第 1 卷,阎克文译,上海:上海人民出版社,2010 年,第 159 页。

② "集群描述"这一提法来自施路赫特(Wolfgang Schluchter)。他指出,新教伦理与资本主义的产生并非严格的因果关系,两者的关系具有主观建构性,是摘取特定内容的、选择性描述。从本文观点出发,施路赫特主张的背后依据,是经济理性这一韦伯论证的重心,其自身的抽象性特质——这使得对经济理性的论证难以凭借直接现成的经验证据,而必须采取诠释、建构的方式。从微观理论分析,如经济理性与技术理性的关系,到宏观历史叙述,如新教伦理与资本主义起源的关系,都贯穿了"集群描述"的方法。

③ 马克斯·韦伯:《经济与社会》第 1 卷,阎克文译,上海:上海人民出版社,2010 年,第 159 页。

贵的材料制造部件,这在技术上是合理的;但从经济理性的角度出发,必然退而求其次选用价格更为合理的替代品。再如,发明一台生产空气这一无处不在的东西的机器,这在技术上合理但在经济上极其不合理。总而言之,经济理性与技术理性的根本区别在于,是在遵守既定的目的的前提下专注于手段,还是在各个目的之间作出比较:"经济行动的取向主要是针对某事物的目的选择问题,技术取向则是个为既定目标选择适当手段的问题。"①

在经济理性与技术理性已作区分的视野下,可以看到:固然经济理性必然异化为技术理性,但更重要的是,技术理性同样无法脱离经济理性的前提。回顾现代技术史可知,技术突破的最强大刺激往往是营利目的,而非单纯的发明兴趣。所以,我们固然可以从技术出发理解历史,但原则上不存在独立的技术史,"假如不是理性的计算构成了经济活动的基础……那就根本不可能存在理性的技术"②,对技术理性的深刻理解必需联系经济理性,分析外在手段的同时必需意识到它的内在目的。辨析经济理性与技术理性关系的逻辑终点——技术理性向经济理性的回归意味着,对经济理性向技术理性异化这一必然趋势的把握,并非对于异化现况的妥协,而根本上是经济理性自发反思的成果,体现了经济理性寻求更为成熟的形式、使自身脱离抽象性局限的内在目的。③在这个意义上韦伯提出,资本主义本身不是一种"技术"而是一种

---

① 马克斯·韦伯:《经济与社会》第1卷,阎克文译,上海:上海人民出版社,2010年,第160页。
② 马克斯·韦伯:《经济与社会》第1卷,阎克文译,上海:上海人民出版社,2010年,第161页。
③ 出于对技术理性并非纯粹事实性描述,而是经济理性自我反思的成果这一理解,学界重新思索"铁笼"这一韦伯对于技术异化的著名比喻的真实含义。理查德·斯威德伯格指出,二手文献通常认为"铁笼"隐喻资本主义是一架重复运动的机器,这种认识是存疑的,因为韦伯眼中资本主义的最大特点是"生机勃勃,不可预测"。苏国勋教授指出,帕森斯作为首位在美国引入和推广韦伯学说的人,他将 Gehause 译为 iron cage(铁笼)对人们理解原词产生误导。相较之下,卡尔博格的译法 steel-hard casing(钢铁般坚硬的外壳)更符合韦伯原意,即:Gehause 并非牢不可破,它的提出具有时代反思价值、现实引导意义,提醒人们防止资本主义可能堕入的暗淡前景。

"伦理"——"就是此一特质吸引了我们"①。这一伦理特质的吸引使韦伯追问并试图引领资本主义的可能前景："在这惊人发展的终点，是否会有全新的先知出现？ 旧有的思维与理想是否会强劲地复活？ 或者！ 要是两者皆非，那么是否会是以一种病态的自尊自大来粉饰的、机械化的石化现象？"②立足于对经济理性本质的分析，对于究竟如何克服经济理性向技术理性的异化这一谜题，韦伯倾向于相信，需要将经济理性中蕴含的、立足于对目的与手段之"权宜"的"目的理性"，进一步转化为一种新型的理性形式，即完全立足于目的自身"正当性"的"价值理性"（Wertrationlität）——当然，这一转变绝非由单一的观念因素决定，而是多种主观与客观因素共同作用的"渐进的过程"；同时，经过目的理性的陶冶，价值理性摆脱了以往完全受"义务"引领、不考虑行为后果，从而与非理性的"情绪型""传统型"行动无法截然区分的原始形态，从而支撑起一种稳定又具活力的新型意义世界。

（作者　北京大学哲学系助理研究员）

On Weber's Critique of Economic Rationality: Based on the "Ideal Type" Method

Wang Xiaoxu

Abstract: Contrary to a popular misunderstanding, capitalism in Weber's eyes is not an "iron cage" that only repeats without development. On the contrary, he believes that the self-contradiction of capitalism makes its future unpredictable and worth looking forward

---

① 马克斯·韦伯:《新教伦理与资本主义精神》,康乐、简惠美译,桂林:广西师范大学出版社,2010 年,第 27 页。
② 马克斯·韦伯:《新教伦理与资本主义精神》,康乐、简惠美译,桂林:广西师范大学出版社,2010 年,第 183 页。

to. Through the criticism of the basic logic of capitalism namely economic rationality, Weber finds the deeper way to understand capitalist contradiction. As far as he is concerned, the abstractness of economic rationality makes it inevitable to transform into instinctive desire and technical rationality, but it is not the latter in essence. On the contrary, its dominant logic is the independent choice of purpose, that is, purpose rationality. Weber's critique of economic rationality aims to explore a way to overcome the limitations of abstraction for economic rationality and its capitalist society. Due to the abstractness of economic rationality, the process of understanding it cannot rely on direct empirical methods, and it is necessary to adopt an indirect and constructive "ideal type" method.

Key words: Weber; Economic Rationality; Capitalism; Ideal type

重审伊里因科夫"观念东西"的辩证法及其激进向度

梁潆心

摘要:欧美新辩证法学派以黑格尔的逻辑学方式阐释马克思的辩证法,这一方式颇为流行。实质上,将辩证法和叙述方法关联起来讨论的伊里因科夫要先于新辩证法学派,并且具有新辩证法所缺失的历史维度和主体维度。伊里因科夫的方式具体体现在:首先,基于逻辑与历史相统一的理念在对"从抽象到具体"的方法理解上,伊里因科夫独创性地提出了"观念东西"。其次,在将观念东西引入商品社会的分析中,从非物质性和具体劳动形式两个特性的展开,伊里因科夫指出了价值形式的观念性是观念东西的典型案例,但是这一分析并未厘清价值形式和观念东西的关系,价值形式只是观念东西的一种单向度理解。最后,观念东西作为思维的活动形式的理解蕴含着主体行动的革命力量,对伊里因科夫批判方法和革命思维的深挖体现其对资本主义经济社会霸权的反抗,但是这一反抗却在一定程度上架空了政治经济学批判方法。

关键词:抽象到具体 观念东西 价值形式 主体行动

方法论之于《资本论》是一个举足轻重的问题,马克思将对方法论的理解作为了进入他整个思想的一个重要关口,指出人们对《资本论》

中的辩证法"理解的很差"。①列宁告诉我们,马克思"没有遗留下'逻辑'(大写字母的),但他遗留下《资本论》的逻辑"②,但对于这个问题,后来的人们并没有形成一条清晰的主线,或者类似于教科书一样标准的答案。近些年来,这一问题又被再次凸显出来,这主要呈现为以克里斯多夫·阿瑟为代表的新辩证法学派的体系辩证法。③新辩证法将马克思的方法论以黑格尔的逻辑学加以阐释,将"从抽象到具体"的叙述方法判定为唯一科学的方法。其实,对辩证法和叙述方法之间的关联的研究,伊里因科夫要早于新辩证法学派④,并且在对《资本论》的辩证方法的理解上,独创性地提出了自己的"观念东西"(the Ideal)的辩证法。而对于伊里因科夫的辩证方法的重审,在一定程度上可以帮助我们认识新辩证法学派滑向叙述方法时丢失了历史的维度,同时带领我们思考为何新辩证法学派在将马克思的辩证方法推向叙述方法的时候,将革命的主体的维度丢失掉了。这两重维度在我们回到伊里因科夫的辩证法思想时,一方面有助我们看清楚叙述方法是在什么意义上的讨论,另一方面伊里因科夫的阐释尽管有不足之处,但是他始终处于一种张力之中,既想在黑格尔辩证法遗产中克服向逻辑的偏移,又想在对历史唯物主义的靠拢中坚持历史和实践的方法,在这重意义上伊里因科夫是高于新辩证法学派的。伊里因科夫的辩证法究竟如何展开?对于价值形式的批判又会呈现出怎样的阐释路径?在主体的意义上体现为何种价值?为此,借助伊里因科夫观念东西的理论分析来完

① 《马克思恩格斯文集》第5卷,北京:人民出版社,2009年,第19页。
② 《列宁全集》第55卷,北京:人民出版社,2017年,第290页。
③ 新辩证法学派否认《资本论》中历史与逻辑相统一的方法,将《资本论》中的方法论铆钉在黑格尔的逻辑学维度,专注于概念的演绎和逻辑的表达,误读了马克思在《资本论》中"从抽象到具体"的叙述方法和"从具体到抽象"的研究方法这样一个基本方法论,将《资本论》中的方法论判定为黑格尔概念式的"从抽象到具体"的演绎。
④ 伊里因科夫致力于唯物辩证法的研究。1953年伊里因科夫为一篇博士论文辩护写作"马克思《大纲》中的一些唯物辩证法问题";1955年发表《论科学认识中抽象和具体的辩证法》;1960年著作《马克思〈资本论〉中抽象和具体的辩证法》问世;1965年因其对辩证法和逻辑的研究而被授予切尔尼舍夫斯基奖;70年代完成《观念东西的辩证法》;伊里因科夫多年担任《哲学百科全书》辩证唯物主义部分的编辑。

成对其辩证法理论的理解和重构,既能够拓宽对学界从辩证法和价值形式来研究《资本论》的理论视域,也通过历史唯物主义理论的解读完成对上述问题的破解和探索。

一、观念东西:逻辑与历史的合一

20 世纪 50 年代苏联的主流立场将马克思的辩证唯物主义和历史唯物主义推向了一种实证主义的唯物主义,将研究对象定位于社会生活和自然生活,而否认辩证法在思维领域的展开。但是,思维领域必然是作为马克思的辩证法的研究对象而存在的,这也是伊里因科夫所坚持并为之与苏联当局进行斗争的立场。那么,伊里因科夫面临的问题就是如何认识思维作为一种观念所具有的客观性,如何在辩证唯物主义的视角下看待这一观念的东西。伊里因科夫牢牢抓住了马克思关于"观念的东西"的分析,马克思在《资本论》中分析关于"叙述方法"和"研究方法"的辩证方法时,明确否定黑格尔的思维作为现实的造物主的过程,"观念的东西不外是移入人的头脑并在人的头脑中改造过的物质的东西而已"①。建立在对于《资本论》的辩证方法的理解基础之上,伊里因科夫主要通过对于"从抽象到具体"这样一种方法的讨论,既对苏联当时的庸俗的辩证法予以批判,也呈现出自己对于观念东西的辩证法的思考。

何为观念东西?"观念东西——客观实在的主观映象,即外部世界在人的活动形式中,在人的意识形式和意志形式中的反映",其难解之处或者神秘之处在于它是"既不存在同时又存在的东西"。②从伊里因科夫对观念东西的定义我们可以看出,观念东西是对社会活动的抽象思维的阐释,对社会具体存在和历史活动过程的思维反映的认识,这一活动建立在抽象—具体—抽象的辩证运转中,对其讨论的基础也建立

---

① 《马克思恩格斯文集》第 5 卷,北京:人民出版社,2009 年,第 22 页。
② 《苏联哲学资料选辑:第十二辑》,上海:上海人民出版社,1964 年,第 255 页。

在伊里因科夫对于"从抽象到具体"和"从具体到抽象"的方法论的认识之上,这一辩证方法集中体现在伊里因科夫对于《资本论》中抽象和具体的辩证法的研究中。

叙述方法和研究方法的界划,是政治经济学批判对方法论的一个交代。"叙述方法必须与研究方法不同"①,这是马克思在《资本论》中对辩证方法论运用的一个判定。但是由于马克思同样指出,"从抽象到具体"的方法"显然是科学上正确的方法"②。这就使得后人产生了一个极大的误解,即将叙述方法指认为马克思最重要的方法。按照这样一条线索,像阿瑟等学者将马克思作为黑格尔的学生,误认为《资本论》的方法就是从抽象到具体的方法,但是这是一个以思辨的逻辑置换历史的逻辑的错误的过程。而伊里因科夫的观念东西的提出则在对马克思的叙述方法和研究方法的辩证关系的理解中,试图达到逻辑和历史的合一。伊里因科夫指出"在《资本论》中,材料的'叙述的方法'不是别的,就是'修订过的'材料研究的方法"③,叙述方法和研究方法,在伊里因科夫的理解中就是"马克思的'从抽象上升到具体'的原理",而且是"在科学上唯一正确的方法"。④这乍一看完全误解了马克思对于叙述方法和研究方法的区分,且和新辩证法的理解似乎一致,只认定"从抽象到具体"的方法是科学的,但其实不然。尽管伊里因科夫也要回到黑格尔的逻辑学来进行解释,同时"通过黑格尔来阅读马克思"⑤的伊里因科夫也颇受这种特有方式的影响,但是伊里因科夫在对这一方法的理解上则有着自己对逻辑和历史的方法的处理,更是在坚守历史方法的基础上展开了自己对叙述方法的理解。

---

① 《马克思恩格斯文集》第 5 卷,北京:人民出版社,2009 年,第 21 页。
② 《马克思恩格斯文集》第 8 卷,北京:人民出版社,2009 年,第 25 页。
③ 伊利延科夫:《马克思〈资本论〉中抽象和具体的辩证法》,郭铁民等译,福州:福建人民出版社,1986 年,第 120 页。
④ 伊利延科夫:《马克思〈资本论〉中抽象和具体的辩证法》,郭铁民等译,福州:福建人民出版社,1986 年,第 116 页。
⑤ Giuliano Andrea Vivaldi, "Rethinking Soviet Marxism: The Case of Evald Ilyenkov," *Historical Materialism*, vol. 25, no. 2, 2017, p. 182.

首先,伊里因科夫对观念东西的理解,遵循了马克思对于黑格尔的"从抽象到具体"的方法的批判超越。伊里因科夫指出"从抽象到具体"的方法在黑格尔和马克思那里呈现为不同的机制。在黑格尔那里,逻辑学完成本体论和认识论的统一,从而实现了现实存在和认知思维运动的一致:"思维作为主体来看是能思维者,并且现实存在的主体作为能思维者的简称就是自我。"①在黑格尔思存同一的认识上,伊里因科夫直指这种唯心主义辩证法的病症:"具体实在"正"渐渐成为思维、精神发展的外在形式"。②思维的过程成为可以自我维持的独立个体,同时创造着作为外在表现的现实世界,这许多的抽象的规定集中创造了真正的具体,于是基于这种同一性的赋予,形式完全统摄了内容,思维分析的具体和实际的具体形成一致。与之相反,马克思的"具体"不是"黑格尔式的抽象'向自身返回'",而是"作为普遍联系的总体性的发现"。③辩证的思维的具体是我们观察和研究外部世界而得的概念上的产物,"一种思维规定了的'具体'"④,这不是纯概念的运动,而是再现了思维之外的现实存在和历史形成的具体。

因此,观念东西绝不是一种黑格尔式的思维领域的抽象,而是蕴含了对现实活动和社会具体存在的抽象出来的活动形式。而这一活动形式的关键之处绝不体现在思维抽象这一形式上,而是其立足于社会具体内容的重要内涵。在这个意义上,伊里因科夫否定了内容要追求形式的唯心主义弊病。在伊里因科夫看来,黑格尔逻辑中"从抽象到具体"的理念运动,实质上同资产阶级经济学家的思维结构具有同质性,在这一点上他揭露了古典政治经济学的方法误区,称黑格尔"完全是替

---

① 黑格尔:《逻辑学》,梁志学译,北京:人民出版社,2016 年,第 60 页。
② 伊利延科夫:《马克思〈资本论〉中抽象和具体的辩证法》,郭铁民等译,福州:福建人民出版社,1986 年,第 54 页。
③ 弗雷德里克·詹姆逊:《重读〈资本论〉》,胡志国、陈清贵译,北京:中国人民大学出版社,2016 年,第 129 页。
④ 孙亮:《重审〈资本论〉语境中"价值形式"的辩证方法论》,载《华东师范大学学报(哲学社会科学版)》2019 年第 4 期。

古典资产阶级经济学家(斯密,李嘉图,等等)思维的形而上学性质作辩护的"。①黑格尔从抽象到具体的逻辑推导过程,和古典经济学家们以经济范畴和概念模具框定现实是同一个性质,经济生活范畴成为理性思维的抽象反映和规定,于是在政治经济学领域中经济的发展和所谓的天然规律相吻合,概念的规定必然与对象的现存相契合,这使得社会丧失了历史和现实的内在运动规律的辩证性质。黑格尔式的思维的抽象性使得辩证法成了可以套用的先验的公式,而经验事实和现实世界却成了被塑造的存在。

其次,建立在抽象—具体—抽象的辩证发展过程中的观念东西,为何伊里因科夫更加强调"从抽象到具体"的方法?伊里因科夫对"从抽象到具体"的方法的推崇,反过来要追问"从具体到抽象"的方法为何被伊里因科夫忽视?这在一定程度上似乎与伊里因科夫试图克服其所处时代日益泛起的经验主义有所关联。在这一点上,回到巴克赫斯特对这一问题的剖析便可识得问题所在,伊里因科夫所认为的经验主义的规定在于"1.所有的知识都来源于经验,并且 2.在方法论上持唯我论,主体根据感知意义上的经验来建构世界"。②这种经验主义将认识活动表现为"从具体到抽象"的方式是伊里因科夫所否定的,因为这里的具体只是主体通过感性的认知所获得的一种粗糙的、特殊的具体,而忽视了对其进行整体的或者说社会历史性的考察。但是这样缺乏辩证思考的具体却达到了最普遍的抽象,显然缺乏伊里因科夫所追求的多样性的统一的具体体系的辩证内容。

然而,巴克赫斯特同时指出伊里因科夫对经验主义"从具体到抽象"的方法的指责似乎站不住脚。他说"伊里因科夫和经验主义者似乎只是在解决不同的问题",但是实际上"二者的立场并不是不相容的",

---

① 伊利延科夫:《马克思〈资本论〉中抽象和具体的辩证法》,郭铁民等译,福州:福建人民出版社,1986 年,第 130 页。

② David Bakhurst, *Consciousness and Revolution in Soviet Philosophy*, New York: Cambridge University Press, 1991, p.143.

"从抽象到具体"和"从具体到抽象"方法是对彼此的"自然的补充"。[①]
乍一看,巴克赫斯特的这一观点有其合理之处,但是似乎没有抓住伊里
因科夫的理论重点。因为伊里因科夫自己也承认"从抽象上升到具体"
要"有自己的对立物",即,"从具体上升到抽象"[②],关键之处在于,不能
单纯地从具体到抽象,之后再进行单纯地综合以实现从抽象到具体,而
应该要"运用分析和综合有机结合的从抽象上升到具体的辩证方法",
就这种辩证方法而言,从抽象到具体实质上已经涵纳了从具体到抽象
的过程,且直观的表象和材料在伊里因科夫看来,就是已经"简化了的
并归结为抽象表达形式的东西",所以"从认识的经验阶段到认识的理
性阶段的过渡",也可以看作"'从抽象到具体'的过渡"[③]。所以在这重
意义上的观念东西作为一种活动形式在外部世界中的展开,已经包含
了对于一种具体的社会存在的抽象,且伊里因科夫认为观念东西的价
值最终还是落脚到社会具体的实践和活动中。

最后,伊里因科夫认为"从抽象到具体"实质上已经涵纳了"从具体
到抽象"的过程,并且他特别关注思维之外的现实存在和历史形成的具
体,但是"从抽象到具体"的方法在伊里因科夫辩证法中的唯一科学地
位,实际上还是在一定程度上表露出其未能完全摆脱思维逻辑的干
扰。我们都知道,对资本主义社会的统治形式的追问,建立在研究现
实具体的不断演变、分析社会生产的普遍的物质联系之上,将存在于
这些具体现实中的范畴和逻辑抽象出来理解资本主义的结构或发展
路线,以此来分析隐藏在资本主义中的机制到底如何。因为资本主
义和它那统治人的逻辑,就存在于这些具体规定的现实中。因此,研
究方法"从具体到抽象"就是"回到社会现实的本身,去追问现实之成为

---

① David Bakhurst, *Consciousness and Revolution in Soviet Philosophy*, New York: Cambridge University Press, 1991, p.146.
② 伊利延科夫:《马克思〈资本论〉中抽象和具体的辩证法》,郭铁民等译,福州:福建人民出版社,1986 年,第 113 页。
③ 伊利延科夫:《马克思〈资本论〉中抽象和具体的辩证法》,郭铁民等译,福州:福建人民出版社,1986 年,第 124—125 页。

现实的形式分析".①而伊里因科夫则认为只有最终落脚到具体的认识上,才能对整个具体内容的体系进行把握,因此叙述和研究都是抽象出的范畴或者"现实的任何抽象因素",要朝着"具体性上向前推进"②和追问,这个抽象形式或概念的推演要纳入具体内容的体系中。伊里因科夫对于现实社会的具体历史过程的关注是值得我们肯定的,但是将叙述方法和研究方法混为一谈,那么理论的叙述和铺展与研究对象和研究过程的展开是同一条路径,这一思路则不可避免地具有在具体领域中的概念发展的逻辑意义。

在这里可以看出伊里因科夫对于逻辑和历史的矛盾的处理。一方面他不愿忽视对于具体现实和历史存在的分析,所以在最初的抽象范畴展开为具体的现实的过程中,伊里因科夫是试图在具体现实中经验性地建构起一个有内容的逻辑,通过范畴和事物、事物内部的张力关系和矛盾的解决,从而形成一套科学思维的理论。但是另一方面,尽管伊里因科夫明白他处理的不是一个纯粹的逻辑过程,而是一个历史过程及其在思想中的解释反映,是对其内在联系的逻辑追求,伊里因科夫实际上还是以逻辑涵纳了历史。伊里因科夫关注历史的方法,但对于逻辑和历史的处理却未能明晰,以至于宏康南认为在伊里因科夫那里"历史方法在马克思的批判中只起着从属、辅助的作用",也是在这一层面将伊里因科夫与主要重视逻辑方法的资本逻辑学派、日本宇野学派等归为一类。③然而与同时关注马克思辩证法的其他学派譬如新辩证法的解读形成对比,不同于新辩证法否认历史发展的研究而丢掉了历史性,伊里因科夫还是坚守了历史的方法,思想从抽象到具体的整个运动

---

① 孙亮:《重审〈资本论〉语境中"价值形式"的辩证方法论》,载《华东师范大学学报(哲学社会科学版)》2019 年第 4 期。

② 伊利延科夫:《马克思〈资本论〉中抽象和具体的辩证法》,郭铁民等译,福州:福建人民出版社,1986 年,第 124—125 页。

③ Pertti Honkanen, "Ilyenkov and the Logic of Capital," in Vesa Oittinen eds., *Evald Ilyenkov's Philosophy Revisited*, Helsinki: Kikimora Publications, 2000, pp. 270 - 275.

同时也是思想在事实中的运动，它是思想从一个事实到另一个事实的具体性展开的过渡，而不是从概念到概念的纯演绎的运动。

基于上述分析再来理解观念东西作为一种动态的、不断变化的人类活动形式，可以说是逻辑与历史的统一。一方面，在"从抽象到具体"的意义上，观念东西关注人类历史形成的活动形式在现实具体存在中的实现过程，另一方面，在"从具体到抽象"的意义上，观念东西关注从现实具体存在的变化中形成这样一种活动的形式的变化。观念东西所体现出的思维与社会具体存在和历史活动过程的辩证变化，对于新辩证法学派的静态的无历史的逻辑演绎来讲是一种否定，因为后者只关注思辨意义上的以抽象来建构现实具体的逻辑的演绎丢失了历史发展的维度，在这种解释下的社会存在便成为一种逻辑的抽象。

二、观念东西的单向度理解：一种价值形式逻辑的延伸

可能令人困惑的是，"观念"就是思维、思想，为什么同时又是一样"东西"，仿佛又成了一个物呢？ 如何把捉这一辩证特点，可能要回溯至以往的旧唯物主义或唯心主义对观念东西的认识，方可呈现观念东西的内在本质。旧唯物主义观点虽然明晰了观念并非与现实对立的实体，但却将观念视作人的生理结构和机能，而未将其置于历史和社会的维度加以分析；而唯心主义观点则将观念看作外在于人的必然性力量的存在，将个人的意志和行为置于这种超人的力量之下。显然，伊里因科夫的"观念东西"试图在超越这两种理解的基础上搭建起关于思维和活动的纽带联系。观念东西不存在，因为人们并不能在外部可感的事物中找到它的哪怕一点存在因素，而它又确实存在于人们的活动中，它既不是生理上也不是心理上的存在，而是具有社会历史性维度的作为人类社会活动的形式。

对于这样一种有关思维的活动形式的理解，在一定程度上可通过黑格尔的理论棱镜进行认识。在黑格尔那里，观念的活动作为建构外

部世界的途径不仅仅停留在意识内部,而且体现在外部可感的事物中,因此黑格尔的观念活动就是一系列思维显现为现实存在的事物形式的活动现象和具体体现形式。对黑格尔的观念活动的回顾,可以看到其中的唯心主义倾向被伊里因科夫规避,即伊里因科夫反对以观念来建构世界。但是黑格尔带来的重要启示在于,观念作为活动形式的事物,作为活动的一个环节,作为活动的稍纵即逝的变形[1],人类活动所包含的思维是可以贯穿客观现实的。在这一基础上,对于观念的理解,重要的是伊里因科夫引入了社会历史的维度,将思维的抽象的发展赋予历史的形式,思维不再是无历史的思维,而是本质上获取了社会历史性的观念。

可见,"观念东西"既不是一种思维的存在,也不是一种现实的存在,作为一种表面上看起来的矛盾,其秘密可以回到商品社会中进行揭示。伊里因科夫称,价值形式的观念性是观念东西的极具典型和特征的案例。[2]这样的判定在一定程度上有其合理之处,因为价值形式和观念东西确实有着可供关联讨论之处。但是,值得我们注意的是,在商品世界中理解观念东西,尤其是将观念东西和价值形式关联起来的理解,伊里因科夫也在一定程度上陷入了误区,在某种意义上误读了价值形式。

一方面可以肯定的是,伊里因科夫指出价值形式作为一种观念东西具有非物质性,同时具有不依赖于人的客观性。这是针对观念东西作为人类活动形式而言的,价值形式同样是人类商品社会生活的一种形式,价值形式在经济活动中"表现为或'表现'物或物与物之间的关系",但价值形式"不可能是某种有形的可触及的物质"。[3]让我们回顾

---

① Evald Ilyenkov, "Dialectics of the Ideal," in Alex Levant and Vesa Oittinen eds., *Dialectics of the Ideal: Evald Ilyenkov and creative Soviet Marxism*, Leiden: Brill, 2014, p.60.

② Evald Ilyenkov, "The Concept of the Ideal," in Vadim Kuleshov eds., *Philosophy in the USSR: Problems of Dialectical Marxism*, trans. Robert Daglish, Moscow: Progress Publishers, 1977, pp.90-91.

③ Evald Ilyenkov, "The Concept of the Ideal," in Vadim Kuleshov eds., *Philosophy in the USSR: Problems of Dialectical Marxism*, trans. Robert Daglish, Moscow: Progress Publishers, 1977, p.91.

一下马克思对价值形式的论述:商品的价值形式"是一种与商品的可以捉摸的实在的物体形式不同的,因而只是观念的或想象的形式"。①伊里因科夫认同并从马克思关于商品的价值形式的这一观点出发,指出价值形式作为商品交换中抽象出来的观念形式,但是尽管作为一种观念的形式,价值形式并非存在于商品所有者或者交换者头脑中的,而是在社会的商品交换这样一种社会历史性的活动中形成的人们活动形式的一种反映。譬如当 20 码麻布值 1 件上衣,麻布的价值通过上衣的形式表现出来,因此上衣的形式就是麻布价值的表现形式,或者观念形式。而麻布作为使用物具有物质形式,作为被上衣表现的商品又具有价值形式,麻布的价值形式是麻布的客观特征,也是完全不同于其物质形式的特征。在这一意义上伊里因科夫指出价值形式是一个事物的非物质形式,同时这种非物质的观念东西是人们的交换活动表现出来的活动形式,在社会交换的层面上形成了客观性和普遍性。②

伊里因科夫的这一观点抓住了价值形式的特性,作为一种形式的客观性和普遍性。观念东西是人在社会的长期发展中改造自然和社会而形成的产物和形式,人类活动中的一切事物都有着观念东西的印记。而在商品世界中的价值形式也是如此,人们进入商品世界和交换市场中,一切活动都要受到价值形式的统治。因此,伊里因科夫指出资本主义的历史就是价值形式的历史,价值形式就像一张进入资本主义生产领域的门票,没有得到价值的印记,无论是人还是物都不能进入这个领域,不能作为商品世界的元素之一发挥作用。③在伊里因科夫那里,价值形式从最初的简单商品交换发展起来,一系列更为复杂的范畴如货币作为其表现形式,对价值形式的追溯就是对资本主义的具体普遍性

---

① 《马克思恩格斯文集》第 5 卷,北京:人民出版社,2009 年,第 115 页。

② Andrew Chitty, "Social and Physical Form: Ilyenkov on the Ideal and Marx on the Value-Forml," in Vesa Oittinen eds. , *Evald Ilyenkov's Philosophy Revisited*, Helsinki: Kikimora Publications, 2000, p.234.

③ David Bakhurst, *Consciousness and Revolution in Soviet Philosophy*, New York: Cambridge University Press, 1991, p.158.

的追问展开,其背后的逻辑是对社会的具体存在和活动系统的抽象和统治原则的认识。在这里,伊里因科夫不是满足于在价值形式的普遍性层面来看价值形式对社会生活的烙印,而是关注到对价值形式的追问就是对社会历史的具体性的认识。

进一步看,伊里因科夫认为价值形式作为一种观念东西表达了劳动形式和人们之间的社会关系,但在对于劳动形式的理解上却出现了偏差。麻布和上衣通过"="的联结所表达的不仅仅是上衣表现了麻布的价值,其中还蕴含着除了商品和价值之外的一种人类活动的形式,即抽象劳动形式。麻布和上衣之所以能够交换,是某种抽象原则将二者在特定层面上达到相等,在它们自身的物质形式中我们找不到可以使之相等的东西。譬如等价形式看似是 A = B 的简单形式,而贯穿整个形式的逻辑主线是,它可以将所有异质性的东西在同一性原则下打磨成无差别的等同。在马克思那里,"等价表现实际上是把不同种商品所包含的不同种劳动化为它们的共同东西,化为一般人类劳动"。①在这里伊里因科夫遵循了马克思的观点,认为价值形式中那条隐性的线索就是劳动,这也回应了前文中伊里因科夫对于价值形式背后的实践活动的关注:"一个物品的价值,通过将自身作为人类具体化劳动的形式显现出来。因此,价值的形式不是别的,就是人的具体化劳动的形式。"②

然而,在这里伊里因科夫犯了一个错误,他没有认识到,价值形式中蕴含的劳动的形式,准确地说应该是抽象劳动的形式,而不是劳动的物质形式,因为正是市场交换的社会关系将个人劳动作为普遍的人类劳动等同起来,而普遍的人类劳动已经具有一种社会形式,并非具体的劳动形式。正如观念东西作为人类的活动形式,也是作为一种普遍的

① 《马克思恩格斯文集》第 5 卷,北京:人民出版社,2009 年,第 65 页。
② Evald Ilyenkov, "The Concept of the Ideal," in Vadim Kuleshov eds., *Philosophy in the USSR: Problems of Dialectical Marxism*, trans. Robert Daglish, Moscow: Progress Publishers, 1977, p.92.

形式而非特殊的多样性的存在。其实对于价值形式和抽象劳动的讨论,在新辩证法、新马克思阅读学派的理论中是较为常见的。譬如亚瑟因过分强调交换价值,其立场的狭隘性使得价值形式的方法将抽象劳动限定为流通领域内的范畴,并且由于这种简单化的认识,他就只看到了"一般商品交换关系层面的劳动和资本",而误读了"资本在生产过程中对活劳动的占有和剥削"①,将其只从一般交换层面作了粗糙理解,对抽象劳动的范畴作了略显草率的解读。而在认识价值形式和抽象劳动的问题时,不能将马克思关于形式和内容的辩证法割裂开来,马克思关注的不仅仅是在商品交换中存在的抽象,还试图揭示这种抽象在相互作用的具体系统中历史形成和变化的本质。

严格地讲,通过上述分析或许我们可以说,价值形式可以在某种意义上视为观念东西,这主要体现在价值形式作为人类交换活动中的一种形式或者说观念的东西,既存在又不存在,同时在社会交换的层面上形成了客观性和普遍性。但是若二者位置反过来则不能成立,即观念东西则绝不等同于价值形式,价值形式只是观念东西的一种单向度理解。

我们可以借助当今学界将"现实抽象"(real abstraction)与价值形式相结合的分析来厘清这一问题。西方学界所热议的现实抽象,实质上停留于对现实的一种抽象的形式的分析,譬如在现实的商品交换中只关注商品价值这样一种抽象的形式,并且将这样一种形式作为统摄社会存在的自主体系,而忽略了现实的真正的生产关系,"即将资本主义社会存在归摄于价值形式(现实抽象),将社会存在与'现实抽象'同质化"②。当然这也不是否认现实抽象脱离了社会历史,只不过现实抽象过多地关注形式而遗忘了内容,或者说其关注的生产、劳动的内容依然是在形式统治下的内容。在这个过程中,价值形式展现出的是形式

---

① 唐正东:《价值形式与马克思的资本批判理论》,载《马克思主义理论教学与研究》2021年第3期。
② 孙亮:《"现实抽象"概念的"康德式结构"与政治经济学批判重审》,载《学术研究》2022年第1期。

和内容的完全的同一性。

而"观念东西"既不同于"现实抽象",也不同于"价值形式"。可以说,从对价值形式的分析的意义上来讲,观念东西和现实抽象实际上都是对于商品交换这样一种活动所内含的形式的一种抽象,同时都赋予了价值形式一种普遍性和客观性,价值形式成为商品交换领域的主宰原则。然而,观念东西比现实抽象走得更远的一步,且观念东西不同于价值形式的一点在于,伊里因科夫更加关注观念东西作为社会历史性的活动形式,所具有的对社会的具体存在和实践活动的关注。也就是说,伊里因科夫不仅仅停留在形式的分析之上,而是想透过形式来关注这种形式的内容,即人们的劳动和实践层面,由形式深入内容进一步发问这种观念东西由何而来,即由人们的实践活动形成。尽管伊里因科夫的观念东西在与价值形式相关联的理解中有一定的不足,但是他对观念东西作为社会构成和社会活动的一种形式的理解,为我们展开主体行动的思考提供了一条路径。

三、观念东西的激进维度:主体行动的革命力量

观念东西理论对于人的活动形式的强调,在一定程度上蕴含了主体的行动力量可供挖掘,这也不同于新辩证法过于关注概念演绎而丢失了历史活动主体的不足。伊里因科夫的哲学中隐藏着主体革命的因素和寻求解放的维度,这一点是毋庸置疑的。阿尔托·阿尔蒂尼安指出伊里因科夫的哲学是充满激进的变革维度和革命力量的①,在其所处时代的教条化律令的禁锢和框定下,对于领导权的争取、对于人类自由的追求、对于现实文化创造的力量,以及主体的革命性的生成等,都是伊里因科夫为寻求反抗社会经济霸权而进行的探索。

① Arto Artinian, "Radical Currents in Soviet Philosophy: Lev Vygotsky and Evald Ilyenkov," *Socialism and Democracy*, Vol. 31, No. 2, 2017, p. 96.

在商品世界中，人受到资本逻辑的统治和挟制，在这样一种经济结构下，人们的生产、交换活动似乎已经难以凭借个人的意愿进行，听从资本的号令的主体不可避免地也就处于不自由的状态。但是这并不是说，资本已经毫无剩余地将主体尽数吸纳，否则就真的没有一丝可以反抗的缝隙了。正是在这个资本难以彻底涵纳主体的意义上，政治维度的统治也呈现如此境况。尽管资本主义政治试图以强权将社会个人一览无遗地控制，公民就像商品一样保持着虚假的同质，但是伊里因科夫试图打破的就是这种伪造的平等，唤醒主体的个人意识并让他们知道自由就是摆脱霸权的控制和逃离外在意志的主宰，"将自己从一个由霸权和意识形态的联合力量构造和复制的主体"转变为"一个运动着的存在，使主体处于不断地生成过程"。①社会的公民不是复制粘贴而来的，否则这样被霸权和意识形态塑造的静态的主体形象就只能作为僵化和限定的存在。

对于主体力量的唤醒，就是伊里因科夫探索突破资本主义社会的挟制尤为重视的关键一步。那创造主体力量的契机在哪里？就在于伊里因科夫的观念东西的塑造中。

其一，在当时苏联僵化的思想背景下，伊里因科夫的观念东西将辩证法针对思维领域的研究和具体实践的改造相结合，强调一种人在观念东西的形式下自由地建构事物的行动力量。通过人类自由地劳动改造物质世界和创造文化对象，突破社会对于思维和肉体的禁锢。思维的身体是主动地参与外部体验，通过体验和感知由外部物体所引发的行动而在内部形成自身。将思维观念和实践活动紧密联系和转化，主体也就摒除了被动的被塑造的处境，反过来主动地根据外在的主体或物体来建立自己的运动状态，从而使自己的活动形态与外在相协调。伊里因科夫的活动方法强调了行动的重要性，主体呈现为主动向外地

① Arto Artinian, "Radical Currents in Soviet Philosophy: Lev Vygotsky and Evald Ilyenkov," *Socialism and Democracy*, Vol. 31, No. 2, 2017, p. 103.

探索和开拓的状态。

其二,观念东西作为具有普遍性的人类集体活动的产物,主体和个人能够在观念东西中意识到整体生活中的普遍规范,将生命活动的行动要求内化为个体活动的原则。因此,主体性的重塑要求人们将自己转变为一个持续运动、不断生成的主体,以逃离被支配和奴役的空间。如果消极地局限在被给予的日常生活中而放弃自己的意志,就等同于放弃了自己的主体身份,停止主体化的过程便等同于否定人成为人的过程,也阻断了人类自由的实现。在这里,观念东西的价值就在于此,个人在内化实践中感知到主体的有意识的生活,因此如果没有观念东西的产生,没有抽象—具体—抽象螺旋的持续运转,革命政治是不可能的。①譬如伊里因科夫认为主体行动进行的社会主义运动具有超越资本主义社会中个人异化的价值,观念东西作为一种活动形式,人们在内化这种活动形式下以劳动改造世界,能够给予资本束缚一种击破。

其三,伊里因科夫对主体实践力量的寻求蕴含着抵抗资本主义的面向,成为西方左翼借鉴的思想资源。譬如亚历克斯·黎凡特就指出伊里因科夫的思想引发了霍洛威、博内费尔德等开放马克思主义者的争论和模仿,尤其是其具有革命意义的哲学思想。②和伊里因科夫一样,霍洛威也认为主体具有反抗资本的可能,主体性的生成就是抵抗资本主义的否定性的力量,"主体性表示超越现存的有意识的规划能力,否定现存的能力,创造尚未到来的存在物的能力。主体性是呐喊——行动的活动,它蕴含着一切反对局限性、反对约束、反对封闭的运动"③。霍洛威和伊里因科夫对主体性的呼唤,从某种意义上讲是和所

---

① Arto Artinian, "Radical Currents in Soviet Philosophy: Lev Vygotsky and Evald Ilyenkov," *Socialism and Democracy*, Vol.31, No.2, 2017, p.119.

② Alex Levant, "Emancipating Open Marxism: E. V. Ilyenkov's Post-Cartesian Anti-Dualism," in Alex Levant and Vesa Oittinen eds., *Dialectics of the Ideal: Evald Ilyenkov and creative Soviet Marxism*, Leiden: Brill, 2014, p.184.

③ John Holloway, *Change the World without Taking Power*, London: Pluto Press, 2002, pp.25 - 26.

谓科学正统的马克思主义所不同的。封闭的马克思主义以一些可能陷入僵局的方法,譬如用实证主义塑造马克思主义,这是霍洛威和伊里因科夫所共同抵制的,因为这不仅损害了马克思主义的辩证法,还削弱了马克思主义作为斗争理论的革命力量。因此不同于封闭的马克思主义,伊里因科夫和霍洛威更加关注主体实践的力量,实践和人类活动才蕴含着革命的全部指向。

但是,对革命主体的强调不能忽视可能会存在的主客体二元对立的问题。主体想要成为革命和创造的新力量,但是其所处的已经是异化的社会环境却在影响着人们,因此,如何在异化条件下把握主体和客体的关系,如何认识人们活动的客观形式呢? 伊里因科夫的观念东西正是对这一问题的回应,首先,观念东西作为一种活动形式,克服了唯心主义的思维对现实的统摄,克服了直观唯物主义对人的实践的忽视。其次,作为一种活动形式和思维形式相互转化的过程,客观事物和思维主体都只是作为过程的瞬间而存在,既不会滑向主观主义,也不会滑向客观主义。最后,观念与物质之间的关系是主体活动的过程中的两个元素,它们只能存在并统一于主体的实践当中。[1]可见,对实践的强调仍然是伊里因科夫所坚持的主题,主体的革命力量体现在观念和物质相互转化的实践过程中。

总的来说,对于革命和解放的寻求是伊里因科夫哲学的关键价值所在,但遗憾的是,其偏离了政治经济学批判的路径,过于强调主体的建构,以及对资本主义批判的诉求却在一定程度上通过文化建构展开。之所以会借助文化作为消除阶级霸权和反抗资本主义统治的途径,是因为在伊里因科夫那里观念东西作为对思维范畴、自然知识和人类意识的阐释,也意味着人的生成和对自己的重新占有要诉诸文化的建构。而文化建构的重要意义也曾被列宁所强调,建设和革命中需要克服的

---

[1] Alex Levant, "Emancipating Open Marxism: E. V. Ilyenkov's Post-Cartesian Anti-Dualism," in Alex Levant and Vesa Oittinen eds., *Dialectics of the Ideal: Evald Ilyenkov and creative Soviet Marxism*, Leiden: Brill, 2014, pp. 197 – 198.

"正是文化问题",是"那些已经深入文化、深入日常生活习惯的东西"①。伊里因科夫吸取了这一思想,但似乎过度依赖文化建构的力量了。当时苏联的社会主义建设困境使得社会主义更多的只是在形式上完成,现实的建设内容跟不上形式上展开的程度。针对此种悖论,伊里因科夫指出社会主义的建设应当是在日常生活和思想层面的转变中体现出其完成程度,而非强迫人们在意识层面接受自己已经进入社会主义的谎言,但是在生活层面仍将大众抛向资本主义社会的残留中。伊里因科夫面对这样一种畸形的社会现状,倡导一种文化和生活新模式的形成来重塑日常生活,建立持久的社会主义运动文化是人类发展走向自由所需要的一个新的不同的文化空间。因为文化就是"一个社会制度的整体,对于社会家庭、道德等有着重要的调节作用,它是普遍存在于集体中的生活法则,是一个国家的独特文化,它能鼓舞人们塑造新的空间来克服旧惯性的持续,成为实现更充分的人的条件"。②这一思路在一定程度上其实与西方左翼转向生活政治的路径有相似之处,试图在资本主义笼罩下的生活层面激活主体的意识,以求得在文化革命和日常生活革命中,实现微观的人对个人困境的一丝突破和寻求主体反抗的可能。

伊里因科夫对辩证法问题的反思、对主体性的激发以及文化批判,一方面成为西方左翼开展理论的可供汲取的思想资源,另一方面也是借以认识马克思的辩证方法和了解西方左翼思想的一条线索。在肯定伊里因科夫和西方左翼为抵抗资本和权力而进行的抗议的同时,也应清醒地认识到在他们那里政治经济学批判方法或许正在慢慢被掏空,在泛化的文化和日常生活层面来倡导反抗和解决异化,劳资矛盾和本质的问题只会被架空。所以最后还是要回到马克思的社会历史性解读的现实生产的矛盾性中,否则停留在资本主义表面的

---

① 《列宁选集》第4卷,北京:人民出版社,1972年,第698页。
② Arto Artinian, "Radical Currents in Soviet Philosophy: Lev Vygotsky and Evald Ilyenkov," *Socialism and Democracy*, Vol.31, No.2, 2017, p.112.

抽象以及对于主体抗争的外在批判，难以真正在资本主义经济体系中构成推进解放的力量。

（作者　国防大学政治学院讲师）

Ilyenkov's Dialectics of the Ideal and Its Revolution Dimension

Liang Yingxin

Abstract: In recent years, the New Dialectic School interprets Marx's dialectics with Hegel's logic, which is quite popular. In the history of ideas, Ilyenkov preceded the New Dialectic School in linking dialectics and narrative methods, but the thought of the former has historical dimension and subject dimension than that of the latter. First of all, based on the idea of the unity of logic and history, Ilyenkov creatively put forward "the Ideal" in the understanding of the method "from abstract to concrete". Secondly, in the analysis of introducing the Ideal into commodity society, from the development of two characteristics of immateriality and concrete labor forms, Ilyenkov pointed out that value-form is a typical case of the Ideal. However, this analysis does not clarify the relationship between the value-form and the Ideal. The value-form is only a one-way understanding of the Ideal. Finally, the understanding of the Ideal as active forms of thinking contains the revolutionary power of subject action. Ilyenkov's critical method and revolutionary thinking reflect the resistance to the capitalist economic and social hegemony, but this resistance ignores the critical method of political economy.

Key words: Form Abstract to Concrete; Ideal; Value Form; Subject Action

重审体系辩证法的"历史性"向度

——对奥尔曼与阿瑟争论的再讨论①

唐欣芸

摘要:"新辩证法"学派的代表人物约翰·阿瑟曾将历史与逻辑相统一的方法论视为对《资本论》辩证法的误读。他依据黑格尔的辩证法,把辩证法看作是概念范畴不断推演完善的体系,以至于遮蔽了历史的维度。奥尔曼从目标的遗失、逻辑的断裂和简化的叙述逻辑三个方面对体系辩证法进行批评,强调了历史与逻辑相统一的重要性,虽然其分析依旧存在局限,但为我们正确理解《资本论》的辩证法提供了有益启发。立足马克思的历史唯物主义,将研究方法与叙述方法有机结合,并把分析视角聚焦于隐藏在抽象统治背后的资本主义生产方式,才能够重绘人类解放的版图,为推翻资本主义寻求解放之路。

关键词:体系辩证法 奥尔曼 叙述方法 研究方法

《资本论》的辩证法作为理解马克思理论的重要的方面,一直被众多学者深耕细作,譬如,奥尔曼、罗森塔尔、伊利延科夫、阿尔都塞、新马克思阅读学派、开放马克思主义等都讨论过马克思的辩证法。而辩证

---

① 本文为教育部人文社会科学青年项目"意大利马克思主义及其在 21 世纪的新发展研究"(23YJC710088)的阶段性成果。

法之所以重要的原因在于,如果我们不能够很好地理解《资本论》的辩证法,它将影响到我们对马克思主义与人类解放的关系的理解,甚至在如今西方左翼反复讨论乌托邦已经丧失、人类不再有希望的时候,《资本论》的整个力量也会随之黯淡下去。这些问题就涉及我们如何借助对辩证法的重新解读,为《资本论》找到一个真正解放的出口。在这样的探索中,我们遇到的最大障碍,就是在研究过程中以黑格尔《逻辑学》的方式窒息了《资本论》的解读方式。而体系辩证法的代表人物——克里斯多夫·约翰·阿瑟正是以这种方式来审视马克思的辩证法的,因而其分析未能真正理解历史唯物主义的精髓,且丧失了马克思革命解放意义的维度。伯特尔·奥尔曼对以阿瑟为代表的体系辩证法进行了批评,强调了历史与逻辑相统一的重要性。本文在奥尔曼和马克思的基础上,对体系辩证法进行探析,并对此展开批判,重新理解辩证法的真正历史唯物主义意涵,为人类的解放寻求出路。

一、以逻辑结构遮蔽现实历史的体系辩证法

就一般观念来看,历史与逻辑相统一的方法论已经被理解为历史在先,而逻辑是依循于历史而抽象出的普遍形式,但是约翰·阿瑟却认为这种阅读方式是错误的,他说:"我明确反对对《资本论》的这种解读。"[①]在阿瑟看来,马克思的《资本论》如同黑格尔《逻辑学》所呈现的,是一种体系辩证法,因为《资本论》的叙述顺序并不是按历史的先后顺序展开论述的。奥尔曼也概括说,《资本论》呈现的是一种逻辑的概念推演形式,是"马克思从黑格尔那里继承了其所有要点的概念逻辑",并通过对《资本论》第一卷的审视,产生的对资产阶级政治经济学认识的策略。[②]这种

---

① 克里斯多夫·约翰·阿瑟:《新辩证法与马克思的〈资本论〉》,高飞译,北京:北京师范大学出版社,2018 年,第 70 页。
② 伯特尔·奥尔曼:《辩证法的舞蹈——马克思方法的步骤》,田世锭、何霜梅译,北京:高等教育出版社,2006 年,第 236 页。

观点如同马克思在论述政治经济学的方法时所提出的从具体到抽象,再从抽象到具体的方法论中的第二个"具体",即一个观念中的具体,赋予了资本主义生产关系这一规定性的整体,在对于这一整体再生产的探讨和解释的过程中,没有历史对于逻辑的规定,而仅仅是一种纯粹体系的考察。

那么,体系辩证法的内涵是什么? 就阿瑟看来,以往对于辩证法的讨论都是一种对于历史过程的描述,是一种因果关系或者矛盾学说。但是阿瑟认为,马克思和黑格尔的著作并不是一种"历史性的著作",而是对"既定的整体(whole)""如何再生产自身"的讨论,这"不是由因果关系的历史链重现决定的,它是在纯粹体系性考量的基础上得到表述的"①。因而,在体系辩证法那里,马克思《资本论》的辩证法是黑格尔《逻辑学》的同质性推演。黑格尔的辩证法是这样一个整体,即各环节"相互支持与发展",依次展开并最终"返回自身,以形成这些要素彼此之间的再生产循环"。②虽然在人们看来,体系辩证法即"后来的范畴是从向前的范畴发展而来的",单从表面上,我们仿佛看到了历史的推演方式,"但是,在黑格尔看来,事情远非如此简单,因为他拒绝教条地罗列诸范畴"③。他认为,这是一种范畴上的推演,与历史事实毫无关系。阿瑟通过推论,得出马克思《资本论》的方法论与黑格尔的辩证法具有相似性。他提出,黑格尔的《小逻辑》是由三部分组成,即存在论、本质论、概念论和理念论。黑格尔的存在论可以对应于马克思的商品理论,因为商品表现的是一种直接性,即"自在或潜在的概念",货币作为商品价值的呈现,具有了自为存在的意义,因而对应着黑格尔的本体论。自在和自为的价值,即交换,返回到自己本身并进一步发展,就成了资本。阿瑟认为,马克思的研究逻辑正是根据黑格尔逻辑学的方法向前推进

---

① 克里斯多夫·约翰·阿瑟:《新辩证法与马克思的〈资本论〉》,高飞译,北京:北京师范大学出版社,2018年,第71页。

② 克里斯多夫·约翰·阿瑟:《新辩证法与马克思的〈资本论〉》,高飞译,北京:北京师范大学出版社,2018年,第71页。

③ 克里斯多夫·约翰·阿瑟:《新辩证法与马克思的〈资本论〉》,高飞译,北京:北京师范大学出版社,2018年,第72页。

的,在整体的视角上来理解诸要素的推演,即"在研究对象是总体(to-tality)的地方,体系性(systematicity)就是其本质"①。并且,他依据黑格尔的辩证法,将体系范畴看成一个能通过自我运动不断满足自身的体系,从而陷入黑格尔的逻辑迷雾中。在这种概念范畴的自我发展体系里,历史与逻辑之间关系的断裂成为必然。但是只有通过这种推论,才会得出马克思在《资本论》第二版的"跋"中承认的"我是这位大思想家的学生"②的说法。奥尔曼也对阿瑟的辩证法进行了概括,即这是一种从概念到概念的过渡,因为"只有引入一个新概念,它的含义融合了在前一个概念中所发现的矛盾因素,这个矛盾才能被解决",譬如,商品的价值与使用价值需要货币来解决,因而引入了"货币"这一概念,"而'货币'的关键矛盾要靠引入'资本'来解决,等等"③。然而,罗森塔尔针对此种现象批判道,把马克思的分析方法看成是黑格尔式的并得出结论,是不合理的,甚至具有严重的错误。④

阿瑟将体系辩证法视为马克思辩证法的真实写照,他将叙述逻辑与研究方法看作是一致的,从而未能厘清《资本论》历史与逻辑的双重辩证关系。其实马克思在撰写《资本论》的时候并没有根据历史顺序来编撰,而是先讲商品、劳动二重性、价值等,之后才开始讨论资本主义的前提和基础。然而,这种表述方式会让人误解,这同时也误导了阿瑟,以至于阿瑟提出"资本存在条件是作为资本的结果而被推导出来的,资本'假定'了自己的条件"⑤。但是阿瑟没有意识到,这并非马克思的本意,这只是马克思为了叙述方便而展开的过程。"如果说研究的辩证法

---

① 克里斯多夫·约翰·阿瑟:《新辩证法与马克思的〈资本论〉》,高飞译,北京:北京师范大学出版社,2018 年,第 71 页。
② 《马克思恩格斯文集》第 5 卷,北京:人民出版社,2009 年,第 22 页。
③ 伯特尔·奥尔曼:《辩证法的舞蹈——马克思方法的步骤》,田世锭、何霜梅译,北京:高等教育出版社,2006 年,第 236 页。
④ John Rosenthal, "The escape from Hegel," *Science & Society*, Vol. 63, No. 3, 1999, p. 286.
⑤ 克里斯多夫·约翰·阿瑟:《新辩证法与马克思的〈资本论〉》,高飞译,北京:北京师范大学出版社,2018 年,第 82 页。

旨在研究被抽象出的要素内部及其相互之间的内在关系,那么,叙述的辩证法则是马克思向他的读者说明这种关系的方法。"①也就是说,马克思在讲述资本的时候实质上是按照历史的顺序来讲逻辑,但是表面又是按照逻辑的方式来呈现的,试图将历史包含在逻辑里面。而阿瑟只看到了表面的叙述方法,从而否定了马克思历史与逻辑相统一的辩证法,将体系的表象当作辩证法的根基。

不仅如此,阿瑟还颠倒了生产与交换的地位,将交换看成辩证法中的本质概念。他提出,"商品交换创造了一个'颠倒的现实'"②,忽视了生产领域的本质性。因为在日益商品化的今天,交换甚至成为先于生产的存在,资本只有在交换的真实的抽象中才能得以实现,资本通过交换不断支持自身,使自身完满。因而,阿瑟认为,商品生产的关键在于,商品是否能与其他商品进行交换,因为交换相较于生产,在体系辩证法中具有更重要的地位。在资本主义语境下,交换所带来的价值远远大于商品的生产。因此,阿瑟批判道,恩格斯、米克和斯威齐都错误地把商品生产看作是基础。虽然阿瑟也看到了事物背后的拜物教意识,他意识到工人在资本主义中不仅会丧失劳动产品,而且在商品的交换中资本家对工人的剥削还会进一步加深。③但由于生产过程已经被价值形式所掩盖,因而他将商品呈现出的神秘性质理解为是交换抽象带来的后果,他将目光聚焦在价值的增殖环节,忽略了这一切背后最深层次的生产关系,以及生成这一切的历史过程。也正是在这种逻辑下,体系辩证法的历史维度被掩盖。由此,阿瑟提出了相比"对'简单商品生产'的历史性探讨"④,将其放置在概念的逻辑下来讨论将会更有意思的说

---

① 伯特尔·奥尔曼:《辩证法的舞蹈——马克思方法的步骤》,田世锭、何霜梅译,北京:高等教育出版社,2006年,第165页。

② 克里斯多夫·约翰·阿瑟:《新辩证法与马克思的〈资本论〉》,高飞译,北京:北京师范大学出版社,2018年,第120页。

③ Christopher J. Arthur, *Dialectics of Labour: Marx and His Relations to Hegel*, Oxford: Basil Blackwell Ltd., 1986, p.8.

④ 克里斯多夫·约翰·阿瑟:《新辩证法与马克思的〈资本论〉》,高飞译,北京:北京师范大学出版社,2018年,第24页。

法,因为资本主义"在某种意义上它已经先于历史事实"①,对于其历史性的探讨也就失去了意义,因而资本主义必将灭亡的解放路径也便无法找到。

由此我们可以得出,阿瑟提倡的这种体系辩证法,不存在逻辑与历史之间关系的问题。阿瑟认为,马克思"对先于资本关系的劳动市场的起源问题不感兴趣了"②。一旦否定了这一点,便不存在资本前史的问题,也就找不到批判资本主义最重要的环节,资本的存在环节被删除,这样,打破资本主义的路径自然就无法找到了。阿瑟的这种观点在如今学术界是十分流行的,大部分学者在关于资本批判的问题上都会将资本现代史看成是一种常态性的现状加以批判,即一种从后向前推论的研究。然而,这种观点是对马克思的误读。马克思在其文本中明确区分了资本前史和资本的现代史,他提出,绝对不能用资本的现代史来倒推出资本前史的问题。因为资本的前史到资本的现代史之间有一个开端问题,即原始积累。正因为有原始积累,资本家才有足够的本钱,去购买雇佣劳动,由此形成资本和劳动之间的交换。而从后倒推回去看的结果会带有一种资本的现代史视角,即资本已经开始自我展开,资本和劳动之间的交换关系看不见了,变成了资本和雇佣劳动的自我循环,这样,资本主义作为这个社会的特殊形态诞生的过程便会被遮蔽。奥尔曼也批判道:"这种方法逆向研究历史并不意味着马克思接受了一种处于历史末期的原因,一种反向起作用的'动力',一种目的论。相反,这是一个追寻当前状况是从哪里来的,以及为了使它正好获得这些性质过去必须发生什么的问题,即是说,这是一个追寻什么是它的前提的问题。"③而体系辩证法却将资本现

---

① 克里斯多夫·约翰·阿瑟:《新辩证法与马克思的〈资本论〉》,高飞译,北京:北京师范大学出版社,2018 年,第 141 页。

② 克里斯多夫·约翰·阿瑟:《新辩证法与马克思的〈资本论〉》,高飞译,北京:北京师范大学出版社,2018 年,第 82 页。

③ 伯特尔·奥尔曼:《辩证法的舞蹈——马克思方法的步骤》,田世锭、何霜梅译,北京:高等教育出版社,2006 年,第 150 页。

代史当成历史发展永恒的状况,遮蔽了资本主义历史的维度,从而必然导致无产阶级革命无法成功,因为在资本的现代史中,资本的历史被掩盖了,人们只能看见资本以自身为前提展开的过程,因而资本既是起点又是终点,其历史性消失了,资本主义成为一种永恒的状态,也就不会有解放一说了。

二、目标缺失、逻辑断裂与陷入叙述逻辑: 来自奥尔曼的批评

阿瑟的体系辩证法试图给我们呈现出马克思在《资本论》中的叙述逻辑,体系辩证法所用的方法论就是《资本论》叙述方法的表述,即在抽象中建构观念的总体及其运行的方式。那么,马克思的辩证法难道就仅仅是一种叙述方法吗?奥尔曼明确提出:"马克思的辩证法不仅仅是一种叙述。"[1]他认为,在阿瑟这种一个概念紧跟一个概念诞生的叙述中便会形成一个概念的逻辑必然性,因而,由此得出的结果也是必然的。那也就是说,由概念范畴推演出来的逻辑体系已经规定了资本主义的结果,因而就不存在革命,也就没有解放的出路。而马克思实际上不仅阐明了资本主义的运行过程,还表明了资本主义的本质,即他的社会性质,及其产生和发展的原因。而这一切本质性的分析都包含于资本主义的运行辩证逻辑中。因此,针对体系辩证法的缺陷,奥尔曼对其提出了三点批评。

(一)目标的遗失

奥尔曼意识到,系统辩证法[2]对于《资本论》的解读方式会将马克思真实写作目标遗失,以至于在他们看来,《资本论》中存在"不属于那

---

[1] 伯特尔·奥尔曼:《辩证法的舞蹈——马克思方法的步骤》,田世锭、何霜梅译,北京:高等教育出版社,2006年,第235页。

[2] 奥尔曼所说的"系统辩证法"与"体系辩证法"是同一意思,以下都用"体系辩证法"代替。

里或极其不适当的内容"①。因为阿瑟在论述马克思辩证法的时候,用一种"整体"的方式,对范畴进行推演,试图将资本主义逻辑的意识体系建构得越完整越好。奥尔曼对此提出三点疑问:其一,《资本论》第一卷的叙述方法是体系辩证法吗?其二,马克思在除《资本论》以外的其他著作中用了何种叙述方法?其三,辩证法在马克思的著作中有何作用?奥尔曼通过这三个问题,揭示出了体系辩证法目标的缺失。因为在奥尔曼看来,"除了阐述政治经济学主要范畴之间的辩证关系以外,马克思还有其他目标",即"揭露资产阶级的思想(和思想家)、显示资产阶级经济学在异化的社会关系中的根源、展示资本主义在原始积累中的起源和它发展到共产主义的潜在、描绘阶级斗争,以及唤起工人阶级的阶级意识",而这一切都"与黑格尔的概念逻辑毫无关系"②。

奥尔曼用了三个"用不着"来批评体系辩证法是没有目标指向的,即"用不着研究资本主义在不同发展阶段和不同国家是如何运行的,也用不着研究资本主义的历史,因此也用不着研究共产主义最终对它的取代"③。在奥尔曼看来,体系辩证法是一种通过概念,并分析次概念"实际含义中所包含的关键矛盾的剖析"④,以此过渡到下一个概念的逻辑。也正因为在这样的逻辑中,下一步必然会紧跟前一步的叙述,那么最后呈现出来的结果所反映出来的社会,是具有必然性的,因而不需要研究资本主义的生产逻辑、历史及共产主义对之取代的原因。针对体系辩证法目标的缺失问题,奥尔曼列举了两个例子。一方面,奥尔曼提出,对于劳动时间延长的论述,就体系辩证法看来,这个问题并没有

---

① 伯特尔·奥尔曼:《辩证法的舞蹈——马克思方法的步骤》,田世锭、何霜梅译,北京:高等教育出版社,2006 年,第 237 页。
② 伯特尔·奥尔曼:《辩证法的舞蹈——马克思方法的步骤》,田世锭、何霜梅译,北京:高等教育出版社,2006 年,第 237 页。
③ 伯特尔·奥尔曼:《辩证法的舞蹈——马克思方法的步骤》,田世锭、何霜梅译,北京:高等教育出版社,2006 年,第 238 页。
④ 伯特尔·奥尔曼:《辩证法的舞蹈——马克思方法的步骤》,田世锭、何霜梅译,北京:高等教育出版社,2006 年,第 236 页。

讨论的必要①,因为如果从结果往前推,这一切都是必然的。但是劳动时间的延长并不是一个逻辑的概念推演的问题,而是剩余价值生产的问题,这些在逻辑的推演中是无法看到的。另一方面,奥尔曼提出,或许在体系辩证法看来,《资本论》中最浪费时间的是"结尾部分对原始积累问题长达60页的论述"。②然而,对于原始积累的论述真的没必要吗?并非如此。如若不讨论原始积累的问题,我们便会站在资本的现代史视角去探究资本主义,将资本现代史当成资本主义的现成条件,也就看不到资本剥削的本质。正因为如此,马克思在其著作中区分了两种剩余资本,剩余资本Ⅰ即在最初的生产过程中产生的剩余资本,看似资本家在"形式上"将活劳动的能力以工资的方式返还于工人,但是这种交换仅仅是形式上的,看似通过交换产生的,保留了交换的外观,但本质却是,这种交换是资本同劳动关系的交换,而不是资本家和活劳动所产生的价值之间的交换。因而,在初次的生产交换中,资本家占有了活劳动的剩余价值,将其投入日后的生产,于是产生了新的剩余资本,即剩余资本Ⅱ。剩余资本Ⅱ的产生,正是资本家对活劳动的无声的占有,是一种以雇佣劳动为前提,通过活劳动的剩余价值创造出来的资本,由此实现了资本的自我结构化和自我循环,即资本家不用经过交换就能占有他人的劳动。也就是说,原本作为资本生成条件的剩余资本Ⅰ,在资本的生产过程中成为资本自身实现的结果,剩余价值的来源被掩盖了,资本"不再从前提出发,它本身就是前提,它从它自身出发,自己创造出保存和增殖自己的前提"③。

体系辩证法缺失的这些目标势必会将资本主义推向一种永恒存在的维度,掩盖了资本的剥削性,从而丧失了推翻资本主义的理由。当资

---

① 伯特尔·奥尔曼:《辩证法的舞蹈——马克思方法的步骤》,田世锭、何霜梅译,北京:高等教育出版社,2006年,第237页。

② 伯特尔·奥尔曼:《辩证法的舞蹈——马克思方法的步骤》,田世锭、何霜梅译,北京:高等教育出版社,2006年,第237—238页。

③ 《马克思恩格斯文集》第8卷,北京:人民出版社,2009年,第109页。

本的生成条件成为其现实条件时，就不会有资本主义可以被取代的问题，就没有所谓的重建个人所有制的问题，也没有资本主义剥削根源的问题，更不会看到资本为什么会不断压制劳动、不断使劳动时间延长的问题。在体系辩证法概念的推演逻辑里，不会有瓦解的问题，不会有颠覆的问题，更不可能有解放的问题。

（二）逻辑的断裂

在学术界，有一种非常流行的观念，即在马克思的著作中，异化的话语只在《1844年经济学哲学手稿》中呈现，1844年之后，马克思进入了历史唯物主义，异化的这套逻辑就不再有了。其实，事实却是，马克思人本逻辑和历史主义逻辑此消彼长，而后人本主义逻辑被克服，进入历史唯物主义的逻辑。马克思在政治经济学的研究中也揭示出了资本主义的异化关系，但是这时的异化不再是人本主义语境中的异化，即一种价值的悬设，而是站在历史唯物主义的逻辑中探索现实社会客观现象的事实本身了。

体系辩证法对《资本论》写作目标的遗失，使得奥尔曼也理解了体系辩证法无法解释《资本论》与其手稿中逻辑的连续性。体系辩证法在运用概念范畴来理解和推演《资本论》的研究方法时，得出"在《资本论》中省略了对异化理论的更全面的说明"[①]的结论，认为此概念明明是为《资本论》的写作而铺垫的，但在《资本论》中"几乎没有得到什么体现"[②]。此种逻辑的断裂，使得体系辩证法在理解马克思的理论时陷入了浮于价值表面的困境。究其原因，是因为体系辩证法，正如阿尔都塞所认为的，不断思考"用何种概念和通过何种概念体系人们可以思考从属的结构由支配的结构决定"的问题。[③]且马克思《资本论》中譬如"价

① 伯特尔·奥尔曼：《辩证法的舞蹈——马克思方法的步骤》，田世锭、何霜梅译，北京：高等教育出版社，2006年，第238页。
② 伯特尔·奥尔曼：《辩证法的舞蹈——马克思方法的步骤》，田世锭、何霜梅译，北京：高等教育出版社，2006年，第238页。
③ 路易·阿尔都塞、艾蒂安·巴里巴尔：《读〈资本论〉》，李其庆、冯文光译，北京：中央编译出版社，2001年，第216页。

值、抽象劳动、社会必要劳动时间"①等概念都被归结为概念范畴。这种对于《资本论》的解读方式,无法从根本理解《资本论》中的许多问题。阿瑟虽然将《资本论》在概念逻辑上解释得近乎完美,但是如同列宁批判的:"逻辑不是关于思维的外在形式的学说,而是关于'一切物质的、自然的和精神的事物'的发展规律的学说,即关于世界的全部具体内容的以及对它的认识的发展规律的学说。"②阿瑟忽视了对社会发展和经济结构的分析,偏离了马克思的历史辩证法。奥尔曼针对这一问题,提出了内在关系辩证法,将辩证法看作社会要素相互作用的内在关联,即任何事物都包含着历史和未来的向度,任何关系都是两者事物本身的一部分。③因而,"物"都是"过程"和"关系"的结合体,是具有历史与未来的构成维度,历史与未来之间又是彼此联系的,在不断地运动中,可以通过历史去了解未来,也能通过未来回溯历史,并且,事物之间的相互联系又构成了事物自身。对此,在面对《资本论》中异化理论的省略说明,奥尔曼提出:"这并不代表一种思想的转变……而只是表示马克思在解释其系统的政治经济学过程中的策略的改变",亦能够更好地让工人阶级理解并遵循他的理论。④奥尔曼的论述无形地回应了阿尔都塞提出的马克思"认识论断裂"的理论,认为异化理论的前后不同实际上是语境上的过渡过程,即从人本主义话语进入了历史唯物主义,并强调不能局部地审视马克思的理论,而应该以整体的视角,以内在关联的方法来把握马克思的辩证法。

体系辩证法"完全不能解释决定《资本论》第 1 卷的形式和内容的许多决策"⑤,其原因在于,概念的范畴只能把握资本主义关系中的表

---

① 克里斯多夫·约翰·阿瑟:《新辩证法与马克思的〈资本论〉》,高飞译,北京:北京师范大学出版社,2018 年,第 68 页。
② 《列宁全集》第 55 卷,北京:人民出版社,2017 年,第 77 页。
③ 伯特尔·奥尔曼:《辩证法的舞蹈——马克思方法的步骤》,田世锭、何霜梅译,北京:高等教育出版社,2006 年,第 6—7 页。
④ 伯特尔·奥尔曼:《辩证法的舞蹈——马克思方法的步骤》,田世锭、何霜梅译,北京:高等教育出版社,2006 年,第 238 页。
⑤ 伯特尔·奥尔曼:《辩证法的舞蹈——马克思方法的步骤》,田世锭、何霜梅译,北京:高等教育出版社,2006 年,第 238 页。

现和形式,无法深入其内部把握各因素之间的内在关系。体系辩证法屈服于马克思已经认识到的危险,即在对唯心主义的叙述方法作出纠正时候所使用的叙述方法,会"造成一种假象,似乎探讨的只是一些概念规定和这些概念的辩证法"①。但在资本主义的现实中,劳动不仅仅是概念上所谓的劳动,而变成了"自己的非存在",即一种"资本"意义的存在。在机器大生产过程中,工人在资本的驱使下,生产出来的是一种异己的力量,即"价值同创造价值的活动之间……绝对的分离"。②这是在资本主义生产过程中得出的客观的规律,不能通过逻辑的范畴推演得出。人与人关系的客观颠倒是一种"历史的必然性",即便这种必然性并不是一种"绝对必然性",而是一种"暂时的必然性"③。资本主义表面上的客观颠倒遮蔽了资本主义真实的生产关系,因而从《1857—1858 年经济学手稿》之后,马克思开始从生产关系出发,探寻现实资本主义世界的历史,看到了资本家剩余资本Ⅱ来源于对工人赤裸裸的占有,与资本主义宣传的因为付出所以获得的理论相矛盾。而这一切,在体系辩证法那里并不重要,从而遮蔽了价值形式对人类存在方式实质吸纳的事实。

(三) 陷入叙述逻辑

奥尔曼批评体系辩证法将马克思宏大且复杂的逻辑简化成了概念的自洽。奥尔曼指出,体系辩证法"几乎只关注《资本论》第 1 卷"④,他们甚至提出"马克思在《资本论》第 1 卷中似乎是'想出'而不是'展开'了对资本主义的认识"⑤,即体系辩证法只能看到马克思分析表现现实的概念之间的关系,并且通过概念的推演,达到理论上的完全自洽,以

---

① 《马克思恩格斯全集》第 30 卷,北京:人民出版社,1995 年,第 101 页。
② 《马克思恩格斯全集》第 48 卷,北京:人民出版社,1985 年,第 91—93 页。
③ 《马克思恩格斯全集》第 31 卷,北京:人民出版社,1998 年,第 244 页。
④ 伯特尔·奥尔曼:《辩证法的舞蹈——马克思方法的步骤》,田世锭、何霜梅译,北京:高等教育出版社,2006 年,第 239 页。
⑤ 伯特尔·奥尔曼:《辩证法的舞蹈——马克思方法的步骤》,田世锭、何霜梅译,北京:高等教育出版社,2006 年,第 241 页。

至于找不出任何问题和辩证的东西,从而也无法看到马克思不同著作、草稿之间的相互补充和不同理论阐释。奥尔曼的批评对我们审视体系辩证法具有重要意义。事实也正是如此,马克思不仅关注逻辑,还关注现实本身、历史本身。马克思并没有抛开历史谈逻辑,为了推翻资本主义制度,马克思针对各种捍卫和误解资本主义的观点,依据资本主义的基础和资本家自身,提出了相应的批判。因而可以肯定的是,马克思既不是一个经验主义者,也不是一个系统辩证学家。①

体系辩证法从马克思的辩证法中只抽象出了一个部分,并将这个部分错认为是马克思辩证法的全部,忽视了辩证法中认识论的层面,偏离了马克思的理论。正如奥尔曼提出的,马克思的辩证法存在着许多密切相关但是却看似不同的部分,大部分批判马克思辩证法的理论,往往都是局限于其中几个甚至一个部分进行分析。②奥尔曼之所以能在结构中审视历史,是因为其看到了《资本论》叙述逻辑背后的研究方法,察觉到了马克思理论的不同维度的阐释,并认为,在马克思研究过程中,其理论的抽象过程是所有理论"得以运转的发动机"③。他提出,"马克思认识论的核心地位的是抽象过程或思维活动"④。但是体系辩证法所理解的抽象,即将现实的抽象上升至一种观念,然后认为观念与现实可以决然分离,可以独立自在。体系辩证法的理解正是马克思在《关于费尔巴哈的提纲》中,马克思所批判的逻辑,即从人类生活抽象出来的上帝的世界,上帝其本质是人本质力量的异化,当宗教从世俗基础分离出去后,会"在云霄中固定为一个独立王国"⑤,从而反过来主宰

---

① 伯特尔·奥尔曼:《辩证法的舞蹈——马克思方法的步骤》,田世锭、何霜梅译,北京:高等教育出版社,2006年,第240页。

② Ollman, "Dialectics and World Politics," *Globalizations*, Vol. 11, No. 5, 2014, p. 1.

③ 伯特尔·奥尔曼:《辩证法的舞蹈——马克思方法的步骤》,田世锭、何霜梅译,北京:高等教育出版社,2006年,第140页。

④ 伯特尔·奥尔曼:《辩证法的舞蹈——马克思方法的步骤》,田世锭、何霜梅译,北京:高等教育出版社,2006年,第243页。

⑤ 《马克思恩格斯选集》第1卷,北京:人民出版社,2012年,第134页。

人。这种逻辑类似于黑格尔的哲学思想,体系辩证法深受其影响,将这套逻辑贯之于思想的建构中,即辩证法由现实生活投射而来,但如今可以独立自存,现实世界的逻辑反而依存于它。体系辩证法试图将马克思的思想建构成一个具有普遍性的东西,而这种普遍性可以通过概念到概念的推演抽象出真理的形式。要达到一种真理的形式,必须上升到概念的推演逻辑上去。奥尔曼批评道:"问题不是出自对辩证法中的一个阶段的强调,而是出自对其他阶段的忽略(把部分误认为整体,这是一个普遍的非辩证的错误),以至于即使被强调的那个阶段——因为所有的内在联系——也不能被恰当地理解。"①

也正是因为奥尔曼看到了马克思辩证法中的抽象部分,才认清了马克思辩证法叙述逻辑背后的深层意蕴。而体系辩证法无法将视野从概念范畴抽离出来,以至于无法看到《资本论》背后的研究方法,将马克思的现实抽象理解为观念的抽象,因而忽视了辩证法中认识论的层面,无法真正理解马克思的历史唯物主义。

三、立足资本主义生产方式:对体系辩证法的再回应

奥尔曼通过对体系辩证法的审视和批评,看到了历史与逻辑相统一的重要性。而体系辩证法作为一种运用概念范畴推演的辩证方法,其理论所缺失的历史视角,使其无法理解马克思的理论,以至于无法找到推翻资本主义的解放之路。体系辩证法所缺失的历史思维,正是马克思在其文本中不停地传递给我们的。马克思在面对黑格尔建构的绝对精神的世界时,通过对现实的抽象,达成具象的观念,整个过程是在观念中完成的。这些自认为只要重力消失便不会被淹死的观念论者深受马克思的批判。马克思认为,我们头脑中形成的观念,并不是头脑中

---

① 伯特尔·奥尔曼:《辩证法的舞蹈——马克思方法的步骤》,田世锭、何霜梅译,北京:高等教育出版社,2006 年,第 243 页。

自我生产的,而是复杂的社会关系、社会生产和交换中形成的抽象,即现实抽象所形成的观念赋予我们的。而我们具有的实证化思维,都是外部世界的客观反映,是现实抽象给予的。那么,如要对这个观念进行追溯,便需要追问观念的发生学,即历史唯物主义不仅仅是关于历史的唯物主义阐释,也是对唯物主义历史的追问。而体系辩证法去历史化的导向,是一种完全实证化的形式,因而便没有革命性的生成,也没有改造世界的动力,更没有未来的向度。

当然,马克思在强调历史的同时,也没忽视结构对人们的约束。诚如尼采所提出的:"过去与未来是互相连结在一起的。"①马克思也在《路易·波拿巴的雾月十八日》中指出:"人们自己创造自己的历史,但是他们并不是随心所欲地创造。"②因而,马克思提出了两个维度,一方面强调历史,即人们的生活是在既定的条件下,从历史的视角来看,一切活动都是由人类不断创造的。另一方面强调结构,即从当下生活的角度看,我们今天创造的条件就是未来人类生活的既定前提。因而施密特提出:"马克思以不同于黑格尔但又受惠于黑格尔的方式,把历史过程的主观—客观的'双重特性'置于自己思考的中心"③,即马克思既有历史思维又有结构思维,这种结构思维主要指当下人的生活,而历史思维即把当下人的生活的人们理解为人类,理解为资本发生的过程。因而,马克思强调研究方法与叙述方法的有机结合,即叙述方法重视结构,研究方法重视历史。历史与结构就合二为一了,具有双重特性。

而体系辩证法之所以看不到历史,是因为他们从资本主义本身的现状向前推,把前面的社会看作是和资本主义同样特征的世界。也就是说,体系辩证法忽视了资本主义原始积累的开端问题,将原始积累问

---

① 施密特:《历史和结构——论黑格尔马克思主义和结构主义的历史学说》,张伟译,重庆:重庆出版社,1993年,第4页。

② 《马克思恩格斯文集》第2卷,北京:人民出版社,2009年,第470页。

③ 施密特:《历史和结构——论黑格尔马克思主义和结构主义的历史学说》,张伟译,重庆:重庆出版社,1993年,第6页。

题看成是内含于资本主义的生产方式之中,将"资本主义生产方式占统治地位的社会的财富,表现为'庞大的商品堆'"①的现象看成《资本论》研究的起点。因为单从《资本论》的叙述逻辑看,马克思对于价值形式的重视,会让人觉得忽视原始积累的重要性。而运用黑格尔的方法论和研究逻辑来审视《资本论》,能够将资本主义的发展完满的表述,但是这种叙述方式仅仅是一种概念的逻辑,是对黑格尔的方法论进行了唯物主义的阐释,就是传统意义上提出的把唯心的辩证法置换为唯物的辩证法,把黑格尔马克思化,"试图维护马克思的黑格尔主义传统"②,因而不能将资本主义真实状态科学的反映出来。德罗伊森"以部分批判地接受黑格尔的方法"③,承认了历史方法的优先地位,提出应该超越历史事实来建构历史本身。因而,在德罗伊森看来,所有的历史事实都是"一种已中介的、生成的,即历史的成果"④。但是现实的事物只有"用人脑和人手构成的、打上了烙印的和触动过的"⑤东西才和我们有关系,因而,历史被打上了主体和客体的结构。在其历史理论中,他曾将自然史类比于历史性质,然而,现在却把历史看作是一个精神性的领域,即"'历史的知性'则作为一种新型思想出现"⑥。这也就是说,人类可以依据自身主体展开人类的历史,这种情况的假设会导致偏离自然讨论历史,或遗忘历史的发展,因为"周围的感性世界决不是某种开天辟地以来就已存在的、始终如一的东西,而是……社会状况的产物,是

---

① 《马克思恩格斯文集》第 5 卷,北京:人民出版社,2009 年,第 47 页。
② 施密特:《历史和结构——论黑格尔马克思主义和结构主义的历史学说》,张伟译,重庆:重庆出版社,1993 年,第 7 页。
③ 施密特:《历史和结构——论黑格尔马克思主义和结构主义的历史学说》,张伟译,重庆:重庆出版社,1993 年,第 8 页。
④ 德罗伊森:《历史理论》,第 332 页。转引自施密特:《历史和结构——论黑格尔马克思主义和结构主义的历史学说》,张伟译,重庆:重庆出版社,1993 年,第 10 页。
⑤ 德罗伊森:《历史理论》,第 332 页。转引自施密特:《历史和结构——论黑格尔马克思主义和结构主义的历史学说》,张伟译,重庆:重庆出版社,1993 年,第 11 页。
⑥ 施密特:《历史和结构——论黑格尔马克思主义和结构主义的历史学说》,张伟译,重庆:重庆出版社,1993 年,第 12 页。

历史的产物"①。在这里,人们通常误以为一切历史的前提都是人类创造的。在这个基础上,马克思把历史维度加以强调,但同时也并不简单地沉迷于此。唯心主义历史学并没有按照历史的本来样貌呈现历史,他们不去考虑其内在关系,只考虑如何处理这种关系先验的思维的结构。由此,马克思反问道,有能够脱离现实世界的哲学存在吗?即"费尔巴哈把事物的外表同它的本质区别开来这并不错,但是他要是不用哲学家的'眼光',即戴上'眼镜'来观察感性,便对感性束手无策"②。其实,哲学本身就是历史的产物。因此,原来的历史编纂学,即康德所说的先验结构,黑格尔所说的绝对精神便不会存在,因为所谓的先验结构和绝对精神无非都是一种历史的结构,并不具有独立存在性。马克思在《德意志意识形态》中提出:"'实体'和'人的本质'的形而上学概念所指向的'现实基础'",即"每个个人和每一代当作现成的东西承受下来的生产力、资金和社会交往形式的总和。"③这也就是说,一方面人类推动生产力向前发展,另一方面,社会里面也存在各种各样的关系。一个好的社会需要满足两个条件,一方面,通过生产力的向前发展来满足人类的需要。另一方面,人与人之间的关系应当是和谐的,不存在一部分人剥削另一部分人的现象。而资本主义两极分化的社会结构使马克思看到了社会发展的壁垒,看到了资本主义的社会性就是剥削性。施密特提出"历史唯物主义通过它的'世界史'概念把自己同资产阶级的历史编纂学区分开来"④,在这里,所谓的"世界史"是一种伪世界史,即是一种资本的世界史,因而从资本的世界史回头看历史,真实的历史便仿佛不存在,而看到的都是资本的历史,即一种"狭隘的资产阶级形式"⑤。世

---

① 《马克思恩格斯全集》第 3 卷,北京:人民出版社,1960 年,第 48 页。
② 施密特:《历史和结构——论黑格尔马克思主义和结构主义的历史学说》,张伟译,重庆:重庆出版社,1993 年,第 14 页。
③ 《马克思恩格斯全集》第 3 卷,北京:人民出版社,1960 年,第 43 页。
④ 施密特:《历史和结构——论黑格尔马克思主义和结构主义的历史学说》,张伟译,重庆:重庆出版社,1993 年,第 19 页。
⑤ 《马克思恩格斯文集》第 8 卷,北京:人民出版社,2009 年,第 137 页。

界史是一种结果,是人类创造出来的,历史向世界历史的展开,是一种资产阶级形式主导的。因而,我们不能用《资本论》的叙述方式来理解资本主义社会,不然我们看到的资本主义就是一种永恒的状态,所看到的一切都是一种资本的视角展开的历史。资本主义不再是社会发展一个暂时性的阶段,资本主义的诞生过程被遮蔽,资本主义成为社会诞生的起点,也成为社会发展的终点。只有将《资本论》第一篇的"表现为"置之不理,才能看清资本主义的真实状态。

要寻求解放的出路,只有从物质生产方式出发,才能奠定历史唯物主义的思考方式。针对资本主义的历史发展和未来向度,以及人类最终往何处去的问题,马克思都是从生产方式和所有制角度来切入的。而体系辩证法试图以概念范畴推演的形式来探析资本主义剥削和增殖的本质,将"价值抽象优先于其物质承担者"[1],把资本视为可以控制生产者的力量[2],颠倒了资本与劳动者的从属关系,混淆了资本史前史和资本主义历史,走向了实证主义的维度。反观当下,"当代社会科学高度精练、趋向量化的研究方法,正日益把历史思想的作用驱走"[3]。也就是说,如今的社会科学都以"量"为标准,以一种实证主义的方式进行研究,不重视背后历史发生的过程。而马克思所批判的资产者的视野,也是一种实证化的视野,是一个量化的视野,是拜物教中容易把当今的现象铺展为人类学共同特征的视野。这种视野看起来很有道理,但却被尼采认为是一种"最狭隘的视界"[4],资本主义越发展越显示出其进

[1] Christopher J. Arthur, "From the Critique of Hegel to the Critique of Capital," in T. Burns et al. (eds), *The Hegel-Marx Connection*, London: Palgrave Macmillan UK, 2000, p.105.

[2] Christopher J. Arthur, "The Hegel-Marx Connection," *Historical Materialism*, Vol.11, No.1, 2003, p.179.

[3] 施密特:《历史和结构——论黑格尔马克思主义和结构主义的历史学说》,张伟译,重庆:重庆出版社,1993 年,第 1 页。

[4] 尼采:《对历史的运用与妄用》,印第安纳波利斯,1949 年,第 8 页。转引自施密特:《历史和结构——论黑格尔马克思主义和结构主义的历史学说》,张伟译,重庆:重庆出版社,1993 年,第 2 页。

步性,人们的狭隘视野也就越坚定。资本主义在进步,在于其对剩余价值的剥削方式不断地革新,并且革新得非常顺利,资产阶级社会普遍从属于交换规律,这就构成了对于历史本身的遗忘,只重视当前交换的发展。而在拜物教视野中,人们臣服于统治者的剥削,被各种抽象结构掌控,被价值形式实质吸纳。体系辩证法虽然能够看到这些现象,并为人类解放摇旗呐喊,但无论如何都不可能真正理解马克思历史唯物主义的方法论,因为其研究视角仅仅停留于思维辩证逻辑的层面。对社会的解读无法深入,这必然无法为共产主义的胜利探寻正确的出路。可见,如果遗忘了历史,也就遗忘了历史的发生,也就不会有未来的发生。所以实证主义最大缺陷的地方就在于他不能给出规范和未来。因为,一切都被量化之后,那个未来的维度、价值性的维度、规范的维度、必然解放的维度就无法得出。因此,要寻求资本主义的解放之路,我们不能单纯从结构和概念本身来研究,这样做我们只能看到悬浮于社会表象的现象。而深入生产方式,将资本主义的发生学搞清楚弄明白,将有助于建立更好的、利于人的全面发展的世界。

(作者　深圳理工大学马克思主义学院讲师)

Review the "Historical" Dimension
of the Dialectics of the System
—A Rediscussion of Ollman's Argument with Authur

Tang Xinyun

Abstract: John Arthur, the representative of the "new Dialectics" school, once regarded the methodology of the unification of history and logic as a misinterpretation of the dialectics of *Capital*. Based on Hegel's dialectics, he regarded dialectics as a system of continuous improvement of conceptual categories, so as to obscure the dimension of history. Ollman criticizes the dialectics of system from three aspects: the loss of goal, the rupture of logic and the simplified narrative logic, and emphasizes the importance of the unity of history and logic. Although there are still limitations in his analysis, it provides beneficial inspiration for us to correctly understand the dialectics of *Capital*. Based on Marx's historical materialism, the organic combination of research methods and narrative methods, and the focus of analysis on the field of the capitalist mode of production hidden behind the abstract rule, can redraw the map of human liberation and seek the path of liberation for the overthrow of capitalism.

Key words: Systematic Dialectics; Ollman; Narrative Method; Research Method

"非政治""免疫"和"非人格"

——罗伯托·埃斯波西托的政治哲学术语变革

刘　薇　　王庆丰

摘要：为了解决 20 世纪政治哲学面临的"绝对性"危机，埃斯波西托从改造其术语系统出发，通过"非"的方式对既有术语进行重释，同时又注入医学上、哲学上和法律上的概念，对其进行了一场政治哲学的术语变革。具体说来，埃斯波西托对通过"非政治""免疫""非人格"这三重范畴进行的"术语变革"来建构其理论范式，形成了其独特的理论自觉。通过掀起这样一场"术语变革"，埃斯波西托摆脱了原有政治哲学分析范式的束缚，消解了政治哲学的绝对地位，以"非"为研究视角对政治哲学中的政治、共同体和人格概念赋予了全新内涵，从而构建出能够解释当代西方生命政治现实的全新政治哲学。这一术语范式的转化，无疑为我们把握当代社会提供了新的视角，为推进重新考察社会内部秩序结构关系提供了新的思考方式，从而实现了对现代社会的政治哲学进行理论范式的更新。

关键词：非政治　免疫　非人格　政治哲学

作为西方左翼思潮的重要人物和生命政治学的前沿理论家，不同于福柯从西方治理实践史与观念史出发、阿甘本从西方资本主义国家法权根基出发、哈特和奈格里以政治经济学为研究路径批判当代资本主义生产方式的研究路径,埃斯波西托挑战并改造西方政治哲学核心术语,通过在政治哲学史中对政治哲学关键性术语进行重释,以期从改造传统政治哲学的逻辑出发,从而进路到生命政治学。这是埃斯波西托从高度的理论自觉出发,为解决西方政治哲学实践危机而开创了属于自己的独特的理论体系。他在面对当代资本主义发展的现实境遇下,通过以"非"(non)所代表的否定性对政治、共同体与人格等政治哲学术语解构了原有的政治哲学术语,通过一系列新的生命政治术语来重新塑造现代性意义下的政治哲学概念。埃斯波西托的政治哲学术语变革不仅以生命政治学作为理论回应,更是面对当代西方治理方式,在现实实践维度上给出了答案。

一、"非政治"的政治:解构传统政治哲学的术语前提

"非政治"概念是埃斯波西托解构传统政治哲学的术语前提,通过对政治进行"非"的理解和阐释,赋予了政治哲学以全新的概念内涵。他对于"非政治"的探讨源于当时学界所面临的政治哲学的"绝对性危机"。在 20 世纪的解构主义理论中,解构主义通过"非"(non)的阐释方式,对各类学科的肯定性和正确性进行了重构,但是由于政治科学的绝对地位,使得政治哲学并没有受到解构主义的冲击,而是继续以一贯直接的、正面的、规范性和描述性的方式进行展开。因此,埃斯波西托在结合施密特、海德格尔、阿伦特、薇依、巴塔耶的理论基础上尝试了这项解构主义未开展的任务——即对"政治"进行形而上学的解构,尝试对"非政治"的定义来重新阐释"政治"。在埃斯波西托的出发点是从"非"的角度来划定政治的"可被解构之处",换句话说,他希望通过在"政治"与"非政治"的理论张力中为政治的不可解构划界。

在埃斯波西托看来,通过"非"出发能够有效地把握政治术语的全面性,尤其是通过对正反关系的考察,能够有效地对政治术语进行整体

的把握。在他看来,"每个词都以二律背反的方式与其反面联系在一起"①,因此,"非政治才会从政治层面界定现实的全貌","任何实体、力量和权力都无法从政治自身的语言中挑战政治"②。这意味着,埃斯波西托认为在当下学界中对政治哲学分析方式忽视、消解了政治的"非",从而无法突破政治哲学术语中的固有概念,只有重新回到对"非",亦即反面的考察,才能在这一关系中窥见政治的全貌。进而,他提出了以"术语"、界标(determination)或各种各样语言重叠,甚至冲突的场所来界定政治哲学,即通过"非政治"来阐释政治。

"非政治"这一概念并非埃斯波西托首创,在"非政治"的谱系学考察中可见其源于马西莫·卡奇亚对尼采观点的理解。他将尼采的观点译为反政治,即 anti-politics,而卡奇亚里则使用的是意大利语中的 impolitico,即反政治。埃斯波西托继承了"反政治"的称谓并试图通过这一术语变革来实现政治哲学的解构性阐释。因此,对于非政治术语的必要理解,就需要通过厘清各概念之间的关系入手。

埃斯波西托对"非政治"概念的把握是从"反政治"与"无政治"的关系中得以辨明的。**无政治**(apolitical)的前缀"a-就表示外部、漠视或对政治的冷淡,它认为只有与现实拉开距离才有意义"。所以无政治是对政治患上了"冷漠症",对其持有一种事不关己高高挂起的态度,毫不关心、毫无兴趣,不愿意投身于其中。可以说,无政治和非政治在内容上是一对含义完全相异的反义词,无政治离政治的中心和漩涡越来越远。而**非政治**则是比政治更加激进、更加剧烈,在某种程度上,我们甚至可以说,非政治是超越于政治和凌驾于政治之上的;而尼采的**反政治**意指的是推翻现行政治体制的一种反抗行动,在性质上反政治与非政治亦完全不同,虽然其宣称反对政治,它摒弃政治,所以在一定程度上来说

① 罗伯托·埃斯波西托:《非政治的范畴》,张凯译,武汉:长江文艺出版社,2021 年,第 xii 页。
② 罗伯托·埃斯波西托:《非政治的范畴》,张凯译,武汉:长江文艺出版社,2021 年,第 xxi 页。

是符合着政治的。反政治是对政治的重申和再生，所以它拥有和政治一样的政治性。反政治与非政治完全不同，因为反政治与政治完全是一回事。它发端于政治，以否定姿态重新提出政治。反政治并非与政治相反的事物，而仅仅是其镜像："以将其自身对立于政治的方式来做政治（doing politics）。"①所以反政治，不管其反对的内容、前提、方式、工具是什么，其作为政治的双胞胎（double）或者镜像，在属性上它拥有和政治一样的性质，所以说反政治同样就是政治，非政治则是对反政治的彻底否定。而后埃斯波西托又区分了去政治化（depoliticized），**去政治化**可以追溯到霍布斯那里，其诞生于绝对政治（absolute politics）和主权义务（sovereignty obligation）的卵壳之中，而自现代性以来，默认的政治产生的逻辑即是服从于即得利益者，政治是为了平衡冲突而诞生的。现代政治更是如此，其底牌就是既得利益者为了寻求中立。埃斯波西托从这一视角出发，得出的结论是："反政治只是一种现代政治的极端的、后人类式的、完成了的形式，在此，现代政治可被视为某种不可避免的冲突性手段，由此来平衡一场更加得不到辩护的冲突。"②埃斯波西托认为："非政治绝对不会尝试此种中立。它避免与政治斗争发生冲突，也不会否定作为冲突的政治，非政治认为政治是唯一的（the only）现实，是现实的整体。"③

埃斯波西托"非政治"中的非（non）不同于解构主义意义上的非，也不同于意识形态的解构方式的非（非被动、复原或者乌托邦式的），而是一种非对抗性、非冲突性的非。对此，他解释道："这种'非'是界限，它界定政治，将政治框定在其特定的、有限的用语中。"④所以，在埃斯

---

① 罗伯托·埃斯波西托：《非政治的范畴》，张凯译，武汉：长江文艺出版社，2021年，第xix页。
② 罗伯托·埃斯波西托：《非政治的范畴》，张凯译，武汉：长江文艺出版社，2021年，第xxiii页。
③ 罗伯托·埃斯波西托：《非政治的范畴》，张凯译，武汉：长江文艺出版社，2021年，第xxii页。
④ 罗伯托·埃斯波西托：《非政治的范畴》，张凯译，武汉：长江文艺出版社，2021年，第xxii页。

波西托的视野下,非政治是为了界定政治,探讨政治的边界,通过对政治有限性的探讨,使得政治更加完备。非政治并非意指要通过批判那些非现实的东西,例如各种理念、观念、价值等,来批判现实。恰恰相反,非政治要做的正是与此截然相反的事情——它提出的价值就在于时刻提醒政治的有限性,防止其无限地过度膨胀从而走向终结,"将有限性还到政治的中心"①。进而,埃斯波西托指出,非政治不仅在政治的外部及其边缘处为政治划界,它还是政治的核心和心脏。这样一来,非政治和政治就具有了同一指向性,非政治并非是反对政治或者远离政治,而是符合政治,甚至可以说,就是同一个"政治"。但是非政治则是和反政治在截然相反的意义上符合着政治的,反政治否定政治的一切,非政治不摒弃政治,也不生产和否定政治。非政治的"非"看似是对政治的否定,其实却是对政治的肯定,它肯定政治的存有、内容、形式和方法,但它以否定的形式肯定着政治在空间上的意义。非政治时刻提醒着政治本身的绝对现实——它的有限性,"政治之外再无政治"②,即政治只能是它自身,它被这种自我认同所决定和封闭着,政治本身就是唯一存在的现实,走向那个原初就固有的一(the one)。因此,非政治的政治是现实的、有限的,不能超越其自身,哪怕其潜能也是如此。"非政治是所有'政治终结'的终结。"③但是特别要注意的是,埃斯波西托强调,如果将非政治定义为政治的界限,为政治划界,很容易将非政治置于政治的外部去理解,认为非政治是外在于政治的,在其外部(being-outside)划定界限。但是埃斯波西托坚持反对和驳斥了这种观点,他沿袭了巴塔耶的"内在体验"(inner experience)的路线,指出内在和超越是完美结合的。非政治对政治进行超越,这种超越并非

---

① 罗伯托·埃斯波西托:《非政治的范畴》,张凯译,武汉:长江文艺出版社,2021 年,第 xxiv 页。
② 罗伯托·埃斯波西托:《非政治的范畴》,张凯译,武汉:长江文艺出版社,2021 年,第 xxiv 页。
③ Roberto Esposito, La "fine della politica", *Micromega* 1, 1994, pp. 147 - 164.

是外在于政治(from)进行超越,而是内在地(of)对政治进行超越。

埃斯波西托通过厘清其相近的词义,在语词基础上为自己的"非政治"概念奠定基础。在《非政治的范畴》(Categoried Of The Impolitical)一书中,埃斯波西托从现代性入手,他认为现代性本身就是充满冲突、矛盾的,而政治的出现就是为了平衡这些冲突和矛盾,通过去政治化的方式实现中立化,"消除"了冲突和矛盾。但是这样的政治对日常生活进行了蚕食,使得日常生活的程序化。而后埃斯波西托又对"代表"的含义进行了澄清,他追溯了基督教和天主教中的政治神学概念,认为一些神学概念被引入到了司法领域而形成了政治神学,通过神学来判断政治秩序的有效性来展现权力,至善就被转化为政治。这两种情况都是埃斯波西托坚决反对的,"非政治所要解决的,就是推翻这种去政治化与神学、技术与价值、虚无主义与合法化之间的结合","它为了修葺(making good)政治现有的缺陷及其相伴随的'神学式'的重估"[1]。政治和代表之间的关系最早发端于柏拉图的理念论,代表的化约为一(reductio ad unum),但是政治本身内涵的多样性和复杂性,不能被一所代表,它有着多样性或创生性(natality),这就是为什么诸众(multitude)不能被代表,而伦理也不能被呈现。非政治所要寻求的恰恰就是这种不可被代表性,这种在场的缺席、非表达、非思考和被遗忘的。所以埃斯波西托的非政治首先就是对政治神学的批判,非政治站在政治背后,与其相重合,在这个意义上,"非政治就是政治。它是政治的定标(determinination),从字面意义上来看,它显示了政治的界限(termini)"[2]。非政治是为了充实政治的范畴而存在,同时,它自身也作为一种范畴,拥有一种身份,尽管是从政治的非-它的反面来划定的,因为非政治本身就是矛盾的,"非政治作为一种被差异化的同一(identity)的

---

① 罗伯托·埃斯波西托:《非政治的范畴》,张凯译,武汉:长江文艺出版社,2021年,第16页。

② 罗伯托·埃斯波西托:《非政治的范畴》,张凯译,武汉:长江文艺出版社,2021年,第26页。

自我否定"①。事实上,埃斯波西托费尽周折想要试图告诉我们的就是,非政治本身就是政治,只不过是一种对照视角下的政治,其对照的就是其所非(neither)以及永远不能(nor can ever be),即政治的不可能性。埃斯波西托不同于传统的解构主义,对政治进行非政治式的解构,强调政治和非政治的界限,最终仍然指向的政治本身,而只有在政治存有的空间内,非政治的存在才有意义,非政治才会显现,所以非政治对于政治而言,不是分裂、分割、远离和相异,而是作为政治的界限而存在。它既是分隔了政治的存在空间,又将自身和政治相联系,"非政治不仅成了政治的界限,同时也是其自身作为界限(being-limit)的界限"②。对此,埃斯波西托将巴塔耶的"分享"范畴作为构建"非政治"范畴的核心锚点。他认同巴塔耶对"分享"的论述,即界限就意味着分享(partage)。因此,埃斯波西托提出,非政治所做的并不是将自己与政治相分离,而是同政治一同分享着其存有的空间。非政治是对政治的分享(the sharing of the political)或者非政治本身就是作为分享的政治(the political as sharing)而存在的。通过对二者区分而建立联系,这样政治和非政治就摆脱了其根本上对立而实现了共在。

通过对传统政治哲学中的"政治"这一术语进行重释,使得具有无限性的政治,就转化为以有限性为基础的非政治。而过"分享"这一有限空间,埃斯波西托也为我们开辟了通向共同体的道路。可以说,埃斯波西托对非政治的分析过程铭刻着共同体的思想轨迹,共同体思想建构了非政治的概念,非政治也作为解构共同体的理论前提而存在。因此,在《共同体:共同体的起源与命运》(*Communitas: The Origin and Destiny of Community*)一书中,他将论述重心转移到了共同体,"从预设的逻辑(a logic of presupposition)转向了阐述的逻辑(one of expo-

---

① 罗伯托·埃斯波西托:《非政治的范畴》,张凯译,武汉:长江文艺出版社,2021年,第28页。
② 罗伯托·埃斯波西托:《非政治的范畴》,张凯译,武汉:长江文艺出版社,2021年,第xxxii页。

sition),或者从分析的层面转向了本体论层面"①。通过对共同体的本体论阐释,他指出了作为关系存在的共同体,在此种共同体中,共同体本身就是作为一种关系而存在,肯定了以异质性、杂多性、偶然性为标志的非政治的存有空间。埃斯波西托"非政治"的术语变革试图解决的是当前西方社会所面临的政治危机——政治在社会、文化和集体中普遍丧失了话语权,他试图通过非政治概念的界定,划分出政治的边界,从而能够重新定位政治。他认为,政治是有限的、有边界,其不能等于全部的人类生活,不能吞噬掉生存世界的全部。"非政治"的术语变革如同他的概念性工具——"免疫"——一样,都是通过对本体的否定从而实现其肯定的意义。"非政治"通过对政治的否定而为政治开辟了共同体的空间,而"免疫"作为对共同体的否定,实现了个体和共同体的治安装置,从而作为一种排斥性包容机制,架构起了整个人类社会的运行机制。

二、"免疫"共同体:政治哲学的术语重塑

"免疫"和"非政治"异曲同工的地方就在于,都是通过否定性的形式而实现了肯定性的意涵,但是不同于对"非政治"相关概念的厘清为切入点,埃斯波西托从词源学角度,对"免疫"进行了追溯,其出场是以词义上的反义词——共同体(communitas)为抓手。在《共同体:共同体的起源与命运》中他聚焦于共同体—免疫(communitas-immunitas)的对立,试图从共同体本身出发以此来引出免疫的视界域。而后在《免疫:生命的保护与否定》(*Immunitas: The Protection and Negation of Life*)中又将医学中的免疫问题成功地引入到了政治学和法学的交叉地带,对免疫机制进行了集中论述。这样一来,埃斯波西托成功地将免

---

① 罗伯托·埃斯波西托:《非政治的范畴》,张凯译,武汉:长江文艺出版社,2021 年,第 xiii 页。

疫术语引入了政治哲学的问题域,形成了独具其个人特色的免疫生命政治。

关于共同体的问题域,是西方政治哲学中非常重要的概念。传统政治哲学倾向于把共同体视为主体的属性(property),把各个主体联系在一起,共同体作为主体的属性、定义和述语,把各主体限定在同一个整体,或者是把共同体看作是某种"实体"(substance),抑或是将共同体看作是更大的主体,各个主体的叠加,从而使得整个主体优于一个主体。这也就意味着,传统政治哲学中,共同体代表了优于个体意志的集体意志的集合,在共同体内部具有一致性与优越性。从而,滕尼斯的有机共同体和鲍曼像田园诗一样对共同体充满了浪漫主义的想象也就不难理解。韦伯的世俗化共同体则是从领土占有的角度,在主观感受上形成归属感。马克思笔下的共产主义则是深刻地和个人苦难的命运深深镌刻在一起。不同于传统政治哲学对于共同体的理解,而埃斯波西托尖锐地指出:"共同体的含义只有在完全扭曲和曲解的情况下,才能被转化为政治哲学的词汇。"①他反对礼俗社会的有机社会学、美国新社群主义、各种交往伦理的共同体思想,这些观念下的共同体是抽象的共同体,而埃斯波西托更关注属于社会中的实体共同体。正如他的一贯风格,埃斯波西托认为共同体本身就是一个悖论性的存在,因为"'共同'正是通过其最明显的反义词来定义的:共同就是那些将每个成员在种族、领土和精神特质结合起来的东西"。他们共有的就是他们所专有的:"他们是专有的主人。"②在"共同"与"免疫"这对相反的术语之中,埃斯波西托进一步分析了重新把握共同体的方式。"共同体一词的拉丁语词源 communitas,表达了共同的(communis)和专有的(proprio)之间的对立关系,它是公共的、普遍的,并不属于某一个人或

① Roberto Esposito, *The Origin and Destiny of Community*, trans. Timothy Campbell, Stanford: Stanford University Press, 2010, p.1.
② Roberto Esposito, *The Origin and Destiny of Community*, trans. Timothy Campbell, Stanford: Stanford University Press, 2010, p.3.

者某一部分的人。"①在这个意义上，共同体的也就意味着在"专有"结束的地方的"非专有（not prorio）"。

要理解专有与非专有之间存在的关系，就要首先追溯到共同体的原初词义。埃斯波西托在词源学的视域中将共同体理解为是"共同的"与"义务"的集合。"义务"在词源学上有三种含义：属于个体的义务和责任（dovere），个体在共同体内的职责（office）和职位（impiego），以及送出去的礼物（donom）。②在埃斯波西托的理论中，"义务"（Munus）成为了埃斯波西托连接共同体和免疫的关键词，他尤为看中 munus 的礼物的内涵。在这里，他受到莫斯对于礼物的人类学和社会学解读的影响，埃斯波西托发问道："这三种含义是如何联系在一起的呢？换而言之，一个礼物是如何成为一项责任的呢？难道礼物不应该是自主和自发给予的吗？"③对此，莫斯指出，作为礼物的 munus 是与交换和循环联系在一起的，礼物本身就带有一种强制性的内容，"交换（echange）与契约（contrat）总是以礼物的形式达成，表面上这是自愿的，但实质上送礼和回礼都是义务性（obligatoire）的"④。埃斯波西托更倾向于将 munus 的礼物含义理解为送出的礼物、不得不送出，这种强制性就将 munus 抽象为让出（transfer）、损失（loss）和约简（reduct）。建立在这种强制性的 munus 之上的共同体中的个体彼此之间是亏欠的关系，而这种强制性的、共同的亏欠，就使共同体建立在了共同体的空无之上。由于共同体的主体是由 munus 结合起来的，那么主体之间的关系就是"我欠了你什么"，而不是"你欠了我"，埃斯波西托进一步把这种亏欠的义务抽象为主体性，他眼中的共同体不是通过专有（proper）的东西，而

---

① Roberto Esposito, *The Origin and Destiny of Community*, trans. Timothy Campbell, Stanford: Stanford University Press, 2010, p.4.

② Roberto Esposito, *The Origin and Destiny of Community*, trans. Timothy Campbell, Stanford: Stanford University Press, 2010, p.4.

③ Roberto Esposito, *The Origin and Destiny of Community*, trans. Timothy Campbell, Stanford: Stanford University Press, 2010, p.4.

④ 马歇尔·莫斯：《礼物》，汲喆译，上海：上海人民出版社，2002 年，第 3 页。

是通过非专有（improper）刻画起来的，通过消除个体专有的东西，改变个体，迫使其形成共同体。因为除了这种非专有性，个体之间没有任何共同之处。

当现代政治哲学试图对 munus 作出回应的时候，"免疫"的概念就出现在政治学的语境中了。它在语义上构成了 communitas 最为准确的对立。免疫（immunitas）则是通过一个否定的前缀"im"＋munus，通过否定掉 munus 的义务，无论是个人、民事还是财政，都是通过"免疫"免除掉共同的责任和义务。例如，免疫最原始的自主权出现在古罗马，当职业医师被授予豁免权，免除某些民事和税收的义务。"免疫"形成了公共和私人或者是 communitas 和 immunitas 之间的对立关系。Communitas 中的个体是需要履行职务，或送出礼物的人，而 immunitas 则是通过免疫、免除了这种职责，得到了豁免而得以生存。Communitas 是由要求送出礼物、履行指责的人由 Communitas 要受补偿的牺牲来约束，而 immunitas 却暗示了这种豁免的受益者。[1]**Immunitas 通过免疫的方式，不仅免除了个体的义务和责任，还打断了共同体之中互相赠送礼物的强制性循环机制，通过引入免疫机制，而将个体从被嵌于共同体的状态中解放了出来。**[2]

Immune 和 common 不仅在语义上是完全不同甚至相反，而 immunitas 要做不仅仅是和 communitas 对立，而是要将 communitas 完全掏空（empty），直到它完全是空的（bare）。Immunitas 不仅是 communitas 的效果也是其前提预设。现代性下的免疫体，通过彼此建立边界，从 munus 中解放出来，在共同体内部通过免除和专有的方式，不仅是去掉了个体的责任和义务，也打破了互相赠送礼物的循环。所以共同体中免疫范式的运行机制就是：想在共同体中获得个体的存有，必

① Roberto Esposito, *The Origin and Destiny of Community*, trans. Timothy Campbell, Stanford: Stanford University Press, 2010, p.6.
② Peter Langford, *Roberto Esposito: Law Community and the Political*, Routledge, 2015.

须被免疫,被丧失在共同体中的责任和义务,直至被剥夺了主体性。免疫正是通过对共同体的否定来构建共同体。①这和埃斯波西托一贯的风格保持了相当的一致,正是通过否定掉一个特定的本体来实现其术语上的变革——免疫的概念只有在共同体的视域下才成立。进而埃斯波西托为了更加清楚的阐释这一术语,他从另外一种语义轨迹对其进行阐发。"免疫"这一概念最初来自医学方面,随着医学细菌学的诞生,自然免疫发展为获得性免疫,也就是说从被动的免疫状态发展为主动诱导性的免疫。在生物学领域则发展为免疫学诞生。埃斯波西托指出:"免疫学范式不是以行动(action)形式出现,而是以反应(reaction)的形式出现——与其说它是一种力量(force),不如说它是一种反响(repercussion),一种反作用力(counterforce),它阻碍了另一种力量的生成。"②所以免疫机制的出现是以其所反对的东西而发生的,它要保护我们免受伤害,正是《免疫:生命的保护与否定》一书所表达的意蕴,免疫对生命的保护正是通过它所否定的东西做斗争,而这个所否定的并不是在生命体外部,而是以一种排除性的方式被纳入边界之内,使之成为个体的一部分。埃斯波西托指出:"免疫逻辑更多的是基于对否定的否定。"③这种对个体生命的免疫改变、转移(divert)、延迟(defer)了生命,生命以免疫的形式与自身分开,产生了一个永远也无法愈合的产生伤口,但是这个伤口本身是由生命本身造成的,他必须通过推迟、延迟来实现。免疫通过外在来实现目标,只能是从内向外,通过将死亡纳入自身而拒绝死亡。

免疫作为共同体的"否定"范畴而存在,它通过否定共同体而建构或重构了共同体。埃斯波西托共同体——免疫的视角,摧毁了传统政

① Roberto Esposito, *Immunitas: The Protection and Negation of Life*, trans. Zakiya Hannfi, Cambridge: Polity Press, 2011, p.9.
② Roberto Esposito, *Immunitas: The Protection and Negation of Life*, trans. Zakiya Hannfi, Cambridge: Polity Press, 2011, p.7.
③ Roberto Esposito, *Immunitas: The Protection and Negation of Life*, trans. Zakiya Hannfi, Cambridge: Polity Press, 2011, p.6.

治哲学中共同体的根基,重建了共同体的堡垒——免疫机制。这种免疫机制在整个社会系统内都十分突出,和传统观点背道而驰的是,埃斯波西托指出,法律是免疫机制的功能,而非反之。按照卢曼的说法免疫程序本身的特征就是暴力,这种暴力并没有被消除,而是被吸收到其想要压制的装置中。本雅明也赞成这一说法,他认为,为了生物性的赤裸裸的存在,所有可能的"权利"和"共同"生活的形式都被牺牲掉了。生命为了存续下去,迫害和保护竟被置于同一个框架下,正是由于保留了其负面的东西,惩罚了所有和生命相抵牾的行为,生命才得到了保护。不仅如此,埃斯波西托在考察完法律的免疫装置,又回到神学之中,宗教语意下的免疫是救赎性的(salvfic)和规范性的(normative in character),都是为了生命的保存和展开,只不过在这里,威胁性的东西是外在的。可以说,至此,埃斯波西托通过免疫装置的诞生,完成了其非政治的理论使命,实现了对政治哲学的术语重塑。为了避免政治神学的戕害,他选择用免疫这一非政治的术语,试图解决当代民主政治的危机,免疫装置这也成为他扭转生命和政治从否定性向肯定性过渡的关键节点。生命政治是政治对生命的直接干预,恰恰是这种直接干预,消解了一些搁置在生命和政治之间的中介(mediation),生命被压缩至其赤裸裸的生物性维度,身体就成为了政治和生命之间唯一也是最单薄的场所。只有在身体中,生命才会得到政治的保护,也只有通过身体,生命才会受到政治的戕害和压迫。生命为了维持自身的存在,必须被限定在自身的范围之内,这就为免疫机制发生作用提供了场所,生命只有通过进一步的否定才能被保护于否定它的东西。

埃斯波西托以免疫机制为切入点,从而实现了生命政治的否定面相向肯定面相的转变。正是通过对生命的否定,才能实现生命的存续,他的免疫生命政治以期构建出生命政治学的积极面向。全部个体拥有的唯一共同点就是都会走向死亡,被死亡湮灭,而个体正是通过对死亡的排斥性包容——因为谁都无法抵抗死亡——通过对死的包容而对其进行排斥，预防了一切死亡的危险。这意味着，免疫正是共同体通过一种向死而生的理念来自我保存、自我繁殖与自我发展。共同体就是将这种死亡的危险纳入其中，个体之间分享着死亡，从而避免了个体走向死亡的危险，这也就是巴塔耶意义上的死亡共同体。通过免疫机制的调节，对生命进行规训和控制的政治中，死亡不再是终点，也不再具有否定性的内涵，而是属于个体生命的一部分。通过将死亡纳入自身而实现的自我保存，这种排斥性包容就实现了肯定的生命政治学。

在埃斯波西托实现了"免疫"的术语变革后，他不禁发问：免疫所保护的个体的人格概念到底具有怎样的内涵？共同体之下的个体的存在应当以何种术语去解构并获得重新把握？"生物学上的免疫系统可以直接肯定性的使用某个人格性的主体概念吗？还是说需要一个被否定性的形式所代替？"[1]在这里，埃斯波西托切中肯綮地抓住了问题的要害，共同体中的自我人格只能用否定的方式来对自身进行定义，因为它就是通过其反面，自身所不是的东西来实现自身的。所以，埃斯波西托开始转向了对"非人格"概念的研究，承袭了福柯的装置概念，将人格定义为"装置"，并通过将这一人格装置的非人格化，以重新理解在免疫共同体中的个人的存在方式，从而完成了对政治哲学术语变革的肯定性建构。

三、"非人格"：政治哲学术语变革的肯定性建构

埃斯波西托在实现了政治和共同体的宏观的术语变革之后，把视线转移到了更为具体的个体生命上面，即人格的问题。从免疫共同体的观念出发，引发了埃斯波西托对生命政治学的对象——自我（self）

---

[1] Roberto Esposito, *Immunitas: The Protection and Negation of Life*, trans. Zakiya Hannfi, Cambridge: Polity Press, 2011, p.175.

的追问,那就是主体只有在否定的意义上才能表征自己,在一个共享的空间内,自我只有在接受你、我之外的他者,才能构建起自己的人格。他指出,人格问题是自古罗马和基督教以来,人格就成为掌控个体的装置,他试图提出非人格的概念以摆脱这种控制。随着后现代中"人"的概念彻底被撕裂和粉碎,埃斯波西托希望通过"非人格"概念的发掘,从而释放出个体生命的真正活力,为生命的自由舒展打开一个新的发展维度,从而实现其在肯定性维度上建构自身。

现代免疫学中的自我(self)是通过其所不是,即否定的形式来定义自身,免疫正是排除了那些和自身所不是的东西来保护生命。正如 20 世纪德国免疫学家欧利希(paul ehrlich)所指出的那样:"如果自我以一种肯定的形式来识别自身,那么它只能将自身湮灭掉。"①所以,不管是免疫学中的自我,还是现实中的自我。都是要通过其所不是的那些才能被定义,所以只有先成为"非人格"才能形成人格。正如孕妇和胎儿之间的和谐共生,并不是因为二者是同质的,胎儿作为异物的存在、作为他者存续在母体中,被母体中的免疫系统视为敌人,而免疫系统就是在识别非母体的意义上,排斥婴儿的过程中保护了母体。恰恰是胎儿的他异性,压抑住了母体的免疫亢进,孕妇最终才能诞下婴儿。埃斯波西托的"免疫"概念也就具有了"非人格"的理论潜质,自我必须成为一个接受他者存在的半封闭状态,才能保持自身,也就是人格是由"非人格"构成的。甚至可以说,"非人格"是埃斯波西托针对西方政治的免疫危机提出的解决路径,对此,他援引了福柯的"装置"(dispostif de securite)概念来试图解释人格的问题,进而实现了其"非人格"的术语变革,从而完成了对政治哲学的肯定性建构。

在福柯那里,装置是用来被区分、分配继而整合起来的某种整体的

---

① Roberto Esposito, *Immunitas: The Protection and Negation of Life*, trans. Zakiya Hannfi, Cambridge: Polity Press, 2011, p.163.

技术化手段,他使用了"安全装置"这一词来分析 18 世纪的法国在国家治理中的一系列活动。而埃斯波西托则借用了"装置"这一功能,并提出了人格装置这一术语,他认为当前生命政治对生命的治理活动是通过人格装置实现的,"通过将实际上(de facto)被排斥出的部分进行形式上的包含而制造出司法的统一体"①。对于人格装置的问题,埃斯波西托延续了免疫工具的分析方式,并且他依然采取了一贯的论证思路,从思想史中去追本溯源。人格问题一直是政治哲学所讨论的焦点。自霍布斯以降,出于生存的恐惧,个体就将自身分离出一部分授予主权者,从而形成了其单一人格,避免了人和人之间的狼的关系的战争。"一群人经本群中每一个人个别地统一、由一个人代表时,就成了单一人格;因为这人格之所以称为单一,是由于代表者的统一性而不是被代表者的统一性。承当这一人格而且是唯一人格的是代表者,在一群人中,统一性没发作其他理解。"②和霍布斯有诸多不同意见的卢梭,在面对人格装置的问题上,竟然也和他出奇地保持一致,他认为当每个个体之间签订契约之后,整个共同体就形成了一个具有公共意志的大我,一个公共的人格,从而保护个体免受戕害。"它就必须有一种普遍的强制性力量,以便按照最有利于全体的方式来推动并安排各个部分。正如自然赋予了每个人以支配自己各部分肢体的绝对权力一样,社会公约也赋予了政治体以支配它的各个成员的绝对权力。"③

埃斯波西托通过对整个西方历史中人格概念的追溯,看到了其人格概念的装置作用在现今整个政治世界内的失效,人格概念造成了共同体中人和人的分裂,这种人格装置下的个体都成为了原子式的个体。因此,埃斯波西托"非人格"概念的术语变革,是以一个外在性的视角,

① Roberto Esposito, *Two: the machine of political theology and the place of thought*, trans. Zakiya Hanani, New York: Fordham University press, New York, 2013, p.90.
② 霍布斯:《利维坦》,黎思复、黎廷弼译,北京:商务印书馆,1986 年,第 125 页。
③ 让·雅克·卢梭:《社会契约论》,何兆武译,北京:商务印书馆,2005 年,第 37 页。

重新回到对于非政治范畴的批判中。非人格概念最早起源于西蒙·薇依,她从天主教人格主义传统出发,指出了法律最终指向两种实体,即集体和个人,而法律所指向的最终都是人格(personal)的事物,个人只有在法律上才拥有人格,法律和人格都是与所有权相关的概念。人格是我们能够拥有和失去的东西,它像是我们拥有能力、特质和特性,是种非本质的东西。薇依认为,人是无法被神圣化,如果有,那一定是属于非人格(impersonal)。"一个人可称之为神圣的都与其人格相去甚远,它是其非人格的部分。"①埃斯波西托将非人格概念定位在薇依的思想起源中,他认为这一否定性概念所表达的确实肯定性的内容,非人格概念就在功能上和免疫保持了一致:必须通过否定掉那个和自身相反的东西,才能成为自己。也就是说,非人格在前,人格在后,只有非人格的出现才宣布了人格概念的成立。个体只有将和自身相反的他异性纳入其中,才能活下来。"如果人格首先规定了排斥性包含机制从而将个体以及人类种族这二者从自身中进行分离,那么继而非人格的哲学则构建了第一个对于这一政治—神学机制进行拆解的第一个近似峰值。"②埃斯波西托提出,必须重新思考封闭在人格装置中的生命的意义,才是活的思考(living thought),它关于一种将有限性与可朽性视为走向无边的对自身之创制活动的无限生命(infinite life),并为之构建起了一种以非人格为内容的全新装置:活的人格(living person)。埃斯波西托的"非人格"概念试图解放 bios 和 zoe 生命,防止政治对其过度进行倾轧,从而让个体生命能够真实地展现自身,这也是他最初提出非政治范畴的初衷:政治是有限的,不能让政治充斥人的生命的全部,他必须为政治划界,找到政治现象的边界。埃斯波西托找到了"非政治"作为政治的否定性一面,但是非政治在自身审视的时候,发现了

---

① Simon Weil, *Simon Weil: An Anthology*, Grove Press, 2005, p.55.

② Roberto Esposito, *Two: the machine of political theology and the place of thought*, trans. Zakiya hanani, New York: Fordham University press, New York, 2013, p.82.

它会达到它所否定的东西，从而对政治进行了非政治的解构。而非人格概念亦是如此，在对人格装置进行拆解的同时，解释了人格本身就是一种包含性的排斥机制，最终又指向了自身，否定掉的"人格装置"实现了"活的人格"。至此，埃斯波西托以非政治为出发点，通过免疫和非人格的论述，最终搭建其自己的理论大厦，回应了自己理论原点最初的呼声。

埃斯波西托在解构了传统政治哲学的基础上，以"非"为视角，对政治、共同体和人格等重要概念进行了术语变革，形成了属于自己独特的政治哲学术语。他更是通过对免疫这一隐喻式的机制开创了独特的抑或是另类的批判话语，洞察了共同体和个人的存在方式，并将之清晰地昭示出来，启发着我们对于当下二者存在方式的重新思考和反思，更是对政治和生命之间关系的再考量。这种理想化的批判话语不仅丰富了政治哲学的研究论域，还为生命政治未来发展提供了不一样的发展前景。但是这种免疫机制能否真的解决当前资本主义社会的民主危机，它如何能够扭转生命政治的消极面相，埃斯波西托并没有给出答案，更遑论，他的免疫生命政治学所面临的困境重重，隐喻式的理论解答能否在现实中落地，这些都还需要进一步的论证和讨论——对于免疫生命政治的描述性观点无法弥补资本主义固有的弊端。作为真正的共同体，仅仅依靠免疫机制是不够的，只有在驾驭和超越资本逻辑的基础上，置于现实的道路中，而不是将理论仅存于隐喻式的洞见里，才能真正实现时代对理论发出的呼声。这不仅是埃斯波西托本人需要完成的任务，更是新时代的马克思主义研究者面临的现实诉求。

（作者　刘薇，吉林大学哲学社会学院博士后流动站助理研究员；王庆丰，吉林大学哲学基础理论研究中心暨哲学社会学院教授、博士生导师）

Impolitical, Immunitas, and Impersonal
—Roberto Esposito's Transformation
of Terms in Political Philosophy

Liu Wei   Wang Qingfeng

Abstract: In order to solve the "absoluteness" crisis faced by political philosophy in the 20th century, Esposito, starting from reforming its terminology system, reinterpreted the existing terms by means of "non", and at the same time injected the concepts of medicine, philosophy and law, and carried out a terminology reform of political philosophy. To be specific, Esposito constructed his theoretical paradigm through the "terminological transformation" of the triple categories of "impolitics", "immunitas" and "impersonal", and formed his unique theoretical consciousness. By setting off such a "terminology revolution", Esposito broke away from the shackles of the original analytical paradigm of political philosophy, dispelled the absolute position of political philosophy, and gave a new connotation to the concepts of politics, community and personality in political philosophy from the perspective of "non", thus building a new political philosophy that can explain the contemporary western life and political reality. The transformation of this terminology paradigm undoubtedly provides a new perspective for us to grasp contemporary society, and provides a new way of thinking for promoting the reexamination of the internal order and structural relationships in society, thus achieving a theoretical paradigm update of political philosophy in modern society.

Key words: Impolitical; Immunity; Impersonal; Political Philosophy

三、当代社会现实的分析与批判 <<<<

论新自由主义的立场、实质与危害①

戴圣鹏

摘要：在自由主义的思想史上，自由主义经历了从旧自由主义向新自由主义的历史演进。新自由主义的产生与存在，既与资本主义演进到帝国主义阶段有着紧密联系，也与社会主义国家以及制度的存在有着直接关系。从理论实质的角度讲，新自由主义与旧自由主义在本质上既有相同的地方，但也存在着一定的差异与不同。对于新自由主义而言，自由市场与自由社会，既是其理论的出发点，也是其理论的立足点，这与旧自由主义以个人自由为立足点有着很大的不同。如果说旧自由主义基于个人自由来反抗封建专制与等级思想的话，那么新自由主义则主要是基于自由社会来攻击马克思主义、集体主义、社会主义及其制度。在新自由主义的理论逻辑与理论视野中，马克思主义、集体主义、社会主义及其制度往往被其视为是自由市场与"自由社会"的敌人。对于新自由主义的理论危害，社会主义国家与生活于社会主义国家的人民要有清醒的认识，不要被其"自由之美"的思想所迷惑，更不要在其理论的牵引下颠倒对世界的认知、迷失历史前进的方向与作出错误的历史选择。

---

① 本文系 2022 年度湖北省高等学校哲学社会科学研究重大项目（湖北省社科基金前期资助项目）"社会主义文化强国建设中的文化心理研究"（22ZD005）之阶段性研究成果；本论文亦获得华中师范大学中央高校基本科研业务费项目资助（CCNU23CS005）。

关键词:新自由主义 理论立场 理论实质 理论危害 唯物主义历史观

关于新自由主义,学术界对它的认识与评价是有所不同的,即便是在当代西方社会,也不是观点一致、铁板一块的,有高度赞扬与推崇的,也有对新自由主义的个别观点或某个理论进行批驳与否定的。在当代资本主义社会,新自由主义既是作为一种学说而存在,也是作为一种执政方略而存在。只讲以学说存在的新自由主义,而不谈以执政方略而存在的新自由主义,或说只谈以执政方略而存在的新自由主义,而不讲以学说存在的新自由主义,都是对新自由主义的片面理解与非科学把握。在当代中国,要科学地把握新自由主义的立场、实质与危害,非常有必要从唯物主义历史观的理论维度对新自由主义作一个历史考察与辩证认识。不了解新自由主义产生的时代背景,不科学勾勒出新自由主义的历史脉络,是无法对新自由主义有一个科学而全面的认识的。

一、新自由主义的历史考察

新自由主义的产生是有其历史背景的。考察新自由主义产生的历史背景,就需要对资本主义的发展历史有一个清楚的认识。我们知道,与资本主义相适应的意识形态就是自由主义。对于什么是自由主义,基于不同的视角,对其内涵的把握与认识也是有所不同的。在一般的认识中,自由主义就是以个人自由为第一原则或最重要原则的思想理论体系。但在有的学者看来:"自由主义是在原结构的范围里(即忽视结构秩序的范围),通过个体间契约之极达成的优先性来获得定义的政治、经济和社会原理。"①自由主义作为资本主义社会占主导地位的社

---

① 雅克·比岱、厄斯塔什·库维拉基斯:《当代马克思辞典》,许国艳等译,北京:社会科学文献出版社,2011 年,第 20 页。

会意识形态,是由资本主义社会的经济基础所决定的。正如马克思所认为的那样:"人们在自己生活的社会生产中发生一定的、必然的、不以他们的意志为转移的关系,即同他们的物质生产力的一定发展阶段相适合的生产关系。这些生产关系的总和构成社会的经济结构,即有法律的和政治的上层建筑竖立其上并有一定的社会意识形式与之相适应的现实基础。"①正是由资本主义社会的生产关系的总和所构成的经济结构或经济基础,决定着与资本主义社会相适应的社会意识形态必然是自由主义,也决定着自由主义思想必然是资本主义社会占统治地位的思想。随着资本主义社会的生产关系总和的变化与发展,随着资本主义生产方式与交换方式的变化与演进,自由主义思想也不是一成不变的。此外,由于自由主义从归根结底的意义上讲是由资本主义的生产方式与交换方式所决定的,因此自由主义作为资本主义社会占主导地位的社会意识形态,其本身不会有自己独立的历史。在唯物主义历史观看来,自由主义在资本主义社会的历史,事实上反映的是资本主义生产关系与资本主义生产方式变化的历史。故而,考察自由主义的演进历史,就需要考察资本主义的演进历史。反过来讲,对自由主义的历史考察,事实上也是对资本主义的历史考察。

没有资本主义的自然演进,难有自由主义的历史演进。纵观资本主义的演进历史,其在不同的历史时代,自由主义者对自由主义的认识也是有所不同的。正如新自由主义的代表人物米尔顿·弗里德曼所认为的那样:"十九世纪的自由主义者把扩大自由认为是改进福利和平等的最有效的方法。二十世纪的自由主义者把福利和平等看作为自由的必要条件或者是它的替代物。"②从自由主义的演进历史来看,早期的自由主义,"它作为对宗教的正统性的一种反应发轫于文艺复兴时期,

---

① 《马克思恩格斯选集》第 2 卷,北京:人民出版社,2012 年,第 2 页。
② 米尔顿·弗里德曼:《资本主义与自由》,张瑞玉译,北京:商务印书馆,2011 年,第 8 页。

在宗教改革时期得到强化,并在启蒙时期成为一种主要的政治力量"①。随着资本主义生产关系占据支配地位,自由主义也成为资产阶级时代占有支配性地位的意识形态。进入 20 世纪以来,自由主义发生了很大的变化,这种变化既与资本主义的自然演进有关,也与社会主义国家的诞生与存在有关。在 20 世纪,新自由主义逐渐取代旧自由主义成为资本主义社会占统治地位的意识形态。自由主义之所以能够向新自由主义演进,从唯物主义历史观的角度讲,其真正的内在动力不是来自对旧自由主义的批判,而是资本主义的自然演进,特别是资本主义生产方式与交换方式的自然演进。在任何时候,批判都无法构成理论自身演进的真正动力与根本动力。旧自由主义之所以会向新自由主义演进,从旧自由主义的角度讲,就是旧自由主义已不适应资本主义社会的自然演进与变化了。过去建立在资本主义自由竞争阶段上的自由主义理论,必然会随着资本主义从自由竞争的资本主义向垄断的资本主义的自然演进而慢慢失效与丧失现实力量。换句话讲,当资本主义演进到帝国主义阶段之后,先前的作为自由竞争阶段的资本主义的个人自由与商业平等的意识形态而存在的旧自由主义,自然就无法解释与指导现在已进入帝国主义阶段的资本主义了。作为帝国主义而存在的资本主义,需要与帝国主义相适应的新自由主义,更需要与社会主义相抗衡的新自由主义。先前的自由主义理论或旧自由主义思想的落伍与终结,必然给形形色色的新自由主义理论留下产生与存在的空间。但在与帝国主义真正相适应并与社会主义针锋相对的新自由主义没有产生之前,在新自由主义的理论家园中,总有一些理论是新瓶装旧酒式的存在。随着新自由主义取代已有的自由主义或旧自由主义成为资本主义社会的主流意识形态以及与马克思主义、集体主义、社会主义相对立的意识形态,新自由主义对整个世界格局与发展格局产生了深远影响。例如,"第二次世界大战后期,新自由主义使得布雷顿森林所建立的机

---

① 约翰·凯克斯:《反对自由主义》,应奇译,南京:江苏人民出版社,2002 年,第 2 页。

构分裂或乘机改变了当时建立的国际组织(国际货币基金组织、世界银行),它为金融方面的国际化提供了契机,主要的表现就是资本的自由流通(市场的全球化)"①。

考察新自由主义的演进历史,就必须考察帝国主义的演进历史。在帝国主义的不同阶段,必然与帝国主义不同阶段相适应的新自由主义。在新自由主义早期创立时期,由于帝国主义还处在多极化的演进过程中,这时候的新自由主义思想,主要是为商品的自由流通做理论支撑与历史辩护,同时也为垄断资本的自由流通或国际资本的自由流通做理论铺垫与历史辩护。随着帝国主义进入由多极化发展到相互争夺的历史时期,在这个历史时期,无论是商品的自由流通,还是垄断资本的自由流通,都受到了帝国主义国家之间的利益争夺与帝国主义所发动的世界战争的影响。此外,由于第一次世界大战末期科学社会主义在实践上的展开与社会主义国家的诞生与存在,以及人们对第一次世界大战的反思与认识,使得新自由主义在受冷落和自我雕琢之后,开始勃兴起来,不同的新自由主义派别也在这个历史时期得到兴起。可以说新自由主义的兴起,不仅与资本主义演进到帝国主义阶段有着紧密关系,还与社会主义国家的诞生有着不可分割的关系。随着东欧剧变与苏联解体的发生,新自由主义得以广泛传播,开启了其全球化的历史进程。新自由主义的全球化过程,也是美国霸权得以确立的过程。美国霸权在全世界的确立,离不开新自由主义的推波助澜与理论支撑。在新自由主义的全球化阶段,新自由主义"提高了美国金融发动机作用和金融霸权地位"②,确立了美国在世界的金融霸权地位,也使得帝国主义在美国获得进一步的演进并奠定美国在世界的霸权地位。对于美国单一霸权地位的确立而言,无论是罗尔斯的平等的自由主义,还是哈

---

① 雅克·比岱、厄斯塔什·库维拉基斯:《当代马克思辞典》,许国艳等译,北京:社会科学文献出版社,2011年,第108页。

② 雅克·比岱、厄斯塔什·库维拉基斯:《当代马克思辞典》,许国艳等译,北京:社会科学文献出版社,2011年,第108页。

耶克的新古典主义的自由主义，抑或是米尔顿·弗里德曼的新自由主义，都有着巨大的功劳。

　　资本主义进入垄断资本主义阶段以及与社会主义国家的竞争与并存所带来的新问题与新现象，使得先前的自由主义或旧的自由主义，在解释力与解决力上显得苍白无力与力不从心。万能的市场，在垄断面前，其效能不是得到增强而是受到限制与削弱，也就是说高度的垄断，使得市场失去活力，甚至是变得无效。面对这种困境，是解放市场本身，进一步挖掘市场潜力，还是通过宏观政策指导市场行为与激发市场活力，就成了不同新自由主义派别争论的焦点。由此可见，解放市场本身与弥补市场的缺陷，构成了新自由主义的内在悖论，但也为不同的新自由主义派别提供了理论生存的空间。在抢夺谁的自由主义是新的自由主义这个头衔上，不同的新自由主义理论家也是煞费苦心与绞尽脑汁。新自由主义作为资本主义社会一种相对而言的新的社会意识形态，经济领域是其主要的发声渠道，也是其更为影响人们价值观念与行为选择的浸入式途径。没有人不关心社会的经济情况和个人的经济状况。与其说我们是生活在政治社会中的政治动物，不如说我们是生活在经济社会中的经济动物。在微观经济学与宏观经济学的理论视野中，对于人是何种意义上的存在，是作为政治动物而存在，还是作为经济动物而存在，抑或是其他的存在，必然会影响其理论的深度与宽度。新自由主义不仅要对垄断资本主义与经济全球化所带来的新问题新现象提供理论解释与思想解读，更需要在资本主义社会与社会主义社会并存与对抗的历史时代，为资本主义社会的继续存在（抑或永恒存在）与所谓的"资本主义制度优势"（自由秩序）提供合理性解释与合法性辩护。这也是新自由主义产生与存在的一个非常重要的历史前提与现实基础。对于旧自由主义而言，其理论矛头主要是封建主义与等级思想，而对于新自由主义而言，其理论的矛头主要是马克思主义、集体主义、社会主义及其制度。换句话讲，在理论矛头与斗争对象上，新自由主义与过去的旧自由主义是有所不同的。

二、新自由主义的立场

一般来说,在私有制与阶级存在的社会中,任何政治理论或社会意识形态不是没有立场的,有什么样的政治理论,就会有什么样的政治立场,有什么样的经济利益与政治立场,就会有什么样的政治理论或社会意识形态与之相适应。新自由主义,作为资本主义社会的意识形态与执政方略,其立场不是模糊的而是鲜明的。从根本立场的角度讲,新自由主义的立场与旧自由主义的立场并没有本质上的区别,但就资本主义的不同演进阶段而言,新自由主义与过去的旧自由主义在立场上有着很大的不同。如果说旧自由主义是为商品的自由流通(自由贸易)辩护与服务的话,那么新自由主义则是为资本的自由流通(自由市场)辩护与服务的。如果说旧自由主义以个人自由为主要的理论武器的话,那么新自由主义则以"自由社会"①为主要的理论武器,并着力突出"自由社会"的重要性与不可侵犯。此外,还需要指出的是,随着帝国主义的自然演进,在不同的帝国主义阶段,存在着不同的垄断组织,而不同的垄断组织所代表的资本也是有所不同的,因而,也就存在着为不同形式的资本的自由流通做辩护的不同的新自由主义派别。

新自由主义虽然是基于自由市场与"自由社会"的立场,但其自由市场说到底是垄断资本的自由市场,其自由社会说到底也是垄断资本占主导地位的资本主义社会。因此,从这个意义上讲,新自由主义的立场,依然是资本立场与资本主义立场,而不是别的什么立场。故而从这个意义上讲,新自由主义的立场高度也没有超越旧自由主义,也不是一

---

① 虽然新自由主义者把自由社会看作是一个由自由人所组成的资本主义社会,但在马克思恩格斯看来:"在资产阶级社会里,资本具有独立性和个性,而活动着的个人却没有独立性和个性。"(见《马克思恩格斯选集》第 1 卷,北京:人民出版社,2012 年,第 415 页。)也就是说在马克思恩格斯看来,所谓的资产阶级社会或资本主义社会这个"自由社会",事实上是绝大多数人没有自己的独立性和个性,也即没有真正自由的社会。

种更具理论先进性的思想体系。新自由主义虽然与旧自由主义在根本立场上具有一致性，但具体到现实生活中，二者还是有差异性的。这种差异源于资本本身是在不断演进的以及与此相对应的资本主义阶段也是在不断演进的。在新自由主义的理论视域中，"自由社会"是建立在自由市场的基础之上的，没有自由市场就没有"自由社会"。对于"自由社会"而言，其最为重要的两种自由是经济自由与政治自由，在这两种自由中，经济自由是最根本最基础的自由，也正是因为如此，因而在新自由主义的理论逻辑中，没有经济自由，就没有政治自由，政治自由依附于经济自由。在新自由主义的眼里，计划经济、社会主义制度与共产主义者是自由市场的敌人，这样的感观与认知必然决定着新自由主义是与社会主义、共产主义直接对立与对抗的思想与意识形态，也决定着新自由主义的立场与社会主义、共产主义的立场是截然不同与根本对立的。相比于旧自由主义，即建立在自由贸易与个人自由基础之上的自由主义而言，新自由主义是彻底反马克思主义、社会主义与共产主义的思想，是一种在意识形态上更加反动的学说。正如资产阶级在历史上曾经起过非常革命的作用一样，旧自由主义曾经在历史上也起过非常革命的作用，但新自由主义作为一种所谓的新的自由主义，其不曾作为革命性的理论而存在过，确定地讲，该理论从其诞生开始就走向了历史进步的反面。

新自由主义虽然标榜自身的立场是自由市场与"自由社会"，但其真正的立场则是垄断资本。也就说新自由主义是站在垄断资本的立场上来为垄断资本辩护的。新自由主义在为垄断资本的辩护中，往往把垄断与资本分割开来，表现出一种反垄断的虚假立场。但事实上，其反垄断的逻辑实则是为资本自由流通做理论辩护，确切地讲是为垄断资本的自由流通做理论掩护。由此可见，新自由主义塑造垄断是资本自由流通的对立面，是理论上欲盖弥彰的手法。当然，新自由主义之所以这么做，是有其原因的，最为主要的原因就是资本主义演进到垄断资本主义阶段，垄断资本有对资本自由流通的更高需求，也就是对自由市场的更高需求。也正是因为如此，所以在新自由主义那里，垄断虽然是其常提起并批判的对象，但垄断并不像其反对社会主义与集权社会那样把其看作是自由以及"自由社会"的敌人。在新自由主义那里，垄断被视为是自由市场的必然性问题，而不是自由市场的灾难。因此，新自由主义在遇到自由市场与自由社会的弊端与必然性问题时，其总能找到绕开的方法。新自由主义主张自由市场，但在垄断资本主义阶段，新自由主义主张的自由市场事实上是垄断资本或说披着国际资本外壳的垄断资本所诉求的自由市场。这种自由市场，从本质上讲，是要有利于实现垄断资本利益最大化的市场。由于自由市场，是服务于垄断资本或说披着国际资本外壳的垄断资本的自由市场，因此，垄断组织与各类寡头的根本利益也必然构成了新自由主义的基本立场。在关于资本主义社会垄断问题的论述上，哈耶克甚至还提出了政府拥有对强制的垄断，也即对权力垄断的思想。资本垄断市场，政府垄断权力，这就是哈耶克等新自由主义的理论主张与理论真实面目。新自由主义的这种立场，也决定着新自由主义是独裁的新自由主义，而不是真正主张自由发展的自由主义。总而言之，在新自由主义的理论逻辑中，自由市场实质上指的垄断资本或说披着国际资本外壳的垄断资本能够自由进入与自由支配的市场，"自由社会"实质上指的自由的资本主义社会，"自由国家"指的是自由的资本主义国家。新自由主义无论把自由描绘得多么美好，认为以自由市场为基础的"自由社会"有多美，但都无法改变其垄断资本的真实立场。

三、新自由主义的实质

一般来说，有什么样的理论立场，就会有什么样的理论实质。一种理论的立场是可以反映一种理论的实质的，理论的实质就隐藏在理论的立场中。对于旧自由主义而言，其理论基石与理论立场是个人自由与自由贸易，对于新自由主义而言，其理论基石与理论立场是自由市场与"自由社会"。新、旧自由主义在理论基石与理论立场的差别也反映着两种自由主义思想在理论实质上的区别。对新自由主义的理论实质的追问,也是对新自由主义是什么或什么是新自由主义的追问。什么是新自由主义?对于这个问题,结合新自由主义的发展历史与理论逻辑来讲的话,从某种意义上讲,凡是把马克思主义、集体主义、社会主义以及社会主义制度或社会主义国家作为其理论攻击的主要对象的自由主义思想,都属于新自由主义的范畴。从新自由主义与旧自由主义的核心思想与观点来看,新自由主义虽然也把旧自由主义所提倡的个人自由作为其最重要的原则,但相比于旧自由主义而言,新自由主义更是把自由视为是一种体系,也即把自由主义描绘成为一系列原则的体系,而不是单指个人自由这一最为重要的原则。当把自由看作是一种体系进而把自由主义视为包含着一系列原则的体系时,自由就必然不单一指向个人自由,虽然个人自由在新自由主义中占据重要的位置甚至被认为是最重要的原则。对于如何判断一个社会是不是"自由社会",哈耶克是有其判断标准的。在哈耶克看来:"区别一个自由的社会与一个不自由的社会的判准乃是,在自由的社会中,每个个人都拥有一个明确区别于公共领域(public sphere)的确获承认的私域,而且在此一私域中,个人不能被政府或他人差来差去,而只能被期望服从那些平等适用于所有人的规则。"①

早期的新自由主义可能诞生于垄断资本主义的历史生成之中,但成熟的新自由主义则是与社会主义的实践是紧密联系在一起的。在社会主义国家与资本主义国家的并存与斗争中,新自由主义取代了已有的旧自由主义,成为资本主义社会占主导地位的社会意识形态。新自由主义作为当代资本主义社会的主流意识形态与占主导地位的意识形态,它决定着当代资本主义其他意识形态与社会思想的底色与属性。

① 费里德利希·冯·哈耶克:《自由秩序原理》,邓正来译,北京:生活·读书·新知三联书店,1997年,第264页。

不管新自由主义所宣传的理论与思想多么具有迷惑性,其外表下实质上是一颗垄断资本主义的心。对于新自由主义而言,其非常重视经济自由与政治自由所构成的"自由社会"或"自由国家"。在经济上,新自由主义强调自由市场,把自由市场视为是经济自由的表征,认为经济自由是市场提供的,没有自由市场就没有经济自由。在政治上,新自由主义强调政治自由,认为政治自由是维护经济自由的手段,要以经济力量来牵制政治力量,反对中央集权与政治权力对政治自由的限制,认为强制性的权力是自由的基本威胁,并对社会主义国家及其制度提出尖锐的批评与恶意的诋毁。

新自由主义作为当代资本主义社会的占统治地位的意识形态,其总是把自由社会中少数个人的目的包装成为大多数人的目的,把少数资本家的个人利益说成是大多数人的共同利益,把有利于人少数人的事情说成是有利于大多数人。用"自由社会"来包装资本主义社会,把资本主义社会打造成为"自由社会"的样板与"人类美好社会"的典范。抬高"自由社会",贬低社会主义社会,是新自由主义的理论旨趣与新自由主义者的理论工作。哈耶克在论述进步的社会与富有者的社会贡献时,对于作为"自由社会"代表的资本主义社会在解决贫困者问题上给予了高度的评价,认为在社会进步与解决社会贫困问题方面,"即使是社会主义社会,亦不得不效法自由社会"①。哈耶克对资本主义社会的赞扬显然忘记或刻意忽视了这样一个事实,即造成资本主义社会存在着大量贫困者的根本原因是资本主义生产方式以及建立在其上的资本主义制度。而社会主义中国在走向共同富裕的伟大实践以及人类命运共同体构建中所取得的巨大历史成就告诉我们,在这个问题上,不是社会主义要效法"自由社会",而是"自由社会"应该效法社会主义中国。无论是从哈耶克攻击社会主义社会的态度,还是米尔顿对集体主义、社

---

① 费里德利希·冯·哈耶克:《自由秩序原理》,邓正来译,北京:生活·读书·新知三联书店,1997 年,第 50 页。

会主义及其制度的抨击，以及其他新自由主义者对马克思主义的抹黑，新自由主义都是一种基于自由市场与资本主义"自由社会"的立场来反马克思主义、集体主义、社会主义及其制度的现代资产阶级意识形态，是一种看似进步实则反动的现代资产阶级学说。当这种学说上升为资本主义国家的执政方略时，对于任何一个追求和平发展与走自身独立发展道路的国家而言，带来的不是福音。

新自由主义作为当代资本主义的新的理论武器与意识形态工具，即便被一些人标榜为是走在历史前沿的新思想，但这种思想从其产生起，就有着强烈的目的，这个目的就是要对马克思主义、集体主义和社会主义进行攻击，以便拓展其理论影响范围。相比于旧自由主义而言，新自由主义直接指向的矛头是马克思主义、集体主义与社会主义。但需要指出的是，新自由主义不是旧自由主义的理论复辟，而是一种更具理论斗争指向的理论武器。对于已有的旧自由主义而言，其理论斗争的方向是封建主义以及封建时代的核心价值观，而这不是新自由主义的斗争方向与理论旨趣。也就是说，新自由主义是现当代资产阶级的理论家在旧自由主义的理论基础之上根据资本主义的新的发展阶段而构建的用来对付马克思主义、集体主义与社会主义的理论武器与意识形态工具。新自由主义的重要代表性人物美国学者米尔顿·弗里德曼就明确指出集体主义是一种过时观点。这也告诉我们，先前的自由主义或旧的自由主义，与新自由主义在理论实质上既有相同的地方也有不同的地方，新自由主义不同于旧自由主义的地方，正是新自由主义的理论特色与理论实质之所在。新自由主义诉求与力推的自由市场与"自由社会"，并不是一个发展中国家可以与发达国家平等竞争与公平竞争或实现双赢的自由市场，更不是一个能实现人的自由而全面发展的社会。对于新自由主义而言，人为地制造社会主义与自由的不相容与对立，把马克思主义、集体主义、社会主义及其制度放到自由与"自由社会"的对立面是其理论使命。这种思想，既充斥在哈耶克的新自由主义思想中，也充斥在米尔顿·弗里德曼的新自由主义思想之中。这也几乎是所有新自由主义思想的理论特色与共同特征。在米尔顿·弗里德曼的理论思维与认知逻辑中："人们可以像我一样相信,共产主义会摧毁我们所有的自由。"①这个认识犹如马克思恩格斯所生活的历史时代,资产阶级及其理论家所恐吓那个时代的人们一样,共产主义会消灭人的个性。在唯物主义历史观看来,共产主义所要毁灭的自由,是资产阶级的自由,是以牺牲绝大多数人的自由而实现少数人的个性发展的自由,而不是人的自由全面发展。在现实生活中,只有认清了新自由主义的理论实质,才能更好地把握其理论危害。

四、新自由主义的危害

如果说旧的自由主义曾经在资产阶级革命时期扮演着积极作用与进步意义,那么新自由主义在是资产阶级逐渐丧失其革命性的历史进程中扮演着很不光彩的角色,其本质无论如何包装都散发着浓烈的垄断资本主义、帝国主义或霸权主义气味。新自由主义在把自由社会这个头衔赋予了资本主义社会的同时,又把不自由的社会这项帽子扣在了社会主义社会的头上。作为垄断资本主义的意识形态与价值观念,在与马克思主义、集体主义、社会主义正面对抗的过程中,毫不掩饰其对马克思主义、集体主义、社会主义及其制度的敌意。这与过去的旧自由主义是有着很大不同的,也正是因为如此,因此无论是从实践上讲,还是从理论上讲,对于社会主义国家而言,新自由主义的危害要远远大于旧自由主义。对于新自由主义的危害,我们可以从多个维度来分析。新自由主义的危害,既有理论上的危害,也有实践上的危害。其不仅在理论上造成了一定的思想混乱,也在实践中给发展中国家的发展特别是社会主义国家的发展以及世界和平发展制造了各种发

---

① 米尔顿·弗里德曼:《资本主义与自由》,张瑞玉译,北京:商务印书馆,2011 年,第 25 页。

展障碍。

新自由主义因垄断资本主义而生,因与社会主义国家的斗争而存。在帝国主义的新秩序的形成过程中,为这种新秩序做理论辩护的新自由主义也就形成了。从这个意义上,帝国主义这个新秩序的生成过程,也是新自由主义的历史生成过程。在苏联解体之后,新自由主义是作为维护霸权主义思想而存在的。因此,在当今世界,在新自由主义的全球化过程中,伴随着新自由主义理论扩张的是马克思主义遭遇的危机。当自由主义以新自由主义的面貌出现的时候,当新自由主义把马克思主义作为其理论斗争的主要对象的时候,马克思主义无论是实践上,还是在理论上,都遭遇了危机,甚至被人认为已寿终正寝了。马克思主义危机是与新自由主义的产生与发展紧密联系在一起的。新自由主义作为一种直接对付集体主义、社会主义与马克思主义的思想与理论,相比于已有的旧自由主义而言,更要引起社会主义国家的重视。对于社会主义国家而言,在当今,与资本主义意识形态的斗争,斗争的重点与防范的重点,应是新自由主义。从唯物主义历史观的角度讲,资本越集中,垄断资本主义越向前演进,建立在其基础之上的意识形态就越来越被描绘成为永恒的东西与普适的东西,其越来越会通过攻击马克思主义以及社会主义国家在发展中出现的问题来证明其理论的正当性、合理性与合法性。新自由主义盯着马克思主义以及社会主义国家在发展中出现的个别问题来不断地加以攻击,而对于社会主义国家与资本主义国家所出现的共性问题,则会采用理论上的双标策略,并不断通过放大与诬蔑社会主义国家的问题来掩盖与掩饰自身的问题。新自由主义对自身问题的忽视不是其在理论上对自身采取鸵鸟策略,而是一种对社会主义国家在理论上全面开火的对抗战略。关于这一点,哈耶克的新自由主义思想是非常具代表性的。可以说,新自由主义管的不是历史车轮向前发展的问题,其关注的是在当下如何与马克思主义、集体主义、社会主义及其制度进行理论斗争问题以及如何战胜社会主义国家与马克思主义的问题。

　　与旧的自由主义强调个人自由,强调资本主义制度相对于封建制度的先进性不同的是,新自由主义则强调资产阶级集体的自由即自由的资本主义国家或自由的资本主义社会,强调资本主义制度相比于社会主义制度的所谓的"优越性",强调资本主义国家相比于社会主义国家的先进性。在新自由主义的理论视野中,自由市场、自由社会与自由国家是其理论的出发点,也是其理论的立足点。在哈耶克看来,"一个自由社会所提供个人的,远远多于他作为一个自由者所能做的"①。在资产阶级革命时代,各种失意的阶级还时常打着无产阶级旗号给自己思想贴上社会主义的标签,但在社会主义国家与资本主义国家并存与斗争的历史时代,社会主义被新自由主义不断抹黑,并向全世界的人们塑造一种社会主义是洪水猛兽的理论设定与面貌建构。历史与现实告诉我们,在当今社会真正的洪水猛兽并不是社会主义,而是资本主义,是已演进到帝国主义阶段的资本主义与霸权主义。新自由主义对社会主义的一切摸黑,就其实质而言,无非是把资本主义的现实用理论包装成为社会主义的现实,把资本主义国家的一切罪恶用理论转移到社会主义国家身上。也正是因为这样,新自由主义对马克思主义的攻击就转变为对社会主义国家及其制度的攻击,并通过否定社会主义国家及其制度的正当性与合法性来否定马克思主义的科学性与革命性。

　　根据一些新自由主义者对经济自由与政治自由的理解,新自由主义的危害还可以从这两个维度去把握与认识。在经济自由上,新自由主义鼓吹自由市场反对公有制经济,把自由市场作为"自由社会"的根基和评价一个社会是不是"自由社会"的根本标准。在政治自由上,否定社会主义的政治自由与政治民主,认为只有资本主义社会的政治自由与政治民主才是真正的政治自由,例如在新自由主义者的代表人物

---

① 费里德利希·冯·哈耶克:《自由秩序原理》,邓正来译,北京:生活·读书·新知三联书店,1997年,第8页。

米尔顿·弗里德曼看来:"社会主义社会的政治自由应该使人们能自由地进行采用资本主义的主张和宣传。"①而对于资本主义社会是否也应该让人们能自由地采用社会主义的政治自由主张与宣传则闭口不谈。也就是说,在新自由主义那里,采用资本主义社会的政治自由是历史正确,而采用社会主义的政治自由则是错误的历史选择。新自由主义,用自由市场攻击社会主义基本经济制度,用"自由社会"攻击社会主义社会或社会主义国家。这种单向度的思维,反映的是新自由主义的霸权主义思维。当今世界,美国连同一些西方国家,无论是经济上对中国诋毁,还是在政治上对中国诬蔑,其依据的主要理论与思想就是新自由主义。新自由主义,借用经济自由与政治自由或说自由社会所倡导的所谓自由、民主与人权来分裂世界的行为与刻意制造或人为挑拨不同国家或不同民族之间的矛盾与冲突、对抗与战争,已给世界的和平与发展造成了巨大破坏,影响了世界历史发展的进程。

(作者　华中师范大学马克思主义学院副教授)

On the Position, Essence, and Harm of Neoliberalism

Dai Shengpeng

Abstract: In the history of liberalism, it has undergone a historical evolution from old liberalism to new liberalism. The emergence and existence of neoliberalism are closely related to the evolution of capitalism to the imperialist stage, as well as to the existence of socialist countries and systems. From a theoretical perspective, neoliberalism and old liberalism share similarities in essence, but there are also

① 米尔顿·弗里德曼:《资本主义与自由》,张瑞玉译,北京:商务印书馆,2011 年,第 21 页。

certain differences and differences. For neoliberalism, the free market and free society are both the starting point and the foothold of its theory, which is very different from the old liberalism's focus on individual freedom. If the old liberalism was based on individual freedom to resist feudal autocracy and hierarchical thinking, then the new liberalism was mainly based on a free society to attack Marxism, collectivism, socialism, and their systems. In the theoretical logic and perspective of neoliberalism, Marxism, collectivism, socialism, and their systems are often seen as enemies of free markets and societies. Socialist countries and the people living in socialist countries should have a clear understanding of the theoretical harm of neoliberalism. They should not be confused by their "beauty of freedom" ideas, nor should they reverse their understanding of the world, lose the direction of historical progress, and make wrong historical choices under the guidance of their theories.

Key words: Neoliberalism; Theoretical position; Theoretical essence; Theoretical hazard; Materialist conception of history

西方"数字公共领域"的缘起、特征与实质：
基于哈贝马斯公共领域理论的分析

孙昊鹏　陈学明

摘要：哈贝马斯将公共领域的媒体系统视为公开事实、反馈民意、辅助决策和实现"批判的公共性"之载体。资本主义进入垄断阶段后，由于报刊、广播、电视等媒体遭到资本逻辑与政治权力支配，公共领域被"操纵的公共性"败坏。互联网和社交媒体重塑信息传播与公众交往的机制，使公共领域发生数字化转型。数字公共领域表面上扩大了公共性，赋予公众自主传播的权力，但也产生边界消解、交往碎片化和虚拟化的趋势。在资本主义国家，数字公共领域中的公众处于大数据技术全面监控和算法操纵之下，其自由选择受到扭曲，无法实现民主交往。

关键词：哈贝马斯　社交媒体　数字公共领域　数字操纵

　　公共领域被西方学者视为公众进行自由交往、达成共识、调节利益关系和实现民主的理想空间。根据哈贝马斯在《公共领域的结构转型》之考察：自由竞争资本主义时期，公共领域曾对民主产生过积极影响，然而资本主义进入垄断阶段后，公共领域的结构被破坏，失去原有政治功能。在西方学者看来，当今时代数字技术全面重塑公众交往模式，资本主义国家的互联网和社交媒体上形成一个虚拟交往空间，这为公共领域注入新活力,使其发生数字化转型,催生出数字公共领域。"当前不仅是政治理论,数字公共领域在社会科学研究中也是一个蓬勃发展的话题。"①部分西方学者将数字公共领域视为通达民主的新希望。②为揭示西方数字公共领域的特征和实质,本文依托哈贝马斯公共领域理论,以媒体系统的变革为线索,梳理公共领域的历史发展,在此基础上结合数字技术的属性加以分析。

一、媒体异化:前数字时代公共领域的消亡

在哈贝马斯看来,公共领域是介于国家与社会之间进行调节的一个领域,公众在其中围绕共同利益话题展开理性讨论,依托媒体系统对政治决策进行批判。公共领域存在的前提是国家与社会分离,这一过程随着资本主义经济的发展而实现。

(一)理性的媒体:"批判的公共性"

广播、电视、互联网和社交媒体出现之前,由报刊承担传递信息和反映公众意见的任务。据哈贝马斯考察,报刊的前身是私人书信。早期出版者以传播商业信息为目的,采用小型手抄报的组织形式发行报刊。随后,资产阶级政党发现这一媒体可以传播思想,遂将其用于反抗封建贵族特权和相互竞争。于是报刊从单纯的信息传播工具,演变为公众批判政治事务的手段,使讨论的范围延伸到共同利益问题,作为"传声筒"和"扩音机"发挥作用,成为公众舆论的载体。③虽然需要依托商业资助弥补运营成本,不过在编辑和发行人分别承担出版任务和经

---

① Philipp Staab, Thorsten Thiel, "Social Media and the Digital Structural Transformation of the Public Sphere," *Theory, Culture & Society*, vol. 39, no. 4, 2022, p. 134.

② 参见 Katharine Dommett, Peter J. Verovšek, "Promoting Democracy in the Digital Public Sphere: Applying Theoretical Ideals to Online Political Communication," *Javnost—The Public*, vol. 28, no. 4, 2021, pp. 358 - 374。

③ 参见哈贝马斯:《公共领域的结构转型》,曹卫东、王晓珏等译,上海:学林出版社,1999 年,第 219—221 页。

济职责的情况下，此时报刊本身并没有被商业化，主要聚焦于政治话题评论和公众意见表达。

在哈贝马斯看来，理想型的公共领域具有"批判的公共性"，其核心是开放和理性。一方面，公共性意味着公共领域向所有公众开放。正如哈贝马斯所说："资产阶级公共领域的成败始终都离不开普遍开放的原则。"[①]这一原则确保利益相关者能够参与讨论、表达诉求和意愿，避免公众舆论成为一种强制或是特权谋取私利的手段。此外，公共性还具有包容的内涵。"为确保集体认可（validation），参与公共领域的行动者应该（不得不）处理其他参与者的话题和意见，继而改变或保持自身的观点。"[②]即使私人有着迥异的个性和利益诉求，但进入公共领域后，他们彼此承认对方为平等的交往主体，包容多元化声音，摒弃财产、身份、信仰等方面的差异。这要靠公共领域和私人领域界限分明才能实现。只有这样，私人进入公共领域后，才能将内心声音和特殊利益排除在外，集中于共同利益的讨论。

另一方面，公共性还要和理性精神结合。理性精神通过两种途径进入公共领域：第一，财产和受教育的条件为公共领域的理性精神提供保障。公众只有掌握一定的财产，才能在劳动时间以外，自主和不受约束地参与公共领域的社会交往；良好的教育背景则帮助公众形成一定的批判意识，使其有能力就政治决策和共同利益问题进行理性商谈。第二，"把关人"（Gatekeeper）引导公共领域的话题，维护理性精神。在传统媒体系统中，存在着记者、编辑、导演、策划等筛查内容的专业人员。他们作为公共领域的"把关人"发挥作用：甄别公众话语中的理性言说和杂声，排除干扰问题商讨的不和谐因素，引导公众围绕共同利益

---

① 哈贝马斯：《公共领域的结构转型》，曹卫东、王晓珏等译，上海：学林出版社，1999年，第 94 页。

② Martin Seeliger, Sebastian Sevignani, "A New Structural Transformation of the Public Sphere? An Introduction," *Theory, Culture & Society*, vol. 39, no. 4, 2022, p. 8.

展开对话和达成共识。换言之，"把关人"的职责是规范话题讨论，将公众话语转化为社会诉求，使公众以推动共同福祉为目标展开商谈。通过这两种途径，理性精神进入公共领域，和公共性结合为"批判的公共性"，使商谈和共识成为可能，促进民主的实现。

在"批判的公共性"作用下，公众在公共领域中交换意见，可以避免直接民主引起混乱，又能以公众舆论的形式向议会和政党传递诉求。所以，公共领域并不介入政治系统的运作，而是为公众搭建理性协商的平台，为政治决策提供多元化意见和方案，并且影响选举时的投票。"就此而言公共领域是一个预警系统，带有一些非专用的，但具有全社会敏感性的传感器。"①公众就媒体系统公开的政治问题展开讨论，在充分交换意见后形成公众舆论，将诉求与意愿传达给议会和政党。议会和政党为了争取公众支持、维护自身合法性、获得选票和确立法律规范性，需参考公众舆论调整政策。这将引起一系列社会效应，并在公共领域中接受检验和批判，随后形成新一轮舆论并影响接下来的选举。概言之，哈贝马斯的理论框架中，公共领域、政治系统和市民社会之间，存在一个"舆论—选举—决策—舆论"的民主循环。②在哈贝马斯看来，这一机制能确保决策科学化与立法合理化，防止权力收缩和政治腐败，同时，私人领域的利益冲突和矛盾也能得到解决。

总之，哈贝马斯以资本主义自由竞争时期的公共领域为理想化模型，探讨了"批判的公共性"作用下，公众如何依托媒体系统进行政治监督、间接影响政治决策、调节利益矛盾和实现民主交往。

（二）异化的媒体："操纵的公共性"

随着经济的进一步发展，自由竞争资本主义逐渐"组织起来"，国

---

① 哈贝马斯：《在事实与规范之间》，童世骏译，北京：生活·读书·新知三联书店，2014年，第444页。

② 参见 Jürgen Habermas, "Reflections and Hypotheses on a Further Structural Transformation of the Political Public Sphere," *Theory, Culture & Society*, vol. 39, no. 4, 2022, pp. 145 – 171.

家和社会之间的界限日益模糊，公共领域因此发生结构转型。在电台、广播、电视兴起过程中，垄断资本和政治组织捆绑媒体系统，导致公共领域产生"再封建化"趋势，"批判的公共性"沦为"操纵的公共性"。

首先，报刊、广播和电视等媒体逐渐被垄断资本掌控。报刊原本是独立于资本、提供可靠信息、反馈社情民意、辅助政治决策、执行"批判的公共性"之载体。但是，随着印刷设备的不断革新和发行量的增加，经营报刊所需的固定资本和流动资本也越来越多。报刊经营者不得不引入股东投资和广告来弥补成本，公共领域的媒体系统开始受到商业利益的侵蚀。随后兴起的广播、电视等媒体在运营时需要投入数量更为庞大的资金和人力。比如建造信号发射塔就需要巨额成本，而电力供应、日常维护所需的费用也十分高昂。这只能为掌握巨量资本的寡头或垄断集团所负担。小规模的、无法适应市场环境的媒体机构不断遭到兼并、收购，到 1990 年前后，"20 余家企业控制着为美国公众提供视听体验的几乎所有媒体"①。原本不受市场规律左右的媒体系统逐渐失去独立性，开始遵循利润原则运营而不是履行政治监督责任，异化成资本增殖的工具。

其次，由于媒体过度商业化，"批判的公共性"遭到消解。迫于来自投资人的盈利压力，媒体在经营过程中与产业资本相互勾结。媒体运营者对接产业资本扩大市场范围和加速流通的需求，在报刊、广播和电视中设置广告版面、购物频道和商业宣传栏目，以广告费的形式分割产业资本的部分利润。产业资本让渡的广告费与媒体发行量或受众数量成正比例关系。媒体发行量越高、吸引的受众越多，广告就越有可能帮助产业资本的商品完成"惊险的跳跃"，经营者可获得的广告利润就越高。因此，为获得更大销量和利润，媒体系统的经营者转向以迎合公众

---

① 爱德华·S.赫尔曼、诺姆·乔姆斯基：《制造共识》，邵红松译，北京：北京大学出版社，2011 年，"导论"，第 3 页。

的模式运营：减少政治事件的社论和时政要闻等方面的信息，用娱乐、体育、休闲文学等内容迎合受教育水平低的公众。"这些材料逐渐以消费的充足度替代现实可信度，从而导致对娱乐的非个人消费，而不是对理性的公共运用。"①媒体系统遭受资本逻辑的裹挟后，成为迎合公众消费欲望和习惯的工具，引导公众和公开事实的作用被削弱了。公众不仅难以通过媒体系统获得稳定可靠的信息，反而因广告、娱乐信息的灌输而陷入无止境的消费循环中。公众的消费欲望日益膨胀，失去关注共同利益问题的兴趣，还变得容易被情绪化内容操纵。换言之，在利润最大化逻辑作用下，媒体内容呈现出平庸化、低俗化和去政治化的趋势。公共领域因此由辩论场所转型为文化消费的场所，变成伪公共领域，逐渐沦为一个展示广告和私人故事的空间，而"批判的公共性"逐渐丧失。

最后，资本主义国家的政府和政党控制舆论方向，助长"操纵的公共性"。除了凭靠媒体资本和产业资本来维持运营费用、谋取利润外，"大型媒体企业还要依赖政府以取得其政策支持。"②这是由于电视、广播等媒体在传播速度、受众范围和宣传效力方面远远优于报刊。故而，资产阶级的政府一开始就通过经营许可、资质审查对这些媒体进行控制，将其纳入管辖范围之内。媒体运营者出于成本的考虑，并不致力于挖掘和探寻真相，而是倾向于将官方渠道作为信息源。为避免丧失来自政府的支持，媒体运营者还要极力避免发布会招致当局不满的信息。资本主义国家的媒体系统为国家权力和精英阶层服务，实际上是政府宣传机器的零件，它们忠实地执行国家宣传路线，将不利于特权集团的信息过滤和筛除，避免公众了解真实世界的运行情况，防止公众对政治进程施加影响。在政权更迭期，政党为在相互竞争中取得比较优势，还

---

① 哈贝马斯：《公共领域的结构转型》，曹卫东、王晓珏等译，上海：学林出版社，1999年，第196页。
② 爱德华·S.赫尔曼，诺姆·乔姆斯基：《制造共识》，邵红松译，北京：北京大学出版社，2011年，第11页。

会专门投入宣传经费,根据公众心理制定政治策略、塑造特定形象和优化竞选方案,继而制造话题引导舆论方向,再进行政治表演实现蒙蔽公众的目的。通过这些方式,他们将特殊利益包装为共同利益,巩固自身地位和获得选票。所以哈贝马斯感叹道:"批判的公共性遭到操纵的公共性的排挤。"[①]

早在 19 世纪,马克思就曾批判媒体沦为意识形态宣传工具的情况。在《资本论》中,马克思分析了爱尔兰人口流失的问题,并揭示这是资本有机构成不断提高、相对过剩人口增加造成的。[②]在历史上,由于租地集中化程度提升,爱尔兰的"过剩人口"涌入英国劳动市场,与英国工人阶级竞争,导致后者的工资降低、物质生活和精神状况恶化。英国的工人阶级分化为激烈对立的爱尔兰派和本土派,彼此攻讦和指责对方抢走自身的工作机会。"报刊、教堂讲坛、滑稽小报,总之,统治阶级所掌握的一切工具都人为地保持和加深这种对立。"[③]由此可见,资产阶级掌握报刊等传播思想和观念的媒体后,不是将其用于公共领域的自由交往和理性商谈,而是使其服务于意识形态目的,操纵公众舆论掩盖资本主义痼疾、加剧工人阶级内部对立。

概言之,在取代封建阶级之前,资产阶级曾呼吁言论自由、出版自由和实现民主,此时的公共领域具有"批判的公共性"。资产阶级成为统治阶级后,并没有实现对于自由和民主的许诺。随着资本主义经济进一步发展,资本和权力逐渐集中到少数人手中,形成垄断利益集团,而官僚组织也逐渐膨胀。它们开始对公共领域施加经济和政治方面的影响,借助垄断地位控制新闻和舆论,将媒体变为进行广告宣传、攫取利润或是政治操纵的工具。公共领域成为资产阶级执行"操纵的公共性",瓜分利益、蒙蔽公众和骗取选票的场所。

---

① 哈贝马斯:《公共领域的结构转型》,曹卫东、王晓珏等译,上海:学林出版社,1999年,第 202 页。
② 参见《马克思恩格斯文集》第 5 卷,北京:人民出版社,2009 年,第 803—815 页。
③ 《马克思恩格斯文集》第 10 卷,北京:人民出版社,2009 年,第 328 页。

二、媒体革新:西方数字公共领域的兴起

在资本驱动和数字技术发展两个因素的作用下,互联网和社交媒体的影响力逐渐扩大,这使得公共领域的媒体系统发生变化。相对于报刊、电台、广播和电视等传统媒体,互联网和社交媒体在传播成本、传输速度、交往互动和内容呈现方面具有显著优势。故而,它们吸引了越来越多的公众,逐渐融入人类社会的方方面面,成为社会交往的重要工具。在此过程中,形成一种新的公共领域——数字公共领域。在西方学者看来,数字公共领域建基于社交媒体之上,它能充分释放数字技术潜能,为公众获取信息、参与社会交往和表达诉求提供前所未有的便利,有望成为达成"数字民主"的空间。①

(一)数字化:公共领域再转型

作为数字公共领域的重要支柱,互联网早期并不具有公共性特征,仅仅被用于军事、科研和商业目的,在市场化的作用下才成为公众交往的中介。②早期的网络只是军方内部沟通的工具,并不向公众开放,它与公共领域彼此独立。由于跨国公司金融服务对于信息高速流通有着天然的需求,而数字技术在信息传播方面具有较大优势,因此跨国公司不断推进网络建设和数字技术应用。这使得互联网发展速度大大加快,不过此时互联网的使用依然限于私人领域或公司内部的信息传输。1980 年到 1995 年之间,在摩尔定律和市场化进程共同作用下,数字基础设施和数字设备的成本不断降低,其价格也越来越容易为公众所接受。③在这之后,互联网才开始进入公众的生活之中,逐渐具有了公

---

① See Christian Fuchs, *Digital Democracy and the Digital Public Sphere*, New York: Routledge, 2023, pp. 263 – 266.
② 参见丹·希勒:《数字资本主义》,杨立平译,南昌:江西人民出版社,2001 年,第 12—32 页。
③ 参见丹·希勒:《数字资本主义》,杨立平译,南昌:江西人民出版社,2001 年,第 122—126 页。

共性。

互联网的广泛普及改变了公共领域的媒体系统，在一定程度上瓦解和分散了资本和政治权力原有的集中化架构。尼古拉·尼葛洛庞帝（Nicholas Negroponte）曾提出互联网具有"分散权力"和"赋予权力"属性，具有民主潜力。①互联网将传播信息的权力赋予公众，瓦解政治系统对信息的垄断。在西方学者看来，相对于传统媒体系统，政治权力更难以审查、禁令等方式完全控制互联网公开事实，这为公共领域的复苏创造有利条件。公众还拥有更大的自主权和自由，可以自发地进入网络论坛和网络社区中发表意见与讨论。因此，越来越多的公众开始借助互联网进行交往，在互联网空间中就政治事务进行商谈，并且能够形成影响政治决策的舆论。数字公共领域具有了雏形。

社交媒体兴起后，公共领域进一步发生数字化转型，形成数字公共领域。西方学者认为，数字公共领域在时空维度优于传统公共领域。一方面，脸书（Facebook）和推特（Twitter）等社交媒体使公众摆脱交往空间的限制。前数字时代，只有当私人进入沙龙、咖啡馆等特定场所时才能与其他公众进行交往。在此之外，公众无法进入公共领域之中。相对于传统媒体，社交媒体更为灵活便捷：只要有互联网和移动智能终端，就可以登录脸书、推特等平台，参与数字公共领域的交往，不受空间和场所的限制。另一方面，社交媒体减少了时间对公众交往的影响。在依赖纸质媒体传播信息的时期，公众难以在第一时间获知事实和反馈意见。与之相对，在数字技术的作用下，互联网和社交媒体上的数据以光速传播，为公众提供即时资讯，信息更新几乎不再有任何延迟。在这两个角度上，数字公共领域摆脱了空间固定和时间滞后的限制。

互联网和社交媒体在信息传播和促进交流方面具有巨大优势，其快速、灵活和丰富的特点使得报刊、广播和电视等媒体在一定程度上失

---

① 参见尼古拉·尼葛洛庞帝：《数字化生存》，胡泳、范海燕译，北京：电子工业出版社，2017 年，第 229 页。

去原有影响力,而数字公共领域则吸引越来越多的公众进入,并且受到政党和企业的关注。在资本主义国家,脸书和推特等社交媒体平台当前已拥有数十亿用户。无论是政党、企业还是个人都非常重视在社交媒体上塑造形象,并且依托互联网平台开展活动。特朗普在任美国总统期间,就经常使用其推特账号发布政治消息和时事评价。美国民主社会主义者也曾借助社交媒体支持伯尼·桑德斯(Bernie Sanders)进行总统竞选,并且对民主党和共和党的不合理政策进行诘问。①不过在西方国家的社交媒体上,由于竞选策略和政治生态等多方面原因,目前左翼政党相对边缘化。

概言之,在数字技术不断发展的过程中,互联网和社交媒体重塑了公共领域的媒体系统和交往模式,使其转型成数字公共领域。较之传统公共领域,数字公共领域既继承了部分属性,也表现出一些新特征。

(二)平等互动:西方数字公共领域的表象

在西方学者看来,数字公共领域更加开放,为公众参与商谈讨论提供前所未有的便利,使"普遍开放的原则"得以实现,由于传播迅速、信息更新及时和用户基数庞大,数字公共领域可以更好地充当"传声筒"和"扩音机"。从表面上看,数字公共领域中的主体相对平等,他们在数字技术加持下可以表达意见和灵活互动。

一方面,数字公共领域在意见表达上相对平等。在前数字时代,可将公共领域的主体区分为两类:一类是运用理性话语表达观点的发声者,他们大多是知识分子和专业人士;另一类是倾听观点和反馈诉求的受众。在这二者之间,报刊、广播和电视等作为桥梁连接两类主体。但受众无权像发声者那样,不能直接在公共领域的媒体系统中针砭时弊,所以他们实际上不具有传播权力。不过,数字技术有去中心化和"赋予权力"的作用,为公众创造直接在数字公共领域中表达意见的可能:在

---

① See Christopher C. Barnes, "Democratic Socialists on Social Media: Cohesion, Fragmentation, and Normative Strategies," *Triple C*, vol. 18, no. 1, 2020, pp. 32 – 47.

数字技术的加持下,公众不再是单方面接受观点和宣传的受众,他们获得了生产、编辑和扩散内容的权力,可自行向其他主体传递信息和观点,"公民的角色再次从政治上被动的消费者转变为主动和表达的角色"①。就此而言,数字公共领域呈现出一种相对平等的表象。

另一方面,数字公共领域具有显著的互动性特征。第一,数字技术的广泛普及使数字公共领域的交往网络极具弹性:信息供给主体更加多元化,公众可相对自由地选择交往对象。前数字时代,公众在公共领域中进行交往时,面对的主体或者说交往对象总是有限的;而数字公共领域则一定程度上摆脱了空间和时间的限制,使主体之间展现出无限交往互动的可能性。第二,数字公共领域中的互动方式也更为灵活多样。相对于传统报刊、广播和电视等媒体,社交媒体在功能扩展方面也展现出巨大优势。在一次又一次硬件升级和软件更新的过程中,界面设计、交互方式、使用体验都可得到改进。"技术和密集的个人网络现在降低了与他人交流和进入公共领域的障碍,并能实现快速分享和再生产内容。"②得益于此,公众在数字公共领域中不仅能以基本的点赞、转发和评论的形式来助推舆论生成,还可以"@"特定主体提醒对方回复,借助"#"功能参与话题讨论。

简言之,数字公共领域建立在互联网和社交媒体之上,数字技术对公众而言有"赋予权力"的作用,使公众在传播内容和表达意见方面相对平等,并且能够和其他主体进行即时交往互动。

(三) 虚拟主体:AI 进驻西方数字公共领域

数字公共领域的一个重要变化在于"非人类实体成为参与主体"③。这体现在社交媒体和互联网平台上出现了 AI 机器人和 Chat-

① Philipp Staab, Thorsten Thiel, "Social Media and the Digital Structural Transformation of the Public Sphere," *Theory, Culture & Society*, vol. 39, no. 4, 2022, p. 131.

② Evan Stewart, Douglas Hartmann, "The New Structural Transformation of the Public Sphere," *Sociological Theory*, vol. 38, no. 2, 2020, p. 175.

③ 吴飞、杨龙梦珏:《论数字公共领域的结构新转型》,载《国际新闻界》2023 年第 5 期。

GPT 等生成式人工智能,它们被整合进媒体系统中,成为人类主体交往的对象。

一方面,数字公共领域中存在着 AI 机器人。首先需要说明的是,苹果开发的 Siri 和微软系统的 Cortana 等 AI 助手虽能模拟交互、辅助沟通、响应指令,但它们仅仅在私人领域发挥作用,并不同于数字公共领域中的 AI 机器人。AI 机器人能遵循特定程序,在社交媒体上模拟人类用户的行为:评论话题、转发文章、点赞和关注其他用户、吸引公众注意力。脸书和推特上的部分账号就是由程序和算法支持的 AI 机器人控制的,它们可以营造特定舆论氛围、影响公众的观点和判断。目前,AI 机器人已被西方国家用于操纵议题、制造虚假舆论和意识形态控制。[①]

另一方面,ChatGPT 等生成式人工智能也正在改变数字公共领域。当前,众多互联网公司都与 OpenAI 达成合作,在搜索引擎、网页上对接 OpenAI 服务端口。ChatGPT 已然渗透到数字公共领域的交往网络中,成为公众交往的虚拟对象。通过和 ChatGPT 进行交互,数字公共领域中的公众可以获取知识和调整自身的认知,并改变对于客观世界的看法。相对于大多数主体和以往的 AI,ChatGPT 展现出强大的模拟沟通能力,不仅可以即时反馈公众的提问,甚至能调整回应模式、模拟特定人物的语言风格展开对话。不过,它的应用有赖于对公众活动数据的收集、分析和挖掘。如果缺少从数字公共领域中爬取的海量数据的训练,ChatGPT 就难以发挥其作用,因此它可被视为公众数据集成的虚拟主体。

总之,在西方学者看来,数字技术具有支持民主交往的潜力,数字公共领域中的主体交互更为平等、自由和灵活。随着 AI 机器人和生成式人工智能的应用范围日益广泛,数字公共领域中的交往呈现出虚

---

① 参见师文、陈昌凤:《分布与互动模式:社交机器人操纵 Twitter 上的中国议题研究》,载《国际新闻界》,2020 年第 5 期。

拟化、复杂化趋势。

三、媒体操纵：西方数字公共领域的实质

在资本主义社会中，由于资本逻辑和政治权力裹挟，数字技术未能释放民主潜力，也没有成为数字公共领域的可靠基础，反而加剧"操纵的公共性"：互联网巨头和政治组织使用大数据技术监控公众，利用社交媒体控制个人行为习惯、制造公众舆论和左右选举投票。本文将这一趋势概括为数字操纵。

（一）传播生态：数字公共领域的隐忧

上文提到，对于"批判的公共性"而言，公共性和理性精神是两个必要组成部分。在数字公共领域中，虽然互联网和社交媒体为公众提供了更多参与社会交往和讨论政治事务的机会，但是其传播机制也隐含着不平等。由于缺少"把关人"，数字公共领域的议题更为碎片化、娱乐化和个人化，这使公众的理性精神被消解，为数字操纵留下空间。

首先，传播效力方面，数字公共领域实际上并不平等。表面上看，数字公共领域中主体都具有发出自己声音的权力，交往似乎变得平等化。然而"数字鸿沟"的存在将部分主体排除在数字公共领域之外：数字技术在生产、交换和消费领域中愈发重要，但是仍然有部分主体因经济或智力原因无法获取和使用数字设备，更无法在数字公共领域中传达自己的话语。此外，数字公共领域中不同主体对话题的引领作用也是极不对称的。"更多的参与者可以发言，但在嘈杂声中被听到的能力日益成为制度机制的中心焦点。"[1]拥有大量粉丝群体的主体，其发言和观点能够引起广泛探讨，也容易得到算法的青睐和推广；而粉丝量较少的主体则难以使其观点为多数公众所知。不同主体能够引起的舆论

---

① Evan Stewart, Douglas Hartmann, "The New Structural Transformation of the Public Sphere," *Sociological Theory*, vol. 38, no. 2, 2020, p. 185.

效应完全不同，具有较强传播能力的主体处于相对优势地位。在数字公共领域中，表面上共同发声的平等，掩盖着实际中社会地位和传播效果的不平等。

其次，传播内容方面，数字公共领域的公私边界更加模糊。这主要是由于社交媒体功能集中化和"把关人"缺失导致的。第一，社交媒体功能日益扩展。它们原本仅是进行社交的工具，当前却整合了越来越多的功能：从单一的社交逐渐扩展到办公、娱乐、消费、金融……诸多领域都被集中到一个平台上。公众进入数字公共领域后，容易为社交媒体的其他消息干扰，难以将注意力集中于探讨共同利益之上。第二，数字公共领域缺少"把关人"。数字化改变了引导人与人交往的媒体系统。传统媒体系统中存在的"把关人"角色，即专业的编辑、导演、编剧等缺失了。他们原本的职责是对公共领域中的议题加以甄别，引导公众对政治话题展开理性商谈，使讨论更加具有方向性和系统性。由于缺少"把关人"，公众在数字技术加持下，可以任意地上传和分享私人生活，将私人领域的话题散布到数字公共领域中。这"增加了公众讨论过程中关注问题的数量，因此也使公众交往在整体上更复杂"①。政治事务、个人生活、情感宣泄、虚假新闻等彼此交织，甚至还会出现极端右翼言论。故而，哈贝马斯也表示："数字化通信的技术进步，从一开始就助长了边界消解的趋势，并且导致公共领域的碎片化。"②

最后，传播机制方面，数字公共领域中理性精神更容易被消解。公众进行理性交往和达成共识的一个前提是摆脱对狭隘自我欲望的满足，包容其他主体的多元意见。然而社交媒体大量使用推荐算法来向公众传播个性化内容，这不仅会强化偏见、阻碍思想交流和辩论，还会

① Martin Seeliger, Sebastian Sevignani, "A New Structural Transformation of the Public Sphere? An Introduction," *Theory, Culture & Society*, vol. 39, no. 4, 2022, p. 11.

② Jürgen Habermas, "Reflections and Hypotheses on a Further Structural Transformation of the Political Public Sphere," *Theory, Culture & Society*, vol. 39, no. 4, 2022, p. 146.

对公众舆论和集体理性产生负面影响。"推荐算法的主要问题是自律性失控(autonomous disobedience)：它们似乎控制了个人用户，也控制了公共领域。"①这是由于推荐算法的技术逻辑和公共领域的开放性原则截然相反：它们根据公众行为和交往网络的数据筛选最具传播力和吸引力的内容，使其以符合私人喜好和习惯的方式呈现。在纷繁复杂的娱乐话题、虚假新闻和误导性消息的洪流中，关于政治、规范和社会的严肃理性探讨因缺少传播力和吸引力而无法被算法优先推荐；公众长期接受算法过滤的信息，会逐渐将满足个人消费欲望作为首要选择，丧失与其他主体交换意见和参与公共事务的兴趣。由于"过滤气泡"和"信息茧房"效应，公众的思维和价值观会日益片面化和极端化。久而久之，数字公共领域中的理性精神不再，公众则更容易遭到蒙蔽和操纵。

概言之，由于缺少"把关人"，数字公共领域中的话题得不到必要的过滤和引导，其中的内容杂乱无序，不利于协商讨论和达成共识，并且理性精神极易遭到算法的消解。"批判的公共性"再次失效。

（二）三维分析：数字公共领域的威胁

从技术层面看，在数字公共领域中进行数字操纵是可能的。亚当·D. I. 克莱默(Adam D. I. Kramer)和杰米·E. 吉洛里(Jamie E. Guillory)等人对脸书上 689003 名用户评论和发布的内容进行分析，证明了数字公共领域中的公众容易受到情绪的操纵：即使公众在社交媒体上没有进行面对面的交往，他们的情绪状态也会受到社交媒体内容基调的影响。②通过 AI 机器人和算法增加社交媒体上的积极内容，

---

① Jernej Kaluža, "Habitual Generation of Filter Bubbles: Why is Algorithmic Personalisation Problematic for the Democratic Public Sphere?" *Javnost—The Public*, vol. 29, no. 3, 2022, p.272.

② See Adam D. I. Kramer, Jamie E. Guillory et al., "Experimental Evidence of Massive-Scale Emotional Contagion through Social Networks," *Proceedings of the National Academy of Sciences of the United States of America*, vol. 111, no. 24, 2014, pp.8788 – 8790.

公众的评论和互动会更多地带有快乐、幸福、高兴等情绪；而借助 AI 机器人增加消极内容后，公众的发言和行为都会变得更为阴沉和愤懑。"在这个新的公共领域中，影响话语的机制不是审查制度或其他形式的准入限制，而是管理注意力，通过这种机制，行动者和政府可以利用信息洪流来破坏公共话语的稳定。"①换言之，一旦政治组织控制了社交媒体上的 AI 机器人和算法，就能介入数字公共领域，对舆论议题进行数字操纵。当公众对特定舆论热点产生不满情绪时，就能向数字公共领域中投放娱乐话题分散注意力，减少公众对负面信息的关注。

从经济层面看，在数字公共领域中进行数字操纵对于资本增殖十分有利。上文已经提到，互联网和社交媒体并不是由公众自发建立的，而是在资本驱动的市场化过程中融入公众生活，继而才具有了公共性。也就是说，社交媒体的推广和资本有着密切联系，不可避免地受到资本逻辑的捆绑。毕竟资本家不是慈善家。互联网和社交媒体在一定的物质基础上才能运作，即必须投入资本购置服务器，雇用技术人员维护硬件和软件运转，不断更新页面和平台服务才能保障整个系统的持续、稳定运作。"新的平台中介机构是根据利润目的组织起来的，并采用基于监控的商业模式。"②这种模式的核心逻辑是以免费服务吸引公众参与，监控公众在使用和交往中生成的数据，再将这些数据转化为商品或是用于算法训练。由于脸书和推特实际上被资本垄断，公众处于被动地位，为参与数字公共领域中的交往，只能接受平台制定的用户协议和隐私条款、让渡数据使用权。在这种模式下，公众在线活动的时间越长，就会为平台提供越多数据；而平台经过数据挖掘和分析，使算法得到优化升级，将数据转化为数据商品出售，以广告费的形式分割产业资

---

① Evan Stewart and Douglas Hartmann, "The New Structural Transformation of the Public Sphere," *Sociological Theory*, vol.38, no.2, 2020, p.176.

② Martin Seeliger and Sebastian Sevignani, "A New Structural Transformation of the Public Sphere? An Introduction," *Theory, Culture & Society*, vol.39, no.4, 2022, pp.11‒12.

本攫取的剩余价值。质言之,社交媒体平台获得的利润和公众在线时长呈正比例关系。因此,社交媒体平台利用"点赞""关注"功能激励公众参与社会交往、延长在线时间,或是借助基于大数据技术的推荐算法诱导他们购买特定产品和改变行为习惯,并从中获得经济利益。总之,数字操纵的背后有着获取利润的动机。

从政治层面上看,在数字公共领域中进行数字操纵是达成政治目的的有效途径。对于资本主义国家的政党和政客而言,他们代表着不同的利益群体,在竞选时互相攻击和抹黑对手,执政期间则需要掩盖社会矛盾,转移公众对于政策负面信息的关注。社交媒体上公众数量庞大,舆论传播更为迅速,在这里通过数字操纵实现政治目的更为有效。例如,自 20 世纪末,英国奉行新自由主义政策以来,社会贫富差距日益扩大、矛盾不断激化。欧洲债务危机、难民和移民问题进一步加深英国民众的不满。不过以上问题只是外部矛盾,英国社会不平等根源在于社会制度和经济政策不合理。然而,英国"脱欧"派政客奈杰尔·法拉奇(Nigel Farage)却在推特上将难民和移民污名化,并且指责欧盟拖累英国经济增长,以此掩盖新自由主义政策的弊端。[1]由此可见,数字技术成了政客蒙蔽公众的工具。更有甚者,西方政党直接勾结社交媒体平台,获取公众隐私数据,利用数字技术操纵选举投票,引起了轰动一时的剑桥分析丑闻。正如剑桥分析公司前任员工所言:"如果说民主制度和资本主义建立在信息可获得以及选择自由的基础之上,那么我们现在目睹的就是从内而外的颠覆。"[2]

概言之,在资本逻辑和政治动因的共同作用下,资本主义国家中的企业和政府利用数字技术操纵话题讨论、舆论方向、选举投票等环节,对公众进行全面规训。所以韩炳哲认为,互联网和社交媒体不是为数字公共领域提供支持的媒体系统,而是赋予公众虚假的自由、对社情民

---

① See Christian Fuchs, *Digital Ethics*, New York: Routledge, 2023, pp.73 - 74.

② 克里斯托弗·怀利:《对不起,我操控了你的大脑》,吴晓真译,北京:民主与建设出版社,2020 年,第 197 页。

意和舆论进行全面监控的"数字化全景监狱"。表面上看,公众可以自由地选择交往对象、浏览内容和分享生活片段。但这恰恰是"数字化全景监狱"最具迷惑性之处:"没有人真的感觉到自己被监视或者被威胁。"[1]实际上,公众在社交媒体上处于大数据技术的全面监控之下:不仅仅是个人信息、聊天记录和上传的内容,连浏览的页面、手指停留的位置和屏幕开启频率等,都是大数据技术捕获和分析的对象。个人的喜好、政治倾向、行为习惯和日常生活全部遭到"窥视"。在大数据技术和推荐算法的掩盖下,人很难感受到具体的操纵者或者监控中心的存在,这使得数字操纵更加隐蔽。

结语:西方数字公共领域的幻灭

综上所述,数字技术使公共领域发生新一轮转型:社交媒体重塑社会交往的模式和信息传播机制,在一定程度上拓展公众参与民主讨论的路径,催生出数字公共领域。西方数字公共领域中的自由和平等只是表象,其中的 AI 机器人和生成式人工智能是哈贝马斯理论框架外的存在,它们改变了"主体—主体"的交往模式,使之呈现出"主体—主体""主体—虚拟主体"的复杂样态。在资本主义国家,由于这些虚拟主体和社交媒体受到西方政党官僚和资本家的控制,公众舆论变得更具虚假性和迷惑性。西方学者所谓的数字公共领域无法落实民主,其中存在着监控个人隐私的大数据、混淆视听的 AI 机器人、扭曲自由选择的算法,实际上是一个"数字化全景监狱"。

(作者　孙昊鹏,复旦大学马克思主义学院博士研究生;陈学明,复旦大学马克思主义学院、哲学学院教授)

---

[1]　韩炳哲:《精神政治学》,关玉红译,北京:中信出版社,2019 年,第 52 页。

The Origin, Characteristics and Essence
of the "Digital Public Sphere" in the West:
An Investigation Based on Haberma's Public Sphere Theory

Sun Haopeng   Chen Xueming

Abstract: Habermas regards the media system in the public sphere as a vehicle for disclosing facts, feeding back public opinions, assisting decision-making and achieving "critical publicity". After capitalism entered the monopoly stage, the public sphere was corrupted by the "manipulative publicity" because the press, radio, television and other media were dominated by the logic of capital and political power. The Internet and social media reshape the mechanism of information dissemination and public communication, and make the public sphere undergo digital transformation. On the surface, the digital public sphere expands the publicity and gives the public the power of self-communication, but it also produces the trend of boundary dissolution, communication fragmentation and virtualization. In capitalist countries, the publics in the digital public sphere are fully surveilled by big data technology and manipulated by social media, and their free choices are distorted and unable to achieve democratic interaction.

Key words: Habermas; Social Media; Digital Public Sphere; Digital Manipulation

政治资本主义"权力提取"的政治叙事^①

潘依林　涂良川

摘要:深度全球化时代,资本与政治再度深度媾和,产生了表现为权力提取保证资本增殖的政治资本主义。虽然政治资本主义依然是在延续的层面来强化资本增殖对政治的依赖性,但是政治资本主义所奉行的"租金的向上再分配"不仅是权力对经济的干预与生产性经济活动的税收,更是政治精英操纵利益设计系统的能力,由此打造了资本在经济增长下降前提下的利益增长的新方式。政治资本主义将权力的控制与征用变换成经济的掠夺和干预,使资本增殖获得了政治资源、政治逻辑和政治效应的加持,形成了"类封建"的寄生经济和"政治精英"的独裁政治。政治权力主动、全面和体系化地介入资本增殖,既是政治资本主义的基本逻辑,更是资本主义逆全球化思潮兴起的政治经济学根源。因此,揭示与批判政治资本主义使政治权力从服从于社会和人民狭隘化成政治精英操纵经济与社会工具的内在逻辑,重建政治的本质与分析能力,是今天面对资本形态变化必须要解决的重要问题。

关键词:政治精英　资本增殖　利益提取　权力

---

① 本文系国家社会科学一般项目"马克思主义哲学视域中的人工智能奇点论研究"(21BZX002)的阶段性成果。

当今,资本与政治的再次深度媾和,产生了表现为权力提取保证资本增殖的"政治资本主义",其以政治权力保证基于对资本利润的占有、资本增殖的转移、资本利益的提取,使他们在资本无限扩大时,转化为政治的权力获得、权力行使与权力获利,再次成为目前西方左翼学者新的理论主题。当然,刻画如此情形的政治资本主义本身也不是什么新鲜的概念,马克斯·韦伯最早在《经济与社会》描述了这一事实,并将之命名为"政治资本主义",因为具有政治取向的权力"向政治资本主义提供了营利机会的事件与进程"[1]。历史学家加布里埃尔·科尔面对进步时代发展起来的美国政治和经济体系,重申了政治资本主义对监管成为经济精英谋取经济利益、维护经济地位的批判性,指出"进步时代的重要现象是企业对政治的控制(我所说的'企业'是指主要的经济利益),而不是对经济的政治监管"[2]。林德尔·霍尔库姆则以纳入寻租、监管捕获、利益集团政治、精英权力等核心概念指向了对政治资本主义体系的批判与分析。[3]

当前,西方左翼学者迪伦·莱利和罗伯特·布伦纳的《关于美国政治的七项论文》[4]再次分析了"政治资本主义",其认为,从资本运作的逻辑来看,资本主义的权力虽然是由资本建构和奠定的,但是资本主义的权力却在资本逻辑发生了根本性的改变,对于资本增殖而言"原始的政治权力,而不是生产性投资,是回报率的关键决定因素"[5],政治资本主义的兴起深刻地重新配置了政治。最近马修·卡尔普的《美国政治

① 马克斯·韦伯:《经济与社会》,阎克文译,上海:上海人民出版社,2009 年,第 270 页。
② Gabriel Kolko, *The Triumph of Conservatism: A Reinterpretation of American History, 1900—1916*, New York: The Free Press, 1963, p.3.
③ Randall G. Holcombe, *Political Capitalism:How Economic and Political Power Is Made and Maintained*, Cambridge: Cambridge University Press, 2018.
④ Dylan Rlley & Robert Brenner, "Seven Theses on American Politics," *New Left Review*, Vol.138, 2022.
⑤ Tim Barker, "Some questions about political capitalism—response to Riley & Brenner's 'Seven These'," *New Left Review*, Vol.139, 2023, p.36.

中的政党和阶级：回复莱利和布伦纳的七项论文》①从资本主义增长的性质、范围和持续时间来看，认为政治资本主义不仅形成了政治维护的封闭与排他的精英，而且也使精英政治不断地侵蚀着经济生产领域，形成了政治学家所说的"阶级脱轨"②。艾伦·贝纳诺的《供过于求正在消散？》③则从 20 世纪资本主义发展过程中需求的演变构成分析布伦纳关于"产能过剩"与"过度积累"理论，以及其潜在的政治后果。蒂姆·巴克的《关于政治资本主义的一些问题：对迪伦·莱利和罗伯特·布伦纳七项论文的回应》④基于《七项论文》的基本政治经济前提，认为"资本主义利润一直依赖政治权力"⑤，政治资本主义形成的剥夺性积累，"不仅代表了一种分配盈余的新方式，实际上还代表着一套新的'盈余提取机制'"⑥。洛拉·西顿的《对"政治资本主义"的反思》⑦从对"资本主义财产关系""阶级分化""新技术官僚""政治化掠夺"等的分析中，认为所有这些问题如果"不是经济本身的政治化，而是经济和政治主导地位的融合，那么'政治资本主义'问题的答案可能首先是政治性的"⑧，更是将"政治资本主义"这一问题推进了高潮。

因此，借助于权力的威慑和权威的格局实现资本增殖的"政治资本主义"，一方面规避了生产增长乏力对增殖的影响，另一方面实现资本

---

① Matthew Karp, "Party and class in American politics—reply to Riley and Brenner's 'Seven These'," *New Left Review*, Vol. 139, 2023.

② Matthew Karp, "Party and class in American politics—reply to Riley and Brenner's 'Seven These'," *New Left Review*, Vol. 139, 2023, p. 134.

③ Aaron Benanav, "A Dissipating Glut?" *New Left Review*, Vol. 140/141, 2023.

④ Tim Barker, "Some questions about political capitalism—response to Riley & Brenner's 'Seven These'," *New Left Review*, Vol. 139, 2023.

⑤ Tim Barker, "Some questions about political capitalism—response to Riley & Brenner's 'Seven These'," *New Left Review*, Vol. 139, 2023, p. 36.

⑥ Tim Barker, "Some questions about political capitalism—response to Riley & Brenner's 'Seven These'," *New Left Review*, Vol. 139, 2023, p. 42.

⑦ Lola Seaton, "Reflections on 'Political Capitalism'," *New Left Review*, Vol. 142, 2023.

⑧ Lola Seaton, "Reflections on 'Political Capitalism'," *New Left Review*, Vol. 142, 2023, p. 27.

权力弥漫性的扩展。因为,在政治资本主义的逻辑中,以对社会盈余投资进行政治控制的方式,所实现的对经济增长的影响、利润分配的调度、资本增殖的加速等放大与强化了政治在资本增殖逻辑中的作用,不仅实现了政治与经济的深度一体化,而且打造了依赖政治保障提取生产性"税收"的精英。而且,当资本积累深度且完全依赖于各种政治进程的时候,社会的"身份隔离"就是必要、强制分工就是必须、食利征收就是必然。由此,政治精英与经济精英就同一化,在"食利者心态"的统一中利用政府权力造福自己,而且在"政治权力日益集中在能够影响经济运行规则的企业和金融精英中"[1]形成了寻租、监管、捕获利益的集团政治。也正因为如此,政治资本主义在强化食利政治逻辑中,用较短的时间、较小的投入和较慢的增长集聚了大量社会财富,但是却牺牲了经济的长期增长,拉大了贫富的差距,形成了层级的支配。由此看来,今天当政治精英以政治资本主义来表达自己是资本主义最坚定的拥趸,其存在和当下的繁盛"不仅对资本主义存在威胁,也是对民主政府的威胁"[2]。因为,政治资本主义本身就是历史进步中的资本政治的退步,而这是我们必须重视的现实问题。

一、资本增殖的权力依赖与政治精英的权力

不断增殖是资本的本性。政治与资本的合谋,不仅创生了资本的新形态,而且衍生了资本增殖的新方式。以权力提取保证资本增殖的政治资本主义的产生与兴起,既迎合与满足了资本的本质,又推进了政治权力支配与控制经济与社会。在政治资本主义的逻辑中,资本依赖权力、主导权力和运用权力,来开辟资本增殖的经济通道、社会路径,全

---

① Tim Barker, "Some questions about political capitalism—response to Riley & Brenner's 'Seven These'," *New Left Review*, Vol. 139, 2023, p. 42.

② Randall G. Holcombe, *Political Capitalism: How Economic and Political Power Is Made and Maintained*, Cambridge: Cambridge University Press, 2018, p. 274.

力保障精英集团的利益,推进资本不断增殖。因为,依据政治资本主义的逻辑,权力能够控制资源、制定政策从而获得巨大利益。当现实利益不断集中于政治精英的手中的时候,其利用权力的便利获取垄断地位、市场份额与利润提取。于是,资本的权力化、权力的资本化共同拱卫着资本官僚化的发展。特别是在技术加速发展的人工智能时代,权力对稀缺的维持、壁垒的维护和征用的维系,更是增强了政治精英对经济的控制力和影响力,刺激了政治资本主义的发展和兴盛。资本主义这一新发展趋势,不仅资本在其内在框架中获取了非反思解决矛盾的方法,而且还以权力层级为原则建构了体现资本主义政治退步的征用体系。

第一,当代资本主义实现了"政治工程的向上重新分配"[1],使权力再次成为资本增殖的利器,使政治精英获得更为广泛的经济控制权。按照提姆·巴克的观点,今天的政治资本主义延续了资本增殖对权力的依赖,但却是在增殖疲软背景下以权力实现协调投资、危机管理和行政转移等的资本主义形式。当然,这从资本原生的逻辑上看是因为资本增殖本身就是以权利转换成权力的方式把"劳动的一切力量都转化为资本的力量"[2]。从政治演变与资本增殖的互动逻辑看,因为政治"应用于进步时代的监管"[3]解决了大工程的建设、保障了资本增殖的顺畅,使资本享受了政治的红利,并主动使"积累过程本身的逐步政治化"[4]既实现资本的增殖,又实现政治的积累。这一方面符合恩格斯的判断,"现代国家,不管它的形式如何,本质上都是资本主义的机器"[5];另一方面又表明在经济疲软背景下,当赚钱与盈利性生产脱钩的时候,

---

[1] Tim Barker, "Some questions about political capitalism—response to Riley & Brenner's 'Seven These'," *New Left Review*, Vol. 139, 2023, p. 41.

[2] 《马克思恩格斯全集》第 31 卷,北京:人民出版社,1998 年,第 96 页。

[3] Tim Barker, "Some questions about political capitalism—response to Riley & Brenner's 'Seven These'," *New Left Review*, Vol. 139, 2023, p. 41.

[4] Erik Olin Wright, *Class Crisis & the State*, London: Verso Books, 1979, p. 236.

[5] 《马克思恩格斯全集》第 26 卷,北京:人民出版社,2014 年,第 296 页。

权力而非生产才是资本真正仰仗的，政治精英而非生产精英才是经济的实际控制者。因为，"在政治资本主义的逻辑中，原始的政治权力，而非生产性投资，才是回报率的关键性决定因素"①。所以，资本增殖对权力的依赖开创了政治权力寻租的空间，而时代的变化既强化了政治权力寻租的能力，更是成为了政治精英的"盈余提取机制"②。

第二，在政治资本主义逻辑中，权力从分散于不同所有者向资本掌握者高度集中，使得"财富和权力在很大程度上由不负责任的政治领导人和他们的他们亲近的人控制"③，打造了政治精英权力的闭环。当今资本主义的政治精英也毫不隐讳，他们"有一个政治体系，赋予高层权力过度的权力，他们利用这种权力不仅限制了再分配的程度，还塑造了对他们有利的游戏规则"④。从本质上讲，政治资本主义其实是资本脱实向虚的必然，这既是因为，金融资本在现代更便于"创造"更多财富使然，又是因为，金融部门因为获得经济主导地位而获得了更多的政治权力。政治权力不仅巩固和维系了资本逻辑的稳定，更是现实地解决了资本崩溃的问题。比如 2008 年金融危机之后的美国在共和党政府领导下，"向金融体系注入资金，以维持流动性，并救助大量的金融公司"⑤。显然，这既符合当代资本主义的经济利益，又表征资本主义政治的文化属性，真正使"商业和经济活动的追求与政治的愿望广泛的地一致起来"⑥。而且，在当今的时代资本主义的政治权力更"把控知识

---

① Dylan Rlley & Robert Brenner, "Seven Theses on American Politics," *New Left Review*, Vol. 138, 2022, p.7.

② Dylan Rlley & Robert Brenner, "Seven Theses on American Politics," *New Left Review*, Vol. 138, 2022, p.6.

③ Joe Zammit-Lucia, *The New Political Capitalism*, London: Bloomsbury Publishing Plc., 2022, p.245.

④ Randall G. Holcombe, *Political Capitalism: How Economic and Political Power Is Made and Maintained*, Cambridge: Cambridge University Press, 2018, p.44.

⑤ Joe Zammit-Lucia, *The New Political Capitalism*, London: Bloomsbury Publishing Plc., 2022, p.251.

⑥ Joe Zammit-Lucia, *The New Political Capitalism*, London: Bloomsbury Publishing Plc., 2022, p.255.

开放程度、应用场景和转化场域为方式的控制"①,在零边际成本的动态生产中,政治精英不断适应新的需求,以寻租作为获取高利润的方式,在全球价值链普遍化的加持下,强化了世界经济的帝国主义关系。显然,政治资本主义在突显资本增殖对权力依赖事实的基础上,印证了权威复兴的开始,并正在形成政治精英权力的闭环逻辑。

第三,资本主义利润对政治权力的依赖是全球资本主义活力衰退的"积极"产物。资本主义体系出现的一系列危机,如金融体系的缓慢复苏、数字通信和算法监管技术垄断巨头的崛起、世界环境大危机、劳动力市场紧张等,导致全球经济环境进入封锁状态。其深层次的、长期的萎靡不振引发了现实的政治反应,因此,政治资本主义作为捕捉这个时代病态现象的"新奇"事物被再次重提。一方面,在经济萎靡和政治掠夺的时代,以权力保障经济增殖促进了"变革性的再分配"快速实现;另一方面,"回报率与积累率"的背离证明了政治资本主义等式:生产性投资不再是回报率的关键决定因素。因为资本家只有在资本主义财产关系盛行的获利情况下才愿意积累资本,"'赚钱'与'盈利性生产'的脱钩,不仅削弱了资产阶级的自我致富与普遍福利、利润和使用价值之间的结构性联系,也使他们失去了合法性"②。因此,利润在政治上的吸收,保障的是资本主义政治精英的权力。政治资本主义下的税收减免、各种补贴政策,都是屈从于精英利益的手段,同时也意味着资本注入金融部门或政治本身以获取回报增强了精英的政治相关性。从这个意义上讲,"今天,经济权力似乎比任何以往时候都更成为政治权力"③。特别是当前技术"租金"阶段,超越了"超经济的强制"这一方式,在实现自身增殖的同时将一切形式纳入资本增殖范围。可见,"那些拥有政治权

---

① 涂良川,潘依林:《"知识垄断资本主义"重塑资本逻辑的政治叙事——当代西方左翼知识经济学的政治经济学批判刍议》,载《南京社会科学》2023年第5期。

② Lola Seaton, "Reflections on 'Political Capitalism'," *New Left Review*, Vol. 142, 2023, p. 23.

③ Wolfgang Streeck, "Crises of Democratic Capitalism," *New Left Review*, Vol. 71, 2011, p. 29.

力的人,利用政府的力量,让每个人都遵循他们喜欢的政策"①,资本的经济交换与政治权力具有同构性。

第四,政治资本主义以"重塑选举政治的新社会裂痕解释为'身份'取代阶级作为政治归属的决定性原则的症状,形成了标准的'阶级脱轨'"②。在盈利投资转向"政治的向上再分配计划"中,"政治化掠夺"将财富集中到富人手中,意味着资本与国家之间的任人唯亲融合,推动了资本官僚化的发展。政治精英金融阶层通过政治手段向上将财富重新分配给自己。这里必不可少的是竞争力的反面:由于政治地位或联系,他们获得直接产生财富的特权。当集聚的收入集中于少数人的口袋,"以防止稀释他们阶层的利益"③,政治精英通过垄断策略来改善他们的地位,控制着政府的权力,这就开启了精英们"利用政府的力量向大众强加成本的可能性"④。一方面,政治精英具有"权威的价值分配",由于产权结构的限制,在收益分配上,收益与贡献相分离,因为政治精英特殊的地位,其以权力依赖获取财富创造者的财富,而财富创造者并不是财富的占有者。资本增殖的权力依赖是政治精英获取共同利益的保障,因此他们可以保持在政治和经济等级的顶端地位,同时在市场体系中,由于信息和权力手段的集中,精英们"通过规模和游说财富可以获得的更持久的政治权力"⑤。另一方面,政治精英"利用政治体系来维持他们的精英地位"⑥具有复兴阶级政治的可能性。阶级政治

---

① Randall G. Holcombe, *Political Capitalism: How Economic and Political Power Is Made and Maintained*, Cambridge: Cambridge University Press, 2018, p.196.

② Lola Seaton, "Reflections on 'Political Capitalism'," *New Left Review*, Vol.142, 2023, p.9.

③ Randall G. Holcombe, *Political Capitalism: How Economic and Political Power Is Made and Maintained*, Cambridge: Cambridge University Press, 2018, p.49.

④ Randall G. Holcombe, *Political Capitalism: How Economic and Political Power Is Made and Maintained*, Cambridge: Cambridge University Press, 2018, p.79.

⑤ Randall G. Holcombe, *Political Capitalism: How Economic and Political Power Is Made and Maintained*, Cambridge: Cambridge University Press, 2018, p.84.

⑥ Randall G. Holcombe, *Political Capitalism: How Economic and Political Power Is Made and Maintained*, Cambridge: Cambridge University Press, 2018, p.193.

主要是剥削关系的政治化,在资本的无限增殖中,"权力股"保障了其坐收红利,也在资本化的政权中,成为维系资本官僚主义的工具。

资本增殖的权力依赖,保障了资本持续性的获利,在新的创造物承接资本主义功能之下,政治精英的经济操控强化了资本权力,又以权力本身保障了精英地位,建构了权力的层级结构。今天,在资本增殖中,资本已不再满足于经济剥削的长期缓慢积累,而是要实现财富快速、大量的整体转移,也就是资本的寻租,因此权力的操纵成为其增殖利器;另一方面,资本既需要公共权力的支撑,也试图减少公共权力,为了自己的利益保障与权力获得。在寻租、监管捕获和利益集团政治等一系列资本主义的活动构建中,其"资本主义的进步带来了越来越多的政府设计和越来越复杂的经济权利的执行,这些权利自然是由精英控制"[①]。因此,经济与政治主导地位的融合,维护的政治精英的权力地位,在这个意义上说"'政治资本主义'问题的答案可能首先是政治性的"[②]。

二、政治精英的经济操控与财富转移的增殖逻辑

资本主义利润一直依赖政治权力,但"资本主义经济对政治的依赖的性质也随着时间的推移发生了变化"[③],即在资本主义积累中,已获得资本权力保障的政治精英采取一系列经济措施,实现财富的快速转移。在洛拉·西顿看来,新的政治资本主义政权本身就是对经济"长期低迷"的一种病态适应。因为,面对全球经济增长放缓、资本停滞不前,盈利投资渠道寥寥无几,资本基于政治的向上再分配计划,通过"'完全跳过生产'",在金融投机和政治掠夺中寻求更高的回报——利用一系列

---

① Randall G. Holcombe, *Political Capitalism: How Economic and Political Power Is Made and Maintained*, Cambridge: Cambridge University Press, 2018, p.215.

② Lola Seaton, "Reflections on 'Political Capitalism'," *New Left Review*, Vol.142, 2023, p.27.

③ Tim Barker, "Some questions about political capitalism—response to Riley & Brenner's 'Seven These'," *New Left Review*, Vol.139, 2023, p.36.

'政治构成的敲诈',包括倒退的减税、放松管制、货币注入、近乎零的利率刺激资产泡沫和过度杠杆化的金融部门损失的社会化等各种项目"①,催化资本财富转移。由此"产生了一种恶性的'零和再分配政治,主要是在不同工人群体之间',其中'政党从根本上成为财政联盟,而不是生产主义联盟'。②借助于政治的权威,权力的主动变现代表了资本新的"盈余提取"方式。尤其是当前的技术霸权横行下,资本的寻租成为其食利逻辑的主要手段。一方面,寻租作为一种政治现象,即利用政治程序向寻租者提供经济资源的转移,其以牺牲转移资源的人为代价获取利益。"将精英理论的见解应用到寻租过程中,增加了对寻租制度结构的见解。租金是由精英创造的,然后转移给精英的成员,成本由群众承担。"③另一方面,在权力的保障下,政治精英获取特殊的群体利益,由寻求利润转移到寻求政权之上。"政治资本主义是一种以生产资料的私有制和通过自愿的市场交换进行的资源转移为特征的经济体系,这是资本主义的两个基本特征。"④在传统的被动的操纵经济中,经济支配政治,而在当前葆有经济政治化特征下,实现了以"政治经济化"为主要特征的资本增殖。即,"更合理的'基于政治的新资本主义形式出现,基于政治机制,并与一种新的国家形式和一种新的社会分层模式相关联'"⑤的模式。

第一,政治精英的经济操控推动了资本权力的变现,形成了新的经济增长方式与利润分配调度,保证了财富转移增殖逻辑的合理化。政

---

① Lola Seaton, "Reflections on 'Political Capitalism'," *New Left Review*, Vol. 142, 2023, p.10.

② Lola Seaton, "Reflections on 'Political Capitalism'," *New Left Review*, Vol. 142, 2023, p.10.

③ Randall G. Holcombe, *Political Capitalism: How Economic and Political Power Is Made and Maintained*, Cambridge: Cambridge University Press, 2018, p.113.

④ Randall G. Holcombe, *Political Capitalism: How Economic and Political Power Is Made and Maintained*, Cambridge: Cambridge University Press, 2018, p.272.

⑤ Tim Barker, "Some questions about political capitalism—response to Riley & Brenner's 'Seven These'," *New Left Review*, Vol.139, 2023, p.38.

治精英的经济操控,既是应对资本增长乏力的必然选择,也是实现资本权力扩散的必然路径。对于政治精英来说,在政其塑造的有利游戏规则下,以公共利益名义实施的政策无情地被特殊利益集团所抓住,以从社会共有物中挪用资源作为自己的私人目的。财富和政治权力的不断升级,促进了税收、转移资本在收入中的份额持续增长。"政治上推动财富的向上再分配,以维持部分转型的主导资本主义阶级的核心要素,作为对看似不可阻挡的经济恶化过程的回应,一直是政治经济演变的核心。"①资产阶级已占领了政治体系,在对公共权力的掌控中,对经济的操控以符合资产阶级利益为标准,也就是"食租者阶级"占有与转移社会劳动创造的剩余。客观地讲,这一手段大量转移了资本财富,不仅有效地应对了当前生产停滞的难题,也保障了资本的合理增殖。"随着政治资本主义变得更加根深蒂固,这也让商界领袖别无选择,只能试图建立那些联系,让他们获得政府的支持",也就是说,在政治精英经济操纵的经济体系中,获得更多经济利益的是政治偏袒,而不是经济效率。因为财富转移本身是无生产力的,而经济操控的权力主动变现保障了其增殖的最大化调度。

第二,资本在传统增殖逻辑中强化对政治的依赖性,在权力主动靠近经济中,设计了政治精英操纵利益设计的能力,是应对经济增长率放缓甚至趋向停滞的现实,打造的盈余提取的新的方式。权力成为回报率的关键因素,在莱利和布伦纳看来,"不断升级的一系列税收减免,以便宜价计算的公共资产私有化,量化宽松加超低利率,以促进股市投机——最重要的是,直接针对私营行业的大规模国家支出出,对更广泛的产生了涓滴效应:布什的处方药立法,奥巴马的平价医疗法案,特朗普的关怀法案,拜登的美国救援计划,基础设施和筹码法案以及通货膨胀减少法案"②,都是具有政治性的盈余提取机制,其不是基于投资投

---

① Robert Brenner, Escalating Plunder, *New Left Review*, Vol. 123, 2020, p. 22.
② Dylan Rlley & Robert Brenner, Seven Theses on American Politics, *New Left Review*, Vol. 138, 2022, p. 6.

入,而是以政治的投资,加强对市场的操纵。从这个意义上讲,"资本的利润可以被视为政治援助"①。即,将资本引入到生产部门,形成政治驱动的财富向上再分配。比如,在政治精英对市场的操控下,以"不自由的、依赖性的、不被承认的或无报酬的劳动"②寻求社会剩余,增加生产投资的政治性,也就是资本主义依赖公共权力,以不参与生产方式,而以政治强化的方式保证资本的增殖,最为典型的就是"租金的政治创造"。一方面,政治的投资使拥有过剩财富的人与政治精英进行交易,在复杂的资本市场中,资本最大规则的拥有所规定的租金。另一方面,资本主义以将共有资源转化为少数人的私有财产,保障了收入的持续性分配。

第三,政治精英的经济操控在政治的偏袒中实现"自我"的价值增殖,并通过财富转移的方式进一步保护了自身的资产,完成了经济增殖与政治权力的封闭与闭环。例如美联储以改变游戏规则的努力"重塑了公司债券市场,并改变了领先的非金融公司的经济地位"③。政治精英"通过监管、对一些交易所给予优惠的税收待遇、为关系良好的人提供补贴和政府合同来进行偏袒"④。在政治精英的操纵下,资本以协调消费者的偏好和生产,通过资源交换与相互协议,最大化利润来源。"为保护劳动价值而组织的工人阶级各派往往会凝聚成韦伯所说的'地位团体,部署政治意识形态手段来管理竞争。这种形式的政治往往会将工人彼此分裂和孤立。"⑤因为,一方面,"精英们是由他们的利益驱动的,而不是由思想驱动的"⑥,对财富的快速、大量的转移,本质上就

---

① Lola Seaton, "Reflections on 'Political Capitalism'," *New Left Review*, Vol.142, 2023, p.17.

② 南希·弗雷泽:《食人资本主义》,蓝江译,上海:上海人民出版社,2023年,第6页。

③ Robert Brenner, "Escalating Plunder," *New Left Review*, Vol.123, 2020, p.19.

④ Randall G. Holcombe, *Political Capitalism: How Economic and Political Power Is Made and Maintained*, Cambridge: Cambridge University Press, 2018, p.272.

⑤ Dylan Rlley & Robert Brenner. Seven Theses on American Politics. New Left Review, Vol.138, 2022, p.7.

⑥ Randall G. Holcombe, *Political Capitalism: How Economic and Political Power Is Made and Maintained*, Cambridge: Cambridge University Press, 2018, p.271.

是"经济租金的政治创造"①。"寻租"对整个经济来说是一种非生产性的活动,因为租金作为一种转让,其中受益者以牺牲那些转移资源的人为代价获得收益。在政治权力的推动下,以维持主导资本主义阶级的政治地位寻求经济效益,在"互利会互惠"的市场活动中,资本"利用政府的力量从消费者和纳税人获得转移,让那些金融转移没有选择,但承担成本……租金将被转移给低交易成本群体中那些有能力设计对自己有利的公共政策的人:精英阶层。寻租的大部分成本将由那些无法参与影响公共政策的谈判的高交易成本组的人承担:大众"②。因此,租金的创造者聚集大量财富,最大限度地提取盈余,大众口袋里的钱都流向精英阶层,而群众之间由于产生租金的制度壁垒、能力障碍,形成了新的社会分层。政治精英的独裁统治,不仅获得了绝大的经济财富,也获取了绝对的政治权力。

第四,今天,政治精英的经济操纵作为资本积累的主要方式,主要是在高端产业链的租金循环中,以新技术的壁垒突破传统资本增殖的限制,在权力的加持下,将技术的积累优势转化为资本增殖的模式。一方面,最大的公司并没有简单地忍受经济衰退,跨国公司从产能过剩中收益,他们退缩到价值链的顶端,"保留了对品牌、零售、高科技制造和汽车等高价值商品的最终组装的控制,同时将生产的其他方面转移到依赖的供应商手中"③,这样,资本以保证其在核心竞争领域的持续创新,从价值链中获得更大份额的利润。另一方面,通过政治推动财富的向上再分配强化了商品的私有化过程,有利于金融市场中的交易蓬勃发展,也强化了资本垄断的过程,成为资本集中、雇主权力的重要驱动力。在新的积累形式中,资本的盈余提取都是政治性的,"它们允许回

① Randall G. Holcombe, *Political Capitalism: How Economic and Political Power Is Made and Maintained*, Cambridge: Cambridge University Press, 2018, p.97.

② Randall G. Holcombe, *Political Capitalism: How Economic and Political Power Is Made and Maintained*, Cambridge: Cambridge University Press, 2018, p.99.

③ Aaron Benanav, "A dissipating glut?" *New Left Review*, Vol. 140/141, 2023, p.68.

报,不是基于对工厂、设备、劳动力和投入的投资来产生使用价值,而是基于对政治的投资"①。这样,资本以隐性化的方式将"工资—劳动/资本关系"政治化,在对隐性知识的获取中形成自身的权力表达。一方面,从抽象层面上,资本追求经济利益,基于权力的操纵而实行阶级策略;另一方面,通过再分配对工人生产与资本占有的社会盈余施加政治控制,在弗雷泽看来,"在更高级的雇佣劳动的胁迫背后,隐藏的是公开的暴力和公然的盗窃"②。政治精英"从生产性经济活动转向利用他们的政治关系寻求特殊利益"③。因此,在政治偏袒中,满足资本增殖的不是经济效率,而是盈利能力依赖于关系,同时增强了政治精英的自由裁量权。

所以,"当我们从第三个角度来看待资本主义时,这两个问题——依附性劳动和政治奴役——就会浮现出来:掠夺的视角"④。在这里资本不再主要面向生产力的投资,而是政治上的掠夺,掠夺的能力被纳入资本增殖过程之中。"根据这种观点,'纯粹政治'相对于纯粹经济的范围是非常有限的:它主要包括,保障产权。政治也有助于确保廉价的能源和食品供应、不自由的劳动力和矿产、知识,也许最终还有数据——正是这些可能性条件使得'经济'概念的(扩展)概念可能——没有说出来,原因很明显:这些事情都与剥削没有直接关系。"⑤因为,在当前政治精英的操纵下,资本积累是看似纯粹的经济剩余提取,而政治征用排除在剥削之外,即"政治领域的强制力最终是维持私有财产和占有权力所必需的,'经济'需要提供直接的强制力,迫使工人将剩余劳动力转移

---

① Dylan Rlley & Robert Brenner, "Seven Theses on American Politics," *New Left Review*, Vol. 138, 2022, p. 7.

② 南希·弗雷泽:《食人资本主义》,蓝江译,上海:上海人民出版社,2023 年,第 13 页。

③ Randall G. Holcombe, *Political Capitalism: How Economic and Political Power Is Made and Maintained*, Cambridge: Cambridge University Press, 2018, p. 94.

④ 南希·弗雷泽:《食人资本主义》,蓝江译,上海:上海人民出版社,2023 年,第 56 页。

⑤ Evgeny Morozov, "Critique of Techno-feudal Reason," *New Left Review*, Vol. 133, 2022, p. 124.

给资本家"①。这一使用超经济的政治手段获取与转移剩余,从外围到核心的过程,延续了"生产者与生产资料分离"的逻辑,增加了核心资本家的财富,形成了资本构成的社会财产关系,特别是在当前的剩余转移机制——知识产权的租金提取中。"所有这一切都有一定的逻辑:首先通过超经济手段进行剥夺;然后通过利用产权——包括知识产权——将经营转移回经济领域,实现再分级化。"②即企业利用政治力量获取合法资源,开启了新的剥夺性积累过程,理论化"新形式的食利者采掘主义"③。

三、政治精英的利益提取与资本政治的退步

当前,在政治精英的一系列操纵下,"剥削现在被理解为精英主义的问题,而压迫则是特权问题"④。因为与以前的经济制度不同,资本主义剥削依赖于从自由形式而非实际劳动力中榨取剩余价值,"导致了为了国际富裕精英阶层的利益而对全球市场进行技术官僚管理"⑤。因此,也导致了以"长期停滞、政治驱动的财富向上再分配、精英的炫耀消费"为主要特征的资本主义。在政治精英的利益保障下,社会资源与财富的流动不再基于市场竞争与公平规则,而是由少数人所掌握与决定。在过渡性收益的政治创造与租金提取中,一方面,政治精英以权力关系取代生产关系,在对政治权力的合理利用中,以不劳而获的姿态面对资本的增殖;另一方面,在租金提取中,"提取的不是租金,也不是转

① Evgeny Morozov, "Critique of Techno-feudal Reason," *New Left Review*, Vol. 133, 2022, p. 98.
② Evgeny Morozov, "Critique of Techno-feudal Reason," *New Left Review*, Vol. 133, 2022, p. 104.
③ Evgeny Morozov, "Critique of Techno-feudal Reason," *New Left Review*, Vol. 133, 2022, p. 104.
④ Marc James Léger ed., *Identity Trumps Socialism: The Class and Identity Debate after Neoliberalism*, New York: Routledge, 2023, p. 7.
⑤ Marc James Léger ed., *Identity Trumps Socialism: The Class and Identity Debate after Neoliberalism*, New York: Routledge, 2023, p. 1.

让,而是一种支付,以换取执行对支付人有利的政策或不实施对支付人有害的政策的交换"①,在这里,不平等概念也就是对不劳而获利益的指责。因此,这种"现实类似于一种新型的封建主义"②,在这种关系中,"我们长期以来所拥有的是一个时代,由于政治掠夺加剧,经济衰退正在恶化"③。同时,政治资本主义的兴起也在重新配置政治,"在精英层面,它与令人眩晕的竞选支出和大规模的公开腐败有关。在群众层面,它与先前霸权秩序的解体有关,因为在一个持续的低增长或无增长环境中——'长期停滞'——政党不能再在增长计划的基础上运作。因此,他们不能主持经典意义上的'阶级妥协'。在这种情况下,政党从根本上成为财政联盟,而不是生产主义联盟"④。由此,政治精英的独裁本质上也产生了资本政治的退步。

第一,政治精英以一系列经济操控保证了财富的转移,形成以政治保障生产性"税收"的剥夺积累机制,其利益提取代表了一种新的盈余方式。在政治权力的保障下,政治精英快速积累财富,维护了自己的特权地位。一方面,私有化作为资本占有与垄断的标识,当前政治强权的压迫已经不再是资本权力的主要方面了,剩余价值最大化构成资本社会权力获取的方式。即,将权力征用寄生于资本主义生产关系的支配关系之中,用经济交换作为自身权力的实施场域,从而建构了其权力征用逻辑,这种政治权力的实施范围更广并且控制手段由被动转向主动。另一方面,"新的税收和法规,将对个人增加成本。抽象地说,政策制定者可能威胁要将各种成本强加给任何人"⑤,租金提取的权力依赖使资

---

① Randall G. Holcombe, *Political Capitalism: How Economic and Political Power Is Made and Maintained*, Cambridge: Cambridge University Press, 2018, p.128.

② Marc James Léger ed., *Identity Trumps Socialism: The Class and Identity Debate after Neoliberalism*, New York: Routledge, 2023, p.165.

③ Robert Brenner, "Escalating Plunder," *New Left Review*, Vol.123, 2020, p.22.

④ Dylan Rlley & Robert Brenner, "Seven Theses on American Politics," *New Left Review*, Vol.138, 2022, p.7.

⑤ Randall G. Holcombe, *Political Capitalism: How Economic and Political Power Is Made and Maintained*, Cambridge: Cambridge University Press, 2018, p.129.

本具有持续的以提取租金来维持租金增长的能力,这一提取报酬的能力提供了创造过渡性收益的时机。今天,在收入范围的最高端,租金普遍存在于金融、娱乐和科技领域。监管通过"大到不能倒"状态的隐性保险来补贴大型银行,"通过各种税收优惠储蓄工具[如 401(k)和 IRA]为投资经理创造巨大的资产池,以及建设规模庞大、流动性强的证券化金融市场"①。尽管金融业表现得非常高效且技术先进,但该领域的进步成果似乎已完全流向金融服务的生产者,而不是消费者。这"不是由经济学驱动,而是由抽象和富有表现力的'价值观'驱动。但正如莱利和布伦纳所坚持的那样,党派断层线的物质基础超出了对边际所得税等级的正确设置的分歧"②。

第二,"政治设计的向上再分配"使政治化掠夺"通过抬高资产和股票市场将财富输送到富人"③手中。政治精英取得利于自身发展的政策,推进了资本的增殖,但却没有实现利于整个社会的政策。即,"当最富有的人利用他们的政治权力过度造福他们控制的公司时,急需的收入就会转移到少数人的口袋里,而不是让整个社会受益"④,由此产生了过大的贫富差距与政治权力不均衡现实困境,产生了"阶级结构中剥削主要关系的政治化"⑤。一方面,政治精英们在租金表征的垄断特权中,产生租金的政治阶层与被迫剥削的大众阶层之间形成了过大的贫富差距,"寻租、提取租金、过渡性收益的创造、监管捕获"等一系列政治精英为自己利益而创造的活动,用来实现资本的目的,也成为现代的表

① https://www. nationalaffairs. com/publications/detail/the-scourge-of-upward-re-distribution.

② Matthew Karp, "Party and class in American politics——reply to Riley and Brenner's 'Seven These'," *New Left Review*, Vol. 139, 2023, p. 136.

③ Lola Seaton, "Reflections on 'Political Capitalism'," *New Left Review*, Vol. 142, 2023, p. 12.

④ Randall G. Holcombe, *Political Capitalism: How Economic and Political Power Is Made and Maintained*, Cambridge University Press, 2018, p. 6.

⑤ Dylan Rlley & Robert Brenner, "Seven Theses on American Politics," *New Left Review*, Vol. 138, 2022, p. 8.

象自由而现实更加封建化的等级;另一方面,当前"制造业盈利能力和投资仍然薄弱(即使是新经济中所谓的最具活力的部门也正处于危机的痛中)。政治资本主义仍然牢固地存在,这意味着从资本到劳动力的再分配将极其困难,甚至不可能,因为利润依赖于政治策划的向上再分配"①。当前政治精英的利益提取主要体现为在数字圈地机制中,以平台确立并巩固了其寡头化、等级化的权力来源——剩余价值的源源不断的提取。"高端不平等的爆发是弗朗西斯·福山所说的'政治衰败'的症状。"②

第三,"政治驱动的财富向上再分配",资本以倒退到"寻租政治",政治精英利益提取的隔离所产生的不劳而获的收入,导致了今天更加严峻的阶级形式。"不是作为社会地位或权力的一般指标,而是严格意义上的与生产资料的关系"③,这种新的双向转变的结果带来的"阶级分化"。政治精英作为少数人利益的代表,其在政治权力的保障下的经济操控、利益提取,阻碍了个人的发展,以超经济的政治手段改变了传统的暴力威胁,而以"完全经济"的手段在经济中占有生活资料,这种看似"自愿"的劳动剥削其实是私人权力与等级制度在公共领域的类封建化。"今天的新封建主义伴随着朗朗上口的口号、流畅的移动应用程序,甚至是扎克伯格虚拟世界中永恒虚拟幸福的承诺。"④在新的资本形态中,政治精英以新的寄生形式获取资本的增殖,即简单的产权控制就可以实现财富的层级分配。如此,在身份依附的定制状态中,资本原有的理性思维能力、生活批判力与观念反思能力被"类人性"的智能机器操控。提取租金的寄生资本主义带来了资本本身的理性精神、"资本

---

① Dylan Rlley & Robert Brenner, "Seven Theses on American Politics," *New Left Review*, Vol. 138, 2022, p. 7.

② https://www.nationalaffairs.com/publications/detail/the-scourge-of-upward-re-distribution.

③ Tim Barker, "Some questions about political capitalism—response to Riley & Brenner's 'Seven These'," *New Left Review*, Vol. 139, 2023, p. 41.

④ Evgeny Morozov, "Critique of Techno-feudal Reason," *New Left Review*, Vol. 133, 2022, p. 89.

美德"的消散,"在政治资本主义的零和世界中,朝任何一个方向投票都不仅仅是情感的表达,也是一种利益声明"①,也就是资本本身个体道德的下滑与政治的退步,"教育和种族都成为'社会封闭'的形式"②。

第四,"私有化通常被吹捧为一种更有效地提供政府服务的方法,但它会引发腐败,因为它为让合同提供给亲信打开了大门"③。在政治精英的利益提取中,任人唯亲、偏袒与腐败成为资本主义制度本身的必然结果。政治上的向上分配"威胁的并不是它会扩张到完全挤出混合经济的其他元素,而是它变得如此普遍以至于破坏了资本主义的生产力"④。因为,当资本盈利依赖于权力关系,而不是以满足消费者的生产需求,就无法以有效地市场经济保证生产资料的持续生产。在资本的所有权向政治精英传达优势时,"任人唯亲"就导致在收入不平等的情况下,允许政治上的特权在经济体系中获得偏袒。因此在资本的生产中,政治偏袒代替了经济效率,引导偏袒内部人士的利润,同时在特殊利益集团的作用中,其利用财富使公共政策也偏向有利于自己,"在这个体系中,那些有权管理体系的人使用这种权力来保持他们的精英地位,将自由市场资本主义体系转变为政治资本主义"⑤。随着新的政治精英群体的壮大,政治精英和经济精英之间的联系不断发展,为经济精英为自己的利益打开了机会。在这里,"这种政治模式往往会进一步分裂工人阶级,并将工人阶级政治推得更远——尽管,确实因为它吸引了非常具体的物质利益"⑥,利益的增长导致了资本政治的退步。

---

① Tim Barker, "Some questions about political capitalism—response to Riley & Brenner's 'Seven These'," *New Left Review*, Vol. 139, 2023, p. 41.

② Lola Seaton, "Reflections on 'Political Capitalism'," *New Left Review*, Vol. 142, 2023, p. 10.

③ Randall G. Holcombe, *Political Capitalism: How Economic and Political Power Is Made and Maintained*, Cambridge: Cambridge University Press, 2018, p. 163.

④ Randall G. Holcombe, *Political Capitalism: How Economic and Political Power Is Made and Maintained*, Cambridge: Cambridge University Press, 2018, p. 254.

⑤ Randall G. Holcombe, *Political Capitalism: How Economic and Political Power Is Made and Maintained*, Cambridge: Cambridge University Press, 2018, p. 43.

⑥ Dylan Rlley & Robert Brenner, "Seven Theses on American Politics," *New Left Review*, Vol. 138, 2022, p. 7.

政治精英的利益提取本身就是权力本身成为资本抽取利润的主要机制，也就是格雷伯所说的"全方位官僚化"①。在莱利和布伦纳看来，政治资本主义"产生的政治制度无法从根本上缓解长期停滞的结构性危机——其政党无法'构建霸权增长联盟'，只能以微弱而脆弱的多数组建政府——以及按教育水平和其他形式的身份主义'封闭'划分的阶级结构，无法阻止或扭转停滞所带来的社会倒退后果"②。也就是说政治精英的权力提取，以普遍的贫困化、财富分配不均和新寡头的出现，使得金融化的成果只扩展到高薪专业人士和那些公司官僚本身，"这所引起的新政治结构阻止了霸权增长联盟的构建和相关的大规模选举压倒性优势现象。相反，它产生了一种恶性、狭隘的零和再分配政治"③，带来了资本政治的退步。

"政治工程"作为资本经济计划的一种方式，政治的向上再分配意味着使用政治权力来确定回报率，对社会盈余投资施加政治控制，使资本增殖更加"民主化"。但这样并"不是从积累和盈利过程中移除政治权力，而是进一步分散这种权力"④，经济与政治主导地位的融合使政治精英的利益以合法化形式提取，而公民被剥夺了民主防御与获得政治经济利益的能力。"Neckel 经常引用托马斯·皮凯蒂关于'世袭资本主义'回归的警告——这是一个接近于'新封建'想象的概念。"⑤也就是说，通过政治手段来获取和转移资本剩余，从外围到核心的占有全球剩余，增加了核心资本家的财富与政治精英的权力。哈维"将新自由

① 大卫·格雷伯：《规则的悖论：想象背后的技术、愚笨与权力诱惑》，倪谦谦译，北京：中信出版社，2023 年，第 15 页。
② Lola Seaton, "Reflections on 'Political Capitalism'," *New Left Review*, Vol. 142, 2023, p. 21.
③ Dylan Rlley & Robert Brenner, "Seven Theses on American Politics," *New Left Review*, Vol. 138, 2022, p. 25.
④ Lola Seaton, "Reflections on 'Political Capitalism'," New Left Review, Vol. 142, 2023, p. 27.
⑤ Evgeny Morozov, "Critique of Techno-feudal Reason," *New Left Review*, Vol. 133, 2022, p. 96.

主义定义为一个政治项目,在前景上是再分配而不是生成",形成新的剥夺积累理论,认为再分配的剥夺已经超过了生产性剥削,以政治权力保证资本的转移成为当前获取价值的有利手段。伍德认为:"代表着政治的最终'私有化',在某种程度上,以前与强制性政治权力相关的功能——集中的或"分包的"——现在已经牢牢占据了私人[经济]领域,作为私人占有阶级的职能,免除了履行更大社会目的的义务。"①因此,名义上的资本主义即财富向上再分配的依赖正在将资本主义从其自身转移到一种经济形式。在这里,从资本到劳动力的再分配显然不可能,因为利润依赖于政策规划的向上再分配,这显然实际上更接近于类封建逻辑。

结　语

"政治资本主义定义的讽刺之一是,'政治'——被'原始''公开和明显'等强化词强化——增加了可能为'向上'保留的负面联想:它有可能暗示政治干预任何形式的经济活动都是倒退的(或徒劳的),而不是政治资本主义下这种干预的具体目的和特征。"②今天,政治资本主义以政治权力保障政治精英经济操控的能力,打造以"租金向上再分配"的税收政策,形成了政治精英的独裁统治。尤其是当前拥有知识产权的人才在技术、制药和娱乐行业的收入分配的最顶端占有一席之地,而"这些领域的几乎所有回报都来自专利和版权,因为在这些领域制作副本的边际成本接近于零"③。也就是当前知识产权等政治形式造成的不平等日益重要,不仅是市场和技术扩张的自然结果,也是资本增殖的

① Evgeny Morozov, "Critique of Techno-feudal Reason," *New Left Review*, Vol. 133, 2022, p.124.
② Lola Seaton, "Reflections on 'Political Capitalism'," *New Left Review*, Vol. 142, 2023, p.26.
③ https://www.nationalaffairs.com/publications/detail/the-scourge-of-upward-re-distribution.

政治权力依赖的产物,因为政治精英的经济操控以隐蔽化的、几乎没有争议的方式增加产权所有者在高端租金的循环分配中的财富。在技术等方式的加持下,政治向上再分配的租金模式成为资本利润的主要来源。食利者阶层的不劳而获,牺牲了长期的经济增长前景,固化了贫富差距的现实困境,是资本政治的退步的现实表征。

(作者　潘依林,华南师范大学马克思主义学院博士研究生;涂良川,华南师范大学马克思主义学院教授、博导)

The Political Narrative of "Power Extraction" in Political Capitalism

Pan Yilin　Tu Liangchuan

Abstract: In the era of deep globalization, capital and politics have once again made deep peace, giving rise to political capitalism characterized by the extraction of power to ensure the proliferation of capital. Although political capitalism still strengthens the dependence of capital growth on politics at the continuation level, the "upward redistribution of rent" pursued by political capitalism is not only the intervention of power in the economy and the taxation of productive economic activities, but also the It is the ability of political elites to manipulate the interest design system, thereby creating a new way for capital to grow its interests under the premise of declining economic growth. Political capitalism transforms the control and expropriation of power into economic plunder and intervention, so that the proliferation of capital is supported by political resources, political logic and political effects, forming a "quasi-feudal" parasitic economy and the dictatorship of the "political elite". The active, comprehensive and systematic involvement of political power in capital proliferation is not only the basic logic of political capitalism, but also the political economic root of the rise of capitalist anti-globalization trends. Therefore, revealing and criticizing the internal logic of political capitalism that transforms political power from being subordinate to society and the people to a tool for political elites to manipulate the economy and society, and reconstructing the nature and analytical capabilities of politics are important issues that must be solved today in the face of changes in the form of capital.

Key words: Political Elite; Capital Proliferation; Profit Extraction; Power

恩格斯人与自然和谐共生思想浅说①

唐干钧　刘严宁

摘要:从早年的《伍珀河谷来信》到晚年的《自然辩证法》手稿,恩格斯一生的重要著作贯穿一个重大思想主题,即对人与自然关系的思考。本文把恩格斯的这一思考大致分为三个阶段,即以《伍珀河谷来信》为代表的萌芽时期,以《德意志意识形态》为代表的形成时期,以《自然辩证法》为代表的成熟时期。恩格斯人与自然关系思考的重要特征是把人与自然的关系追溯到人与人的关系,并把人与自然的和谐共生作为最终价值旨归。恩格斯的这种思考对于当代文明无疑具有非常重要的意义。

关键词:恩格斯　人与自然　和谐共生

虽然恩格斯没有直接使用"人与自然和谐共生"这样的字句,但恩格斯有非常丰富、深刻的人与自然关系思想。笔者认为,可以把恩格斯人与自然关系思想的实质归结为我们当下执著追求的人与自然和谐共生。因此,深入讨论恩格斯的人与自然关系思想,展现恩格斯这一思想形成、发展的历史脉络,就不失为一项具有重要理论意义与实践价值的

---

①　本文是上海市哲学社会科学规划一般课题"中国式现代化视阈下的财富积累及其规范研究"(2023BKS011)的阶段性成果。

工作。虽然前贤对此已有诸多讨论,但笔者不吝浅陋,希冀愚者千言,或有一得。

一、恩格斯人与自然思想的萌芽

传统观点认为,《伍珀河谷来信》(下称《来信》)是恩格斯第一篇公开发表的政论性文章,主要着力于批判经济上的资本主义工业和文化上的虔诚主义信仰对劳动人民的双重压迫,这当然是对的。不过,《来信》还孕育着恩格斯自然观以及人与自然和谐共生思想的萌芽,是恩格斯人与自然和谐共生思想的滥觞。

《来信》的开篇是一段关于伍珀河自然环境的对比性描述,恩格斯首先描绘了伍珀河被污染的现状:"这条狭窄的河流泛着红色波浪,时而急速时而缓慢地流过烟雾弥漫的工厂厂房和堆满棉纱的漂白工厂……河带着泥沙从你身旁懒洋洋地爬过,同你刚才看到的莱茵河相比,它那副可怜相会使你大为失望。"①之后,他继续描述了沿着伍珀河谷前行的另一番景象:"过了桥,这里的一切都给人一种比较愉快的感觉……在这里,伍珀河河水清澈,山峦重叠,轮廓隐约可见,丛林、草地、花园五彩缤纷,红色的屋顶夹杂其间,使你越往前行,就越觉得这个地方景致迷人。"②这种对自然环境的对比性描述,折射了青年恩格斯对美好自然的朴素向往,当然,这很可能只是一种每个人都会产生的直观的情感流露。

《来信》在描绘了伍珀河谷的富有矛盾张力的自然景观之后,随即就转入了对这一地区社会关系的批判,这主要体现在对当地劳动人民贫苦现状的揭露。恩格斯指出,当地的群众"5个人中有3个死于肺结核","在那里碰到的一些健康人,几乎全是细木工或其他手艺人,他们

---

① 《马克思恩格斯全集》第2卷,北京:人民出版社,2005年,第39页。
② 《马克思恩格斯全集》第2卷,北京:人民出版社,2005年,第40页。

都是从别的地方来的；在当地的皮匠中也会见到一些身强力壮的人，但用不了 3 年，他们的肉体和精神就会被毁掉"。①劳动人民之所以陷入这种肉体与精神的双重折磨，除了其他更加基本的原因外，正在于他们的生活环境和工作环境遭到了严重的破坏。恩格斯指出："产生这种现象的原因是十分明显的。首先是工厂劳动大大助长了这种现象。在低矮的房子里劳动，吸进的煤烟和灰尘多于氧气，而且大部分人从 6 岁就在这样的环境下生活，这就剥夺了他们的全部精力和生活乐趣。"②在这里，恩格斯再一次举出了彼此对立的两个方面要素，这就是"煤烟"和"氧气"，它们分别代表了自然环境的污染以及未受破坏的自然。煤烟对氧气的胜利，也就是人类工业污染对自然生态的征服；这种征服不仅仅反映在自然本身的改变和恶化之上，还进一步影响着人类的肌体。具体说来，如果恩格斯仅仅像前文那样描摹了自然本身在遭受污染前后的对立，即清澈河水同红色河水的对立，那么他就没有对他的人与自然和谐共生思想有丝毫升华，因为这种自然的破坏似乎对人类没有产生任何消极的反作用，它只是引起了原始的自然主义者的哀叹。但恩格斯将这种自然本身的对立进一步投射到了人与自然的对立之上，即煤烟同氧气的对立，它直接导致了劳动人民的困境。于是，自然的危机就转变成了人的危机，恩格斯的人与自然关系思考萌发出了人化的倾向，这为他稍后基于政治经济学批判来开展生态学批判、将人类的物质生产活动视为自然改造的基础确立了基本的理论路向。

二、恩格斯人与自然关系思想的形成

恩格斯在《国民经济学批判大纲》将物质经济关系的矛盾视为人与自然冲突的根源；在《英国工人阶级状况》中，表达了对工人的关切和同

---

① 《马克思恩格斯全集》第 2 卷，北京：人民出版社，2005 年，第 44 页。
② 《马克思恩格斯全集》第 2 卷，北京：人民出版社，2005 年，第 44 页。

情,也直接描述了工业污染对环境和人的健康的破坏并对人与自然的对立尝试着展开经济学批判。1845 年,恩格斯与马克思在布鲁塞尔合作撰写了《德意志意识形态》,共同创立了唯物主义历史观,同时也完成了历史唯物主义自然观的建构,在这部著作中,马克思恩格斯论述了自然与人的关系。有关两位经典作家各自在《形态》这部重要著作中的贡献,学界曾进行过深入的探讨。学界普遍认为,恩格斯在这一时期的理论创制中发挥了不容忽视的作用,因而《形态》中的历史唯物主义及其自然观不仅是属于马克思的,而且毫无疑问地也属于恩格斯。

(一) 追寻环境问题的经济根源

1843 年,恩格斯在曼彻斯特工作期间通过直接的商业实践,认识到了物质利益的主导性地位,并撰写了《国民经济学批判大纲》一文。在这份"天才大纲"中,恩格斯主要从两组经济学范畴的矛盾中追溯了经济关系,特别是私有制作为矛盾根源的实体性地位。

其一,私有制造成了"抽象价值"与"交换价值"的紧张或矛盾。按照青年恩格斯的理解,所谓"抽象价值"是一个从具体的经济关系中抽象提炼出的范畴,它应该排除一切经验层面的交换关系和竞争关系而被测定。但是,"经济学家是一刻也不能坚持他的抽象的"[1],例如,当英国经济学家李嘉图认为商品的抽象价值取决于生产费用的时候,其所规定的生产费用却取决于具体的买卖交换关系,这样一来,抽象价值就走向了自身的对立面而同具体的交换价值相混淆了;同样,当法国经济学家萨伊认为抽象价值取决于主观效用时,"竞争关系是唯一能比较客观地、似乎能大体确定物品效用大小的办法……因此,在这里也是对立的一方不情愿地转到另一方"[2]。

但是,恩格斯的贡献并不在于指认了古典经济学中抽象价值与交换价值的矛盾——事实上,他的某些理论分析甚至还是很不成熟

---

① 《马克思恩格斯全集》第 3 卷,北京:人民出版社,2002 年,第 450 页。
② 《马克思恩格斯全集》第 3 卷,北京:人民出版社,2002 年,第 451 页。

的——真正高明的地方在于,恩格斯超出了古典经济学理论本身,把理论的矛盾视为现实矛盾的产物,把抽象价值同交换价值发生矛盾的根本原因归结为私有制条件下的现实经济关系。具体说来,由于存在着私有制,就必然存在商品交换,商品的"抽象价值"就必然遭遇经验的交换关系,从而走向自身的对立面即交换价值。相反,"私有制一旦被消灭,就无须再谈现在这样的交换了。到那个时候,价值概念的实际运用就会越来越限于决定生产,而这也是它真正的活动范围"①。也就是说,只有在私有制和商品交换被废除的条件下,交换关系的因素才能够在理论层面被取消,抽象价值的概念也才能够被限定在生产领域而不受交换价值的干扰,从而保持其应有的抽象性。

其二,私有制造成了"土地""劳动"和"资本"的紧张矛盾。首先,人的活动首先表现为劳动,正如配第(William Petty)所说,劳动是财富之父,土地是财富之母,经济生产无法离开两个要素的结合。然而,地产和劳动力却在私有制的条件下发生了分离和对立,例如在封建社会中裂解成了土地贵族与农奴的矛盾结构。其次,人的劳动又表现为活劳动和死劳动(积累起来的劳动)的结合,二者在私有制条件下同样遭遇了严重的对立,例如在资本主义社会中裂解成资本家与雇佣劳动者的矛盾结构。最后,私有制还使得土地、资本、劳动这三个要素在各自内部发生自我分裂和自我对立。在逐利性的市场竞争当中,"一块土地与另一块土地对立,一个资本与另一个资本对立,一个劳动力与另一个劳动力对立"②。各个具体的要素为了实现自身利益最大化,都希望排挤和消灭其他同类,这乃是市场竞争至于盲目无序状态的极端情境。

因此,若要彻底解决土地、资本、劳动等范畴的矛盾,必须回溯这些矛盾的根源,即现实经济关系中的私有制前提。恩格斯指出:"如果我们撇开私有制,那么所有这些反常的分裂就不会存在。"③一方面,资本

---

① 《马克思恩格斯全集》第 3 卷,北京:人民出版社,2002 年,第 451—452 页。
② 《马克思恩格斯全集》第 3 卷,北京:人民出版社,2002 年,第 459 页。
③ 《马克思恩格斯全集》第 3 卷,北京:人民出版社,2002 年,第 458 页。

和劳动的矛盾将被扬弃,"资本本身将回到它与劳动的最初统一体"①。换言之,积累的劳动不再会异化成为同劳动本身相对立的统治力量,而是直接地回到劳动者的掌握之中。另一方面,自然和人的矛盾也会被扬弃。土地和劳动不仅不再会因为所有制的归属而发生分裂,而且就更加深层的意义来说,那种由私有制的无序逐利所造成的人与自然的对立和危机也将被消灭。

(二) 人与自然对立的经济学批判

1844 年底到 1845 年初,恩格斯在故乡巴门市撰写了《英国工人阶级状况》一书。在这部著作中,恩格斯当然也一般性地呈现了工业活动对自然环境的破坏,以及环境污染反过来对人民群众生命健康的侵害。例如,恩格斯描绘了布莱得弗德的河流污染与城市环境的恶劣:"布莱得弗德也是如此,该城位于几个河谷的交叉点上,靠近一条黑得像柏油似的发臭的小河……在河的紧旁边,在谷底,我看到过许多房屋,最下一层有一半陷在山坡里,根本不适于住人。"②他紧接着揭露了造成这种污染的工业生产根源:"桥以上是制革厂;再上去是染坊、骨粉厂和瓦斯厂;这些工厂的脏水在废弃物统统汇集在艾尔克河里。"③这导致"许多人年纪轻轻地就死于急性肺结核,而大多数人都在壮年时得慢性肺结核死去"④。恩格斯对环境污染的这一系列生动描述,可以说是对人与自然的对立关系的最鲜明、最直接的揭露。但如果仅仅停留于这种感性的描述,那么青年恩格斯对人与自然关系的理解就不能说发生了变革和进步。只有当他把自然问题同经济关系,特别是同资本主义的私有制联系在一起的时候,恩格斯才开启了政治经济学批判的自然分析路径。

首先,恩格斯提出资本主义的雇佣劳动体制让工人阶级陷入了环

---

① 《马克思恩格斯全集》第 3 卷,北京:人民出版社,2002 年,第 458 页。
② 《马克思恩格斯全集》第 2 卷,北京:人民出版社,1957 年,第 321 页。
③ 《马克思恩格斯全集》第 2 卷,北京:人民出版社,1957 年,第 331 页。
④ 《马克思恩格斯全集》第 2 卷,北京:人民出版社,1957 年,第 531 页。

境污染的危害之中。工人同自然处在一种分离的状态，因为他们没有自由的休闲时间，无暇去享受欣赏自然的风光；不仅如此，工人还同自然处在一种对立状态，因为他们不仅无权呼吸大自然的新鲜空气，甚至还必须忍受其对立面，即呼吸工厂和矿区的被污染的空气。

恩格斯进一步指出，造成这种人与自然的分离和对立关系的经济根源是资本主义的"强制劳动"。在这里，恩格斯的论述逻辑同马克思同时期撰写的《1844 年经济学—哲学手稿》中对异化劳动的批判有异曲同工之妙。从异化劳动的角度而言，这种劳动剥夺了工人的几乎全部自由时间，让他们彻底投身于枯燥的工作之中，这是工人们同自然相分离的经济关系基础。而从雇佣劳动的角度而言，这种使工人陷入异化状态的劳动制度却使得资产阶级获利，正如马克思所说，"物的世界的增值同人的世界的贬值成正比"①。在这种情况下，劳动者同自然的矛盾对立就通过雇佣劳动这一中介，追溯到了劳动者同资产者的对立。恩格斯指出："工人还是必须在两条道路中选择一条：或者屈服于命运，做一个'好工人'，'忠实地'维护资产者的利益（如果这样做，他就势必要变成牲口），或者起来反抗，尽一切力量捍卫自己的人类尊严，而这只有在反抗资产阶级的斗争中才能做到。"②在这里，恩格斯将自然问题还原为经济问题，用政治经济学批判来阐释人与自然关系的理论路径已经十分明显了。

马克思在论述异化劳动时提出了一个著名的命题："劳动的异己性完全表现在：只要肉体的强制或其他强制一停止，人们会像逃避瘟疫那样逃避劳动。"③恩格斯在论述异化劳动所造成的人与自然的对立关系时，也得出了类似的结论，即，只要外部强制一停止，工人就会像逃避瘟疫一样逃避环境污染，转而追求未经破坏的自然。恩格斯引用当时的一份工厂报告："大家都公认，消化不良、忧郁病和全身衰弱在这类工人

① 《马克思恩格斯全集》第 3 卷，北京：人民出版社，2002 年，第 267 页。
② 《马克思恩格斯全集》第 2 卷，北京：人民出版社，1957 年，第 405 页。
③ 《马克思恩格斯全集》第 3 卷，北京：人民出版社，2002 年，第 270—271 页。

中是非常普遍的现象;在十二小时的单调的工作之后,想找点什么东西来刺激一下,那真是大自然了。"①如果说,1844 年的青年马克思要求通过废除异化劳动而达到人向人本身以及向社会本身的复归,那么同时期的青年恩格斯就主张通过废除异化劳动以实现人向自然的复归,也就是实现人与自然的和谐共生。从这个意义上而言,马克思在《1844年经济学—哲学手稿》中提出的"完成了的人道主义 = 自然主义"②同样适用于青年恩格斯,意即,扬弃私有制和异化之后所实现的人道主义,也就等于实现了人与自然相和解的自然主义。

最后,正如马克思的异化劳动理论最终必然导向人与人相异化即阶级对立,青年恩格斯在论述人与自然关系时也必然引入阶级分析的视域。资本主义私有制虽然一般地造成了人与自然的对立,但具体看来,这种对立关系主要集中在被异化的特定阶级即无产阶级之中。而对于资产阶级,他们基于自身的经济条件和统治地位,可以在一定程度上躲避环境的污染而享受未经破坏的原始自然。恩格斯指出:"中等的资产阶级住在离工人区不远的整齐的街道上……而高等的资产阶级就住得更远,他们住在却尔顿和阿德威克的郊外房屋或别墅里……在新鲜的对健康有益的乡村空气里。"③这是一个极为讽刺的场景:资产阶级对那个因为他们的工业利益而遭到破坏的自然避之不及,却对那个未曾替他们的利润服务的原始自然趋之若鹜。这种场景在当代工业社会仍然存在,在空气、土壤、水资源污染的基础上资产阶级牟取了大量利益,而当严重的环境污染事件(如雾霾)出现时,他们又从赚取的利益中支付一笔费用以便暂时地逃离这个地区。始终同自然环境处在紧张对立关系之中的仅仅是被异化的无产阶级。可见,恩格斯在 19 世纪所阐发的自然思想和批判路径,对于当代生态环境问题依然有着很强的生命力和解释力。

---

① 《马克思恩格斯全集》第 2 卷,北京:人民出版社,1957 年,第 445 页。
② 《马克思恩格斯全集》第 3 卷,北京:人民出版社,2002 年,第 297 页。
③ 《马克思恩格斯全集》第 2 卷,北京:人民出版社,1957 年,第 327 页。

马克思后来曾这样回忆这段时期他和恩格斯的思想交流:"自从弗里德里希·恩格斯批判经济学范畴的天才大纲(在'德法年鉴'上)发表以后,我同他不断通讯交换意见,他从另一条道路(请参考他的'英国工人阶级状况')得出同我一样的结果。"①马克思此时的思想转向,主要是指他从思辨的哲学批判和表层的法哲学批判逐步深入到政治经济学批判的领域,认识到经济关系才是法、国家和精神等上层建筑的本质所在。那么恩格斯这一时期何以"从另一条道路"得出同马克思"一样的结果"呢? 一般认为,恩格斯在《国民经济学批判大纲》中将经济学范畴的矛盾归结到了资本主义经济关系的矛盾之中,这同马克思转向政治经济学批判是一致的。事实上,马克思在这里不仅提及天才的《大纲》,还提到了《英国工人阶级状况》;而如前所述,这部著作中有关人与自然的对立的描述,特别是处在异化劳动中的工人阶级同环境污染之间的紧张对立,同样分享了政治经济学批判的基本理论路径。

可以说,青年恩格斯开辟了一条对于环境污染和生态危机的政治经济学批判路径。

(三) 人与自然关系的和谐必然指向共产主义

历史唯物主义的直接的逻辑前提是现实的个人,而现实的个人之所以能够存在,他的存在前提在逻辑上又被表达为物质生产实践,即物质生产活动。马克思恩格斯指出:"人们为了能够'创造历史',必须能够生活。但是为了生活,首先就需要衣、食、住以及其他东西。因此第一个历史活动就是生产满足这些需要的资料,即生产物质生活本身。"②因此,历史唯物主义认为,人的物质生产实践是一种规定了对象世界之存在的、具有本体论意涵的活动。

那么,自然是否也为人类的实践活动所规定呢? 早在 1844 年,青年马克思就已经指出,自然界具体可以划分为两个部分,即已经为人类

---

① 《马克思恩格斯全集》第 13 卷,北京:人民出版社,1962 年,第 9—10 页。
② 《马克思恩格斯全集》第 3 卷,北京:人民出版社,2002 年,第 31 页。

实践所规定和改造的"人化自然",以及尚未发生人化的、自在存在的"原始自然";但马克思认为,抽象的原始自然对人来说是无意义的"无"。一般认为,自然以及自然科学是建立在物质的客观性之上,而人们的现实生活特别是社会生活才与实践或生产相关。但在马克思看来,自然以及自然科学同人们的现实生活,特别是社会生活并非建立在两个彼此独立的基础之上,它们皆统一于人类的物质实践活动。这是实践活动的本体论意涵在哲学自然观领域必然引申出的结论。

虽然没有充分的证据表明青年恩格斯阅读过马克思的《1844年经济学—哲学手稿》《关于费尔巴哈的提纲》,但《德意志意识形态》中马克思恩格斯两人共同撰写的有关自然界的哲学分析内容——并且从现有文献学的研究来看,这些内容应该是由恩格斯亲笔书写的——确实体现了马克思前一时期的思想。从这个意义上而言,1845年的恩格斯也分享了以物质实践为基础的人化自然观的"思想所有权"。

《形态》中首先指出,人与自然的关系是在人的现实生活中得以展开的,换言之,人类的物质实践状况规定了人与自然的关系。而由于现实的人就是处在特定的物质生产生活条件中的人,也就是不断生产着他们的物质生活资料和生产资料的人,因此,"各种自然条件……都应当从这些自然基础以及它们在历史进程中由于人们的活动而发生的变更出发"①。由此可见,恩格斯也承认外部的自然界总是同"人们的活动"存在着本质性联系,它必须建立在现实的人的感性实践活动这一本体论基石之上;脱离了人的感性活动的自在自然,对于人类生活和人的思维认识而言都是无意义的。

而且,恩格斯进一步写道:"甚至这个'纯粹的'自然科学也只是由于商业和工业,由于人们的感性活动才达到自己的目的和获得材料的。这种活动、这种连续不断的感性劳动和创造、这种生产,是整个现存的感性

---

① 《马克思恩格斯全集》第3卷,北京:人民出版社,2002年,第23—24页。

世界的非常深刻的基础。"①此处恩格斯使用"感性活动"这个词，明显受到马克思《关于费尔巴哈的提纲》的影响，因为提纲的第一条就明确指出，"对对象、现实、感性"不能只是单纯地从客体的方面去理解，而应该加入人的主体性的因素，从而当作"现实的、感性的活动"来理解。

既然自然是人类物质劳动的对象，那么人与自然的分裂、对立与冲突也必然来源于人类实践关系即社会关系的自我分裂和自我对立，因此，人与自然的和谐必然要求消除这种社会关系的自我分裂与自我对立，实现对资本主义实践关系即生产关系的革命性超越。"共产主义和所有过去的运动不同的地方在于：它推翻一切旧的生产关系和交往关系的基础，并且第一次自觉地把一切自发形成的前提看作是前人的创造，消除这些前提的自发性，使这些前提受联合起来的个人支配。"②马克思、恩格斯这里对共产主义的理解与早先马克思在《1844 年经济学—哲学手稿》对共产主义的表述有异曲同工之妙，马克思说："这种共产主义，作为完成的自然主义，等于人道主义，而作为完成的人道主义，等于自然主义，它是人和自然界之间、任何人之间矛盾的真正解决，是存在和本质、对象化和自我确证、自由和必然、个体和类之间的斗争的真正解决。"③

三、恩格斯人与自然和谐共生思想的成熟阶段

《反杜林论》和《自然辩证法》是恩格斯思想成熟时期的两本重要著作，在这两本著作中，恩格斯不仅捍卫了他和马克思共同创立的马克思主义学说，而且对"人从何处来"的历史之谜展开了开创性思考，进一步深入讨论了人与自然的关系。本文把这一时期作为恩格斯人与自然和谐共生思想的成熟阶段。

---

① 《马克思恩格斯全集》第 3 卷，北京：人民出版社，2002 年，第 49—50 页。
② 《马克思恩格斯选集》第 1 卷，北京：人民出版社，2012 年，第 202 页。
③ 《马克思恩格斯全集》第 42 卷，北京：人民出版社，1979 年，第 120 页。

（一）从必然王国向自由王国的飞跃

《反杜林论》是恩格斯 1876 年至 1878 年为批判欧根·杜林的错误观点,回击杜林对马克思学说的攻击而写的著作。

《反杜林论》中,恩格斯通过对杜林的批判,阐述了自然界的发展、生命的进化的辩证规律。在"哲学"编中,恩格斯通过批判杜林的先验主义,阐明了思维是存在的反映,原则只有在符合自然界和历史的情况下才是正确的。恩格斯指出:"辩证法不过是关于自然、人类社会和思维的运动和发展的普遍规律的科学。"①而且,"事情不在于把辩证法的规律从外部注入自然界,而在于从自然界中找出这些规律并从自然界里加以阐发"②。换言之,自然辩证法是客观存在的(客观辩证法),我们的任务是要从自然界中发现并阐发这些规律(主观辩证法)。而主观辩证法与客观辩证法的内在一致正可以理解为人与自然和谐共生关系的唯物主义基础。

更有创意的是,恩格斯在批判资本主义工业化使人与环境对立的论述中,展望了人类社会从必然王国向自由王国的飞跃。他在《社会主义从空想到科学的发展》中这样写道:"于是,人才在一定意义上最终地脱离了动物界,从动物的生存条件进入真正人的生存条件……人们第一次成为自然界的自觉的和真正的主人……只是从这时起,人们才完全自觉地自己创造自己的历史……这是人类从必然王国进入自由王国的飞跃。"③恩格斯用"必然王国"和"自由王国"这两个词来划分两种不同的人与自然的关系状态,即人是不是"自然界的自觉和真正的主人",由于人在自由王国"第一次成为自然界的自觉和真正的主人",可以合理地推断,自由王国实现了人与自然的和谐共生。

（二）《自然辩证法》:基于自然科学的新思考

恩格斯曾经这样总结说道:"马克思和我,可以说是从德国唯心主

① 《马克思恩格斯全集》第 20 卷,北京:人民出版社,1971 年,第 154 页。
② 《马克思恩格斯全集》第 20 卷,北京:人民出版社,1971 年,第 15 页。
③ 《马克思恩格斯全集》第 19 卷,北京:人民出版社,1963 年,第 245 页。

义哲学中拯救了自觉的辩证法并且把它转为唯物主义的自然观和历史观的唯一的人。可是要确立辩证的同时又是唯物主义的自然观,需要具备数学和自然科学的知识。"①1870 年后,恩格斯先后用了长达 8 年时间从事自然科学各个领域的研究,跟踪自然科学发展的步伐,在总结和概括自然科学新成就的基础上,写下了一系列闪烁着永恒思想光芒的手稿,丰富和发展了辩证唯物主义自然观。这批手稿在恩格斯逝世之后,以《自然辩证法》为书名出版。在这部未完成的手稿中,恩格斯不仅对唯物辩证法的基本规律展开了深入论述,而且基于当时自然科学的新成就,对人与自然的关系展开了系列新思考,是辩证唯物主义自然观确立的重要里程碑。

恩格斯指出,人优越于动物的地方,就在于人可以超越动物的方式对待自然,即以劳动的方式对待自然。人不仅能够认识自然界运动变化发展的规律,而且可以按照规律、创造出规律适用的条件来改造自然界。

马克思在《1844 年经济学—哲学手稿》中曾这样指出:"一个种的整体特性、种的类特性就在于生命活动的性质,而自由的有意识的活动恰恰就是人的类特性。"②这就是说,人的生存方式并不是像动物那样被限定在某个特定的尺度内,人的自由而有意识的活动使得人们能够以各种事物的种的尺度来进行生产生活,这就是人的劳动。马克思早期的这一思想在恩格斯晚年未完成的手稿《自然辩证法》中以新的方式得到再现。恩格斯指出,劳动"是整个人类生活的第一个基本条件,而且达到这样的程度,以致我们在某种意义上不得不说:劳动创造了人本身"③。在此基础上,恩格斯进一步区分了两种劳动方式:动物的方式和人的方式。人区别于动物的地方就在于劳动,但是具有劳动能力的人却经常以动物的方式对待自然界。所谓的"动物式的方式",就是人

---

① 《马克思恩格斯全集》第 20 卷,北京:人民出版社,1971 年,第 13 页。
② 《马克思恩格斯全集》第 3 卷,北京:人民出版社,2002 年,第 273 页。
③ 《马克思恩格斯全集》第 20 卷,北京:人民出版社,1971 年,第 509 页。

类纯粹以物的有用性为根本标准来开发和改造自然界;而所谓的"人的方式",就是人类摆脱了以物的有用性和物的依赖性为根本价值标准来改造自然界,使得自然界中处处闪耀着人性的光芒。

但是,人类在改造自然界的实践过程中却不自觉地会陷入动物式的方式,即以"盲目的方式"来对待自然界。在这样的动物式的、盲目的方式中,人的活动必将会受到自然界的报复。在资本主义时代,自然科学的巨大进步使人类改造或征服自然的事业不断取得重大胜利,但是恩格斯指出:"我们不要过分陶醉于我们对自然界的胜利。对于每一次这样的胜利,自然界都报复了我们。每一次胜利,在第一步都确实取得了我们预期的结果,但是在第二步和第三步却有了完全不同的、出乎预料的影响,常常把第一个结果又取消了。"[1]一百多年后的今天,人类社会正面临日益严重的生态危机,恩格斯当年发出的警示既振聋发聩,又有先见之明。

不难看出,在恩格斯一生的重大思考中,人与自然的关系一直是一个重要的主题。恩格斯对人与自然关系的思考始终伴随着对人与人关系的思考,并把人与自然关系的分裂与紧张归结为人与人关系的分裂与紧张,因而人与自然紧张关系的克服只有通过消除人与人之间关系紧张的根源才能实现。

(作者 唐干钧,上海城建职业学院马克思主义学院讲师;刘严宁,上海城建职业学院副教授)

On Engels' Thought of Harmonious Coexistence between Human and Nature

Tang Ganjun Liu Yanning

Abstract: From the early "Letter from the Wupper River Valley" to

---

[1] 《马克思恩格斯全集》第 20 卷,北京:人民出版社,1971 年,第 519 页。

the later "Dialectics of Nature" manuscript, Engels' important works throughout his life run through a major ideological theme, which is his contemplation of the relationship between humans and nature. This article roughly divides Engels' thinking into three stages, namely the embryonic period represented by the "Letter from the Wupper River Valley", the formation period represented by the "German Ideology", and the mature period represented by the "Dialectics of Nature". The important feature of Engels' thinking on the relationship between humans and nature is to trace the relationship back to the relationship between humans and humans, and to regard the harmonious coexistence between humans and nature as the ultimate value goal. Engels' thinking is undoubtedly of great significance for contemporary civilization.

Key words: Engels; Human and Nature; Harmonious Coexistence

《当代国外马克思主义评论》稿约

1.《当代国外马克思主义评论》是由复旦大学当代国外马克思主义研究中心主办的学术丛刊,现已被收录为 CSSCI 来源期刊(集刊类)。本刊以关注当代国外马克思主义研究的最新动态,加强国内外马克思主义研究的交流与合作,促进马克思主义研究的发展为宗旨,欢迎海内外专家学者赐稿。

2.本刊学术性和思想性并重,倡导从哲学、社会学、史学、政治学、经济学、法学、伦理学、宗教学、人类学、心理学、美学和文艺批评等专业的角度展开对当代国外马克思主义的研究。

3.本刊所刊发的文章形式包括:研究性论文,专题论文,论坛,书评,学术动态,笔谈,访谈等。其中研究性论文一般限制在 1 万—2 万字,专题论文一般限制在 1.5 万—3 万字,书评一般限制在 1 万字以内。

4.本刊对于来稿的形式作如下规定:原则上只接受电子投稿;电子版稿件请用 Word 格式,正文 5 号字体;注释和引文一律采用脚注;正文之前请附上英文标题、中英文的摘要和关键词,作者简介,并请注明作者联系方式。

5.本刊采用匿名审稿方式,收稿后 3 个月内将通知作者稿件的处理意见。

6.来稿经采用发表后,将赠刊 2 本并致薄酬。

7.凡在本刊上发表的文字不代表本刊的观点,作者文责自负。

8.凡在本刊上发表的文字,简繁体纸质出版权和电子版权均归复旦大学当代国外马克思主义研究中心所有,未经允许,不得转载。

9. 编辑部联系方式和来稿地址:上海市邯郸路 220 号,复旦大学光华楼西主楼 2602 室,复旦大学当代国外马克思主义研究中心,《当代国外马克思主义评论》编辑部,邮编:200433,电子信箱:marxismreview@fudan.edu.cn。

图书在版编目(CIP)数据

当代国外马克思主义评论. 总第 36 辑 / 复旦大学当
代国外马克思主义研究中心编. -- 上海 ： 上海人民出版
社, 2024. -- ISBN 978-7-208-19015-3

Ⅰ. A81；B089. 1

中国国家版本馆 CIP 数据核字第 202440YS02 号

责任编辑 任健敏
封面设计 胡 斌 刘健敏

当代国外马克思主义评论(总第 36 辑)
复旦大学当代国外马克思主义研究中心 编

出 版 上海人民出版社
　　　　(201101 上海市闵行区号景路 159 弄 C 座)
发 行 上海人民出版社发行中心
印 刷 上海商务联西印刷有限公司
开 本 720×1000 1/16
印 张 29.75
插 页 2
字 数 395,000
版 次 2024 年 6 月第 1 版
印 次 2024 年 6 月第 1 次印刷
ISBN 978 - 7 - 208 - 19015 - 3/A · 161
定 价 98.00 元